高职高专"十三五"规划教材

# 管理学基础

## 第二版

赵爱威　耿红莉　主编

化学工业出版社

·北京·

本书以管理的五大职能（计划、组织、领导、控制、创新）为主线，在介绍管理和管理学、管理的主要思想及其演变的基础上，将每一职能作为一章，引导学生学习与训练，最后简单阐述了企业伦理与社会责任。每一章都设计了知识目标、能力目标、案例引读、知识拓展、本章小结、本章内容结构图、思考与练习、技能实训等板块，每一节都以生动的"管理故事"引入，最后以经典的"小阅读"收尾。这种结构安排，充分实现了理论与实践的有机融合，既便于教师组织教学和实践，也便于学生学习和训练。

本书脉络清晰、体例新颖、注重实践、难易适度，同时引入了一些新的管理成果和管理理念，具有前瞻性。

本书既可作为高职院校财经商贸类各专业的管理学教材，也可作为各企事业单位的管理培训教材。

## 图书在版编目（CIP）数据

管理学基础/赵爱威，耿红莉主编．—2 版．—北京：化学工业出版社，2018.8（2023.2重印）
高职高专"十三五"规划教材
ISBN 978-7-122-32168-8

Ⅰ.①管⋯ Ⅱ.①赵⋯ ②耿⋯ Ⅲ.①管理学-高等职业教育-教材 Ⅳ.①C93

中国版本图书馆CIP数据核字（2018）第101883号

责任编辑：于 卉　　　　　　　　　文字编辑：李 瑾
责任校对：边 涛　　　　　　　　　装帧设计：关 飞

出版发行：化学工业出版社（北京市东城区青年湖南街13号　邮政编码100011）
印　　装：三河市双峰印刷装订有限公司
787mm×1092mm　1/16　印张16　字数476千字　2023年2月北京第2版第5次印刷

购书咨询：010-64518888　　　　　　　　售后服务：010-64518899
网　　址：http://www.cip.com.cn
凡购买本书，如有缺损质量问题，本社销售中心负责调换。

定　价：39.80元　　　　　　　　　　　　　　　　　　　　　　版权所有　违者必究

# 前 言

本书以高职院校财经商贸类各专业的教学要求为依据,坚持"以能力为本位,以实践为基础,以学生为主体"的理念进行编写,旨在使学生掌握管理原理和管理技术,树立现代管理理念,提高管理实践技能。其编写原则如下。

1. 创新性。教材在吸收已有教材先进成果的基础上,在内容编写、体例设计上均有所创新。在内容上,本着"实用、适用"的原则,少讲"为什么",多讲"怎么做",充分体现学生的主体地位,使学生能真正参与到教学的全过程。同时,引入管理领域的新思想、新观念、新案例,力求与时代接轨。在体例上,本书各章开篇有知识目标、能力目标、案例引读,篇中除了主体教学内容外,有管理故事、小阅读、知识拓展等,篇末有思考与练习、技能实训。这样的体例设计,既便于教师组织教学和实践,也便于学生学习和训练。

2. 实践性。教材编写中注重体现实践性、应用性和技能性。全书以管理职能为主线构建教学内容,通过对教学内容的精心选择以及案例引读、思考与练习、技能实训等辅助板块的设计,实现了理论与实践的融合。

3. 通俗性。教材内容和语言力求生动易懂,深入浅出,便于学生理解和掌握。

4. 适用性。作为一门专业基础课教材,在内容上兼顾了财经商贸类各专业的教学需要,可为高职院校财经商贸类各专业使用,也可作为各企事业单位管理培训教材。

本教材由赵爱威、耿红莉主编,蒲开伦、袁秋霞、邢祥焕参与编写。具体分工如下:赵爱威(第三、第四、第七章);耿红莉(第一、第五章);蒲开伦(第二章);袁秋霞(第六章);邢祥焕(第八章)。

编写过程中参考和借鉴了一些专家、学者的有关论著和研究成果,在此致以诚挚的谢意。

由于编者水平有限,书中疏漏之处在所难免,敬请广大读者批评指正。

编 者

2018 年 3 月

# 第一版前言

高等职业教育肩负着培养面向生产、建设、服务和管理第一线需要的高技能创新型人才的使命。高技能创新型人才是一种融较高的专业知识水平与较强的实践操作技能于一身的、具有创新精神和创新能力的复合型人才。要实现高职教育的培养目标，教材建设是关键之一。为体现高职教育的特点，增强教学内容的针对性和实用性，我们编写了这本《管理学基础》。

管理学基础是高职高专院校经济类、管理类各相关专业必修的一门课程。通过该课程的学习，可使学生懂得管理原理，掌握管理技术，树立现代管理理念，为后续的专业课的学习、岗位技能的培养及未来的职业生涯奠定良好的基础。同时，学习管理学，还有助于培养学生的交流沟通能力、团队协作能力以及终身学习能力，促进学生的全面发展。

本教材在内容的编排上，以管理的五大职能（计划、组织、领导、控制、创新）为主线，在介绍管理与管理学、管理的主要思想及其演变的基础上，将每一职能作为一章重点阐述，最后简单叙述了管理伦理与社会责任。

本教材的主要特点体现在以下几个方面。

1. 体例新颖。本教材在体例上做了全新的安排，每一章都设计了学习目标、案例引读、知识拓展、本章小结、本章知识结构图、本章综合练习等板块（"知识拓展"可作为选学内容），每一节又通过"管理故事"引入相关内容，最后以"小阅读"收尾。这种体例的安排，一方面使教材内容形象生动，提高了学生的学习兴趣，使学生做到"轻松学管理"，另一方面实现了理论与实践的有机融合。

2. 注重实践技能的培养。无论是章首的"案例引读"，还是章末的"综合练习"，都是以培养学生的实践技能为出发点而设置的。在综合练习中，单选题、案例分析题、实训与指导都充分体现了灵活性与实践性。

3. 理论知识以"必需、够用"为度。理论知识的深度和广度，以后续课程的学习、岗位技能的培养以及学生继续学习能力、可持续发展能力的培养作为标尺，详略得当，难易适宜，符合高职高专学生的学习需要。

4. 教材内容具有前瞻性。在编写中，将一些新的管理成果和管理理念引入教材（有些以"知识拓展"的形式体现），使学生了解管理学的前沿动态，做到了与时俱进。

5. 结构合理严谨。教材第一章首先让学生认识"管理与管理学"，第二章让学生了解"管理的主要思想及其演进"，第三章～第七章介绍管理的五大职能（计划、组织、领导、控制、创新），第八章介绍管理伦理与社会责任。全书脉络清晰，体系完整，逻辑性强，便于学生学习与阅读。

本教材既可作为高职高专院校经济类、管理类各专业的管理学教材，也可作为各企事业单位管理学培训教程。

本教材由赵爱威、耿红莉主编，并负责全书的总策划和统稿。蒲开伦、袁秋霞参与编写。具体分工如下：耿红莉编写第一章、第五章，蒲开伦编写第二章，赵爱威编写第三章、

第四章、第七章、第八章，袁秋霞编写第六章。

在编写过程中，参考和借鉴了诸多专家、学者的有关论著和研究成果，在此致以诚挚的谢意。由于时间、精力和水平所限，书中不妥之处在所难免，欢迎广大读者批评指正。

编　者
2007 年 9 月

# 目 录

## 第一章　管理和管理学 / 001

案例引读 / 001
第一节　管理的概念和作用 / 002
　一、管理的概念 / 002
　二、管理的作用 / 003
第二节　管理的性质与特征 / 004
　一、管理的性质 / 004
　二、管理的特征 / 005
第三节　管理者的类型与技能 / 006
　一、管理者的类型 / 006
　二、管理者的技能 / 007
第四节　管理的基本职能 / 008
　一、管理的基本职能 / 008
　二、管理职能的深化 / 009
第五节　管理的基本原理 / 010
　一、系统原理 / 010
　二、人本原理 / 011
　三、责任原理 / 011
　四、效益原理 / 012
　五、权变原理 / 012
第六节　管理学 / 012
　一、管理学的含义与特性 / 013
　二、管理学的发展趋势 / 013
知识拓展　人性的基本假设 / 013
本章小结 / 015
本章内容结构图 / 016
思考与练习 / 016
技能实训 / 018

## 第二章　管理的主要思想及其演变 / 019

案例引读 / 019
第一节　古典管理思想 / 021
　一、科学管理理论 / 021
　二、一般管理理论 / 023
　三、行政组织理论 / 028
第二节　行为管理思想 / 029
　一、霍桑实验 / 029
　二、人际关系学说 / 031
　三、行为管理思想的深化 / 032
第三节　定量管理思想 / 034
　一、定量管理思想的基本内涵 / 034
　二、定量管理思想的特点 / 035
　三、定量管理思想的主要内容 / 035
　四、定量管理思想的优缺点 / 035
第四节　系统和权变管理思想 / 036
　一、系统管理思想 / 036
　二、权变管理思想 / 038
第五节　管理理论的新发展 / 039
　一、战略管理理论 / 039
　二、企业再造理论和企业文化管理理论 / 040
　三、学习型组织理论和知识管理理论 / 040
知识拓展　当代管理新思潮 / 041
本章小结 / 048
本章内容结构图 / 049
思考与练习 / 049
技能实训 / 051

## 第三章　计划 / 052

案例引读 / 052
第一节　管理环境及其分析 / 054

一、管理环境的概念与构成 / 054
二、组织外部环境及其分析 / 054
三、组织内部环境及其分析 / 061
第二节 决策概述 / 064
一、决策的基本概念 / 064
二、决策的特点 / 066
三、决策的类型 / 066
四、决策的过程 / 069
五、决策的影响因素 / 071
第三节 决策方法 / 072
一、定性决策方法 / 073
二、定量决策方法 / 077
第四节 计划概述 / 081
一、计划的含义和作用 / 082
二、计划的特点 / 082
三、计划的类型 / 083
四、决定计划有效性的因素 / 084
五、计划的表现形式 / 085
第五节 计划编制的程序和方法 / 087
一、计划编制的程序 / 087
二、计划编制的方法 / 088
三、企业计划书 / 091
知识拓展 建模与决策 / 092
本章小结 / 097
本章内容结构图 / 098
思考与练习 / 098
技能实训 / 101

# 第四章 组织 / 102

案例引读 / 102
第一节 组织的含义与功能 / 103
一、组织的含义 / 104
二、组织的功能 / 104
第二节 组织设计 / 105
一、组织设计的原则 / 105
二、组织设计的内容 / 106
三、影响组织设计的因素 / 115
四、组织设计中的其他问题 / 116
第三节 组织结构的具体形式 / 118
一、直线制 / 118
二、职能制 / 119
三、直线职能制 / 119
四、事业部制 / 120
五、矩阵制 / 121
六、混合结构 / 121
七、无边界组织 / 122
第四节 人力资源管理 / 123
一、人力资源的概念与特征 / 123
二、现代人力资源管理的本质 / 124
三、人力资源管理的基本职能 / 124
四、人力资源管理的原理 / 124
五、人力资源管理的主要内容 / 125
第五节 组织变革 / 142
一、组织变革的动因 / 142
二、组织变革的动力和阻力 / 143
三、组织变革的方式 / 144
四、组织变革的步骤 / 145
五、组织变革的趋势 / 146
知识拓展 团队 / 147
本章小结 / 150
本章内容结构图 / 151
思考与练习 / 151
技能实训 / 154

# 第五章 领导 / 156

案例引读 / 156
第一节 领导与领导者 / 157
一、领导与领导者的含义 / 158
二、领导的作用 / 158
三、领导权力的构成及使用 / 159
四、领导者的素质 / 160
第二节 领导理论 / 161
一、领导特质理论 / 161
二、领导行为理论 / 161
三、领导权变理论 / 163
第三节 激励 / 167
一、激励的含义与原理 / 167
二、内容型激励理论 / 167
三、过程型激励理论 / 169
四、综合型激励理论 / 171
第四节 沟通 / 172
一、沟通的概念与过程 / 172
二、人际沟通的特点及方式 / 173

三、人际沟通的网络形式 / 174
　　四、人际沟通的障碍 / 176
知识拓展　冲突管理 / 177
本章小结 / 179

本章内容结构图 / 180
思考与练习 / 180
技能实训 / 182

## 第六章　控制 / 184

案例引读 / 184
第一节　控制的基本概念与类型 / 184
　　一、控制的概念 / 185
　　二、控制的目标和特点 / 185
　　三、控制的基本类型 / 186
第二节　控制的过程 / 188
　　一、确立标准 / 188
　　二、衡量绩效 / 189
　　三、纠正偏差 / 190

第三节　控制原则与控制方法 / 191
　　一、控制原则 / 192
　　二、控制方法 / 192
知识拓展　管理信息系统 / 196
本章小结 / 199
本章内容结构图 / 200
思考与练习 / 200
技能实训 / 202

## 第七章　创新 / 203

案例引读 / 203
第一节　创新概述 / 205
　　一、创新的概念 / 205
　　二、创新的基本内容 / 206
　　三、创新方法 / 207
　　四、创新的过程 / 208
第二节　技术创新 / 209
　　一、技术创新的内涵 / 209
　　二、企业技术创新的模式与策略 / 210
第三节　管理创新 / 211

　　一、管理思想创新 / 212
　　二、管理方式创新 / 212
　　三、管理手段创新 / 212
　　四、管理模式创新 / 212
知识拓展　学习型组织 / 212
本章小结 / 215
本章内容结构图 / 216
思考与练习 / 217
技能实训 / 221

## 第八章　企业伦理与社会责任 / 222

案例引读 / 222
第一节　企业伦理 / 223
　　一、企业伦理的概念和特征 / 223
　　二、企业伦理的实现机制和伦理制度 / 225
　　三、伦理决策 / 227
　　四、伦理领导 / 228
第二节　企业的社会责任 / 228
　　一、企业社会责任的含义 / 229

　　二、企业社会责任观 / 230
　　三、社会责任与经济绩效 / 231
　　四、企业承担社会责任的表现 / 231
知识拓展　社会责任标准 / 234
本章小结 / 244
本章内容结构图 / 245
思考与练习 / 245
技能实训 / 247

## 参考文献 / 248

# 第一章　管理和管理学

◆ 知识目标
1. 掌握管理的概念，理解管理的作用；
2. 了解管理的性质和特征，初步认识管理的基本职能；
3. 掌握管理者的类型及技能要求；
4. 理解几种主要管理原理的基本内涵；
5. 理解管理学的含义。

◆ 能力目标
1. 培养学生对管理活动的认知能力；
2. 培养学生自觉提升自身管理技能和管理素质的意识；
3. 培养学生应用管理原理分析实际管理问题的基础的能力。

## 案例引读

### 李嘉诚的管理之道

李嘉诚，香港首富，知名企业家。曾任长江和记实业有限公司及长江实业地产有限公司主席。2017年7月17日，《福布斯富豪榜》发布，李嘉诚以净资产332亿美元排名第21位。

从学徒到华人首富，从塑胶花大王到商业帝国掌舵人，出身寒门的李嘉诚通过半个世纪不懈的努力和奋斗，从一个普通人成为了商界名人，并且取得了令人瞩目的成就。每当提起他的成功，李嘉诚总是坦言，良好的处世哲学和用人之道是他成功的前提。

白手起家的李嘉诚在其长江实业集团发展到一定规模的时候，敏锐地意识到，企业要发展，人才是关键。一个企业的发展在不同的阶段需要有不同的管理和专业人才，而他当时的企业所面临的人才困境较为严重。李嘉诚克服重重困难，劝退了一批创业之初帮他一起打江山的难兄难弟，果断地启用了一批年轻有为的专业人，为集团的发展注入了新鲜血液。与此同时，他制定了若干用人措施，诸如开办夜校培训在职工人、选送有培养前途的年轻人出国深造等。而他自己为了进一步学知识、学英语，也专门请了家庭教师。

在李嘉诚新组建的高层领导班子里，既有具备杰出金融头脑和非凡分析本领的财务专家，也有经营房地产的"老手"；既有生气勃勃、年轻有为的香港人，也有作风严谨、善于谋断的西方人。李嘉诚今日能取得如此巨大的成就，跟他回避了"东方式家族化"管理模式是分不开的。

他起用的那些洋专家，在集团内部管理中把西方先进的企业管理经验带入长江集团，使之在经济的、科学的、高效益的条件下运作。而对外，李嘉诚不但把西方人作为收购的主要对象，而且让西方人作为进军西方市场的主导。

李嘉诚深知，不仅要在企业发展的不同阶段大胆起用不同才能的人，而且要在企业发展的同一阶段注重发挥人才特长，恰当合理运用不同才能的人。因此，他的智囊团里既有朝气蓬勃、精明强干的年轻人，又有一批老谋深算的"谋士"。

在总结用人心得时，李嘉诚曾形象地说：大部分人都有长处和短处，需各尽所能、各得所需，以量才而用为原则。这就像一部机器，假如主要的机件需要用500匹马力去发动，虽然半匹马力与500匹相比小得多，但也能发挥其部分作用。李嘉诚的这番话极为透彻地点出了用人之道的关键所在。

资料来源：http://www.chinanews.com/cj/2011/03-01/2875539.shtml

**启示**：李嘉诚的成功，是多种因素共同作用的结果。重要因素之一，在于他是一名卓越的管理者，他深谙管理之道、用人之道，并能付诸实践。

## 第一节 管理的概念和作用

**管理故事：子贱放权**

孔子的学生子贱有一次奉命担任某地方的官吏。当他到任以后，却时常弹琴自娱，不管政事，可是他所管辖的地方却治理得井井有条，民兴业旺。这使那位卸任的官吏百思不得其解，因为他每天即使起早摸黑，从早忙到晚，也没有把地方治理好。于是他请教子贱："为什么你能治理得这么好？"子贱回答说："你只靠自己的力量去进行，所以十分辛苦；而我却是借助别人的力量来完成任务。"

**解释**：管理，要管头管脚（指人和资源），但不能从头管到脚。喜欢把一切事揽在身上，事必躬亲，管这管那，整天忙忙碌碌不说，还会事倍功半。管理的智慧在于正确利用部属的力量，发挥团队协作精神，抓得少些，反而收获多些。

### 一、管理的概念

管理活动自古有之，作为人类社会协作劳动和共同生活的产物，其实践和人类历史一样悠久，并且随着生产力的发展和人类社会的进步，管理活动逐渐专业化、科学化，在社会生活的各个领域发挥着重要作用。大到一个国家的治理，中到一个城市的建设，小到一个企业的经营、甚至一个家庭的生活，都需要管理。

要想了解管理的概念，首先需要明确组织的概念。

1. 组织的概念

组织是指完成特定使命的人们，为了实现共同的目标而组合成的有机整体。组织不但是人的集合体，而且是由所有参加组织的人按一定的方式相互合作而形成的有机整体。这个整体力量大于个人力量简单相加的总和，于是，共同目标才能得以实现。个人之所以要组成一定的组织，其目的就是要借助组织的配合力，以完成个人力量无法完成的任务。

在现实社会中，人们都是生活在各种不同组织之中的，如工厂、学校、医院、军队、公司等。人们依赖组织，组织是人类存在和活动的基本形式。没有组织，仅凭人们个体的力量，则不可能有所成就；没有组织，也就没有人类社会今天的发展与繁荣。

2. 管理的概念

任何一个组织，都有其独特的使命和目标，组织的使命和目标是组织存在的理由。为了完成其使命和目标，组织需要开展两方面的活动：作业活动和管理活动。作业活动即业务工作，如医院中的诊治、学校中的教学、工业企业中的生产都属于作业活动，组织是直接通过作业活动来达成组织目标的。管理活动是为了确保作业活动有效地进行而开展的一项活动。对于管理的概念，中外学者有不同的理解，本书采用下面较为通俗的定义。

管理就是管理者在特定的环境下，为了实现一定的组织目标，对组织所拥有的各种资源进行有效的计划、组织、领导和控制等的一系列活动过程。

以上管理定义，包括以下几层含义。

(1) 管理的目的　管理的目的是为了实现一定的组织目标。组织目标是管理的出发点和归宿，管理活动都是围绕组织目标进行和展开的。

(2) 管理的对象　管理的对象是组织所拥有的各种资源，包括人力、物力、财力、信息等方面。管理者需要有效地协调和配置这些资源，以保证组织目标的实现。

(3) 管理的手段　管理的手段是计划、组织、领导和控制，这些也称为管理的基本职能。每个管理者在进行管理活动时，都是在执行这些职能中的一个或几个。

(4) 管理的本质　管理的本质是一系列活动过程。管理是在特定目标引导下，由计划、组织、领导和控制等相互关联的职能活动构成的一个过程。

(5) 管理的前提　管理的前提是特定的环境。管理工作都是在一定的环境条件下开展的，环境既提供了机遇和机会，也构成了挑战和威胁。管理者要正视环境的存在，管理的理念和方法必须因环境条件的不同而随机应变。

## 二、管理的作用

随着人类的进步和组织的发展，管理所起的作用越来越大。概括起来说，管理的作用主要表现在以下两个方面。

1. 管理使组织发挥正常功能

管理是一切组织正常发挥作用的前提，任何一个有组织的集体活动，不论其性质如何，都只有在管理者对它加以管理的条件下，才能按照所要求的方向进行。

组织是由组织的要素组成的，组织的要素互相作用产生组织的整体功能。然而，仅仅有了组织要素还是不够的，这是因为各自独立的组织要素不会完成组织的目标，只有通过管理，使之有机地结合在一起，组织才能正常地运行与活动。组织要素的作用依赖于管理，管理在组织中协调各部分的活动，并使组织与环境相适应。一个单独的提琴手是自己指挥自己，一个乐队就需要一个乐队指挥，没有指挥，就没有乐队。在乐队里，一个不准确的音调会破坏整个乐队的和谐，影响整个演奏的效果。同样，在一个组织中，没有管理，就无法彼此协作地进行工作，就无法达到既定的目的，甚至连这个组织的存在都是不可能的。集体活动发挥作用的效果大多取决于组织的管理水平。

2. 管理是保证组织通过作业活动有效实现组织目标的手段

组织是有目标的，组织的目标需要通过作业活动来完成。而管理能使作业活动有效地进行，从而实现组织的目标。

在现实生活中，常常可以看到这种情况，有的亏损企业仅仅由于换了一个精明强干、善于管理的老板，很快扭亏为盈；有些企业尽管拥有较为先进的设备和技术，却没有发挥其应有的作用；而有些企业尽管物质技术条件较差，却能够凭借科学的管理，充分发挥其潜力，反而能更胜一筹，从而在激烈的社会竞争中取得优势。

3. 管理是一种现代生产力

生产力是人们运用各种资源（包括人力的、自然的、技术的）来获取财富的能力。在现代社会化大生产中，分工协作是普遍采用的生产形式，分工协作的集体劳动效率大大高于成员单独劳动效率的总和。管理作为生产力，通过管理者的计划、组织及协调，有效地保证分工协作的进行，从而以较少的资源耗费来获取较多的物质财富。有人说，一个企业的发展，甚至一个国家经济的发展，三分靠技术、七分靠管理。有人提出生产力的"四要素"理论，即生产力是由劳动者、劳动对象、劳动工具和管理活动四大要素组成。管理成为现代生产力的构成要素之一的观点已成共识。

**4. 管理能够提高现代组织效率**

任何组织都需要管理，没有科学的管理，一个组织就无法生存与发展。正如管理大师德鲁克所说："没有机构就没有管理，但是没有管理也就没有机构。管理是现代机构的特殊器官。正是这种器官的成就决定着机构的成就和生存。"孔茨等人称"管理适合于任何一个组织机构。管理适用于各级组织的管理人员。管理关系到生产率。"试想一想，在人们周围，哪一类组织不存在管理呢？有效的管理会产生事半功倍的效果。

**5. 管理是推动社会经济发展的主要因素之一**

管理和科学技术共同构成推动社会经济发展的两大主要因素，有人将其称为"两个车轮"。

---

**小阅读：一句话管理**

◇ 管理就是两件事：一是资源优化组合；二是环境培养。
◇ 管理＝管人＋理事
◇ 管理的精髓：把复杂的事情简单化。

---

## 第二节 管理的性质与特征

---

**管理故事：马谡的教条主义**

《三国演义》中司马懿大军压境，诸葛亮派参军马谡和上将王平统领二万五千精兵去守街亭。

到了街亭，看了地形，王平主张在五路总口安营扎寨，而马谡却认为应该在一个四面都不相连的山上扎寨，并笑话王平："你真是个没见识的人，难道不知道兵法上说的'凭高视下，势如破竹'吗？"王平说："这山是条绝路，如果敌军断了水道，不就全完了吗？"马谡听了气愤地说："你不要再胡言乱语了，孙子兵法上明明写道'置之死地而后生'，若魏军断了水道，士兵们岂不拼命死战？"

马谡不听劝阻，领大队人马上山驻守，只给王平五千人马在山下驻扎。结果，司马懿大军来到后，果真把马谡围在山上，断了他的水道。士兵吃不上饭，喝不上水，不战自乱。王平领军拼命救援马谡，但寡不敌众。最后马谡只带了几个残兵突围，街亭失守。

**解释：** 兵书并非灵丹妙药，要活学活用。生搬硬套，本本主义，就会钻进死胡同。管理亦是如此。

---

### 一、管理的性质

任何社会生产都是在一定的生产方式和一定的生产关系下进行的，生产过程具有两重性，既是物质资料的再生产，又是生产关系的再生产。因此，对生产过程的管理也存在两重性，即组织生产力的自然属性和为一定生产关系服务的社会属性。

**1. 管理的自然属性**

如上节所述，为了保证社会化大生产能够持续稳定地进行，需要按照社会化大生产的要求，进行有效的管理，合理地进行计划、组织、领导和控制，有效配置生产力，有效利用人力、物力和财力资源，提高经济效益。在这个意义上，管理不具有明显的意识形态色彩，而主要是对物的管理，比如库存管理、成本控制、财务管理等。自然属性是管理的第一属性。

管理的自然属性体现了在任何社会制度中管理的共性，因为生产力诸要素的结合形式、手段、方法，在任何社会制度下都没有本质的区别。

2. 管理的社会属性

管理的社会属性与一定的生产关系、社会文化相联系，主要体现管理者的意志和利益。不同的生产关系和社会文化使管理思想、管理目标和管理方式呈现不同的特色，比如组织目标、组织道德、领导作风、激励方式、管理理念、人际关系、群体价值观、组织文化等，这些涉及对人的管理的内容，具有明显的意识形态色彩，它们在不同的社会制度、不同的历史阶段、不同国家、不同民族、不同文化背景之下具有较大差异。

正确理解管理的两重性具有非常重要的现实意义。第一，要全面认识管理的任务，即既要合理组织生产力，提高经济效益，又要努力改善生产关系，兼顾社会责任。第二，对国外管理理论和思想要正确评价和学习，要结合中国国情有所选择借鉴，不能盲目照搬。

## 二、管理的特征

1. 科学性

管理的科学性是指管理活动存在着一系列客观规律。人们经过多次的失败和成功，从实践中总结出一系列反映管理活动过程中客观规律的管理理论和一般方法。人们利用这些理论和方法来指导自己的管理实践，从管理活动的结果来衡量使用的理论和方法是否正确，从而使管理的科学理论和方法在实践中不断得到验证和丰富。因此，管理是一门研究管理活动基本规律和管理方法的科学，有一套分析问题、解决问题的科学的方法论。

2. 艺术性

管理的艺术性，就是强调管理活动除了要掌握一定的理论和方法之外，还要有灵活运用这些理论和方法的技巧和诀窍。也就是说，仅凭书本上的管理理论和原理进行管理活动是不能保证成功的。管理人员必须在管理实践中因地制宜，发挥积极性、主动性和创造性。只有将管理知识与具体管理活动相结合，才能进行有效的管理。因此，一个成功的管理者应该既注重管理基本理论的学习，又能够在实践中因地制宜地将其灵活运用。

需要强调的是，管理的科学性和艺术性并不互相排斥，而是相互补充的，管理是科学性和艺术性的有机统一。随着社会的发展，管理的科学性将不断增强，而艺术性绝不会降低。

3. 不确定性

管理活动是在变动的环境与组织中进行的，在此过程中包含着很大的不确定性。主要表现在以下几点。

（1）管理客体的不确定性　比如，作为管理客体的员工本身可能是确定的，但员工能力的发挥或与其他资源的配合会由于当时的情绪、思想等因素的影响出现失误或差错。

（2）管理时空的不确定性　随着管理过程的展开，时空也在发生变化，未来的时空将如何是很不确定的。这是管理中最难以把握和解决的。

（3）管理手段和方法的不确定性　已知的管理工具和方法的作用效果，是过去的管理主体在当时特定时空下的作用效果，凭此选择现在的管理工具和方法难免就会有误，因此需要创新。

（4）管理实施结果的不确定性　由于上述诸多方面的不确定性导致管理的效果是不确定的，会与既定的目标有所不同，因此，在管理过程中努力减少实施结果的不确定性也是管理的重要内容。

4. 系统性

组织内的各要素是相互联系、相互作用、相互影响的，在进行管理时，要考虑各要素之间的联系，考虑每个要素的变化对其他要素和整个组织的影响，局部最优不等于整体最优，管理追求的是整体的优化或系统的优化。

> **小阅读：管理感悟**
> ◇ 管理从思想上来说是哲学的，从理论上来说是科学的，从操作上来说是艺术的。
> ◇ 管理是艺术的一种表现形式。

## 第三节 管理者的类型与技能

> **管理故事：鹦鹉的标价**
>
> 一个人去买鹦鹉，看到一只鹦鹉前标有：此鹦鹉会两门语言，售价二百元。另一只鹦鹉前则标道：此鹦鹉会四门语言，售价四百元。该买哪只呢？两只都毛色光鲜，非常灵活可爱。这人想啊想，拿不定主意。
>
> 这时，他发现旁边还有一只老掉了牙的鹦鹉，毛色暗淡散乱，标价八百元。这人赶紧将老板叫来："这只鹦鹉是不是会说八门语言？"店主说："不。"这人奇怪了："那为什么？它又老又丑，又没有能力，怎么会值这个数呢？"店主回答："因为另外两只鹦鹉叫这只鹦鹉老板。"
>
> **解释：** 管理者不一定就是技术技能出众者，能够运用人际技能处理好各种关系的人在某种程度上更适合做管理者。

### 一、管理者的类型

管理者是指组织中那些指挥别人活动或对他人的工作负有责任的人。如车间主任、部门经理等。他们的工作有一个共同的特征：都是通过别人来实现组织的目标，并使组织的活动得以更有效地完成。

一个组织中从事管理工作的人可能有很多，可以按照管理者所处的层次不同或所从事的管理工作领域不同，将其分成不同的类型。

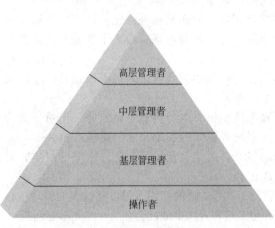

图 1-1 组织人员金字塔

1. 管理者的层次分类

按照管理者所处的组织层次的不同，可将其划分成高层管理者、中层管理者和基层管理者，如图 1-1 所示。

高层管理者对整个组织的管理负有全面责任，主要任务是制定组织的总目标和总战略，把握发展方向。如 CEO（首席执行官）、CFO（首席财务官或财务总监）、COO（首席运营官）、董事会主席、总裁、副总裁等都属于高层管理者。

中层管理者位于高层管理者和基层管理者之间，负责将高层管理者制订的总目标和计划转化为更为具体的目标和活动，同时监督和协调基层管理人员的工作。中层管理者在管理中起着上传下达的桥梁和纽带作用，如部门经理、科室主任等就属于中层管理者。

基层管理者，即一线管理人员，是监督组织运作的低层管理者，其主要职责是给下属作业人员分派具体工作任务，直接指挥和监督现场作业活动。如车间主任、饭店领班、业务主管等就属于基层管理者。

2. 管理者的领域分类

按照管理者所从事管理工作的领域宽窄及专业性质的不同，可将其划分为综合管理者和专业管理者。

综合管理者是指负责管理整个组织或组织中某个事业部的全部活动的管理者。对于小型组织（如一个小企业）来说，可能只有一个综合管理者，那就是总经理，他要统管该组织内的包括生产、营销、人力资源、财务等在内的全部活动。而对于大型公司（如跨国公司）来说，可能会按产品类别设立几个产品分部，或按地区设立若干地区分部，这时，该公司的综合管理人员就包括总经理和每个产品或地区分部的经理，每个分部的经理都要统管该分部包括生产、销售、人力资源、财务等在内的全部活动。

专业管理者指仅仅负责管理组织中某一类活动（或职能）的管理者。根据这些管理者所管理的专业领域性质的不同，可以具体划分为生产部门管理者（生产经理）、营销部门管理者（营销经理）、人力资源部门管理者（人力资源经理）、财务部门管理者（财务经理）及研究开发部门管理者（研究开发经理）等。

## 二、管理者的技能

1974年，罗伯特·孔茨在《哈佛管理评论》上发表了"管理者应具备的管理技能"一文，提出了管理者应具备三类技能，即技术技能、人际技能和分析技能。

（1）技术技能　技术技能是指从事一定的业务工作所需要的专业技术和能力。作为一名管理者，虽然不用事必躬亲地去从事每一项作业活动，但这并不意味着他不了解下面的人在做什么。比如一个不懂财务会计的财务主管，连下属做假账他都不知道，怎么能管理、指导下面的人员工作呢？

（2）人际技能　人际技能是指与组织内外各层次人员打交道、进行有效沟通的能力。在"以人为本"的今天，人际技能对于管理者是一种极为重要的能力。没有人际技能的管理者是不可能做好管理工作的。具有良好人际技能的管理者，他们知道如何与员工沟通，如何激励、引导和鼓舞员工，使员工发挥最大的潜力。

（3）分析技能　分析技能也叫概念技能、构想技能，指观察、理解和处理各种全局性的复杂关系的抽象能力。管理者要能够在复杂的环境中抓住问题的关键和实质，并能果断地采取措施解决问题。除此之外，具有分析技能的管理者还能够将组织看作一个整体，理解组织与环境的互动，理解组织各部门之间的关系，从而以全局观念考虑问题。

不同层次的管理者，虽然所从事的工作都是管理工作，但所需上述技能的程度不同，如图1-2所示。

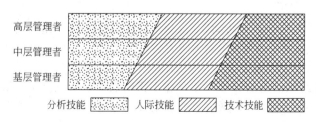

图1-2　不同层次管理者的技能要求

基层管理者工作在第一线，直接面向操作者，这就要求他们对所处领域的业务有很好的掌握，也就是技术技能对他们最为重要；否则他们就无法对作业人员的工作予以指导和监督。另外，由于其工作具有常规性，基本按照事先制定的规则、程序进行，因此，分析技能对他们来讲相对不那么重要。

高层管理者处于组织的最顶端，主要确定组织的发展战略，从宏观上把握整个组织的协调运行，这就要求他们具有很强的分析技能，而技术技能相对不太重要。

中层管理者处在承上启下的位置，既是高层管理者的下属，又是基层管理者的上级，这就决定了他们既要具备分析技能，又要具备技术技能。

而人际技能对于任何层次的管理者都是同等重要的。因为作为管理者，都要通过别人的努力来完成组织的任务，需要进行沟通和协调。

> **小阅读：提拔**
>
> 在单位里，工作最出色的人不一定就是提拔最快的人。因为作为一个基层管理者工作出色可能仅仅因为他技术技能过硬，但如果人际技能和分析技能欠缺的话，提拔到中、高层做管理者就会遇到很多困难。一个想做将军的士兵应该全面发展自己。

## 第四节　管理的基本职能

> **管理故事：装桶实验**
>
> 一天，老师为商学院的一群学生做了一个实验。他首先把大石块一一放进一个大木桶里，直到盛不下为止。他问学生："木桶装满了吗？"学生回答："满了。"老师又把一堆小石块倒进去，并将桶摇了一摇，小石块填满了大石块的缝隙。他又问学生："现在装满了吗？"有些学生小声道："可能还没有。"老师又将一堆沙子倒了进去，又摇了摇木桶，沙子填满了小石块的缝隙。他再一次问学生："装满了吗？"这次学生已经明白了实验的用意，大声说："没满。"最后老师又将水倒了进去，水充满了沙子的缝隙。老师让学生将程序反过来，先装水，再装沙子和石块，结果无论怎样都无法将这些东西再放到木桶里去了。
>
> 解释：同样的资源，你必须知道如何使用，才有可能达到目标。正确使用资源需要有效的管理，有效管理的起点是认识管理的职能。

### 一、管理的基本职能

"职能"一词在这里指的是"活动""行为"的意思。管理工作是由一系列相互关联、连续进行的活动构成的，这些活动可被归类为四大基本管理职能，即计划、组织、领导和控制。

1. 计划

计划职能是指对组织活动的目标、方案和步骤的设计，也就是预先决定为什么做、做什么以及如何去做。计划工作一般包括决策的制定和计划的编制与实施。

2. 组织

组织职能是指对组织活动的各种要素以及人们在活动中的相互关系进行合理的配置，也即为了实现目标和计划，需要完成哪些任务，需要设置哪些部门、岗位，每个部门和岗位的职责分别是什么，不同部门、岗位之间的关系如何确定等。

3. 领导

领导职能就是管理者利用职权和威信对组织成员施加影响，使他们努力完成工作目标。有效的领导要求管理者在合理的制度环境下，利用自身优秀的素质，采用适当的方式，调动下属的积极性，指导他们的活动，协调他们的行为，进行良好的沟通来达到工作目标。

4. 控制

控制职能就是为保证实际工作及其结果能与计划和目标相一致而采取的一切管理活动。在实现目标和计划的过程中，总会有一些事先没有考虑到的事情，因此需要对实际工作进行监控和纠正。

以上四个职能之间并不是各自独立的，而是相互联系、相互依存的。为了做好组织的各项工作，管理者首先要根据组织内外部环境条件，确立组织目标并制定出相应的行动方案，然后组织力量去完成，建立组织结构，配备人员，确保组织协调运行。为了充分调动组织成员的积极性，在目标确定计划落实以后，管理者还要加强领导工作，指导、协调、激励下属的行为。尽管如此，仍不能保证所有的行动都一定会按计划执行，组织目标就一定能够实现，还需要对整个活动过程进行控制，不断纠正偏差，使组织活动能按预定的计划进行或对计划作适当的修正，确保计划的完成和目标的实现。管理就是这样一个不断循环的过程，如图1-3所示。

图 1-3　管理基本过程示意图

对于以上四个职能，不同层次的管理者有不同的侧重。高层管理者花在组织工作和控制工作这两项职能上的时间要比基层管理者相对多些，而基层管理者花在领导工作上的时间则要比高层管理者多一些（见图1-4）。即使就同一管理职能来说，不同层次管理者所从事的具体管理工作的内涵也并不完全相同。例如，就计划工作而言，高层管理者关心的是组织整体的长期战略规划，基层管理者则更侧重短期、局部性的作业计划。

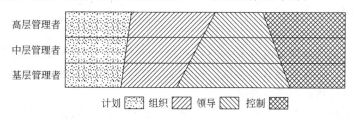

图 1-4　管理层次与管理职能的关系

## 二、管理职能的深化

计划、组织、领导和控制这四个基本职能，早在20世纪初管理学界就已有认识。到现在为止，这种认识仍未发生根本性的变化。但是随着管理理论研究的深化和客观环境对管理工作要求的变化，人们又提出了一些新的管理职能。更确切地说，是对原有四个基本职能的某些方面进行强调，从中分离出一些新的职能，如决策、协调和创新职能。

有人为了强调决策在管理中的作用，把决策从计划职能中分出作为一个管理职能，认为管理就是决策，决策贯穿于管理过程的始终，渗透到管理的所有职能中，管理者在某种程度上也被称作决策者。

有人将协调也视为管理的一项重要职能，包括对内协调和对外协调，对内协调的核心是沟通，对外协调的核心是公关关系。

伴随着新经济的发展，有人又将创新列为一个管理职能，认为创新是组织活力的源泉，关系到组织的兴衰成败，而且现代管理面临着动荡环境，新问题层出不穷，所以，创新是组织立于不败之地的重要法宝。所谓创新，就是指企业运用新思想、新方法和新方式对生产要素、生产条件和生产组织等进行重新组合，以促进企业管理系统综合效能不断提高和获得最大利润的过程。

鉴于以上观点，本书认为，管理的职能除计划、组织、领导、控制四个基本职能外，创新也应作为管理的职能之一。在计划职能中包含决策，在领导职能中包含协调。

> **小阅读：船长的职能**
>
> 　　一艘轮船要顺利驾驶到目的地，船长的角色职能包括：设计方向的领航员；实际控制方向的舵手；轮船的设计师或选用者以及全体船员形成支持、参与和沟通关系的促进者。以上这些正是计划、组织、领导、控制职能的体现。

## 第五节　管理的基本原理

> **管理故事：磨刀不误砍柴工**
>
> 　　有一个木匠，拥有一把锐利的斧头与惊人的体力，一天可以砍下20棵以上的树，但慢慢地，他工作的时间越来越长，所砍的树却越来越少。他的朋友不忍心看他日夜不停地砍树，建议他说："把斧头磨利一些再继续砍树吧！"他说："我哪有时间磨斧头，我正忙着砍树呢！"
>
> 　　**解释**：他山之石，可以攻玉。花点时间学习和领会前人已经总结出来的管理经验和方法，用来指导管理实践，会避免走许多弯路。

管理原理指的是管理领域内具有普遍意义的基本规律，它是以大量的管理实践为基础，经实践检验和确定，能够指导管理实践，能够反映管理行为规律性和实质性内容的道理。它对于管理行为，具有普遍的指导意义。

管理的基本原理主要有系统原理、人本原理、责任原理、效益原理和权变原理。

### 一、系统原理

"系统"一词最早出现在古希腊语中，原意是指由部分组成的整体。从管理的角度定义，"系统"是指由相互依存、相互制约的若干个要素组成的具有一定结构和特定功能的整体。该定义包含三层具体含义：第一，任何系统均由两个以上的要素组成，单个要素不能构成系统；第二，系统中的各要素之间，要素与整体之间，以及整体与环境之间相互作用，相互影响，并形成了特殊的系统结构；第三，系统具有不同于各组成要素独立功能的新功能，也就是说，系统不是个别要素的简单相加，而是各要素有机结合形成的一个具有新功能的整体，而且，系统的整体功能大于各要素功能的简单相加，可以形象地比喻为"1+1＞2"。

任何组织都是一个具有特定功能的相对独立的系统，都由若干个相互联系、相互制约的要素按一定结构关系构成，都与外部环境不断地进行着物质、能量和信息的交换，在系统内部都存在一定的纵向和横向分工。系统原理的主要思想是，要实现组织的任务和目标，一方面要根据环境条件对组织进行科学设计，使组织的社会职能、结构体制、权责配置、运行机制等与外部环境保持动态的平衡；另一方面要对组织发展过程中的各种问题进行系统分析，从整体的、相互关联的角度处理问题，而不能从局部的、孤立的角度处理问题。

## 二、人本原理

人本原理，就是以人为本的原理。它的主要思想是，人们在管理活动中要坚持一切以人为核心，把人视为管理的主要对象及组织的最重要资源，充分尊重人的权利，强调人的主观能动性，实现人的全面、自由发展。具体来说，人本原理包括以下内涵。

1. 人力资源开发

在各种资本投资中，对人的投资是最有价值的。人本原理角度的人力资源开发，表现在对组织成员的培养和激励上，要充分发挥人的潜能，不断提高人的素质。员工素质的提高主要通过三个途径：工作中学习、交流中学习和专业培训。

2. 引导性管理

以人为本的管理本质上是组织成员的自我管理，不需要权威和命令来组织人与人之间的协作、安排资源等，而是以引导来代替权威和命令，注重情感沟通，最终有效地完成既定的目标。

3. 民主管理

民主管理即管理者允许组织成员不同程度地参与管理，认真听取员工对工作的看法，积极采纳员工提出的合理化建议。员工参与管理会使工作计划和目标更加趋于合理，增强员工工作的积极性，培养员工的集体意识以及对组织的自豪感、归属感和责任感，有利于创造一个和谐的氛围，激发组织成员的工作热情。

4. 组织文化建设

组织文化是组织在所处的经济、社会、文化背景下，通过长期发展逐步形成的为全体员工所接受和认同的日趋稳定的、独特的价值观，以及以此为核心而形成的行为规范、道德准则、群体意识、风俗习惯等。优秀的组织不仅在于它具有现代化的技术设备和人才，而且还体现在它的良好的、积极向上的企业文化上。企业文化对组织成员的思想和行为具有约束、引导、激励和凝聚作用。

## 三、责任原理

职责是整体赋予个体的任务，也是维护整体正常秩序的一种约束力。管理者为了完成既定的生产或经营任务，需要为每位员工分配工作任务，确定每个人的职位，明确各职位的任务，即职责。

职责建立在分工的基础上。分工只是对工作范围做了形式上的划分，至于工作的数量、质量、完成时间、效益等要求，分工本身还不能完全体现出来。所以必须在分工的基础上，通过适当的方式对每个人的职责做出明确规定。首先，职责界限要清楚，应按照与工作目标联系的密切程度，划分出直接职责与间接职责；其次，职责内容要具体，便于执行与检查；再次，职责中规定协同配合的内容，即规定该岗位同其他部门、岗位的联系和要求；最后，职责一定要落实到个人，做到事事有人负责。

明确职责以后，就要赋予相应的权力，包括人力、物力、财力的支配、使用权。在职责和权限匹配上要做到责权对等，责大权小，任务不易完成，权大责小，会造成滥用职权。此外，还要和利益挂钩，确定职责的目的是实现工作目标，而目标的实现最终要给单位和个人带来利益，包括物质利益和精神满足。在给员工分配职责时，应因人而异、量力而行，超过员工能力的职责会挫伤员工的积极性，低于员工能力的职责对员工没有激励意义。

### 四、效益原理

效益是有效产出与投入之间的一种比例关系。效益高，才意味着管理有成效，管理必须追求效益的提高。

效益原理是指组织的各项管理活动都要以实现有效性、追求高效益作为目标。有效地发挥管理功能，能够使企业的资源得到充分地利用，带来企业高效益；反之，落后的管理会造成资源的损失和浪费，降低企业活动的效率，影响企业的效益。效益原理体现在以下原则：

（1）价值原则　即效益的核心是价值，必须通过科学而有效的管理，实现价值最大化。

（2）投入产出原则　即通过尽可能小的投入来取得尽可能大的有效产出，实现效益的最大化。

（3）边际分析原则　即通过投入产出微小增量的比较分析，来考察实际效益的大小，以做出科学决策。

效益分为经济效益和社会效益。经济效益是社会效益的基础，社会效益会促进经济效益。管理应把经济效益和社会效益有机地结合起来，即既要追求经济效益，也要追求社会效益。

### 五、权变原理

权变是指相机而变，随机应变。权变原理认为，每个组织的内在要素和外在环境条件都各不相同，因而在管理活动中不存在一成不变的、普遍适用的管理。在管理实践中，要根据组织所处的环境和内部条件的不同，采取不同的组织结构、领导方式和管理机制。组织的管理模式、方案、原则、方法、措施等都要适应内外部环境的要求。

以上各项原理并不是孤立的，而是相互联系、相互依赖的。在管理实践中，应综合运用这些原理，不断创造新的管理制度、手段和方法以实现管理的目标。

---

**小阅读：80/20 原理**

80/20 原理是在著名的帕累托曲线的基础上演变而来的。它揭示的是在特定的群体中，重要的因子通常只占少数，而不重要的因子却占多数，只要在管理活动中控制住这些关键的少数，就会达到事半功倍的效果。

---

## 第六节　管　理　学

**管理故事：纪昌学箭**

纪昌向飞卫学射箭，飞卫没有传授具体的射箭技巧，却要求他必须学会盯住目标而眼睛不能眨动。纪昌花了两年，练到即使锥子向眼角刺来眼睛也不眨一下。飞卫又进一步要求纪昌练眼力，要达到将体积较小的东西能够清晰地放大。纪昌苦练三年，终于能将虱子看成车轮一样大，此时，纪昌张开弓，轻而易举地一箭便将虱子射穿。

**解释**：学习射箭必须先练眼力，基础扎实了，应用就可以轻松自如了。管理学是管理活动的基础，对从事管理活动至关重要。

## 一、管理学的含义与特性

1. 管理学的含义

管理学是一门系统地研究管理活动的基本规律和一般方法的科学。

管理学的研究对象是适用于各类社会组织的共同管理原理和一般方法，是存在于共同管理工作中的客观规律性，即如何按照客观规律的要求建立一定的原则、组织形式、方法和制度，从而指导人们从事管理实践，实现组织的预期目标。就其内容而言，它涉及生产力、生产关系和上层建筑三个方面。

管理学主要涉及三个方面的内容：一是分析探讨如何根据目标的要求，合理地获取、配置和使用人力、物力、财力资源，产生最佳效益；二是分析探讨如何正确处理人际关系，如何进行有效的分工协作，如何激励组织成员，调动一切积极因素，为实现组织目标服务；三是分析组织管理体制的建立和完善，分析组织文化的塑造，分析组织的社会责任和伦理道德问题等。

2. 管理学的特性

（1）普遍性　管理学研究的是管理的一般问题，对各层次、不同组织、不同行业的管理具有普遍适用性。

（2）综合性　管理学是从社会生活的各个方面以及不同类型组织的管理活动中概括和抽象出具有普遍指导意义的管理思想、原理和方法；在研究管理活动过程中普遍存在的基本规律和一般方法时，需要综合运用其他学科的成果和技术。

（3）实践性　管理学的各种理论都来源于实践，其应用也归于实践，指导实践。由于管理对象的复杂性和管理环境的多变性，管理知识在运用时具有较大的技巧性、创造性和灵活性，必须通过大量的实践不断地更新与完善。

## 二、管理学的发展趋势

管理学作为一门社会科学，其发展也必然遵循科学发展的客观规律。结合其他社会科学的发展历程以及管理科学自身的特性，可对管理学未来的发展趋势做出如下预测。

第一，管理学在社会科学体系中的地位将进一步提高。

第二，管理学的内容将更加突出以人为本的特色。

第三，管理学将更多地体现出其多样性或综合性的特征。

第四，管理学理论与实践的结合将更加紧密。

---

**小阅读：** 学习感悟

学习，其实是学与习两个字。学一次，做一百次，才能真正掌握。

更多的时候，学习是一种态度。只有谦卑的人，才能真正学到东西。就像大海之所以成为大海，是因为它比所有的河流都低。

---

**知识拓展** 人性的基本假设

人既是管理的主体，又是管理的客体。作为管理者，其人性观决定着对被管理者所采取的基本态度和所采取的管理行为。因此，人性假设是管理学的不可缺少的部分。

## 一、经济人假设

英国古典政治经济学创始人亚当·斯密在《国富论》中提出了利己主义的人性观。他将社会看作是人们相互交换的联合体，交换是人类的本性，而交换的动机是利己主义，人的本性都是追逐金钱的。

根据经济人假设，管理人员的管理措施应当是以下四项。

第一，将管理工作的重点放在如何提高劳动生产率、完成任务方面。管理者的主要职能是计划、组织、经营、指引和监督。

第二，管理者应用职权发号施令，使对方服从，让人适应工作和组织的要求，而不考虑在情感和道义上如何给人以尊重。

第三，强调严密的组织和制定具体的规范、工作制度，如工作定额等。

第四，在激励制度上，主要用金钱报酬调动人的积极性，对消极怠工者采取严厉的惩罚措施。

这种管理方法是"胡萝卜加大棒"的办法。一方面靠金钱的刺激，一方面靠严格的控制和惩罚迫使工人为组织目标努力。事实证明，这种方法难以取得理想的效果，随着人们对更高层次需要的追求，"经济人"假设逐渐被放弃。

## 二、社会人假设

"社会人"假设是梅奥等人提出来的。该假设认为，工人是"社会人"而不是"经济人"，人们最重视的是工作中与周围人的友好相处，追求人与人之间的关心、理解，满足友谊、爱和归属的需要；企业中存在着非正式组织，即人们在工作中由于共同的感情和爱好自然形成的一种非正式团体，这种非正式组织在某种程度上支配其成员的行为方式；生产效率主要取决于员工的工作态度以及其与周围人的关系，关系越融洽，满足度越高，生产效率就越高。

根据社会人假设，管理人员的管理措施应当是以下三项。

第一，管理人员不能只考虑完成工作任务，应当关心人，尊重员工，建立融洽的人际关系，提高组织士气。

第二，对员工的奖励，应当尽量采取集体奖励，培养集体精神，而不主张单纯采取个人奖励。

第三，管理人员要由单纯的监督变为上下级联络的中介，鼓励交流，注意倾听员工的意见并向上级反映。

## 三、自我实现人假设

该理论是美国管理学家、心理学家马斯洛提出的。所谓自我实现，是指人都需要发挥自己的潜力，表现自己的才能，实现自我价值。只有人的潜力充分发挥出来，人才会感到最大的满足。

根据自我实现人假设，管理人员的管理措施应当是以下三项。

第一，管理的重点是创造一个有利于人发挥潜能的工作环境，管理者的职能应该从指挥变为帮助人们克服自我实现过程中遇到的障碍。

第二，在奖励方式上，工作的挑战性等内在因素比经济收入、人际关系等因素更能提高员工的积极性。

第三，在管理制度上给予员工更多的自主权，让员工参与管理和决策，实现自我管理和自我控制，体现自我价值。

**四、复杂人假设**

这种理论产生于 20 世纪 60～70 年代，其代表人物有雪恩、J·J·摩斯等人。这种假设认为，上述三种假设虽然有一定的合理性，但不能适用于一切人。人的内心是复杂的，不仅因人而异，而且同一个人在不同的年龄和情境会有不同的表现。人的需要会随着年龄、知识、地位、生活以及人与人关系的变化而变化。由于人的需要不同，能力各异，对同一管理方式会有不同的反应。

根据复杂人假设，管理人员的管理措施应当是以下两项。

第一，管理者必须具体了解不同员工之间需要和能力方面存在的差异，并按照不同人的不同情况，采取相应的管理方式。

第二，管理方式必须灵活，保证管理方式同组织目标、个人条件相适应，尽可能使每个员工都获得胜任感和满意感。

由于复杂人假设强调对人性的认识要根据具体情况具体分析，因此对实际工作具有更强的实用价值。

## 本章小结

管理就是管理者在特定的环境下，为了实现一定的组织目标，对其所拥有的各种资源进行计划、组织、领导和控制等的一系列活动过程。任何组织都需要管理，管理使组织发挥正常功能，是保证组织通过作业活动有效地实现组织目标的手段，是一种现代生产力，能够提高现代组织效率，是推动社会经济发展的主要因素之一。

管理具有两重性，即自然属性和社会属性。其中，自然属性是管理的第一属性。管理具有科学性、艺术性、不确定性和系统性等特征。

管理者是指组织中那些指挥别人活动或对他人的工作负有责任的人。按照管理者所处的组织层次的不同，可将其划分成高层管理者、中层管理者和基层管理者。按照管理者所从事管理工作的领域宽窄及专业性质的不同，可将其划分为综合管理者和专业管理者。管理者应具备三类技能：技术技能、人际技能和分析技能。不同层次的管理者，所需上述技能的程度不同。对于基层管理者来讲，技术技能对他们最为重要；高层管理者处于组织的最顶端，要求具有很强的分析技能；中层管理者处在承上启下的位置，既要具备分析技能，又要具备技术技能。而人际技能是不同层次管理者都必须具备的技能。

管理的基本职能有四项，即计划、组织、领导、控制。职能之间有着相互联系。不同层次的管理者在各职能的侧重上存在差异。此外，随着管理理论研究的深化和客观环境对管理工作要求的变化，人们又提出了一些新的管理职能，如创新职能。

管理原理包括系统原理、人本原理、责任原理、效益原理、权变原理等。各项原理相互联系、相互依赖。

管理学是一门系统地研究管理活动的基本规律和一般方法的科学，具有普遍性、综合性、实践性等特性。

## 本章内容结构图

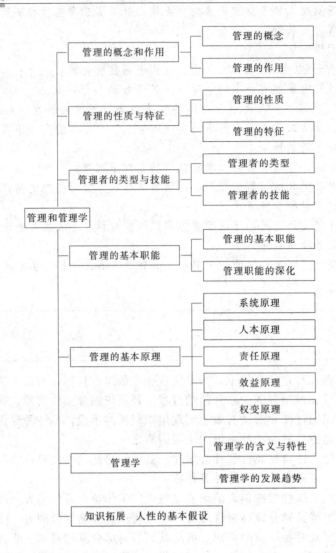

## 思考与练习

### 一、单选题

1. 下面正确的陈述为（　　）。
   A. 只有企业才需要管理
   B. 任何类型的组织都需要管理
   C. 社会团体组织不需要管理
   D. 个体企业不需要管理

2. 有一种说法认为"管理就是决策"，这实际上意味着（　　）。
   A. 对于管理者来说，只要善于决策就一定能够获得成功
   B. 管理的复杂性是由于决策的复杂性而导致的
   C. 决策能力对于管理的成功起着特别重要的作用
   D. 管理首先需要的就是面对复杂的环境做出决策

3. 管理的二重性是指（　　）。
   A. 科学性和艺术性
   B. 自然属性和社会属性
   C. 科学性和不确定性
   D. 不确定性和系统性

4. 从发生的时间顺序看，下列四种管理职能的排列方式，哪一种更符合逻辑？（　　）

A. 计划、控制、组织、领导      B. 计划、领导、组织、控制
C. 计划、组织、控制、领导      D. 计划、组织、领导、控制

5. 与基层管理者和中层管理者相比，高层管理者更需要哪一种技能？（　　）
A. 技术技能     B. 人际技能     C. 分析技能     D. 领导技能

6. 某设备生产公司经理王强在与客户接触时发现当地一些化工企业厂房通风设施简陋，厂房内通风状况亟待改善，于是亲自进行市场调查、产品研发等，使公司产品质量达到了国内先进水平，但一年多未能申请到专利，在向环保、工商等部门申请过程中也迟迟不能协调一致，丧失了进入市场的大好机会。你认为下面哪种说法最能概括王经理的技能状况？（　　）
A. 技术技能、分析技能强，人际技能弱      B. 技术技能、人际技能强，分析技能弱
C. 技术技能、人际技能、分析技能都强      D. 技术技能、人际技能、分析技能都弱

7. 为了实现组织的任务和目标，强调要对组织发展过程中的各种问题进行系统分析，从整体的、开放的、相互关联的角度处理问题。这是下列哪项管理原理的基本思想？（　　）
A. 系统原理     B. 人本原理     C. 效益原理     D. 权变原理

8. 管理学的内容涉及（　　）。
A. 配置和使用组织资源      B. 处理人际关系
C. 社会责任和伦理道德问题      D. 以上三方面都包括

## 二、简答题

1. 如何理解管理的概念？
2. 管理的作用有哪些？
3. 管理有哪些特征？
4. 管理的基本职能有哪些？它们之间有什么关系？
5. 学校教学一线的教师是管理者吗？为什么？
6. 在对基层管理者的技能要求中，为什么技术技能最重要？
7. 简述管理学的普遍性。

## 三、案例分析题

### 贾经理的无奈

江南某机械制造公司是一家拥有职工2000多人，年产值约5000万元的企业。总经理贾明虽然年过50但办事仍风风火火，每天都要处理大大小小事情几十件，从公司的高层决策、人事安排，到职工的生活起居，可以说无事不包。大家有事都找他，他也有求必应。有人劝他少管些鸡毛蒜皮的事，他说："我是公司经理，职工的事就是我自己的事，我怎能坐视不管呢？"为了把企业办好，贾经理把全部的时间和心血都花在公司里，家里几乎无暇照顾。

在公司里，贾经理事必躬亲，大事小事都要过问，能亲自办的事决不交给他人办；交给下属的一些工作总担心办不好，常插手过问。有一次，职工小王夫妇闹别扭，闹到贾经理那里。当时，贾经理正忙着开会，让工会领导去处理一下，工会主席很快就解决了。可贾经理开完会后又跑来重新了解，结果平息了的风波又闹了起来。像这样的例子在公司时有发生。

虽然贾经理的事业心令人钦佩，但他的辛劳并没有得到上天的眷顾。随着市场环境的变化，公司的生产经营状况每况愈下，成本急剧上升，效益不断下滑，急得贾经理夜不能寐。不久决定推行成本管理，厉行节约，他自己以身作则，率先垂范。但职工并不认真执行，浪费依旧，考核成了一种形式。贾经理感叹职工没有长远眼光，却总也拿不出有力的监督措施。就这样，公司一天不如一天。最后在有关部门撮合下，公司决定与一家外国企业合作，由外方提供一流的先进设备，公司负责生产。当时这种设备在国际上处于先进水平，国内一流。如果合作成功，公司不仅可以扭转困境，而且可能使公司的生产、技术和效益都上一个新台阶，因此大家都对此充满信心。经多方努力，合作的准备工作已基本就绪，就等双方举行签字仪式。

仪式举行前一天，公司的一个单身职工生病住院，贾经理亲自到医院陪他。第二天几乎一夜未合眼的贾经理又到公司查看生产进度，秘书几次提醒他晚上有重要会议，劝他休息一下，但他执意不肯。下午，贾经理在车间听取职工反映情况时病倒了。晚上，贾经理带病出席签字仪式，公司的其他许多领导也参

加，但贾经理最终没有支撑下去，中途不得不被送进医院。外方领导在了解事情的经过后，一方面为贾经理的敬业精神所感动，另一方面也对贾经理的能力表示怀疑，决定推迟合作事宜。

贾经理出院后，职工们都对他另眼看待，他在公司的威信从此大大下降。对此，贾经理有满腹的无奈。

资料来源：https://wenku.baidu.com/view/fb183da05acfa1c7ab00cc33.html

### 分析题

1. 贾经理是一个好人，但你认为贾经理是一名优秀的管理者吗？
2. 内陆银行总裁大卫·拜伦一直坚守这样一条格言：一是决不让自己超量工作，二是授权他人后立刻忘掉这回事。你认为这句格言对贾经理有何启示？
3. 你认为一名高层管理者的主要工作应是什么？

## 技能实训

**训练项目：管理者技能与素质分析**

［实训目标］
1. 培养学生学习管理学的兴趣以及参加社会调查活动的主动性、积极性；
2. 培养学生认知并自觉提升管理技能与素质的能力。

［实训内容］
全班同学分组，利用课余时间，选择某一组织进行调查访问，重点访问一位管理者。
调查访问的主要内容：
（1）组织名称、性质；
（2）组织的基本情况；
（3）该组织管理者的类型；
（4）重点访问的管理者的管理层次、职位、工作职能、管理对象、该职务所需的主要管理技能等；
（5）该管理者在工作中遇到的最困难的事情是什么？他是怎么解决的？
（6）该管理者对自己的工作绩效评价如何？哪方面还需要进一步改进？

［实训具体要求］
1. 访问前要制定访问提纲，设计访问内容，以保证信息的完整性；
2. 调查访问要客观、真实；
3. 最终要写出实训报告。

［实训成果与检测］
1. 每组同学提交一份实训报告；
2. 在课堂上组织一次全班交流，每组派一位代表发言；
3. 教师对各组进行点评及成绩评定。

# 第二章 管理的主要思想及其演变

◆ 知识目标
1. 掌握泰勒及其追随者的科学管理理论；
2. 掌握法约尔的管理原则及其对当前管理实践的指导意义；
3. 理解韦伯的行政组织理论；
4. 了解行为管理思想，特别是梅奥的人际关系学说；
5. 了解定量管理思想的内涵及其特点；
6. 掌握系统和权变的思维方式；
7. 了解管理理论当前的发展状况。

◆ 能力目标
1. 培养学生对管理思想的认知和理解能力；
2. 培养学生对历史的思辨能力；
3. 培养学生的系统思维能力；
4. 培养学生的权变意识。

## 案例引读

### 同仁堂传奇

在北京大栅栏林立的店铺中，有一座古朴庄重的楼阁，这便是清康熙八年（公元1669年）由祖籍浙江宁波、明代迁居北京的乐家第四代传人乐尊育创建的、享誉海内外的老字号"同仁堂"药店。

在坎坷的岁月中，在市场经济大潮的冲刷下，同仁堂非但没有消逝，反而日见辉煌——由新中国成立前的三间小门脸发展到今天的豪华大楼；从过去"供奉御药"的中药房发展为现代集团企业，并成为医药界为数不多的上市企业。其店名更成为企业"德、诚、信"的化身。

同仁堂经营不少名贵药——成百上千元的人参鹿茸，同时廉价药品也十分丰富，如狗皮膏、眼药水……他们做大生意，但也不放过小买卖，"只要能方便顾客就行"。同仁堂以"养生济世"为己任，从不为不义之财所动。前些年我国南方一些城市曾流行肝炎，特效药板蓝根冲剂供不应求，到同仁堂拉板蓝根的汽车排起了长队。同仁堂的职工昼夜奋战，生产高质量的板蓝根。有人提出药品需求量这么大，况且配料之一的白糖库存没有了，用的是高价糖，如果按原价出厂不合算，应提高价格。但同仁堂将治病救人视作自己的天职，岂能乘人之危发难民财，药品一律按原价出厂。

同仁堂"德、诚、信"这一服务宗旨更是体现在药品质量上。20世纪60年代曾发现过一批保存了几十年甚至百余年同仁堂制作的中成药，这些药香气浓郁，润而不干，就像是近期制作的一般，其过硬的质量是不言而喻的。

同仁堂的药质和药效让人倍感神奇，殊不知它的采购和制作是何等的考究。同仁堂一向不惜以高价购买上品参茸；对于不按时令采集的劣等药材，尽管市场价格便宜，也绝不购买。对黄酒、蜂蜜等附加料的选择也是极为重视。在制作成药过程中，同仁堂严格地按照祖训"炮制虽繁，必不敢省人工；品味虽贵，必不敢减物力"行事。如今，"质量第一"的宗旨不变，店内所有药品都从主渠道进货，"产非其地，采非其时"的药材被拒之门外。店内的中成药，从购进原料、炮制加工到包装上柜，要经过上百道工序，每道工序都有严格的标准。所售饮片，均需经过再加工，除去杂质方可销售。

三百多个春秋过去了，同仁堂药店大了，名气大了，但它的追求——"质量第一"却丝毫未变。

为了让每一位顾客都能买到放心药，药店采取各种措施，杜绝假冒伪劣商品进店。药店建立了从采购、验收、保管到销售，一环紧扣一环，层层把关的质量检验制度。在收购野山参、鹿茸、冬虫夏草、牛黄等名贵药材时，要派经验丰富的中药专家亲临产地，看货选样。

俗话说"丸散膏丹，神仙难辨"。传统的中药生产鉴别所凭借的经验，是对药物的眼看、手摸、耳听、口尝的感性认识。但鉴于现今假冒伪劣药品充斥市场，同仁堂的产品除了传统的鉴别方法外，要由质检科送权威检测部门检验，合格后方可销售。

过去的同仁堂就很注重宣传自己：每当京城会试期间，同仁堂都要向举子们馈赠牛黄清心、羚翘解毒等四季度时之药，以此为同仁堂传名。每当阴历二月开沟时，同仁堂便制造写有同仁堂字样的大红灯笼，夜晚置于开沟之地，以防行人落入沟中。同仁堂时常还做些舍粥、舍棺材的义举……这一切都使同仁堂美名流传。

在市场经济中，同仁堂人更没有放弃对自己的宣传。媒体的宣传是其中的一小部分，大部分的宣传手段靠的是"真诚的服务"。

多年来，同仁堂一直默默地为顾客提供着费工、费时、不见经济效益的各种便民服务。买药的顾客有时对药性不清楚，或是代别人抓药，为此同仁堂在店堂中设立了"问病服药处"，聘请有经验的退休老药工为顾客免费提供咨询。

中药里，汤剂的比重较大，熬制汤药费工费时。同仁堂坚持为顾客熬制汤药，只收取极低的工本费。此外，他们还长期代客加工中成药，加工的丸、散、膏、丹等保持了传统的制作工艺，用料细，做工精，有效成分保持得好，因而许多国际友人和海外华侨托人或专程来同仁堂配药。

代客邮寄药品业务也是赔本的买卖，可邮寄部始终做到"有信必答，有求必应"，令顾客感动不已。

药店还安排专人夜间售药，设立患者和客户急需药品登记簿，为残疾人送药上门，增设 ATM 取款机、助听器测试仪以及外币兑换业务，目前已可兑换 20 多个国家的货币。本着"社会效益第一，一心为病患者服务"的指导思想，同仁堂创办了医馆，聘请有丰富临床经验的北京市名老中医坐堂应诊，为百姓解决了看专家号难的问题。由于医馆专家的医术精湛，疗效显著，国内外各阶层人士纷纷慕名而来。

这些便民、利民的服务胜过了千言万语的文字宣传，因为它深入民心。

现在，在经济大潮中，同仁堂为维护自己的声誉，在国内外进行商标注册。同仁堂作为中国第一个驰名商标，品牌优势得天独厚。参加了马德里协约国和巴黎公约国的注册，受到国际组织的保护。在新加坡、泰国、菲律宾、意大利、英国、日本等 50 多个国家和地区办理了注册登记手续，是第一个在台湾注册的大陆商标。由于全面考虑商标的可读性和可传播性，同仁堂又在已注册国家申请注册了"TONGRENTANG"英文商标，双龙加英文成为同仁堂出口产品的专用标志。

同仁堂对商标管理极为严格。同仁堂包装广告公司行使对集团商标的管理职能，商标问题的重大决策必须经过集团总经理、主管副总经理、有关处室处长召开办公会讨论通过。使用同仁堂商标的单位，按统一表格填报申请材料，交同仁堂包装广告公司，申请材料经商标办公会议审批，申请批准后要签订统一的商标使用许可合同，被许可人无权再转让他人使用。商标使用许可合同签订后 3 个月内，报注册人和被许可单位所在工商局备案；委托手续中产生的一切文书材料，同仁堂包装广告公司负责归档。使用期限最长为 3 年，使用期满后如继续使用，应重新申报使用手续。商标的制版和印刷交给工商行政部门批准的、有资格承揽该项业务的厂家负责印刷。每块版都要有档案，每批印刷都要登记留样。同仁堂商标被许可使用单位要对商标标识物建立入库、领料手续。商标管理人员定期对车间、仓库的商标标识物、各种包装材料的使用及仓储情况进行现场检查、监督，并完善使用、回收和销毁制度。

同仁堂"德、诚、信"的声誉的确来之不易。

规模、实力的壮大并没有让同仁堂停息前进的脚步。同仁堂人十分清楚自己的处境：中国大地上有不少中外合资、外商独资的制药企业，它们的西药简单方便、疗效快的优势对同仁堂冲击很大；欧美仍有不少国家和地区对中医、中草药持怀疑态度，这块市场很难抢占；现今中国年轻一代受现代文化的影响，对"同仁堂"只有少许印象。

面对这些不利因素，同仁堂集团公司投资 3.4 亿元改造生产环境，增添现代化设备。他们添置的高压液相仪、原子吸收光谱仪、薄层色谱仪等全套检测设备，使产品质量有了科学保证。店内还完善了计算机信息管理系统，各业务部销售情况、物价、资金使用情况、人员档案、广告宣传，以及水蜜丸、药酒等的生产过程中的投料、监控等均采用电脑操作。同仁堂积极巩固国内"阵地"，在北京、香港等地建立分店，电视上也出现了他们的广告。与此同时，他们还大胆地走出国门，目前"同仁堂"已取得了十几个国家和地区的质量认证和进口许可，产品通过直接和转口贸易形式出口 40 多个国家和地区；在亚洲、欧洲、大洋洲的 4 个城市设立销售分公司，以拉近与这些地区的消费者的距离。为了适应国外客户的习惯，同仁堂集团努力在药品的剂型、包装、销售等方面与世界接轨。以前藿香正气丸一次要吃一大把，外国患者不习惯。他们反复研究，生产出了浓缩的软胶囊，每次只服两粒，这个改进扩大了销量。中药的说明采用的往往是古老的四六句，老外弄不明白，且不标明毒理和病理数据，同仁堂集团把出口药品的说明改成普通语言，标明有关检测数据，甚至用图解进行说明。这些努力在世界卫生组织及西亚太地区举办的首届国际传统医药大会上得以回报：牛黄清心丸获首届长城国际奖，国公酒、白凤丸获银奖。

2015年，"北京同仁堂"创办"同仁堂国际"，旨在通过互联网模式，高效整合全球健康及医药资源，为全球消费者提供高品质专业化的健康产品与健康服务。

2017年10月，同仁堂国际与中信控股实行战略合作，旨在形成品牌合力，实现"互联网+大健康"的全球布局。双方将在商品、服务、大健康及仓储物流等多方面开展战略合作，包括但不限于商城入驻、员工内购专享、中医特色健康服务及大数据等方面的落地。"双方将各取所长，携手为全球的百姓提供更优质的健康产品与服务，在健康领域创造更大的价值"。

"秉承百年仁德济世堂训，我们将品质视如己命"。同仁堂将以"人"为中心，整合健康检测、健康云计算及移动互联技术，为人们提供具有中医特色的全流程健康解决方案，力求打造具有中医特色的全球数字健康服务平台。

如今，轰轰烈烈的同仁堂，仍像往昔一般平淡：热情的服务，一流的质量，以及中国古老的中医药文化的气息，还有门口那两只经过细心选择的、寓示着祥瑞之意的可爱的麒麟……

资料来源：http://www.docin.com/p-1622182853.html.
http://news.xinhuanet.com/health/2017-10/20/c_1121830873.htm.

**启示**：同仁堂的成功提示我们，企业管理中，在保护、发扬自己传统文化优势的同时，还要随着环境的变化，不断改变自己的经营管理思想，这样才能使企业永远立于不败之地。由此可见，企业所遵循的管理思想对企业的发展起着至关重要的作用。

管理的起源缘于人类的共同劳动。尽管管理的实践可以追溯到人类社会有组织的活动开始，如古埃及的法老统治、古希腊的民主管理、古罗马的分权制帝国统治等，但系统化的管理思想却是在19世纪末20世纪初才逐步形成，而且随着资本主义生产力水平的提高和科学技术的进步而蓬勃发展起来的。

# 第一节 古典管理思想

> **管理故事：拉车**
>
> 天鹅、梭子鱼和虾一同拉车，这三个家伙使出全身力气，十分卖力。但是无论它们怎么拉，车还是在那个地方，一点也没动。其实以它们三个的力量要拉这辆车是绰绰有余的，可是为什么就是拉不出来呢？原来天鹅是拉着车拼命往天上飞，虾一步步向后倒拖，梭子鱼又朝着池塘推去。他们谁也不想改变方向，车子自然就拉不动了。
>
> **解释**：合作是一个问题，如何合作也是一个问题。同样的资源，不同的操作方法和合作方式，会产生不同的效果。问题如何解决，源于管理思想。

物质方面的直接浪费，人们是可以看到和感觉到的，但由于人们不熟练、低效率或指挥不当而造成的浪费，人们既看不到，又摸不到。"所有的日常活动中不注意效率的行为都在使整个国家资源遭受巨大损失，而补救低效能的办法不在于寻求某些出众或是非凡的人，而在于科学的管理。"提出这个观念的人正是被西方管理界誉为"科学管理之父"的泰勒。

## 一、科学管理理论

费雷德里克·泰勒（1856—1915）是美国古典管理学家，科学管理的创始人。他18岁从一名学徒工开始，先后被提拔为车间管理员、技师、小组长、工长、维修工长、设计室主任和总工程师。在他的管理生涯中,他不断地在工厂实地进行试验,系统地研究和分析工人的操作方法和动作所花费的时间,逐渐形成其管理体系——科学管理。泰勒的主要著作有《计件工资制》(1895年)、《车间管理》(1903年)、《科学管理原理》(1911年)。在这三部书中所阐述的科学管理理论,使人们认识到了管理是一门建立在明确的法规、条文和原则之上的科学,它适用于人类的各种活动,从最简单的个人行为到经过充分组织安排的大公司的业务活动。

泰勒的科学管理的根本目的是谋求最高效率,而最高的工作效率是雇主和雇员达到共同富裕的基础,使较高工资和较低的劳动成本统一起来,从而扩大再生产。要达到最高的工作效率的重要手段是用科学化的、标准化的管理方法代替旧的经验管理。

1. 科学管理的基本管理制度

(1) 对工人提出科学的操作方法　研究工人工作时动作的合理性,去掉多余的动作,改善必要动作,并规定出完成每一个单位操作的标准时间,制定出劳动时间定额,以便有效利用工时,提高工效。

(2) 对工人进行科学的选择、培训与晋升　选择合适的工人安排在合适的岗位上,并培训工人使用标准的操作方法,使之在工作中逐步成长。

(3) 制定科学的工艺规程　通过科学的工艺规程,使工具、机器、材料标准化,并对作业环境标准化,用文件形式固定下来。

(4) 实行具有激励性的计件工资报酬制度　对完成和超额完成工作定额的工人以较高的工资率计件支付工资,对完不成定额的工人,则按较低的工资率支付工资。

(5) 管理和劳动分离　管理者和劳动者在工作中密切合作,以保证工作按标准的设计程序进行。

上述这些措施虽然在现在已成为管理常识,但当时却是重大的变革。随后,美国企业的生产率有了大幅度的提高,出现了高效率、低成本、高工资、高利润的新局面。

2. 劳资双方的思想革命

科学管理不仅仅是将科学化、标准化引入管理,更重要的是泰勒所倡导的精神革命,这是实施科学管理的核心问题。许多人认为雇主和雇员的根本利益是对立的,而泰勒所提的科学管理却恰恰相反,它相信双方的利益是一致的。对于雇主而言,追求的不仅是利润,更重要的是事业的发展,而正是这事业使雇主和雇员联系在一起,事业的发展不仅会给雇员带来较丰厚的工资,而且更意味着充分发挥其个人潜质,满足自我实现的需要。只有雇主和雇员双方互相协作,才会达到较高的绩效水平,这种合作观念是非常重要的。正像1912年泰勒在美国众议院特别委员会听证会上所作的证词中强调的,科学管理是一场重大的精神变革,每个人都要对工作、对同事建立起责任观念;每个人都要有很强的敬业心和事业心,这样雇主和雇员都把注意力从利润分配转移到增加利润数量上来。当双方友好合作,互相帮助以代替对抗和斗争时,通过双方共同的努力,就能够生产出比过去更大的利润来,从而使雇员提高工资,获得较高的满意度,使雇主的利润增加起来,使企业规模扩大。

3. 科学管理理论的其他代表人物

泰勒的科学管理理论在20世纪初得到了广泛的传播和应用,影响很大。因此,在他同时代和他以后的年代中,有许多人也积极从事于管理实践与理论的研究,丰富和发展了科学管理理论,其中比较著名的有以下几位。

(1) 卡尔·乔治·巴思　美籍数学家,他是泰勒最早、最亲密的合作者,为科学管理工作做出了很大贡献。他是个很有造诣的数学家,其研究的许多数学方法和公式,为泰勒的工时研究、动作研究、金属切削试验等研究工作提供了理论依据。

(2) 亨利·甘特　美国管理学家、机械工程师。甘特是泰勒在创建和推广科学管理时的亲密合作者，他与泰勒密切配合，使科学管理理论得到了进一步的发展。特别是他的"甘特图"，是当时计划和控制生产的有效工具，并为当今现代化方法 PERT（计划评审技术）奠定了基石。他还提出了"计件奖励工资制"，即除了按日支付有保证的工资外，超额部分给予奖励；完不成定额的，可以得到原定日工资。这种制度补充了泰勒的差别计件工资制的不足。此外，甘特还很重视管理中人的因素，重视人的领导方式，这对后来的人际关系理论有很大的影响。

（3）吉尔布雷斯夫妇　美国工程师。弗兰克·吉尔布雷斯与夫人（心理学博士莉莲·吉尔布雷斯）在动作研究和工作简化方面做出了特殊贡献。他们采用两种手段进行时间与动作研究：一是将工人的操作动作分解为17种基本动作，吉尔布雷斯称之为"therbligs"（这个字即为吉尔布雷斯英文名字字母的倒写）；二是用拍影片的方法，记录和分析工人的操作动作，寻找合理的最佳动作，以提高工作效率。通过这些手段，他们纠正了工人操作时某些不必要的多余动作，形成了快速准确的工作方法。与泰勒不同的是，吉尔布雷斯夫妇在工作中开始注意到人的因素，在一定程度上试图把效率和人的关系结合起来。吉尔布雷斯毕生致力于提高效率，即通过减少劳动中的动作浪费来提高效率，被人们称之为"动作专家"。

（4）哈林顿·埃默森　美国早期的科学管理研究工作者。从1903年起就同泰勒有紧密的联系，并独立地发展了科学管理的许多原理。他对效率问题做了较多的研究和实践，提出了提高效率的12条原则。在组织机构方面，提出了直线和参谋制组织形式等。另外，他还在职工的选择和培训、心理因素对生产的影响、工时测定等方面也做出了贡献。

（5）亨利·福特　亨利·福特在泰勒的单工序动作研究基础之上，进一步对如何提高整个生产过程的效率进行了研究。他充分考虑了大量生产的优点，规定了各个工序的标准时间定额，使整个生产过程在时间上协调起来，创建了第一条流水生产线——福特汽车流水生产线，使成本明显降低。同时，福特进行了多方面的标准化工作，包括在产品系列化，零件规格化，工厂专业化，机器、工具专业化，作业专门化等。

尽管泰勒的追随者在许多方面不同程度地发展了科学管理理论和方法，但总的来说，他们和泰勒一样，研究的范围始终没有超出劳动作业的技术过程，没有超出车间管理的范围。泰勒及其同行者与追随者的理论与实践构成了泰勒制，人们把以泰勒为代表的学派称为科学管理学派。科学管理的许多思想和做法至今仍被许多国家参照采用，泰勒最强有力的主张之一就是制造业的成本会计和控制，使成本成为计划和控制的一个不可缺少的组成部分。

泰勒的科学管理主要有两大贡献：一是管理要走向科学；二是劳资双方的精神革命。前者是有效管理的必要技术或条件，后者是有效管理的必要意识或心理。当然，科学管理存在过于重视技术、强调个别作业效率、对人的看法有偏颇、忽视了企业的整体功能等历史局限因素，所以，科学管理不是万能的，但没有科学管理却是万万不能的。

## 二、一般管理理论

亨利·法约尔是西方古典管理理论在法国最杰出的代表，他在一个煤炭公司做了30多年的经理，在75岁时才发表了他的划时代名著《工业管理和一般管理》。他提出的一般管理理论对西方管理理论的发展具有重大的影响，后来成为管理过程学派的理论基础，也是以后各种管理理论和管理实践的重要依据，对管理理论的发展和企业管理的历程均产生了深刻的影响。

1841年，法约尔出生于法国的一个资产阶级家庭，1860年毕业于圣埃蒂安国立矿业学院，毕业后进入法国一个采矿冶金公司，从此，他的一生就和这个公司联系在一起。法约尔的一生可分为四个阶段。第一阶段（1860～1872年）：在这12年间，他作为一个年轻的管理人员和技术人员，职位还不是很高，主要关心的是采矿工程方面的事情，特别是对矿井的火灾防治工作。1866年法约尔被任命为康门塔里矿井矿长。第二阶段（1872～1888年）：这时他已经是一个有较大职权的一批矿井的主管，他的思路随之转到煤田的地质问题上。这一阶段他主要考虑的是决定这些矿井的经济情况的各种因素，因此不仅要从技术方面考虑，更要从管理和计划方面来考虑。第三阶段（1888～1918年）：1888年，法约尔被任命为总经理，当时公司处于破产的边缘。他按照自己的管理思想对公司进行了改革和整顿，并于1891年和1892年吸收了其他一些矿井和工厂。在这一阶段，法约尔运用他的才干和知识，把原来濒于破产的公司整顿得欣欣向荣。第四阶段（1918～1925年）：这段时间法约尔致力于普及和宣传他的管理理论工作。他退休后不久就创建了一个管理研究中心，并担任领导工作。法约尔在管理方面的著作很多，主要有《工业管理和一般管理》（1916年）、《公共精神的觉醒》（1927年）、《管理的一般原则》（1908年）、《国家管理理论》（1923年）等。

一般管理理论的主要内容如下。

1. 经营与管理之差异

法约尔区别了经营和管理，认为这是两个不同的概念，管理包含在经营之中。他通过对企业全部活动的分析，将管理活动从经营职能中提炼出来，把它看作经营的单独的一项职能，进一步得出了普遍意义上的管理定义，即"管理是普遍的一种单独活动，有自己的一套知识体系，由各种职能构成。管理者通过完成各种职能来实现一个目标。"他又把管理分为五个职能，分别为计划、组织、指挥、协调和控制。

他认为经营的全部工作有：技术性的工作——生产、制造、加工；商业性的工作——采购、销售和交换；财务性的工作——资金的取得与控制；会计性的工作——盘点、资产负债表、会计、成本及统计；安全性的工作——商品及人员的保护；管理性的工作——计划、组织、指挥、协调及控制。

法约尔开宗明义地将企业的共性摆出来，指出企业的前五种活动都不负责制订企业的总体经营计划，不负责建立社会组织、协调和调和各方面的力量和行动，而管理则具有这样的职能。他所定义的管理就是计划、组织、指挥、协调和控制。同时他也将管理和领导进行了区分，领导就是利用企业所有的资源来获得最大的利益，来达到企业的目标。

法约尔还分析了处于不同管理层次的管理者及其各种能力的相对要求，随着企业由小到大、职务由低到高，管理能力在管理者必要能力中的相对重要性不断增加，而其他诸如技术、商业、安全、会计等能力的重要性则会相对下降。

2. 五大管理职能

法约尔将管理活动分为计划、组织、指挥、协调和控制五大管理职能，并对每一个职能都进行了相应的分析和讨论。

（1）计划  法约尔认为管理意味着展望未来，预见是管理的一个基本要素，预见的目的就是制订行动计划。

公司的计划要以下三方面为基础：一是公司所有的资源，即公司的人、财、物、公共关系等；二是目前正在进行的工作的性质；三是公司所有的活动以及可预见的未来的发展趋势。一个领导人员如果没有时间来制订计划或者认为这项工作只会给他带来批评的话，他就不会热衷于制订计划，也就是说，他就不是一个称职的领导人。

（2）组织  这是法约尔提出的管理的第二个要素。组织就是为企业的经营提供必要的原料、设备、资本和人员。

法约尔认为，组织分为物质组织和社会组织两大部分。管理中的组织是社会组织，只负责企业的部门设置和各职位的安排以及人员的安排。有的企业，资源大体相同，但是如果它们的组织设计不同的话，其经营状况就会有很大的差异。在法约尔的组织理论中，组织结构的金字塔是职能增长的结果，职能的发展是水平方向的，因为随着组织承担的工作量的增加，职能部门的人员就要增多，而且，随着规模的扩大，需要增加管理层次来指导和协调下一层的工作，所以纵向的等级也是逐渐增加的。

对参谋人员来说，法约尔认为应该让一批有能力、有知识、有时间的人来承担，使得管理人员的个人能力得到延伸；而且参谋人员只听命于总经理，他们和军队中的参谋人员是差不多的，他们不用去处理日常事物，他们的主要任务是探索更好的工作方法，发现企业市场条件的变化以及关心长期发展的问题。

法约尔非常强调统一指挥，他认为一元化领导同多元化相比，更有利于统一认识、统一行动、统一指挥。但在各种形式下，人的个人作用极为重要，它左右着整个管理系统。

对于组织中的管理人员，法约尔根据自己多年的管理经验提出了自己的看法：挑选人员是一个发现人员的品质和知识，以便填补组织中各级职位的过程，产生不良挑选的原因与雇员的地位有关。法约尔认为，填补的职位越高，挑选时所用的时间就越长，挑选时越要以人的品质为基础。

(3) 指挥　社会组织建立以后，就要让指挥发挥作用。通过指挥的协调，能使本单位的所有人做出最好的贡献，实现本企业的利益。

法约尔认为，担任组织中指挥工作的领导人应做到以下几点。

① 对自己的员工要有深入的了解。领导至少要做到了解他的直接部下，明白对每个人可寄予什么期望，给予多大信任。

② 淘汰没有工作能力的人。领导是整体利益的裁决者与负责者，只有整体利益迫使他及时地执行某项措施。职责已确定，领导应该灵活地、勇敢地完成这项任务。这项任务不是任何人都能做到的，应该使每个成员认识到淘汰工作是必要的，而且也是正确的。当然，对被淘汰的人也要给予一定的关心和帮助。

③ 能够很好地协调企业与员工之间的关系。领导在上下级之间起着沟通桥梁的作用，在员工面前，他要维护企业的利益，在企业面前，他要替员工着想。

④ 要能作出榜样。每个领导都有权让别人服从自己，但如果这种服从只是出自怕受惩罚，那么企业工作可能不会搞好。领导作出榜样，是使职工心悦诚服的最有效的方法之一。

⑤ 对组织进行定期检查。在检查中要使用一览表。一览表表示企业中的等级距离，标明每个人的直接上下级，这就相当于企业的组织机构。

⑥ 善于利用会议和报告。在会议上，领导可以先提出一个计划，然后收集参与者的意见，做出决定。这样做的效果易于被大家接受，效果好很多。

⑦ 领导不要在工作细节上耗费精力。在工作细节上耗费大量时间是一个企业领导的严重缺点。但是，不在工作细节上耗费精力并不是说不注意细节。作为一个领导者应该事事都了解，但他又不能对什么事都去研究，都去解决。领导不应因关心小事情而忽视了重大的事情。

⑧ 在职工中保持团结、积极、创新和效忠的精神。在部下的条件和能力允许的情况下，领导可以交给他们尽可能多的工作。这样领导可以发挥他们的首创精神，甚至领导要不惜以他们犯错误为代价。况且，通过领导认真对他们加以监督，这些错误产生的影响是可以限制的。

(4) 协调　协调就是指企业的一切工作者要和谐地配合，以便于企业经营的顺利进行，并且有利于企业取得成功。

法约尔认为，协调能使各职能机构与资源之间保持一定的比例，收入与支出保持平衡，材料与消耗形成一定的比例。总之，协调就是让事情和行动都有合适的比例。

在企业内，如果协调不好，就容易造成很多问题。一个部门内部的各分部、各科室之间，以及各不同部门之间一直存在着一堵墙，互不通气，各自最关心的就是使自己的职责置于公文、命令和通告的保护之下；谁也不考虑企业整体利益，企业里没有勇于创新的精神和忘我的工作精神。这样企业的发展就容易陷入困境，各个部门步调不一致，企业的计划就难以执行。只有它们步调都一致，各个工作才能有条不紊地、有保障地进行。法约尔认为例会制度可以解决部门之间的不协调问题，这种例会的目的是根据企业工作进展情况讲明发展方向，明确各部门之间应有的协作，利用领导们出席会议的机会来解决共同关心的各种问题。例会一般不涉及制订企业的行动计划，而只涉及一个短期内的活动，一般是一周时间，在这一周内，要保证各部门之间行动协调一致。

（5）控制　法约尔认为，控制就是要证实企业的各项工作是否已经和计划相符，其目的在于指出工作中的缺点和错误，以便纠正并避免重犯。

对人可以控制、对活动也可以控制，只有控制了才能更好地保证企业任务顺利完成，避免出现偏差。当某些控制工作显得太多、太复杂、涉及面太大，不宜由部门的一般人员来承担时，就应该让一些专业人员来做，即设立专门的检查员、监督员或专门的监督机构。

从管理者的角度看，应确保企业有计划，并且执行，而且要反复地确认、修正、控制，保证企业社会组织的完整。由于控制适合于任何不同的工作，所以控制的方法也有很多种，有事中控制、事前控制、事后控制等。

企业中控制人员应该具有持久的专业精神和敏锐的观察力，能够观察到工作中的错误，及时地加以修正；要有决断力，当有偏差时，应该决定该怎么做。做好这项工作也是很不容易的，控制也是一门艺术。

管理的五大职能并不是企业管理者个人的责任，它同企业经营的其他五大活动一样，是一种分配于领导人与整个组织成员之间的工作。

3. 十四项管理原则

法约尔在《工业管理和一般管理》一书中，首次提出了一般管理的十四项原则。

（1）劳动分工　在这一点上，法约尔和泰勒的观点相同。他们都认为劳动分工可以提高效率。通过分工，每个人对自己的工作更加熟悉，工作的效率也就更高。分工的目的是用同样的劳动生产出更多的东西。但是，分工也有一定限度，实践经验告诉人们，一定程度的分工可以提高效率，但分工过细就会阻碍效率提高。

（2）权力与责任　权力是指挥和要求别人服从的基础力量。责任是权力的对等物、是对权力的有效补充。如果只有权力而没有责任，则权力的行使就会无法无天，没有一点限制。如果一个职务只有责任而没有权力，则这个职务就不会有人来承担。因此，权力和责任谁也不能离开谁。在行使权力中应该规定责任范围，然后利用奖惩来有效管理。制止一个重要领导人滥用权力的最有效的保证是个人的道德，特别是该领导人的高尚的精神道德，而这种道德无论是靠选举还是靠财产都是不能取得的。而且，一个出色的领导人应该具有承担责任的勇气，并且能够很好地行使权力。

（3）纪律　纪律实际上就是领导与下属之间协商一致的系列服从的表示。任何组织要有效地工作，就必须有统一的纪律来规范人的行为。纪律的实质是对协定的尊重。为保证大家都遵守纪律，就必须要求纪律严明，而且高层领导和下级人员都必须接受纪律约束。一个组织的纪律状况，一部分取决于组织制定的规章制度，一部分取决于组织领导人的道德状态。企业为了维护自己的利益，就应该对那些违背纪律的事情进行惩处。领导人的经验和机敏表现在选择所使用的惩罚上，即指责、警告、罚款、停职、降级或开除。这些办法的选择，应该考虑到个人情况和社会环境。

（4）统一指挥　统一指挥是指一个下属人员只应接受一个领导人的命令，无论对于哪一件工作来说,都需要统一指挥,它是一条普遍的永久不变的准则。如果这条原则被破坏的话,秩序就会被打乱,就会引起混乱。

(5) 统一领导  这条原则表示的是为达到统一目标的全部活动,只能由一个领导人负责一项计划,只有这样,才能统一行动,协调组织中一切力量和努力。

(6) 个人利益服从集体利益  法约尔说,个人利益和雇员群体利益都不应该高于企业利益,集体利益应先于其成员利益,国家利益应高于公民个人的利益。然而,每个人都有私心,有时候,无知、贪婪、自私、懒惰以及人类的一切冲动都会让人忘记集体利益而追求个人利益。领导人做好榜样可以给员工以感染力,让他们以集体利益为重,另外还要很好地监督,惩罚那些损公肥私的人。

(7) 人员的报酬  人员的报酬是其服务的价格,报酬应该尽可能合理,并尽量使企业与所雇人员都满意。报酬率的高低不仅取决于人员的才能,而且取决于可雇人员的多少、生活消费水平、企业的一般情况和企业的经济地位等。报酬的核心是让员工满意,管理者不应该只关心企业的利益,也应该关心员工的身心健康,既给他们物质上的激励,又给他们精神激励,这样才能让员工更加安心地工作。

(8) 集权  这条原则主要讨论了管理的集权与分权的问题,像劳动分工一样,集权也是一种必然的现象。在任何组织中,集权总是存在的,只不过是不同企业程度不同。分权是提高下属作用的重要性的做法,而集权则是降低这种作用重要性的做法。作为管理的两种制度,它们本身是无所谓好坏的。这是一个简单的尺度问题,问题在于找到一个适合于企业的度。而影响集权与分权的主要因素是:组织规模、领导者与被领导者的个人能力以及工作经验和环境的特点。如果领导人的能力非常强,他可以大大地加强集权,相反,则需要加大分权的力度。

(9) 等级制度  等级制度是组织的高权力机构至低权力机构的领导序列,是组织内部传递信息和信息反馈的正常渠道。依据这条路线来传递信息,对于统一指挥是非常重要的,但它并不是最迅速的途径。如果企业的规模很大,这样做会影响速度和效率。为了解决这个矛盾,法约尔还专门设计了一个"跳板",后来称为"法约尔桥"。跳板原则内容为:在某些情况下,为提高办事效率,相同层次的人员在有关上级同意的情况下,可跳过原有的管理路径而建立直接联系的渠道;若两者无法协调,再报告上级,由上级协调。法约尔"跳板"理论旨在保持命令统一的情况下,迅速而及时地解决一般事务,从而使组织最上层得以从繁杂的事务中摆脱出来,专注于一些重大问题。

(10) 秩序  为了建立一个企业的社会秩序,应该使每个人都有一个位置,每个人都在指定给他的位置上。完善的秩序要求位置适合于人,人也适合于他的位置,即做到"合适的人在合适的位置上"。

(11) 公平  公平主要是从人性的、道德的角度考虑,它反对极端的差距。在对待所属人员时,应该特别注意他们希望公平、希望平等的愿望,这样,下属容易感到公平。当员工感到不公平时,容易产生不满,降低工作积极性。

(12) 人员稳定  人员稳定指的是在人员安排上,要保持每个工作岗位上人员的相对固定,这样做的目的是为了保持企业生产经营的正常状态。一个人要适应新的工作不仅要求具备相应的能力,而且也要给他一定的时间来熟悉这项工作。因为经验的积累是需要时间的,如果这个熟悉的过程尚未结束便被指派从事其他的工作,那么,其工作效率就会受到影响。法约尔特别强调指出,这条原则对于企业管理人员来说是尤其重要的。

(13) 首创精神  首创精神是指人在工作中的主动性和创造性。这种精神是企业发展的原动力,是市场竞争的必然要求,想出一个计划并保证其成功是一个聪明人最大的快乐之一,也是人类活动最有力的刺激因素之一。如果其他情况都一样的话,一个能发挥下属人员首创精神的领导要比一个不能这样做的领导高明得多。

（14）人员的团结　同心协力是最大的力量，管理人员应避免使用可能导致分裂的方法。例如多用口头联系，少用书面联系。口头的、面对面的交流有助于增强团结，促使人们之间更好地相互了解。

在今天看来，法约尔的主张实在是太平凡了，未曾系统学习过管理理论的人也会觉得一般管理理论没有什么了不起的，因而常被看作是极其一般的东西。然而，正是由一般管理理论才锤炼出管理的普遍原则，使管理得以作为可以基准化的职能，在企业经营乃至社会生活的各方面发挥着重要作用。

一般管理思想有着极强的系统性和理论性，它对管理五大职能的分析为管理科学提供了一套科学的理论框架。它的来源于长期实践经验的管理原则给实际管理人员以巨大的帮助，其中某些原则甚至以"公理"的形式为人们接受和使用。因此，继泰勒之后，一般管理理论也被誉为管理史上的第二座丰碑。法约尔的理论体系，经过了实践证明并且得到了普遍的承认。时至今日，法约尔的一般管理思想仍然闪耀着光芒，其管理原则仍然可以作为管理实践的指南。

### 三、行政组织理论

韦伯的行政组织理论（也称官僚组织模式理论）产生的历史背景，正是德国企业从小规模世袭管理，向大规模专业管理转变的关键时期。马克斯·韦伯（1864—1920）生于德国，曾担任过教授、政府顾问、编辑，对社会学、宗教学、经济学与政治学都有相当的造诣。韦伯的主要著作有《新教伦理与资本主义精神》《一般经济史》《社会和经济组织的理论》等，其中行政组织理论对后世产生了最为深远的影响，有人甚至将他与杜克海姆、马克思奉为社会学的三位"神明"。

1. 行政组织理论的基本观点

韦伯认为，人类社会存在三种为社会所接受的权力：一是传统权力，即传统惯例或世袭得来的权力；二是超凡权力，来源于别人的崇拜与追随；三是法定权力，即理性——法律规定的权力。

任何组织都必须以某种形式的权力作为基础，没有某种形式的权力，任何组织都不能达到自己的目标。对于传统权力，韦伯认为，人们对其服从是因为领袖人物占据着传统所支持的权力地位，同时，领袖人物也受着传统的制约。但是，人们对传统权力的服从并不是以与个人无关的秩序为依据，而是在习惯义务领域内的个人忠诚。领导人的作用似乎只为了维护传统，因而效率较低，不宜作为行政组织体系的基础。

而超凡权力的合法性，完全依赖于对领袖人物的信仰，他必须以不断的奇迹和英雄之举赢得追随者。超凡权力带有感情色彩并且是非理性的，不是依据规章制度，而是依据神秘的启示。所以，超凡的权力形式也不宜作为行政组织体系的基础。

韦伯认为，只有法定权力才能作为行政组织体系的基础，其最根本的特征在于它提供了慎重的公正。原因在于：其一，管理的连续性使管理活动必须有秩序地进行；其二，以"能"为本的择人方式提供了理性基础；其三，领导者的权力并非无限，应受到约束以适合于行政组织体系的权力基础。

2. 理想的行政组织模式

韦伯勾画出的理想的行政组织模式为以下几点。

（1）职责与职权　组织中的人员应有固定和正式的职责并依法行使职权。组织是根据合法程序制定的，应有其明确目标，并靠着这一套完整的法规制度，组织与规范成员的行为，以期有效地追求与达到组织的目标。

(2) 组织结构　组织的结构是一层层控制的体系。在组织内，按照地位的高低，规定成员间命令与服从的关系。

(3) 人与工作的关系　成员间的关系只有对事的关系而无对人的关系。

(4) 成员的选用与保障　每一职位根据其资格限制（资历或学历），按自由契约原则，经公开考试合格予以使用，务求人尽其才。

(5) 专业分工与技术训练　对成员进行合理分工并明确每人的工作范围及权责，然后通过技术培训来提高工作效率。

(6) 成员的工资及升迁　按职位支付薪金，并建立奖惩与升迁制度，使成员安心工作，培养其事业心。

韦伯认为，凡具有上述六项特征的组织，才可使组织表现出高度的理性化，其成员的工作行为也才能达到预期的效果，组织目标也才能够顺利地达成。

韦伯对理想的行政组织模式的描绘，为行政组织指明了一条制度化的组织准则，韦伯对组织管理理论的伟大贡献在于明确而系统地指出理想的组织应以合理合法权力为基础，这样才能有效地维系组织的连续和目标的达成。为此，韦伯首推官僚组织（此处的官僚是中性的），并且阐述了规章制度是组织得以良性运作的基础和保证。企业的长生不老绝不仅仅依赖于其英雄人物的"超凡卓识"，应在更大程度上依赖于其"顺应自然"的原则体系——公正地识人、用人和人尽其才的体系。

对组织理论做出较大贡献的还有穆尼、厄威克、古利克等人。

被誉为"组织理论之父"的德国社会学家马克斯·韦伯与泰勒、法约尔是西方古典管理理论的三位先驱。

> **小阅读：激励话语**
>
> 如果你渴望取得更大的成功，那么，现在就是你迈向卓越的时候！怎样做？想成功者之所想，说成功者之所说，做成功者之所做。

## 第二节　行为管理思想

> **管理故事：拿破仑救男孩**
>
> 拿破仑在一次打猎的时候，看到一个落水男孩，一边拼命挣扎，一边高呼救命。这河面并不宽，拿破仑不但没有跳水救人，反而端起猎枪，对准落水者，大声喊道：你若不自己爬上来，我就把你打死在水中。那男孩见求救无用，反而增添了一层危险，便奋力自救，终于游上岸。
>
> **解释**：人的潜能是无限的，发挥到什么程度，取决于他的心理状态，心理决定行为。

### 一、霍桑实验

20世纪20年代，位于美国芝加哥城郊外的西方电器公司的霍桑工厂，是一家制造电话机的专用工厂。它设备完善，福利优越，具有良好的娱乐设施、医疗制度和养老金制度，但是工人仍然愤愤不平，生产效率也很不理想。为此，1924年美国科学院组织了一个包括各方面专家在内的研究小组,对该厂的工作条件与生产效率的关系,进行考察和实验,就此拉开了著名的霍桑实验的序幕。

这次著名的研究活动分为两个大的阶段:第一阶段是从1924年11月～1927年5月,主要是在美国国家科学委员会赞助下进行;第二阶段是从1927～1932年,主要是在美国哈佛大学教授梅奥的主持下进行的。

整个实验前后具体分为四个阶段。

1. 照明实验(1924～1927年)

这项实验在霍桑工厂前后共进行了两年半,实验是在挑选来的两组绕线工人中间进行的,一组是实验组,另一组是参照组。在实验过程中实验组不断地增加照明的强度,例如将实验组的照明度按14烛光、26烛光、46烛光、76烛光逐渐递增,而参照组的照明度始终保持不变。研究者企图通过实验知道照明强度的变化对生产的影响,但是实验的结果,两组的产量都在不断提高。后来,他们又采取了相反的措施,逐渐降低实验组的照明强度,还把实验组的两名女工安排在单独的房间里劳动,使照明度一再降低,以至从0.3烛光降到0.06烛光,几乎和月光差不多的程度,这时候,也只有在这时候,产量才开始下降。

研究人员在这次实验结束时的报告说:"这次实验的结果,两组的产量均大大增加,而且增加量几乎相等,两个组的效率也几乎没有多大差异,纵然有某些微小差异,也属于许可误差范围之内。因此,仍然不能确定改善照明对于工作积极性的影响。"照明度影响生产的假设被否定了。

研究人员还从工作报酬(集体工资和个人计件工资)、休息时间、工作日和工作周的长短等方面进行了实验。实验结果表明,这些条件的变化与生产效率之间并不存在明确的因果关系。研究人员感到毫无意义,并纷纷退出实验小组。霍桑实验陷入了困境。1927年,梅奥率领的哈佛实验小组连同电器公司的人员成立了一个新的研究小组,开始了霍桑实验里程中更为艰辛的跋涉。霍桑实验的第二阶段从此开始。

2. 福利实验(1927～1928年)

这项实验又称实验室实验,实验共进行了几次,其中有一次是在继电器装置实验室进行的。

梅奥等人挑选了5名装配工和1名划线工,让他们在同其他工人隔离的控制条件下工作。实验过程中逐步增加一些福利措施,如缩短工作日、安排工间休息、调节工场温度、免费供应茶点等,结果产量提高了。两个月后,他们取消了这些福利措施,发现产量不仅没有下降,反而继续上升,可见增加福利措施对生产效率并无直接影响。原因究竟是什么?研究人员进一步调查了解后发现,原来是实验时管理人员对工人态度较和蔼,工人之间的关系比较融洽,工人能在友好、轻松的气氛中工作,从而激发了劳动热情。他们由此得出结论,在调动积极性、提高产量方面,人际关系是比福利措施更重要的因素。

3. 访谈实验(1928～1931年)

这项实验又称谈话实验。在两年多的时间里,梅奥等人组织了大规模的态度调查,在职工中谈话人数达两万人次以上。在访问的过程中,访问者起初提出的问题大都是一些"直接问题",例如工厂的督导工作及工作环境等方面的问题。虽然访问者事先声明将严格保守秘密,请工人放心,可是受访者在回答问题时,仍然遮遮掩掩,存有戒心,怕厂方知道,自己受到报复。后来改用了"非直接问题",让受访者自行选择适当的话题,这样职工在谈话中,反而无所顾忌了。结果在这次大规模的访问中,搜集了有关工人态度的大量资料,经过研究分析,了解到工人的工作绩效与他们在组织中的身份和地位以及与其他同事的关系有密切联系。

同时,这次大规模的实验,还收到了一个意想不到的效果,就是在这次谈话实验以后,工厂的产量出现了大幅度的提高。经研究者的分析认为，这是由于工人长期以来对工厂的各项管理方法有许多不满意，但无处发泄，这次实验，工人无话不谈，发泄了心中的怨气，由此而感到高兴，因而使产量大幅度上升。

4. 观察研究（1931~1932年）

为了观察社会因素对工人行为的影响，研究人员进行了霍桑实验的最后一项实验，即继电器绕线组观察室实验。这项实验又称为群体实验。试验者为了系统地观察在群体中人们之间的相互影响，在车间里挑选了14名男工，其中有9名绕线工、3名焊接工和2名检验员，在一个专门的单独房间里工作。

实验开始，研究者向工人说明：他们可以尽量卖力工作，报酬实行个人计件工资制。研究者原以为，这套奖励办法会使职工努力工作。但是结果出人所料，产量只保持在中等水平上，工人绝不愿因超额而成为"快手"或因完不成定额而成为"慢手"。当达到定额产量时，他们就自动地松懈下来，因而小组的产量总是维持在一定的水平上。原因何在？研究小组经过考察发现，组内存在一种默契，由此形成制约着每个人的生产任务完成情况的压力。当有人超过定额产量时，旁人就给他暗示：谁要是有意超过定额，便会受到冷遇、讽刺和打击，小组的压力就会指向他。那么工人为什么要自限产量？进一步调查发现，之所以维持中等水平产量，是担心产量提高了，管理当局会提高定额标准，改变现行奖励制度或裁减人员，使部分工人失业，或会使干得慢的伙伴受到惩罚。这一实验表明，工人为了维护班组内部的团结，可以抵御物质利益的引诱。梅奥由此提出"非正式群体"的概念，认为在正式组织中存在着自发形成的非正式群体，这种群体有自己的特殊规范，对人们的行为起着调节和控制作用。

霍桑实验所取得的一系列成果，经梅奥归纳、总结、整理，于1933年正式发表，即《工业文明中人的问题》，并由此提出了著名的人际关系学说理论。以后，他又继续进行这项实验，于1945年发表了《工业文明的社会问题》，进一步概括了霍桑实验的成果。

## 二、人际关系学说

霍桑试验的研究结果否定了传统管理理论的对于人的假设，表明了工人不是被动的，孤立的个体，他们的行为不仅仅受工资的刺激，影响生产效率的最重要因素不是待遇和工作条件，而是工作中的人际关系。据此，梅奥提出了自己的观点，创立了人际关系学，其主要思想如下。

1. 工人是"社会人"

人际关系学提出，工人是"社会人"，而不是单纯追求金钱收入的"经济人"。作为复杂社会系统成员，金钱并非刺激积极性的唯一动力，他们还有社会、心理方面的需求，因此社会和心理因素等方面所形成的动力，对效率有更大的影响。

2. 非正式组织

人际关系学认为，企业中除了"正式组织"之外，还存在着"非正式组织"。这种非正式组织是企业成员在共同工作的过程中，由于具有共同的社会感情而形成的非正式团体。这种无形组织有它特殊的感情、规范和倾向，左右着成员的行为。非正式组织不仅存在，而且同正式组织是相互依存的，对生产率的提高有很大影响。

3. 提高职工"满足度"

新型的领导在于通过职工"满足度"的增加来提高工人的"士气"，从而达到提高效率的目的。生产率的升降，主要取决于工人的士气，即工作的积极性、主动性与协作精神，而士气的高低，则取决于社会因素特别是人际关系对工人的满足程度，即他的工作是否被上级、同伴和社会所承认。满足程度越高，士气也越高、生产效率也就越高。所以，领导的职责在于提高士气，善于倾听和沟通下属职工的意见，使正式组织的经济需求和工人的非正式组织的社会需求之间保持平衡。这样就可以解决劳资之间乃至整个"工业文明社会"的矛盾和冲突，提高效率。

梅奥的人际关系学说的最大贡献就是对古典管理理论进行了大胆的突破，第一次把管理研究的重点从重视工作和物质的因素上转到重视人的因素上来，把对员工的人文关怀作为管理当局的一项重要职责，这不仅是激励员工、调动人的积极性的需要，也是企业管理应该追求的终极目标，这也是人本管理思想的体现。

梅奥的人际关系学说的问世，开辟了管理和管理理论的一个新领域，并且弥补了古典管理理论的不足，更为以后行为科学的发展奠定了基础。

### 三、行为管理思想的深化

梅奥等人创建了人际关系学说以后，许多社会学家、人类学家、心理学家、管理学家都从事这方面的研究，先后发表了大量优秀著作，提出了许多很有见地的新理论，逐步完善了人际关系理论。1949年在美国芝加哥召开了一次跨学科的会议，在这次会议上，首先提出了行为科学这一名称。行为科学本身并不是完全独立的学科，而是心理学、社会学、人类文化学等研究人类行为的各种学科互相结合的一门边缘性学科。

1. 行为科学的概念

行为科学以人的行为及其产生的原因作为研究对象。具体来说，它主要是从人的需要、欲望、动机、目的等心理因素的角度研究人的行为规律，特别是研究人与人之间的关系、个人与集体之间的关系，并借助于这种规律性的认识来预测和控制人的行为，以提高工作效率，达成组织的目标。行为学派虽然没有研究出一套完整的管理知识，却已经为人们提供了许多有用的素材，他们的论题主要有激励、领导、群体、组织设计、组织变化与发展等。

2. 行为科学的发展

二战后的行为科学主要包括以下几个部分。

(1) 马斯洛的需求层次理论  马斯洛是美国著名心理学家，他于1954年发表的代表作《动机与个性》中提出的需求层次论认为，人的需求由低级到高级分五个层次：生理需求、安全需求、社会需求、尊重需求、自我实现需求，并认为较低层次需求满足之后才能产生较高级层次的需求，当某一层次的需求满足之后，该需求就不再具有激励作用。在任何时候，主管人员都必须灵活地对待员工的各种需求。

(2) 赫茨伯格的双因素理论  赫茨伯格是英国心理学家，他在《工作的激励因素》等著作中，首次提出双因素理论，即激励、保健因素理论。他认为：工资、奖金、政策与行政管理、工作安全性、工作环境等属于保健因素；工作本身、职务上的责任感、受表扬和得到提升、个人发展的可能性等构成激励因素。前者"得到了则没有不满，得不到则产生不满"，后者"得到后感到满意，得不到则没有不满"。主管人员必须抓住能促进职工满意的因素。

(3) 麦格雷戈的"X-Y"理论  麦格雷戈是美国心理学家。他在深入研究行为激励问题的基础上，于1957年发表了题为"企业的人性方面"的重要论文，第一次提出了X理论、Y理论。

麦格雷戈认为，按"X理论"来实施管理的管理者，对员工人性的基本判断是：一般人天性好逸恶劳，只要有可能，就会逃避工作；人生来就以自我为中心，漠视组织的要求；一般人缺乏进取心，逃避责任，甘愿听从指挥，安于现状，没有创造性；人们通常容易受骗，易受人煽动。基于这种对员工人性的判断，持X理论观的管理者就必然在管理工作中对员工采用强制、惩罚、解雇等手段来迫使他们工作。

"Y 理论"对人性的认识同"X 理论"恰好相反。它对人性的基本判断是：一般人天生并不是好逸恶劳的，工作中体力和智力的消耗就像游戏和休息一样自然，人们对工作的喜恶取决于他们对工作带来的满足和惩罚的理解；外来的控制和惩罚并不是促使人们为实现组织目标而努力工作的唯一方法，也不是最好的方法，相反，如果让人们参与制定自己的工作目标，则有利于实现自我指挥和控制；在适当条件下，一般人是能主动承担责任的；大多数人都具有一定的想象力、独创性和创造力；在现代社会中，人的智慧和潜能只部分地得到了发挥。基于这种对人性的乐观认识，持 Y 理论观的管理者就倾向于在管理工作中实行以人为中心的、宽容的、民主的管理方式，以使员工个人目标同组织目标很好地结合起来，并为员工发挥其智慧和潜能创造有利的条件。

麦格雷戈认为，X 理论是一种过时的理论，只有 Y 理论才能保证管理的成功。可以说，X 理论是对"经济人"假设的概括，Y 理论是根据"社会人""自我实现人"的假设，并且它们是归纳了马斯洛及其他行为科学学者的类似观点后提出的，是行为科学理论中比较有代表性的观点。

3. 行为科学的贡献

行为科学对管理学的贡献主要表现在以下两个方面。

（1）行为科学引起了管理对象重心的转变　传统的古典管理理论把重点放在对事和物的管理上，它强调的是使生产操作标准化、材料标准化、工具标准化，建立合理的组织结构、有效的组织系统和明确的职责分工等，而忽视了个人的需要和个人的目标，甚至把人看成是机器，从而忽视了人的主动性和创造性。行为科学与此相反，它强调要重视人这一因素的作用。它认识到，一切事情都要靠人去做，一切产品都要靠人去生产，一切的组织目标都需要人去实现。因而，应当把管理的重点放在对人及其行为的管理上。这样，管理者就可以通过对人的行为的预测、激励和引导，来实现对人的有效控制，并通过对人的行为的有效控制，达到对事和物的有效控制，从而实现管理的预期目标。

（2）行为科学引起了管理方法的转变　随着对人性的认识和管理对象重点的变化，管理的方法也发生了重大的变化，由原来的监督管理转变到了人性化的管理。传统的古典管理理论强调自上而下的严格的权力和规章制度的作用，把人看成是会说话的机器，在管理活动中施以强大的外界压力，派工头进行严格的监督，造成工人心理上的压力而产生对立情绪，忽视了人的社会关系和感情因素的作用以及人的主动性和创造性。与此相反，行为科学则强调人的欲望、感情、动机的作用，因而在管理的方法上强调满足人的需要和尊重人的个性，以及采用激励和诱导的方式来调动人的主动性和创造性，借以把人的潜力充分发挥出来。与此相对应，企业界提出了"以职工为中心的""弹性的"管理方法，出现了"参与管理""目标管理""工作内容丰富化"等各种新的管理方式。

行为科学也存在一些缺陷。从霍桑实验至今，半个多世纪过去了，管理学者们对人际关系理论，对梅奥主义的批评却未曾间断过，很少有管理理论受到如此之多的批评。

第一，管理学者对人际关系理论的研究方法，包括霍桑实验中所运用的方法和过程，进行了批评。在他们看来，整个实验过程中，研究者一方面受到实验室中受控实验的需要束缚，另一方面受到正在进行中的实际经验的束缚，尤其是主观愿望的先入为主的影响。

第二，行为科学研究的对象是人，它告诉人们对人管理时应采取什么行为，但在管理中，管理者的管理对象不仅仅是人，只对人进行研究的管理显然是不完善的。除了人性行为以外，还应有某些技术方面的知识。如果没有这些因素，管理人员即使有了行为知识，也将无法应用，这正是行为学派的缺陷。比如管理者需要从整体上、从系统的角度研究管理，管理者要考虑建立管理制度，管理者要对组织整体战略进行决策，而这些经常需要的管理是行为学派没有触及的。对于行为学派存在的弱点，孔茨是这样评论的：人际行为领域并不包括管理学的全部内容。

**小阅读：情商构成**

| 要素 | 描述 |
|---|---|
| 自知之明 | 知道而且也"触摸"到自己的感觉和情绪 |
| 情绪控制 | 能够处理各种情绪和心情，不否认它也不压抑它 |
| 自我激励 | 保持积极和乐观的心态 |
| 移情他人 | 理解他人情绪，换位思考 |
| 交往能力 | 有建立和保持个人积极人际关系的能力 |

## 第三节　定量管理思想

**管理故事：锱铢必较**

《宋稗类钞》中载有这样一件事：宋朝有个名叫苏掖的常州人，官至州县监察官。他家中十分有钱，但却非常吝啬，常常在置办田产或房产时，不肯付足对方应得的钱。有时候，为了少付一分钱，他会与人争得面红耳赤。他还最会趁别人困窘危急之时，压低对方急于出售的房产、地产及其他物品的价格，从而牟取暴利。有一次，他准备买下一户破产人家的别墅，竭力压低房价，为此与对方争执不休。他儿子在旁看不下去了，忍不住发话道："爸爸，您还是多给人家一点钱吧！说不定将来哪一天，我们儿孙辈会出于无奈而卖掉这座别墅，希望那时也有人给个好价钱。"苏掖听儿子这么一说，又吃惊，又羞愧，从此开始有所醒悟了。

**解释：** 一个优秀的领导人不仅要对组织整体进行宏观把握，而且应为自己的集体每分必争，理性决策、科学管理是必不可少的。但利弊的权衡却是一门高深的学问，考虑得失不仅仅只是眼前，考虑到以后的生存和发展才是最明智的选择。

### 一、定量管理思想的基本内涵

定量管理思想在管理理论中的代表学派是数量学派，也称为管理科学学派。这个学派认为，解决复杂系统的管理决策问题，可以用电子计算机作为工具，寻求最佳计划方案，以达到企业的目标。所谓管理科学就是制定用于管理决策的数学和统计模式，并把这种模式通过电子计算机应用于管理之中。它主要用于解决能以数量表现的管理问题，其作用在于通过管理科学的方法，减少决策中的风险，提高决策的质量，保证投入的资源发挥最大的经济效益。

从管理科学的名称看来，似乎它是关于管理的科学。其实，它主要不是探求有关管理的原理和原则，而是依据科学的方法和客观的事实来解决管理问题，并且要求按照最优化的标准为管理者提供决策方案，设法把科学的原理、方法和工具应用于管理过程，侧重于追求经济和技术上的合理性。

就管理科学的实质而言，它是泰勒的科学管理的继续与发展，因为它们都力图抛弃凭经验、凭主观判断来进行管理，而提倡采用科学的方法，探求最有效的工作方法或最优方案，以达到最高的工作效率，以最短的时间，最小的支出，得到最大的效果。不同的是，管理科学的研究，已经突破了操作方法、作业研究的范围，而向整个组织的所有活动方面扩展，要求进行整体性的管理。由于现代科学技术的发展，一系列的科学理论和方法被引进到管理领域。因此，管理科学可以说是现代的科学管理。其基本特征是：以系统的观点，运用数学、统计学的方法和电子计算机技术，为现代管理决策提供科学的依据，解决各项生产、经营问题。

管理科学学派的代表人物是埃尔伍德·斯潘塞·伯法。伯法曾任教于美国加利福尼亚大学管理研究院、哈佛大学工商管理学院，其代表作是《现代生产管理》（1975 年）。《生产管理基础》是伯法根据《现代生产管理》改写的，简明易懂，曾被《哈佛商业评论》推荐为经理必读书目。

## 二、定量管理思想的特点

1. 力求减少决策的个人艺术成分

定量管理思想依靠建立一套决策程序和数学模型以增加决策的科学性。它将众多方案中的各种变数或因素加以数量化，利用数学工具建立数量模型，研究各变数和因素之间的相互关系，寻求一个用数量表示的最优化答案。决策的过程就是建立和运用数学模型的过程。

2. 各种可行的方案均以经济效果作为评价依据

定量管理思想要求生产和经营管理各项领域的各项活动都以经济效果好坏作为评价标准，即要求以最小的消耗取得最大的经济效益。

3. 广泛使用电子计算机

现代企业管理中影响某一事务的因素错综复杂，建立模型后，计算任务极为繁重，依靠传统的计算方法获得结果往往需要若干年时间，致使计算结果无法用于企业管理。电子计算机的出现大大提高了运算的速度，使数学模型应用于企业和组织成为可能。

4. 强调使用先进的科学理论和管理方法

定量管理思想要求以先进的科学理论和管理方法作为基础，以增强定量管理的可靠性，提高定量决策的质量。

## 三、定量管理思想的主要内容

1. 对组织的基本看法

定量管理思想认为，组织是由"经济人"组成的一个追求经济利益的系统，同时又是由物质技术和决策网络组成的系统。

2. 定量管理的目的、应用范围及解决问题的步骤

定量管理的目的就是将科学原理、方法和工具应用于管理的各种活动之中。应用范围着重在管理程序中的计划和控制这两项职能。解决问题的步骤为：提出问题→建立数学模型→搜集基础数据→得出解决方案→对方案进行验证→建立对解决方案的控制→把解决方案付诸实施。

3. 定量管理应用的方法

定量管理应用的方法主要有线性规划法、决策树法、计划评审法、关键线路法等。

4. 定量管理应用的工具

定量管理应用的工具主要是计算机。

## 四、定量管理思想的优缺点

1. 定量管理思想的优点

（1）便于对问题进行诊断、处理　定量管理思想能将复杂的、大型的问题分解为较小的

部分，更便于诊断、处理。

（2）科学决策　定量管理思想重视细节并遵循逻辑程序，这样就把决策置于系统研究的基础上，增进了决策的科学性。

（3）便于方案的选择　定量管理思想有助于管理人员对不同的行动方案做出正确选择。

2. 定量管理思想的局限性

（1）适用范围有限　采用管理科学的定量方法来解决复杂环境下的组织问题还面临着许多实际困难。管理科学学派一般只研究生产的物质过程，注意管理中应用的先进工具和科学方法，不够注意管理中人的作用。而且，有些管理问题往往涉及许多复杂的社会因素，这些因素大都比较微妙，难以定量，也就难以采用管理科学的方法去解决。

（2）管理人员与管理科学专家之间容易产生隔阂　实际的管理人员可能对复杂、精密的数学方法很少理解，无法做出正确评价，而管理科学专家一般又不了解企业经营的实际工作情况，因而提供的方案不能切中要害，解决问题。这样，双方就难以进行合作。

（3）需要较高的费用和时间　采用定量管理需要搜集基础数据、寻求和建立数学模型，费用较高，耗时较长。由于人们考虑到费用问题，也使它往往只用于那些大规模的复杂项目。

因此，管理科学不是万能的，要充分认识到，它是一种重要的管理技术和方法，而起决定作用的还是人。所以，要求管理人员要尽量地掌握管理科学，使之与各种管理技术、管理方法相符合，以便发挥更大的作用。

---

**小阅读：决定知识型员工生产效率的六个因素**

1. 要提高知识型员工的生产效率，先得回答这个问题："任务是什么？"
2. 每一个知识型员工需要对自己所创造的生产力负责。他们必须自己管理自己，同时要有自主性。
3. 不断的创新必须成为知识型员工工作、任务和责任的一部分。
4. 脑力工作要求知识型员工进行持续不断的学习，以及给他们持续不断的指导。
5. 生产效率不是，至少不仅仅是重视"量"的产出，因为"质"也同样重要。
6. 必须将知识型员工视为资产而不是成本；必须使知识型员工在有其他就业机会时，仍愿意为这个组织工作。

——德鲁克

---

# 第四节　系统和权变管理思想

**管理故事：三只小狗和一匹斑马**

在动物世界里，三只小狗想攻击一匹斑马。怎么办呢？经过商议，第一只小狗咬住斑马的鼻子，第二只小狗咬住斑马的屁股，第三只小狗则咬住斑马的腿，斑马终于倒下了。

**解释**：分工合理、合作紧密、追求整体最优是管理的要义之一，这正是系统管理思想的体现。

## 一、系统管理思想

西方的系统管理学派盛行于20世纪60年代。当时，"系统科学""系统理论""系统工程""系统分析""系统方法"等术语充斥于管理文献之中。追根溯源，系统管理理论的发展同一般系统理论有密切的关系。近代比较完整地提出"系统"概念的是亨德森，后来发展为贝塔朗菲的一般系统论。1948 年，诺伯特·威纳创立"控制论"。美国经济学家肯尼思·博尔丁又尝试把控制论与信息论结合起来，并于 1956 年发表题为《一般系统论：一种科学的框架》的文章。1968 年，路德维格·贝塔朗菲出版的《一般系统理论的基础、发展和应用》一书，更加全面地阐述了动态开放系统的理论，被公认为一般系统论的经典著作。一般系统论认为，系统是由相互联系、相互作用的若干要素结合而成的具有特定功能的有机整体，它不断地同外界进行物质和能量的交换，维持一种稳定的状态。

一般系统理论建立以后，西方有些学者把它应用于企业管理，形成系统管理学派。这一学派的主要代表人物是约翰逊、卡斯特和罗森茨韦克。1963 年由他们三人共同出版了《系统理论和管理》一书，从系统概念出发，建立了企业管理新模式，成为系统管理的代表作。

1. 系统管理思想的内涵

系统管理思想的内涵或精髓包括三个方面：系统观点、系统分析和系统管理，三者既有联系又有区别。

（1）系统观点　系统管理学派是用系统观点来考察企业及其管理的。系统观点认为：整体是主要的，而其各个部分是次要的；系统中许多部分的结合是它们相互联系的条件；系统中的各个部分组成一个不可分割的整体；各个部分围绕着实现整个系统的目标而发挥作用；系统中各个部分的性质和职能由它们在整体中的地位所决定，其行为则受到整体的制约；整体是作为一个单元来行事的；一切都应以整体作为前提条件，然后演变出各个部分之间的相互关系；整体通过新陈代谢而使自己不断地更新；整体保持不变和统一，而其组成部分则不断改变。

从以上观点出发，所谓系统就是由两个以上的有机联系、相互作用的部分所组成的，具有特定结构和功能的整体。系统管理学派认为，企业就是一个由相互联系而共同工作的各个子系统所组成的系统，以便达到一定的目标。企业是一个人造的系统，它同周围的环境之间存在着动态的相互作用，并具有内部的和外部的信息反馈网络，能够不断地自行调节，以适应环境和本身的需要。

（2）系统分析　所谓系统分析就是对一个系统内的基本问题，用逻辑推理、科学分析的方法，在确定条件与不确定条件下，找出各种可行的方案。或者说，系统分析就是以系统的整体最优为目标，对系统的各个主要方面进行定性和定量的分析，是一个有目的、有步骤的探索性分析过程，以便给决策者提供直接判断和决定最满意方案所需要的信息和资料。

系统分析要求有严格的逻辑性。也就是说，在拟订方案以前，先要确定方案的目的、实现的场所、人员和方法等，然后搜集资料，拟订对比方案，最后对于建立的各种分析模型进行分析比较，选出可实施的方案。在进行系统分析时，首先，应紧密围绕系统的目标；其次，应从系统的整体利益出发，使局部利益服从整体利益，既要考虑当前利益，又要考虑长远利益；再者，应做到抓住关键问题，采用定量分析和定性分析相结合的方法。

（3）系统管理　系统管理即把组织作为一个系统来进行管理。系统管理思想特别强调开放性观念。它认为，组织是相对开放的系统，边界是可渗透的，可以有选择地输入和有选择地吸收，不仅要适应环境，还要影响环境。更重要的是，组织应有意识地去改造环境。

系统管理的具体特点可归纳为四个方面：一是以目标为中心，系统管理思想始终强调，组织的一切活动都要围绕系统目标，强调系统的客观成就和客观效果；二是以整个系统为中心，系统管理强调整个系统的最优化而不是子系统的最优化；三是以责任为中心，即要分配给每个管理人员一定的任务，而且要能衡量其投入和产出；四是以人为中心，每个员工都被安排做具有挑战性的工作，并根据其业绩支付报酬。

2. 系统管理思想的缺陷

尽管系统管理思想值得借鉴，但也存在着一些先天的不足。西方学者认为，系统管理思想难以满足各方面对它的期望：对那些希望获得具体行动指南的管理者来说，它太抽象，不够成熟，难以付诸实施；对那些希望从事分析和研究的学者而言，它又太复杂，可变因素太多，不便进行研究。尽管如此，仍然有相当多的人对系统理论及其在管理中的应用进行跟踪，而且，系统管理理论中的许多内容，很好地促进了自动化、控制论、管理信息系统、权变理论等的发展。

## 二、权变管理思想

20世纪70年代以来，权变理论在美国兴起，受到广泛的重视。权变理论的兴起有其深刻的历史背景，当时的美国，社会不安、经济动荡、政治骚动达到空前的程度，石油危机对西方社会产生了深远的影响，企业所处的环境很不确定。但以往的管理理论，如科学管理理论、行为科学理论等，主要侧重于研究加强企业内部组织的管理，而且以往的管理理论大多都在追求普遍适用的、最合理的模式与原则，而这些管理理论在解决企业面临瞬息万变的外部环境时又显得无能为力。正是在这种情况下，人们不再相信管理会有一种最好的行事方式，而是必须随机应变地处理管理问题，于是形成一种管理取决于所处环境状况的理论，即权变理论。"权变"的意思就是权宜应变。权变理论的代表人物有卢桑斯、菲德勒、豪斯等人。

1. 权变管理思想的基本观点

权变理论认为，在企业管理中要根据企业所处的内外条件随机应变，没有什么一成不变、普遍适用的"最好的"管理理论和方法。该理论是从系统观点来考察问题的，它的核心就是通过组织的各子系统内部和各子系统之间的相互联系，以及组织和它所处的环境之间的联系，来确定各种变数的关系类型和结构类型。它强调在管理中要根据组织所处的内外部条件随机应变，针对不同的具体条件寻求不同的最合适的管理模式、方案或方法。

权变管理思想就是要把环境对管理的作用具体化，并使管理理论与管理实践紧密地联系起来。它把环境作为自变量，而管理的观念和技术作为因变量，环境变量与管理变量之间的函数关系即权变关系。也就是说，在某种环境条件下，为了更快地达到目标，要采用某种相应的管理原理、方法和技术。比如，在经济衰退时期，企业在供过于求的市场中经营，采用集权的组织结构，就更适于达到组织目标；如果在经济繁荣时期，在供不应求的市场中经营，那么采用分权的组织结构可能会更好一些。

权变理论学派同经验主义学派有密切的关系，但又有所不同。经验主义学派的研究重点是各个企业的实际管理经验，是个别事例的具体解决办法，然后才在比较研究的基础上进行概括；而权变理论学派的重点则通过大量事例的研究和概括，把各种各样的情况归纳为几个基本类型，并给每一类型找出一种模型，所以它强调权变关系是两个或更多可变因数之间的函数关系。权变管理依据环境自变数和管理思想及管理技术因变数之间的函数关系来确定对当时当地最有效的管理方法。

2. 权变管理思想的优缺点

权变理论为人们分析和处理各种管理问题提供了一种十分有用的方法。它要求管理者根据组织的具体条件及其面临的外部环境，采取相应的组织结构、领导方式和管理方法，灵活地处理各项具体管理业务。这样，就使管理者把精力转移到对现实情况的研究上来，并根据对具体情况的具体分析，提出相应的管理对策，从而有可能使其管理活动更加符合实际情况,更加有效。所以,管理理论中的权变或随机应变的观点无疑是应当肯定的。同时,权变学派首先提出管理的动态性,人们开始意识到管理的职能并不是一成不变的。以往人们对管理的行为的认识大多从静态的角度来认识,权变学派使人们对管理的动态性有了新的认识。

但权变理论存在一个根本性的缺陷,即没有统一的概念和标准。虽然权变学派的管理学者采取案例研究的方法,通过对大量案例的分析,从中概括出若干基本类型,试图为各种类型确认一种理想的管理模式,但却始终提不出统一的概念和标准。权变理论强调变化,却否定管理的一般原理、原则对管理实践的指导作用。在这种情况下,每个管理学者都根据自己的标准来确定自己的理想模式,未能形成普遍的管理职能。于是,权变理论使实际从事管理的人员感到缺乏解决管理问题的能力,初学者也无法适从。

---

**小阅读: 管理心得**

松下幸之助说:"当企业有100人时,我要站在最前面,带领部队冲锋陷阵;企业发展到1000人时,我要站到最中央,让每位员工听到我的声音,了解我的战略意图,明确奋斗的方向;当企业发展到10000人时,我要退居幕后,靠核心层的经营管理思想统驭三军。"所以,管理者要懂得权变。

---

# 第五节 管理理论的新发展

**管理故事:森林遇虎**

两个人在森林里,遇到了一只大老虎。A就赶紧从背后取下一双更轻便的运动鞋换上。B急死了,骂道:"你干什么呢?再换鞋也跑不过老虎啊!"A说:"我只要跑得比你快就好了。"

**解释**:21世纪是充满竞争的世纪,止步不前就是退步。市场竞争,快手打慢手,快鱼吃慢鱼,哪还容得你止步不前?面对这样的环境,管理理论也必须不断发展和创新。

## 一、战略管理理论

20世纪60年代至80年代初,是以战略管理为主的企业组织理论发展阶段。

20世纪60年代之后,由于环境变动剧烈,越南战争爆发,加上汇率浮动,美国经济内临石油危机,外遇崛起的日本及欧洲的挑战,于是科技竞争愈演愈烈。管理学界开始重点研究如何适应充满危机和动荡的国际经济环境的不断变化,谋求企业的生存发展,出现了战略理论的研究。例如,安索夫《公司战略》(1965年)一书的问世,开创了战略规划的先河;到1975年,安索夫的《战略规则到战略管理》出版,标志着现代战略管理理论体系的形成。书中将战略管理明确解释为"企业高层管理者为保证企业的持续生存和发展,通过对企业外部环境与内部条件的分析,对企业全部经营活动所进行的根本性和长远性的规划与指导"。之后,迈克尔·波特的《竞争战略》(1980年)可谓把战略管理的理论推向了顶峰,其许多思想被认为是战略管理理论的经典,并在全球范围产生了深远影响。

## 二、企业再造理论和企业文化管理理论

20世纪80年代至90年代初，是以企业再造理论与企业文化管理理论为主的阶段。

1. 企业再造理论

进入20世纪80年代后，管理学因社会、经济、文化等因素在管理中作用的凸现，20世纪30～40年代形成的企业组织愈来愈不能适应新的、竞争日益激烈的环境，管理学界提出要在企业管理的制度、流程、组织、文化等方面进行创新。美国企业从20世纪80年代起开始了大规模的"企业重组革命"，日本企业也于90年代开始进行所谓"第二次管理革命"。其间，企业再造（也称组织重组、流程改革）风潮相当流行。企业再造理论的最终构架由迈克尔·哈默博士与詹姆斯·昌佩完成，他们在其合著的《再造企业——管理革命宣言书》（1993年）中阐述了这一理论：要使现代企业在剧烈的市场竞争中确立时间、质量、成本、服务的优势，必须对业务流程进行重新设计和根本改造，以适应竞争、客观环境变化、顾客需求多样化和个性化的需要。企业再造的首要任务是企业流程再造，系指以组织过程为出发点，从根本上重新思考一项活动的价值贡献，运用现代信息科技手段，将人力及工作过程彻底改变，重新建立组织内各层关系。

此外，对企业再造理论作出贡献的还有日本学者小林裕，著有《企业经营再造工程》（1993年），完成了日本管理学界对这一时期管理理论与实践的总结。美国的特蕾西·高斯、理查德·帕斯卢卡等也有所建树。

2. 企业文化管理理论

"企业文化"管理理论于20世纪80年代中期产生于美国，它源于日本80年代初的经营管理的成功。当时日本的企业文化主要表现在人力资源的管理上，如终身雇用、年薪制度等各种福利，让员工对公司产生极大的向心力，从而以踏实的工作态度、精益求精的精神促进了日本企业的蓬勃发展，这引起了世界各国管理学者的关注。研究者和提倡者普遍认为，企业文化是现代企业生存、发展成功的关键，反映了当代企业管理的客观要求和发展趋势。

## 三、学习型组织理论和知识管理理论

20世纪90年代以后，是以全球化及知识经济时代为关键背景的组织管理理论发展阶段。随着知识经济时代的来临，使信息与知识成为重要的战略资源，而信息技术的发展又为获取这些资源提供了可能；顾客的个性化、消费的多元化决定了企业只有能够合理组织全球资源，在全球市场上赢得顾客，才有生存和发展的可能。这一时期管理理论的研究发展更加活跃，影响较大的有学习型组织理论和知识管理理论。

1. 学习型组织理论

学习型组织理论是1990年由圣吉在《第五项修炼》一书中提出来的，他强调营造弥漫于整个组织的学习气氛，发挥员工的创造性，建立有机的、柔性的、能持续发展的组织。在这种组织中，作为"教师"的领导者应提高员工对组织系统的了解能力。学习型组织包括五要素：建立共同愿景、团队学习、改变心智模式、自我超越、系统思考。企业如果能够顺利导入学习型组织，能够达到更高的组织绩效，更能增强组织生命力。学者阿里·德赫斯在《长寿公司》一书中也指出，成功的公司是能够有效学习的公司。他认为，知识是未来的资本，只有学习才能为不断的变革做好准备。此外，罗勃特·奥伯莱与保罗·科恩合著的《管理的智慧》中描述了管理者在学习型组织中的角色的变化，指出管理者不仅要学会管理学习的技巧，还要使自己扮演学习的领导者、师傅和教师的多重角色。

2. 知识管理理论

知识管理是网络经济时代的新兴管理思想与方法，得益于 20 世纪 90 年代的信息化蓬勃发展。知识管理的思想结合互联网、资料库以及电脑软件系统等工具，成为企业积累知识的财富和创造更多竞争力的新世纪利器。知识管理的代表作是德鲁克的《知识管理》一书，其主要内容是要在组织中建立一个量化与质化的知识系统，让组织中的信息与知识，通过获得、创造、分享、整合、记录、存取、更新、创新等过程，不断地回馈到知识系统内，最终成为组织智慧的循环，从而在企业组织中成为管理与应用的智慧成本，这有助于企业作出正确的决策，以适应市场的变迁。

知识管理强调，只有让知识与创新、管理、组织相结合，知识才会成为生产力。时至今天，知识管理理论的研究与应用仍是热门话题。

纵观管理理论的发展史，尽管学派众多，理论纷杂，但基本上是按相互联系的两条路径演进的。一是组织理论研究：从经济人组织向社会人组织、自我实现人组织、文化型组织、学习型组织的演进；二是管理方式方法的研究：从科学管理方法向行为管理方法、定量管理方法、流程管理方法、信息和知识管理方法的演进。这两条路径的演进反映了工业时代的管理在经历了形成、成长、成熟各阶段后，开始向信息时代的管理转变和改型。

值得一提的是，无论是行为科学、战略管理，还是企业再造、知识管理等，依旧是今天的话题。对于今天的企业变革，没有哪一种理论已过时或无用，应结合各自具体情况与环境，兼收并蓄，有选择地取舍，灵活应用，这样才能在继承前人的基础上，发展自我，这才是回顾历史的目的所在。

---

**小阅读：上善若水**

《老子》里说："上善若水。水善利万物而不争。处众人之所恶，故几于道。居善地，心善渊，与善仁，言善信，正善治，尹善能，动善时。夫唯不争，故无尤。"老子认为，有道德的上善之人，有像水一样的柔性。水的柔性是怎样的呢？水性柔顺，明能照物，滋养万物而不与万物相争，有功于万物而又甘心屈尊于万物之下。正因为这样，有道德的人，效法水的柔性，温良谦让，广泛施恩却不奢望报答。

老子弘扬水的精神，其实是在宣扬一种处世哲学，做人要像水一样，有极大的可塑性。水性柔而能变形：在海洋中是海洋之形，在江河中是江河之形，在杯盆中是杯盆之形，在瓶罐中是瓶罐之形。

管理也是这样，你总会遇到各种各样的问题，随机应变就显得非常重要。曾经取得的成功并不能昭示未来，市场总是千变万化的，一样的问题在不同的时期需要的解决办法也许会完全不同。聪明的管理者一定会因时制宜，因地制宜，在成就团队业绩的同时，也成就了自己。

---

**知识拓展 当代管理新思潮**

**一、组织文化和跨文化管理**

1. 组织文化

20 世纪 80 年代，随着日本企业竞争力的快速增强，许多学者开始对日本企业的管理进行研究，结果他们发现日本企业的文化特征是促使企业发展的重要因素。于是，管理学者开始对组织文化进行深入研究。

(1) 组织文化的概念　每一个成功的组织背后都拥有一个持续多年的价值、信念及道德标准。要使一个组织团结成一个整体，组织文化的培养是必不可少的，这也是组织管理的一个根本任务。组织文化是组织在所处的经济、社会、文化背景下，通过长期发展逐步形成的为全体员工所接受和认同的日趋稳定的、独特的价值观，以及以此为核心而形成的行为规范、道德准则、群体意识、风俗习惯等。

(2) 组织文化的功能　组织文化具有以下功能。

① 导向功能。组织文化的导向功能是指组织文化对组织整体及组织成员个人的价值取向、行为取向有引导作用，使之符合组织所确定的目标。

对于刚进入组织的新成员，组织文化会对他们的价值观念及行为有引导作用，使其价值观念首先与已有的组织文化相一致。

在组织成员处理非程序的事件时，组织文化也具有导向作用，它容易使组织成员内部保持一致，与已有的组织文化保持协调。

② 约束功能。组织文化用一种无形的思想上的约束力量，对每个组织成员的思想、心理和行为产生约束和规范作用，形成一种软约束，以此来弥补硬性措施的不足。

价值观是组织文化的核心，一旦这样的价值观深入人心，就会成为人们自觉的行为准则，约束自己的行为。优秀的组织文化可以对人们进行感化、教育，使人们在心目中形成一个强有力的内在的约束机制。这个约束机制可以强有力地对职工的行为进行规范，使全体职工的行为与组织的要求保持高度的一致。

③ 凝聚功能。当一种价值观为该组织员工所共同认可后，它就会成为一种黏合剂，把各个方面、各个层次的人都团结在本组织文化的周围，使组织产生一种凝聚力和向心力。

④ 激励功能。组织文化具有使组织成员从内心产生一种高昂情绪和进取精神的效应。优秀组织文化的形成有助于员工获得较高的心理满足，因为在具有优秀组织文化的组织中工作，员工在组织中能感受到家庭般的温暖，能够进行深度的沟通。优秀的组织文化所树立的良好的组织形象会使员工感到自豪，员工更愿意为这样的集体努力工作，贡献自己的力量。

⑤ 创新功能。建立具有鲜明特色的组织文化，是组织创新的重要方面，是激发员工创新精神的源泉和动力。现代社会，创新成为组织在社会中生存必不可少的技能。对于优秀的组织而言，一定要创造一种利于创新的组织文化，从而使组织在社会竞争中更具有生命力，更有效率地实现组织的宗旨及设定的目标。

⑥ 辐射功能。组织文化的辐射功能包括两个方面：一是内部影响，它可以激发组织成员对组织的自豪感、责任感和崇尚心理；二是外部影响。它会对社会公众、本地区及国内外组织产生一定的影响，在树立组织形象、提高组织知名度的同时，构成了社会文化的一部分，能够促进社会文化的发展。

(3) 组织文化的结构　组织文化的结构可分为三个部分，即物化部分（物质层）、制度部分（制度层）和精神部分（精神层），如图2-1所示。认识组织文化的构成以及各部分之间的相互关系，是把握组织文化内在规律，主动地建设组织文化的前提。

① 物质层。物质层文化是凝聚着本组织精神文化的生产经营过程和产品的总和，还包括实体性的文化实施。如带有组织文化色彩的组织环境、生产经营技巧、图书馆、俱乐部、公园以及组织其他实体性的物体，建筑物、产品、组织标识等。

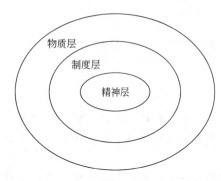

图 2-1　组织文化的结构

物质层文化是组织文化中最表层的部分，组织内外的人们都可以通过这些实体性的载体直接感受组织的文化特色，是从直观上把握组织文化的一条基本途径。物质层文化是人们接受与认识组织文化的一个主要方式。

② 制度层。制度层文化是具有本组织文化特色的各种规章制度、道德规范和行为准则的总和。制度层是组织文化的第二层或称中间层，它构成了各个组织在管理上的文化个性特征。制度层文化在组织文化的形成中起着十分重要的作用。

③ 精神层。精神层文化是指组织的领导和员工共同信守的基本信念、价值标准、职业道德及精神风貌。它是组织文化中最深层、最稳定的内容，是组织文化的核心，也是组织文化发挥作用的源泉。同时，它是组织文化建设的最终目标，也是最为困难的。精神层次组织文化的形成标志着组织员工基本价值观的统一，它会在日常的组织行为中自觉地发挥作用。

物质层、制度层、精神层由外到内的分布形成了组织文化的结构。这三个层次不是孤立的，而是相互联系、相互影响和相互作用的。其中，精神层决定制度层和物质层；制度层是精神层和物质层的中介；物质层和制度层是精神层的体现。

（4）影响组织文化建设的因素　影响组织文化建设的因素有很多，主要因素有以下几个方面。

① 经济体制状况。经济制度会直接影响到组织文化的状况。影响组织文化的经济制度尤其是财产制度与资源配置方式。

② 政治体制状况。政治体制也会直接影响到组织文化，任何组织文化中都体现着一定的政治特性，绝对超然的组织文化是不存在的。

③ 民族文化状况。民族文化是影响组织文化的重要因素之一，不同的民族有不同的文化。国外文化的流入，不论对我国社会还是对组织，都有两方面的影响，既有积极的影响，也有消极的影响。

④ 社会文化。组织是在社会文化环境中生存和发展的，组织的文化建设必然接受并服从它所在环境的影响和要求。

此外，组织文化建设还受科学技术与生产力发展水平、行业技术经济特点、组织所在的地理位置、组织员工的特点、组织的历史传统以及国际化状况的影响。

（5）组织文化的构建　组织文化的构建应做到以下几点。

① 确定价值观。构建组织文化，首先应提出组织的共同价值观，构建组织的共同词汇，有些时候也称作"共同语言"或"共同概念"。通过共同词汇，使组织内部人员从认同感、默契、独特性等角度构筑起某种语境，这对于文化氛围的构建非常重要。这样的词汇可以是比较通用的，但一个组织对它们有比较特殊的解读；也可以是比较独特、外人一般无法直接理解的。在这些关键性的词汇之外，组织还应该有成员间比较独特的习惯性用语，比如确认、流程、概念、沟通、反馈、创造、跟踪、推进、关注、细化等，组织成员经常喜欢使用什么样的词汇，实际上也反射出一个组织的文化特色，而一定的文化氛围，也在潜移默化中使成员共同习惯于使用某些词汇。

② 要有"英雄人物"和"英雄故事"。组织要有自己的英雄人物，或该文化背景下的典型人物，并伴随有相应的故事。所谓文化，一定是有自身的价值观取向的，有时价值观直接影响到组织的处事原则。而这些价值观不能是空洞的说教，一定要有相应的故事及相应的典型或英雄人物把它具体化。这里的"英雄人物"指的是将组织的价值取向淋漓尽致表现出来的人。比如某个组织讲求"敬业"，那应该有极度敬业的人物作为榜样；提倡"锐意进取、追求成功"，那一定会出现销售英雄，或是从基层岗位奇迹般做到高层的典型人物；强调"勇"字，那就应该积极寻找与此相关的典型事例，树立起勇于承担责任、勇于迎接挑战的"英雄"。而发生在他们身上的故事，应该被组织内人员口口相传。有些时候，不一定每一个文化元素都能恰好找到这样一个典型，那也可以"创造"出一个或借用

历史、传说中的相关人或事。总之，文化的东西如果没有被具体感知，就总是容易流于空洞，难以被组织成员理解和接受。

③ 将一些活动转化为传统。文化和传统密不可分，过去的东西只有被人们传承下来才叫文化。有时传统固化成了仪式，而仪式也可以沉淀一种文化。比如有些注重服务的企业，每天早上员工要朗诵服务宣言；有些注重精神修养或团队精神的企业，有举行升旗仪式的传统。仪式本身并不等同于文化，但文化要依赖好的仪式才得以传承。有些文化建设做得好的组织，会有意识地设定自己的传统节日或纪念日，这可能是组织成立日，也可能是为纪念某件极具意义的事件。

④ 有意识地制造舆论和氛围。舆论和氛围更多的时候需要靠主动争取才能获取。比如，可考虑采用宣传栏、论坛、工作日志等工具，不断宣扬对实现组织价值观有益的人物事件、行为习惯、方式方法等。文化如果不能为大多数人接受，那它就永远只能写在纸上。组织或许不时地会有体现企业文化价值的事件发生，但如果不把它通过舆论放大一百倍，形成一个有利于文化成长的氛围，那这个事件也马上会被时间淹没。而在处事原则上，每人各有不同，如果不制造一种舆论氛围，那些本来遵循企业文化的原则处事的人就可能受到压制，最终纠偏或放弃自己的原则，而融入组织可能存在的某种不健康的亚文化中去。

⑤ 要制定相应的制度和行为规范。文化大多数时候需要引导，但有时适当的强迫也是必要的，这就需要制定相应的制度和行为规范。比如某企业对员工定下的行为规范之一是：早上上班见到同事一定要问候"早上好"，下班时要道别"我先走了"，对方要回应"辛苦了"，以此来强化讲求礼貌和文明的文化氛围，提倡员工间保持融洽的工作关系。另有一企业规定，在工作区，凡是迎面遇到来参观、拜访的客户，作为员工必须侧身让客户先行，这也是在强化该企业"顾客第一"的文化理念。

组织的成长需要养分，而最深层的养分就是组织的价值观、精神。完美的组织文化不可能一两天就形成，必须对它不断进行调整、规范和整合。对于这些，更重要的是在以上各个方面着手，从一个个日常细节着手，如同灌溉、养护树木一样呵护组织文化的成长。

2. 跨文化管理

(1) 跨文化管理的概念及其必要性　跨文化管理又称交叉文化管理，就是在跨国经营中，对不同种族、不同文化类型、不同文化发展阶段的子公司所在国的文化采取包容的管理方法，其目的在于如何在不同形态的文化氛围中设计出切实可行的组织结构和管理机制，在管理过程中寻找超越文化冲突的公司目标，以维系不同文化背景的员工共同的行为准则，从而最大限度地控制和利用组织的潜力与价值。

跨文化管理的必要性来自于经济的全球化和区域经济一体化。加强对跨国文化的了解，随时掌握当地经济、法律、社会等方面的信息，善于运用适合当地文化的管理方法，使企业经营更加符合本土文化和需求，有利于吸收各国先进的管理理念和方法，削除组织间的冲突。

(2) 跨文化管理竞争优势　要把文化的差异看成是一种优势而不是一种劣势，恰当、充分地利用不同文化所表现的差异，通过文化多样性为企业发展创造契机。这里的多样性就是指将来自不同背景、具有不同期望、处于不同生活阶段的人们集合到一起，在给公司带来竞争力、获得盈利这一力量的驱使下共同工作。

文化多样性的优势在于以下几个方面。

① 市场方面。提高了公司对于地方市场上文化偏好的应变能力。

② 资源获取方面。提高了公司从具有不同国家背景的人员中聘用员工、充实当地公司

人力资源的能力。

③ 成本方面。减少了公司在周转和聘用非当地人士担任经理方面花费的成本。

④ 解决问题方面。更广阔的视角范围和更严格的分析提高了制定决策的能力和决策质量。

⑤ 创造性方面。通过视角的多样性和减少关于一致性的要求来提高公司的创造力。

⑥ 系统灵活方面。提高了组织在面临多种需求和环境变化时的灵活应变能力。

(3) 跨文化管理的基本原则　跨文化管理应遵循以下原则。

① 确认原则。所谓确认原则就是在兼顾不同文化特征的基础上,制定评价的基本原则。没有评价的基本原则就无法确定文化中哪些应该改进,哪些应该舍弃,哪些属于落后,哪些属于先进。因此,不同文化背景的人们在一起工作时,必须首先确定一些基本原则。

② 相互理解原则。在确定评价的基本原则之后,重要的就是在态度和意识上的相互理解。在文化融合过程中,没有所谓对与错的概念,只有符合原则和不符合原则的问题。现实中往往是强势文化占主导地位,在弱势文化背景下的员工个人的情感、意志、态度、兴趣等会产生挫折感,并由此产生一些非理性行为,对于这些事先要予以充分重视,相互理解。

③ 相互尊重原则。"入乡随俗"是文化融合中的一个重要原则。本土文化不论是处于强势还是弱势,在本土地域内依然具有很强的影响力。外来文化尽管也可能是强势文化,但也不能咄咄逼人,处处以自己的原则和规范行事,把自己的意识形态当成天下的真理,强迫别人接受。只有在相互理解的基础上相互尊重,才能合作共事,谋求发展。

(4) 跨文化管理的策略　跨文化管理可采用以下策略。

① 本土化策略。要本着"思维全球化和行动当地化"的原则来进行跨文化的管理。通常跨国企业在海外进行投资,就必须雇用相当一部分的当地职员,这主要是因为当地雇员熟悉当地的风俗习惯、市场动态以及政府方面的各项法规,而且和当地的消费者容易达成共识。雇用当地雇员无疑方便了跨国企业在当地拓展市场、站稳脚跟。"本土化策略"有利于跨国公司降低海外派遣人员和跨国经营的高昂费用;有利于与当地社会文化融合,减少当地社会对外来资本的危机情绪;有利于东道国在任用管理人员时,主要考虑该雇员的工作能力及与岗位的匹配度,以选用最适合该岗位的职员。

② 文化相容策略。根据不同文化相容的程度又可以细分为以下两个不同层次。

a. 文化的平行相容策略。这是文化相容的最高形式,习惯上称为"文化互补"。它是指在跨国公司的子公司中并不以母国的文化或是开发国的文化作为子公司的主体文化。母国文化和东道国文化之间虽然存在着巨大的文化差异,但却并不互相排斥,反而互为补充,同时运行于公司的操作中,充分发挥跨文化的优势。一种文化的存在可以充分地弥补另外一种文化的许多不足。

b. 文化的和平相容策略。虽然跨国公司中的母国文化和东道国文化之间可能存在着巨大的文化差异,而且两者文化的巨大不同也很容易在子公司的日常运作中产生"文化摩擦",但是管理者在经营活动中要刻意模糊这种文化差异,隐去两者文化中最容易导致冲突的主体文化,保存两者文化中比较平淡和微不足道的部分。由于失去了主体文化那种对不同国籍的人所具有的强烈影响力,使得不同文化背景的人可以在同一公司中和睦共处,即使意见发生分歧,也很容易通过双方的努力得到妥协和协调。

③ 文化创新策略。文化创新策略即母公司的企业文化与国外分公司当地的文化进行有效的整合,通过各种渠道促进不同的文化相互了解、适应、融合,从而在母公司和当地

文化基础之上构建一种新型的国外分公司企业文化，以这种新型文化作为国外分公司的管理基础。这种新型文化既保留着强烈的母公司企业文化特点，又与当地的文化环境相适应，既不同于母公司企业文化，又不同于当地企业文化，是两种文化的有机整合。因为要从全世界角度来衡量一国或一地区文化的优劣是根本不可能的，这中间存在一个价值标准的问题，只有将两种文化有机地融合在一起，才能既含有母公司的企业文化内涵，又能适应国外文化环境，从而体现跨国企业竞争优势。

④ 文化规避策略。这是当母国的文化与东道国的文化之间存在着巨大的不同，母国的文化虽然在整个子公司的运作中占主体，可又无法忽视或冷落东道国文化存在的时候，由母公司派到子公司的管理人员就必须特别注意在双方文化的重大不同之处进行规避，不要在这些"敏感地带"造成彼此文化的冲突，例如在宗教势力强大的国家要特别注意尊重当地的信仰。

⑤ 文化渗透策略。文化渗透是一个需要长时间观察和培育的过程。跨国公司派往东道国工作的管理人员，基于其母国文化和东道国文化的巨大不同，并不试图在短时间内迫使当地员工服从母国的人力资源管理模式，而是凭借母国强大的经济实力所形成的文化优势，对子公司的当地员工进行逐步的文化渗透，使母国文化在不知不觉中深入人心，从而使东道国员工逐渐适应了这种母国文化并慢慢地成为该文化的执行者和维护者。

⑥ 借助第三方文化策略。跨国公司在其他国家和地区进行全球性发展时，由于母国文化和东道国文化之间存在着巨大的不同，而跨国公司又无法在短时间内完全适应东道国的经营环境，这时跨国公司所采用的人事管理策略通常是借助比较中性的、与母国的文化已达成一定程度共识的第三方文化对设在东道国的子公司进行控制管理。用这种策略可以避免母国文化与东道国文化发生直接的冲突，如欧洲的跨国公司想要在加拿大等美洲地区设立子公司，就可以先把子公司的海外总部设在思想和管理都比较国际化的美国，然后通过在美国的总部对在美洲的所有子公司实行统一的管理；而美国的跨国公司想在南美洲设立子公司，就可以先把子公司的海外总部设在与国际思想和经济模式较为接近的巴西，然后通过巴西的子公司总部对南美洲其他的子公司实行统一的管理。这种借助第三国文化对母国管理人员所不了解的东道国子公司进行管理的方式可以避免资金和时间的无谓浪费，使子公司在东道国的经营活动可以迅速有效地取得成果。

⑦ 占领式策略。占领式策略是一种比较偏激的跨文化管理策略，是全球发展企业在进行国外直接投资时，直接将母公司的企业文化强行注入国外的分公司，对国外分公司的当地文化进行消灭，国外分公司只保留母公司的企业文化。这种方式一般在强弱文化对比悬殊，并且当地消费者能对母公司的文化完全接受的情况下采用，但从实际情况来看，这种模式采用得非常少。

总之，全球发展企业在进行跨文化管理时，应在充分了解本企业文化和国外文化的基础上，选择适合自己的跨文化管理模式，从而使不同的文化达到最佳的结合，形成自己的核心竞争力。

## 二、知识管理

有许多资深管理人士认为，知识管理是管理的第二次革命。1996年，经济合作与发展组织（OECD）提出了"以知识为基础的经济"的概念，"知识经济"开始被人们接受。知识经济是以生产、分配和利用知识为基础的经济，其要素包括了专利、非专利技术、经营诀窍、贸易秘密、各类数据和信息、品牌以及蕴藏于人的头脑中的知识、才能、智慧等。知识管理就是对这些要素的管理。

美国学者彼得·杜拉克强调，"因为知识社会是一个组织的社会，其中心的器官是管理,仅仅管理就能使今日所有的知识成为有效"。他还指出,如果说诞生在美国的科学管理引发了管理的"第一次革命"的话,那么,21世纪全球的企业管理将迎来以"人性化"的知识管理为标志的企业管理"第二次革命"。

### 1. 知识管理的概念

知识管理是为了提高组织软实力,为了组织(包括成员)采用更好的措施和行为,更好地达到组织目标所采用的技术与组织管理手段。它对存在于组织内外的个人或者群体有价值的知识进行系统地定义、获取、存储、分享、转移、利用和评估。知识管理包括三个要素:人(协作的所有参与者)、场所(协作的空间)、事件(所有内容和处理过程)。

### 2. 知识管理的特点

(1) 以人为本,面向应用 这是因为人是知识活动的中心和主体,离开了人,知识就没有了载体。

(2) 依赖于知识 没有知识的存在和爆发,也可能有对知识管理的必要。

(3) 是管理 知识管理不是对知识或知识化的管理,而是以知识为中心的管理;不是对数据的简单加工和分析,而是帮助组织实现知识的显性化(共享、运用、创新等)。

(4) 需要优化流程 知识管理需要设计先进的流程对企业的知识进行划分和创造。

(5) 是一种制度和方法 知识管理以基本方法和规律指导企业各层次的管理活动。

(6) 目标是创造价值 知识管理的目标是实现"知识增值",即将知识转化为重要的经营资源,为企业创造更多的利润。

### 3. 知识管理的职能

(1) 外化职能 从组织外部的广阔信息海洋中捕获对企业有用的知识或者信息,使知识寻求者得到意外的收获。

(2) 内化职能 通过过滤设法发现与知识寻求者相关的知识,以最适合的方式进行重新的布局和呈现,同时通过文本化来简化相关数据元素,并加入必要的解释。

(3) 中介职能 对于那些无法存储于企业知识库中的知识,可以通过追溯个体的经历和兴趣,将知识寻求者和最佳知识源相匹配。

(4) 认知职能 认知是经过上述三个职能而得出的知识的综合运用,是知识管理的最终目标。认知过程很难实现完全的自动化,通常采用专家系统或使用人工智能技术,并据此做出决策。

## 三、敏捷性管理

随着互联网时代的到来及自媒体等新兴媒体的出现,信息的扩散速度和程度是难以控制和不可估量的,这就需要企业在管理中提高敏捷性,提升快速反应的能力和适应能力。可以这样说,面对科学技术的日新月异,知识量、信息量的剧烈增加和市场风云的急剧变化,谁的感觉敏捷,能抓住时机,当机立断,快速地做出反应,谁就能在激烈的市场竞争中处于领先优势,取得成功。

要建立敏捷性管理,就需要在管理活动中打破常规,改革管理的工作流程,让信息流实现交互和流程最短,以提高管理的效率。

同时,敏捷性管理还需要建立机动灵活的、有弹性的生产和管理体系,变工业化的大批量、单一型的生产形式为由市场驱动的小批量、定制化、多样化的生产形式。

## 四、全面满意管理

全面满意管理(total satisfaction management,TSM)是指企业管理中,要使顾客满意、员工满意、投资者满意和社会满意。

全面满意管理(TSM)是在全面质量管理(TQM)已不能够完全满足新的竞争环境

对企业提出的更高要求的情况下产生的。它有效地克服了 TQM 存在的不足，使企业在面对日益激烈的市场竞争时能够更加有效地管理和运营。

全面满意管理的实施方法如下。

（1）在全公司内树立 TSM 的愿景和文化氛围　从最高管理层到各个基层岗位，都要对 TSM 有正确、充分的认识。只有对全面满意管理有正确的认识，才能从根本上确立以 TSM 为核心的指导思想。在实施 TSM 前应对公司全体员工进行广泛深入的宣传教育，帮助员工转变观念，在思想上做好准备。

（2）组建 TSM 领导小组　TSM 是全公司范围的事，应当从企业高级管理层开始，组建 TSM 领导小组，统一企业的整体活动。同时，各个职能部门也应当组建自己的 TSM 小组，配合上级的工作。只有高层管理者与各个职能部门密切配合、共同参与，TSM 才能够顺利进行。

（3）对企业内、外部的顾客进行满意度调查　通过问卷调查等不同方式，对企业内部员工和外部顾客的满意情况进行调查，掌握足够的第一手情报。

（4）分析存在的问题，建立全面满意体系框架　在满意度调查的基础上，通过分析存在的问题，找出解决方案，进而制定公司范围内的 TSM 体系框架。这个过程是 TSM 的关键。

（5）实施全面满意体系框架　以 TSM 体系框架为基础对企业进行改造，创造实施 TSM 的基本运行环境。在日常工作中坚持以公司的 TSM 体系框架为行为指南。

（6）效果评定　TSM 不能通过短时间的效果进行评价，而应当通过较长时间的实践，在实际工作中不断发现新问题，不断改进。长期的效果才是 TSM 追求的目标。

需要强调的是，随着社会经济的发展，社会的文明程度和人的地位越来越高，而企业也越来越重视自己的形象、信誉和企业文化，重视为社会公共事业的发展和社会经济的可持续发展所做出的贡献，追求社会满意。这是除企业的利润目标外，企业所追求的更高层次的目标。

## 本章小结

学习管理的历史，可以帮助我们理解今天的管理理论和管理实践，可以让我们知道管理理论是怎样一步步随着环境的变化演变到今天的。

19 世纪末，随着资本主义的发展，科学技术水平以及生产的社会化程度不断提高，一些有识之士开始致力于把当时的科技成果应用于企业管理，因此，19 世纪末到 20 世纪初形成了古典管理思想，主要代表人物有泰勒、法约尔和韦伯。泰勒的科学管理理论提出了制定科学的操作方法、科学地选择工人并对其进行培训、制定科学的工艺规程、实行有差别的计件工资制度、管理与劳动相分离、劳资双方友好合作等观点。法约尔的一般管理理论提出了管理的五大职能及十四项管理原则。韦伯的行政组织理论的主要贡献是提出了"理想的行政组织模式"。

梅奥根据霍桑实验提出了行为管理思想——人际关系学说，其主要观点是：员工是"社会人"；在正式组织中存在非正式组织；新的领导方式在于提高员工的"满意度"。行为科学的发展产生了马斯洛的需求层次理论、赫茨伯格的"双因素"理论、麦格雷戈的"X-Y"理论等新的管理理论，使人们对工作中的人有了更加深入地了解。

定量管理思想则是制定用于管理决策的数学和统计模式，并把这种模式通过电子计算机应用于管理之中。它主要用于解决能以数量表现的管理问题，而对于人的问题的解决却成效不大。

系统管理学派认为，组织是相对开放的系统，边界是可渗透的，可以有选择地输入和吸收，不仅要适应环境，还要影响环境。更重要的是，组织应有意识地去改造环境。权变理论认为，在企业管理中要根据企业所处的内外条件随机应变，没有什么一成不变、普遍适用的"最好的"管理理论和方法。系统观念和权变观念是一个管理者必须具备的重要观念。

随着社会、经济、文化等因素在管理中作用的突显以及经济全球化、知识经济的兴起，原来的企业组织愈来愈不能适应新的、竞争日益激烈的环境，管理学界提出要在企业管理的制度、流程、组织、文化等方面进行创新，因此产生了战略管理、企业再造、企业文化、学习型组织、知识管理等新的管理理论。它们为管理理论的发展、为组织能更好地适应不断变化的环境作出了新的贡献。

**本章内容结构图**

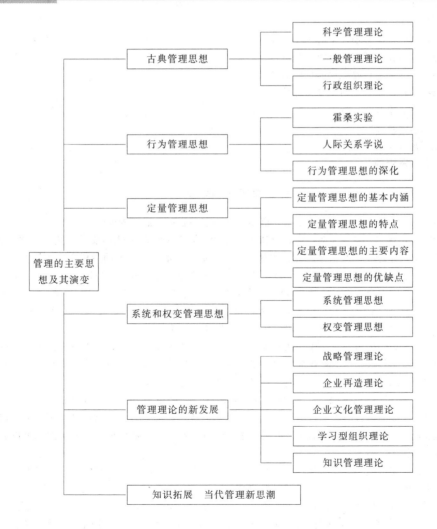

**思考与练习**

一、单选题

1. 被称为科学管理之父的管理学家是（　　）。

A. 泰勒　　　　　B. 法约尔　　　　　C. 韦伯　　　　　D. 巴思
2. 以下哪个不是系统管理的特点？（　　）
A. 以目标为中心　　B. 以任务为中心　　C. 以产品为中心　　D. 以人为中心
3. 由于管理的广泛性、复杂性以及侧重点的不同，对管理的定义也各异。法约尔的观点是（　　）。
A. 管理就是要确切地知道要别人干什么，并让他们用最好、最经济的方法去干
B. 管理就是实行计划、组织、协调、指挥和控制
C. 管理就是决策
D. 管理就是指挥别人去把事情办好
4. 梅奥等人通过霍桑实验得出结论：人们的生产效率不仅受到物理、生理因素的影响，而且还受到社会环境、社会心理因素的影响。由此创立了（　　）。
A. 行为科学学说　　B. 人文关系学说　　C. 人际关系学说　　D. 系统管理学
5. 科学管理理论是古典管理理论之一，其中心问题是（　　）。
A. 提高劳动生产率　　　　　　　　B. 提高工人的劳动积极性
C. 制定科学的作业方法　　　　　　D. 劳资双方的合作

## 二、简答题

1. 简述泰勒的科学管理理论的主要内容。
2. 简述法约尔在管理理论上的主要贡献。
3. 韦伯提出的理想行政组织体系包括哪些内容？
4. 梅奥的人际关系学说的主要思想是什么？
5. 定量管理思想有什么特点？它的主要内容是什么？
6. 什么是系统观点？
7. 权变理论有什么优缺点？

## 三、案例分析题

### H公司行为科学的应用

H公司是一家电器生产企业，多年来在市场上有不俗的表现，消费者也颇为认可。

2015年，公司张总经理因年龄已大，身体也不够好，提出了辞职退休的要求。董事会再三挽留不住，只得另外聘任年轻有为的李先生为公司新的总经理。临别时，张总告诉他的后任李先生："我公司过去之所以取得良好的业绩，在市场的竞争中保持了相当大的优势和市场份额，全依赖公司员工上下一条心，有很强的凝聚力；只要万众一心，就没有战胜不了的困难。希望李总千万不要忘了这一点。"对于张总的一番话李志强颇为赞同，深感自己责任重大，因为自己过去虽然也做过一些高级管理工作，但大都与业务有关，如何激励员工保持凝聚力的确未曾很好地实践，也缺乏经验。

李总走马上任后对公司各方面作了调查研究，召开了一些各职能部门管理人员、公司一般员工的座谈会，了解情况。一个月后，一个增强企业内部和谐氛围，增强员工协作与努力的方案在李总的脑海中形成了，于是他召开了总经理办公会议，和副总、部门经理们一起讨论他的方案。

"各位同事，经过一个月的了解，我感到H公司的确是一个在各方面都有骄人业绩的公司，管理方面尤其突出，这些成绩的取得的确应归功于全体员工上下一条心，把公司看作是自己的家，把公司的事业看作是自己的事业来努力。这方面我们应该继续下去，即过去各种好的做法可以不变，大家可以大胆地照原来的惯例进行工作。

我也注意到，在成绩和经验的背后，还有一些问题尚未解决，例如员工间、部门间因工作产生的纠纷近来时有出现，纠纷出现是正常的，问题是解决的方法。我们原来采用的方法是由上级或上级部门裁决，裁决后尽管纠纷各方都服从了，但我知道其中一定有一方心中不痛快，如果长此以往，必定会使我们公司'凝聚力强、上下一条心'的集体精神、团队精神遭到破坏。把青蛙扔进开水锅里它烫死不了，因为它能马上跳出来；而把青蛙放进温水里慢慢加热会使它在不知不觉中送了命。为此，我们提出一个解决员工间、部门间工作纠纷的新方案。具体地说，就是纠纷双方自己坐下来协商解决，即自我管理。"

望着下属们不解的眼光，李总清了一下喉咙，继续说："公司专门设一大房间，注意，这房间我特请心理学家和行为科学家来布置。凡发生工作纠纷的各方请自动一起到那个房间坐一坐，我相信，最终一定使

各方心情愉快，纠纷圆满解决。"

李总的话刚结束，下面就像开了锅，大家议论纷纷，好像天方夜谭一般，充满了迷惑。"这样吧，我先带大家参观一下这个房间，然后我们再接着开会。"李总微笑地说着，便起身招呼大家跟他走。大家来到了那间神秘的大房间，有一位工作人员打开了门，让大家进去。

原来，这间大房间被分隔成四小间，一间套一间。进入这大房间先得进第一小间，第一小间迎面立着的一个屏风上装有一大块玻璃镜，绕过镜子几步就进入第二小间；第二小间的门口挂着一个大沙袋，非得推着它人才能进去；第三小间的墙上挂满公司历年所获各种奖状、公司优秀员工的事迹与照片、公司各年业绩的图示等；第四小间就是几个沙发和小桌椅，旁边还有可自取的咖啡、茶、饮料等，似乎就是一个小会议室，另还有一扇门可供外出。

李总带着他们回到会议室，这下可好了，大家议论开了……

资料来源：http://www.docin.com/p-1452620757.html

**分析题**

1. 行为学家把房间布置成那个样子，其目的和功效究竟是什么？
2. 李总的新方案是基于什么理论，为什么这么做？
3. 有没有更好的方法来解决员工间与部门间因工作产生的矛盾冲突？

## 技能实训

**训练项目：企业发展过程及管理思想调查分析**

［实训目标］

1. 了解各种管理思想在企业中的应用；
2. 分析管理思想同企业发展过程间的关系。

［实训内容］

1. 全班同学分组，实地调查一家企业，或搜集一家企业的有关资料；
2. 详细了解企业的发展历程；
3. 分析企业在发展过程中经历了哪些重要的阶段；
4. 在不同的发展阶段企业都遇到了什么问题，管理者是如何解决这些问题的；
5. 分析企业在不同发展阶段所用的管理方法跟哪种管理理论或管理思想相近。

［实训具体要求］

1. 要选择有较长历史和具有代表性的企业。
2. 调查前要制定调查提纲，设计调查内容，收集的信息要真实、完整。
3. 对企业不同发展阶段的管理模式、管理方法进行分析。
4. 撰写实训报告，内容包括：

（1）企业的名称、性质及概况；
（2）信息取得方式及资料来源；
（3）企业发展所经历的重要阶段及各阶段采用的管理模式、管理方法；
（4）企业在各发展阶段所贯彻的管理理论或思想。

［实训成果与检测］

1. 每组同学提交一份实训报告；
2. 在课堂上组织一次全班交流，每组派一位代表发言；
3. 教师对各组进行点评及成绩评定。

# 第三章 计 划

◆ 知识目标
1. 掌握管理环境的构成因素及环境特征的分析方法；
2. 了解决策的概念、类型及决策方法；
3. 理解计划的概念、作用和种类；
4. 掌握计划的编制程序和编制方法。

◆ 能力目标
1. 培养学生对环境进行分析的能力；
2. 培养学生的决策能力；
3. 培养学生制订计划的能力。

## 案例引读

### 海尔的战略

海尔集团是世界第四大白色家电制造商、中国最具价值品牌。旗下拥有240多家法人单位，在全球30多个国家建立了本土化的设计中心、制造基地和贸易公司，全球员工总数超过5万人，重点发展科技、工业、贸易、金融四大支柱产业，2005年，海尔全球营业额实现1034亿元（约合128亿美元）。

海尔集团在首席执行官张瑞敏确立的名牌战略指导下，其品牌美誉度在世界范围内不断提升。1993年，海尔品牌成为首批中国驰名商标；2005年，海尔品牌价值高达702亿元。自2002年以来，海尔品牌价值连续四年蝉联中国最有价值品牌榜首。海尔品牌旗下冰箱、空调、洗衣机、电视机、热水器、电脑、手机、家居集成等16个主导产品被评为中国名牌，其中海尔冰箱、洗衣机还被国家质检总局评为首批中国世界名牌。2005年8月30日，海尔被英国《金融时报》评为"中国十大世界级品牌"之首。海尔已跻身世界级品牌行列，其影响力正随着全球市场的扩张而快速上升。

海尔的发展战略，经历了以下几个阶段（见图3-1）。

• 名牌战略阶段（1984~1991年）

在此期间，别的企业忙于扩大产量，而海尔集中精力抓质量，七年时间只做冰箱一个产品，探索并积累了企业管理的经验，为今后的发展奠定了坚实的基础，总结出一套可移植的管理模式。发生在1985年的"砸冰箱"事件（用大锤砸了76台质量不合格的冰箱），是这个阶段开始的标志，1991年获得驰名商标是这个阶段结束的标志。海尔不仅扭转了过去的被动局面，而且逐步成长为国内著名的企业和驰名品牌。

• 多元化战略阶段（1991~1998年）

在此期间，别的企业搞"独生子"，海尔走低成本扩张之路，以"吃休克鱼"为理论根据，先后兼并了18家亏损企业，从一个产品向多个产品发展（1984年只有冰箱，1998年时已有几十种产品），从白色家电进入黑色家电领域，以无形资产盘活有形资产，在最短的时间里以最低的成本把规模做大，把企业做强。这个阶段，是海尔扩展实力的阶段。由于实力的扩展，海尔品牌的名声进一步提高，海尔集团成了本行业的主导企业之一。

• 国际化战略阶段（1998~2005年）

在国内有了地位之后，海尔不失时机地进入新的国际化经营阶段。别的企业认为，海尔走出去是"不在国内吃肉，偏要到国外喝汤"，而海尔坚持"先难后易""出口创牌"的战略，搭建起了一个国际化企业的框架。在这

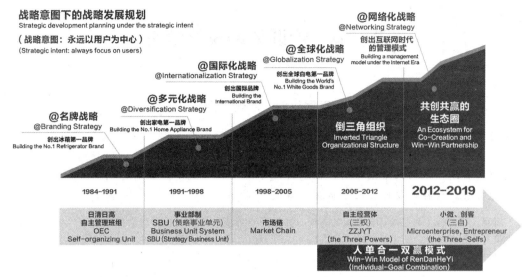

图 3-1　海尔集团发展战略

个阶段，海尔不仅把自己的产品打到世界市场上去，而且在世界各地建立了自己的经销和生产机构，实现海尔提出的"三个三分之一"的目标：三分之一国内生产国内销售，三分之一国内生产国外销售，三分之一国外生产国外销售。海尔初步成为了国际知名品牌。

- 全球化品牌战略阶段（2005～2012 年）

为了适应全球经济一体化的形势，运作全球范围的品牌，从 2006 年开始，海尔集团进入了第四个发展战略阶段：全球化品牌战略阶段。国际化战略和全球化品牌战略的区别是：国际化战略阶段是以中国为基地，向全世界辐射；全球化品牌战略则是在每一个国家的市场创造本土化的海尔品牌。海尔实施全球化品牌战略要解决的问题是：提升产品的竞争力和企业运营的竞争力。与分销商、客户、用户都实现双赢利润。从单一文化转变到多元文化，实现持续发展。

- 网络化战略阶段（2012 年至今）

2012 年 12 月，海尔宣布进入第五个战略——网络化战略阶段，通过打造网络化的企业，以应对网络化的市场。在这一阶段，海尔从传统制造家电产品的企业转型为面向全社会孵化创客的平台，致力于成为互联网企业，颠覆传统企业自成体系的封闭系统，而是变成网络互联中的节点，互联互通各种资源，打造共创共赢新平台，实现有关各方的共赢增值。海尔网络化战略的提出基于体验经济的来临。体验经济是什么？海尔集团董事局主席、首席执行官张瑞敏的答案是"用户的改变"。用户的改变意味着信息的改变，他认为，体验经济不同于建立体验店让用户来体验，它是让用户参与到产品的设计、营销中来。互联网的普及颠覆了传统经济的发展模式，新模式的基础和运行体现在网络化上，具体表现为市场和企业更多地呈现出网络化特征。在海尔看来，企业可以利用网络化的资源，实现企业无边界；利用网络化的组织，实现管理无领导；利用网络化的用户，实现供应链无尺度。当企业无边界以后，可以实现每一个人都能成为自己的 CEO；在实现管理无领导后，可以实现"我的用户我创造，我的增值我分享"，也就是每一名员工在为自己创造价值的同时分享这种价值；供应链无尺度就是可以实现按需服务，给用户提供一个最佳的体验。这些正是海尔在网络化时代下的探索和创新。

资料来源：http://www.haier.net/cn/about_haier/strategy/

**启示**：由以上案例可以看到，海尔公司的成长并不是一蹴而就的，在海尔成长的各个阶段都有适合当时情况的恰当的目标和战略方针，有着合理的战略计划。于是，对环境的正确分析、战略目标和战略决策的正确制定、计划的正确实施，是企业或组织成功的关键。

# 第一节　管理环境及其分析

> **管理故事：所长无用**
>
> 　　有个鲁国人擅长编草鞋，他妻子擅长织白绢。他想迁到越国去。友人对他说："你到越国去，一定会贫穷的。""为什么？""草鞋，是用来穿着走路的，但越国人习惯于赤足走路；白绢，是用来做帽子的，但越国人习惯于披头散发。凭着你的长处，到用不到你的地方去，这样，要使自己不贫穷，难道可能吗？"
>
> 　　**解释**：任何行为都必须适合环境的需要，如果脱离环境的需要，行为就会失去价值。企业或组织的决策与计划亦如此。

组织的一切活动都离不开环境，管理工作都是在一定的环境条件下开展的。对于管理者而言，只有真正了解和认识组织所处的环境，才能正确选择组织活动的方向、内容及方式，其决策和计划才会是有效可行的。

## 一、管理环境的概念与构成

管理环境是指存在于组织外部和内部的影响业绩的各种力量和条件因素的总和。

管理环境包括组织外部环境（通常称为组织环境）和组织内部环境两大部分。

组织外部环境又可分为一般环境和具体环境。一般环境也就是组织所处的大环境，指的是可能对组织绩效起潜在影响的各种宏观因素，包括政治和法律、社会和文化、经济、技术、自然、全球化等环境因素。具体环境则指与实现组织目标直接相关的那部分外部因素，包括供应商、顾客、竞争对手、政府机构及特殊利益团体。具体环境与组织的具体使命和任务密切相关，所以也称为任务环境。

组织内部环境是指存在于组织之内的、直接制约管理活动和影响组织业绩的各种因素的总和，主要包括资源、由资源整合形成的能力以及资源和能力共同构成的核心竞争力。

管理环境的构成可用图 3-2(a)、图 3-2（b）表示。

## 二、组织外部环境及其分析

1. 组织外部环境的构成

（1）一般环境　前已述及，一般环境包括政治和法律环境、社会和文化环境、经济环境、技术环境、自然环境和全球化环境。

① 政治和法律环境。政治和法律环境泛指一个国家的社会制度、执政党性质、政府的方针政策以及国家制定的有关法令、法规等。具体来讲，政治环境主要包括国家的政治制度与体制、方针政策、政治气氛、政局的稳定性以及政府对企业的态度等因素。法律环境主要包括政府制定的对组织具有刚性约束力的法律规范，特别是和企业经营密切相关的经济法律法规，如《公司法》《反不正当竞争法》《企业破产法》《合同法》《专利法》《商标法》《税法》《环境保护法》及《对外贸易法》等因素。一切组织都是在一定的社会政治和法律制度下生存和发展的，组织宗旨和目标的确定、组织行为的选择都受到社会政治和法律的影响和制约，同时，社会的政治和法律制度又为组织的生存与发展提供了依据和保障。因此，政治和法律环境对组织的影响是极其深刻的。

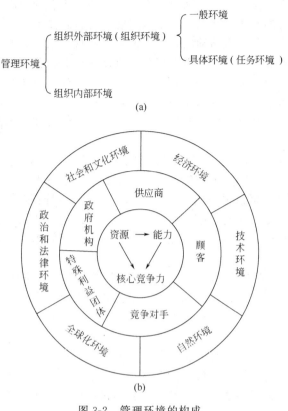

图 3-2 管理环境的构成

② 社会和文化环境。社会和文化环境包括组织所在社会的人口数量及其增长趋势、居民受教育的程度和文化水平以及宗教信仰、风俗习惯、审美观念、价值观念等。一般来讲，人口数量多，意味着劳动力资源的丰富，但也可能导致居民受教育程度难以保证而影响居民的文化水平；居民受教育程度和文化水平会影响劳动者的技能和心理需求层次，以及作为消费者的基本行为特点；宗教信仰和风俗习惯会禁止或抵制某些活动的进行；价值观念会影响居民对组织存在理由和组织目标的认可；审美观念则会影响人们对组织活动的内容、活动方式以及活动成果的态度。一切组织的发展都直接或间接地、自觉或不自觉地受到社会文化的影响，社会文化环境对组织的影响是潜在的、持久的。

③ 经济环境。经济环境主要包括宏观和微观两个方面的内容。宏观经济环境主要指一个国家的国民收入、国民生产总值及其变化情况，以及通过这些指标能够反映的国民经济发展水平和发展速度。宏观经济的繁荣显然会为组织的生存和发展提供有利机会，而宏观经济的衰退则可能给组织带来生存的困难。微观经济环境主要指企业所在地区或所服务市场区域的消费者收入水平、消费偏好、储蓄情况和就业程度等因素。这些因素直接决定着企业目前及未来的市场大小。假定其他条件不变，一个地区的就业越充分，收入水平越高，那么该地区的购买能力就越强，对某种产品或服务的需求就越大。

④ 技术环境。技术环境是指组织所处环境中的技术水平及与此相关的各种社会现象的集合。技术环境对组织活动过程和成果的影响是不容忽视的。首先，从组织作业活动的过程来看，无论何类组织开展何种作业活动，都需要一定的物质条件，如学校的教学辅助手段、医院的医疗设施、企业的生产设备和经营设施等，而技术的进步会促进物质条件的改善，从而使组织活动取得更高的效率；其次，从组织活动成果来看，不同的产品（或服务）代表着不同的技术水平，对劳动者和劳动条件有着不同的技术要求。技术进步了，企业现有产品就

可能被新技术含量的产品所取代。产品更新换代后，企业现有的生产设施和工艺方法可能显得落后，生产作业人员的操作技能和知识结构可能不再符合要求，生产所用的原材料可能需要作相应的更新。再次，从组织活动的管理方面来看，现代信息和通讯技术的发展，使管理手段、管理方法乃至管理思想发生了重大变化，推动了企业经营领域的拓宽和经营方式的多样化，也使企业管理的模式不断推陈出新。此外，对技术环境的研究，除了要关注与企业所处领域直接相关的技术及信息技术的发展变化外，还应及时了解国家对科技开发投资和支持的重点、该领域技术发展动态和研究开发费用总额、技术转移和技术商品化速度、专利及其保护情况等。

⑤ 自然环境。自然环境是指与组织存在和发展相联系的各种自然条件的总和，包括矿产、空气、水等自然资源，以及地理位置、地质地貌、气候等因素。自然环境主要决定组织的资源优势或劣势。组织可以根据自然环境的特点，趋其利而避其害。相对于其他环境来说，自然环境的变化要相对缓慢一些，而且科学的日益发达，使组织有更多手段来预测和防范自然条件的突变。然而，自然环境的变化，仍然应当引起管理者们的充分注意，以把握机遇，解决危机。

⑥ 全球化环境。在经济领域，全球化的影响主要表现为竞争全球化、生产要素配置的全球化和消费市场的全球化。这种全球化打破了投资、贸易和资源的国家壁垒，加剧了全球化的经济竞争与合作，使组织发展面临空前的挑战与机遇。在政治和法律领域，主要包括国际政治局势、国际关系、目标国的国内政治环境、国际法所规定的国际法律环境和目标国的国内法律环境等。在社会文化领域，主要包括不同国家和民族在文化传统、风俗习惯、价值观念、行为方式等方面的差异、冲突与融合等。

（2）具体环境　具体环境也即任务环境，包括供应商、顾客、竞争对手、政府机构及特殊利益团体。

① 供应商。所谓供应商是指组织活动所需各类资源的供应者。这里的资源不仅包括人力、物力、财力，也包括信息、技术和服务等。组织的目标是在合适的时间、地点，拥有合适的资源，生产需要的产品和提供服务。组织所需的各种资源都需要从属于外部环境的原料市场、能源市场、资金市场、劳动力市场等获取。组织要想不断地生产产品和提供服务，就必须不断地从环境中输入资金、设备、能源、原材料以及土地等物质资源和劳动力资源。对于一个组织来说，资源的投入具有潜在的不确定性，管理者要寻求尽可能低的成本来保证所需资源投入的持续稳定。如果不能够获得这些资源，或者不能及时获得这些资源，或者不能以合理的成本获得这些资源，就会破坏组织的投入产出过程，因此，供应商作为组织外部的资源提供者，对组织的运转十分重要。

② 顾客。顾客即指组织产品或服务的购买者，既包括以直接使用为目的的购买者，也包括以再加工或再销售为目的的购买者。任何组织都有特定的使命和目标，都有自己特定的顾客。组织决策和计划的目的，就是要更好地满足顾客的需要，从而给自己带来更大的收益。顾客对组织的影响体现在许多方面：顾客对产品的总需求决定着组织的市场潜力，影响着组织的发展边界；不同顾客的讨价还价能力会诱发价格竞争，从而影响组织的获利能力；顾客的品位、消费倾向、消费能力等，决定着组织的经营理念、市场定位、产品定位等。

③ 竞争对手。竞争对手是指与本组织存在着资源和市场争夺关系的其他同类组织。对于企业来说，竞争对手包括生产和销售与本企业相同产品或服务的企业、潜在的进入者以及替代品制造厂商等。任何组织都不能忽视自己的竞争对手。作为组织的管理者，必须充分掌握市场竞争信息，并时刻准备做出及时、准确、有效的反应。

④ 政府机构。政府机构作为社会经济管理者，拥有特殊的官方权力，可制定有关的政策法规、征税、对违反法律的组织采取必要的行动等，而这些对一个组织可以做什么和不可

以做什么以及能取得多大的收益，都会产生直接的影响。有的组织由于其组织目标的特殊性，更是直接受制于某些政府部门，如我国的电信业、医药业和餐饮业，就各自受到工业和信息化部、食品药品监督管理部门、卫生防疫管理部门等的直接管理。

⑤ 特殊利益团体。特殊利益团体是指代表着社会上某一部分人的特殊利益的群众组织，如妇联、工会、消费者协会、环境保护组织、新闻传播媒介等。它们虽然没有像政府部门那么大的权力，但却同样可以对各类组织施加相当大的影响。它们可以通过直接向政府主管部门反映情况，通过各种宣传工具制造舆论以引起人们的广泛注意，从而对各类组织的经营管理活动施加影响。事实上，有些政府法规的颁发，部分是针对某些社会特殊利益代表组织提出的要求所做出的回应。

2. 组织外部环境的分析

组织面对其赖以生存和发展的外部环境，要解决的首要问题便是要分析这种环境的性质、特点和变化趋势，以便制定出正确合理的决策。对外部环境的分析，主要从环境的不确定性、行业的成长性、环境的竞争性和环境的合作性四个方面来进行。

（1）环境的不确定性　外部环境的不确定性程度对组织活动有着重大影响。环境的不确定性可分解为两个维度：复杂程度和变化程度。环境的复杂程度由组织环境构成要素的数量多少来反映。一个组织，若与之打交道的顾客、供应商、竞争者及政府机构较少，即为简单环境。若构成环境的要素较多，则为复杂环境。环境的变化程度由环境要素的变化速度及这种变化的可观察和可预见程度来反映。如果组织环境要素经常变化或其变化不可预测，即为动态环境。如果变化很小或其变化是可预测的，则为稳定环境。在稳定环境中，往往没有新的竞争对手或者现有竞争对手没有新的技术突破，政府机构和特殊利益团体也极少有影响组织的活动等。

按照复杂程度和变化程度两个维度，可将组织环境划分为四种不确定情形，如图3-3所示。

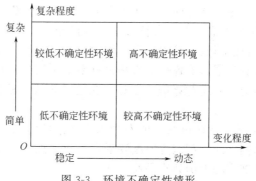

图 3-3　环境不确定性情形

① 低不确定性环境。低不确定性环境即简单和稳定的环境，其特点是组织环境中构成要素相对较少，而且这些要素不发生变化或仅有缓慢的变化，或者其变化的可预见程度高。

② 较低不确定性环境。较低不确定性环境即复杂和稳定的环境，其特点是组织所面临的环境要素有所增加，但各构成要素能基本保持不变或变化缓慢，或者其变化可预见。

③ 较高不确定性环境。较高不确定性环境即简单和动态的环境，其特点是组织所面临环境的构成要素并不多，但环境中的某些要素会发生动荡的或难以预见的变化。

④ 高不确定性环境。高不确定性环境即复杂和动态的环境，其特点是组织面临许多不同质的环境要素，而且经常有某些要素发生重大变化，或者其变化难以预料。这种环境的不确定性程度最高，对组织管理者的挑战最大。

环境的不确定性,一方面要求管理者要能积极地适应环境,寻求和把握组织生存和发展的机会,避开环境可能带来的威胁;另一方面,组织也不能只是被动地适应环境,还必须主动地选择环境,改变甚至创造适合组织发展的新环境。

(2) 行业的成长性　企业的决策与计划,必须同企业所在行业的成长阶段相适应。产品寿命周期是分析企业所在行业成长性的一种重要工具。所谓产品寿命周期,也称产品生命周期,是指某一种产品从完成试制、投放市场开始,直到最后被市场淘汰而退出市场为止所经历的过程。它分为投入期、成长期、成熟期和衰退期四个阶段(见图3-4)。

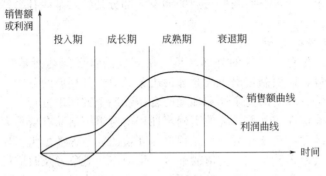

图3-4　产品寿命周期曲线

① 投入期。投入期也称介绍期、引入期、诞生期,是指新产品试制成功投放到市场进行试销的阶段。其特点为:生产批量小,生产成本较高;由于用户对产品不了解,企业需投入大量费用做广告宣传,销售费用较高;产品刚进入市场试销,尚未被顾客接受,销售额增长缓慢。由于以上特点,投入期的经营往往发生亏损或盈利很低。

② 成长期。成长期是指产品试销成功后转入成批生产和扩大市场销售额的阶段。其特点为:产品销售呈强劲增长态势;产销量迅速增大,使产品成本显著下降,利润明显上升;竞争者被吸引加入到这种产品生产行列,从而市场上出现竞争形势。

③ 成熟期。成熟期是指产品销售额增长减缓乃至停滞,甚至开始下降的阶段。其特点为:市场需求渐趋饱和,新的消费者基本上不再增加,销售额的维持主要靠原有消费者的重复购买;同类产品生产企业为了保护各自的市场占有率,往往会展开激烈的竞争,从而使企业不得不投入大量的营销费用来应对竞争。于是,在这一阶段,销售额及利润的增长趋缓,甚至开始出现下降局面。

④ 衰退期。衰退期是指产品在市场上的寿命趋于结束的阶段。其特点为:原有产品的市场已经萎缩,销售额急剧下降,利润也不断降低,甚至出现经营亏损局面;市场处于产品革新换代时期,老产品将被市场上的新产品所替代。

(3) 环境的竞争性　环境的竞争性直接影响着企业的获利能力。美国学者迈克尔·波特认为,影响行业环境竞争性的主要因素包括行业内现有竞争者、潜在竞争者、替代品制造商、供应商和顾客这五种竞争力量,如图3-5所示。

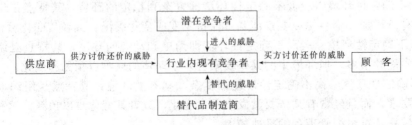

图3-5　影响行业环境竞争性的五种力量

① 行业内现有竞争者。行业内现有竞争者之间的竞争状态取决于如下因素。

**现有竞争者的力量和数量**。这里有两个极端：如果竞争者数量较多，那么，一个企业的行为往往会引起众多对手的反应，竞争无疑会激烈；另一个极端，一个行业如果只有少数几个规模和力量相当的企业，竞争也会非常激烈，因为它们的资源和规模相当，任何一个企业都有能力对其他企业的行为做出强有力的反应。

**产业增长速度**。当产业增长较快时，顾客群不断扩大，企业无需从竞争对手那里争夺顾客，而会尽量将资源用在满足顾客需要上，竞争激烈程度较低；而在产业增长缓慢或不增长的市场上，企业会试图吸引竞争对手的顾客来扩大自己的市场份额，于是，竞争会较激烈。

**固定成本或库存成本**。如果固定成本较高，那么，企业都会想方设法扩大产量以分摊成本，这时库存就会增加。为了减少库存、扩大销量，每个企业都会采取一系列的营销策略，从而使相互间竞争加剧。

**产品差异化**。企业间产品的差异化越明显，竞争激烈程度就越低；反之，差异化越小，竞争越激烈。

**转换成本**。转换成本指的是由于顾客转向新供应商购买所引起的一次性成本。消费者的转换成本越低，竞争对手就越有可能通过提供特别的价格和服务来吸引顾客，从而使竞争加剧。有时，转换成本可能非常低，比如消费者改喝一种新的饮料。

**生产能力增加状况**。在有些行业，规模经济（即逐渐增加规模时，企业的边际效益递增）要求企业必须以大的规模、较高的生产能力进行生产，以使单位产品成本降低，而生产能力的增加可能会打破行业内的供需平衡，这时，各企业都会采取降价等策略增加销量，从而使竞争加剧。

**竞争对手的类型**。竞争对手的类型越是多元化，企业了解竞争对手就越困难。这时，企业通常会采取某种竞争举措，以观察各类竞争对手的反应，帮助企业预测竞争对手未来的行为，这将使相互间竞争加剧。

**退出障碍**。高的退出障碍，会导致某些企业在投资回报很低甚至为负数时，仍然坚持参与竞争，于是，会使竞争加剧。常见的退出障碍如下。

资产的专用性。如果厂房、机器设备等资产具有较强的专用性，则其清算价值很低，企业既难用现有资产转向其他产品生产，也难以通过资产转让回收投资。

退出成本。某种产品停止生产，意味着原生产线工人的重新安置，这可能会受到劳工合同的制约，强行安置需要付出一定的费用。此外，企业即使停止了某种产品的生产，但对在此之前已经销售的产品在相当长的时间内仍有维修义务。职工安置、售后维修等费用如果较高，则势必会影响企业的转产、停产决定。

情感障碍。现有产品可能是由企业的某位现任领导人组织开发成功的，因此该领导人对其怀有深厚的感情，即使已无市场前景，可能也难以割舍。那些曾经作为企业成功标志的产品要中止生产，对全体员工可能带来更大的心理影响，因此人们在决定让其退出市场时可能会犹豫不决。

政府和社会的约束。中止某种产品的生产或停止某种经营业务，不仅对企业有直接影响，可能还会引起失业增多，影响所在地区的社会安定和经济发展，因而可能遭到来自政府或社会团体的反对或限制。

② 潜在竞争者。任何一种产品的生产经营，只要有利可图，都可能招来新的进入者。这些可能的新进入者，即成为企业的潜在竞争者。这些潜在的竞争者既可能给行业经营注入新的活力，促进市场的竞争和发展，也可能对现有企业的市场地位造成威胁。潜在竞争者进入的威胁大小，取决于以下因素。

**进入障碍**。进入障碍越高，潜在竞争者就越难以进入，对现有企业的威胁就越小。常见的进入障碍如下。

**规模经济。** 行业的规模经济越明显，进入障碍越高，因为新进入者一时很难达到较大规模。

**产品差异化。** 现有企业产品的差异化越明显，产品在消费者心目中的地位就越牢固，消费者对该产品就越忠诚。这时，新进入者要么分配大量资源（如广告宣传费）用于消除顾客对原有产品的忠诚，要么采用更低的价格。无论采取哪种方式，都将使企业利润降低，这便构成了进入障碍。

**资本要求。** 进入一个新的行业，总需要一些投资，包括厂房、设备、人力资源、市场营销活动等。有时，即使新的行业很有吸引力，企业也可能无法获得足够的资本进入。

**转换成本。** 如果顾客的转换成本很高，新的进入者要吸引顾客，就只有提供相当低的价格，或更好的产品或服务，这将使利润下降，构成进入障碍。通常，当前各方之间的关系越牢固，转换成本就越高。

**分销渠道的进入。** 现有企业往往都有分销产品的有效渠道。新进入者要想进入分销渠道，必须说服分销商经销他们的产品，这时，往往需要采用一些对分销商有利的做法，如降低价格等，于是，新进入者的利润会下降，构成进入障碍。

**政府政策。** 政府可能通过授权或许可要求，对进入特定行业进行控制。

**现有企业对新进入者可能的报复措施。** 现有企业对新进入者可能采取的反击措施，会使那些潜在进入者的进入决策更为慎重，从而减少行业潜在竞争者的数量。

③ **替代品制造商。** 替代品是指那些与本企业产品具有相同功能或使用价值的不同种类的产品，它们能够满足消费者的同种需要。比如，洗衣粉、肥皂，它们属不同种类的产品，但它们都具有清洁衣物的功能，于是互为替代品。显然，替代品制造商与现有企业可能相互间形成竞争，也即替代品制造商对现有企业有替代的威胁。对替代品制造商的分析主要包括两方面内容：一是判断哪些产品是替代品；二是判断哪些替代品可能对本企业经营构成威胁。一般来说，如果顾客面临的转换成本很低甚至为零，或者当替代品的价格更低，或者替代品质量更好，性能相似甚至超过竞争产品时，替代品的威胁会很强。所以，波特认为，由于有替代品，同行业内也不能随心所欲地制定价格，侵害消费者。要想降低替代品的威胁，可针对现有产品，在顾客比较看重的方面（如价格、质量、售后服务等）进行差异化。

④ **顾客。** 顾客的讨价还价能力影响着提供这种产品或服务的企业的获利状况。顾客讨价还价能力的高低主要取决于下列因素。

**顾客购买量的大小。** 一般来说，顾客的购买量越大，其价格谈判能力就越强。特别是当该顾客的购买量占企业总销售量的比重较大，而且该顾客也意识到自己是企业的主要客户时，他就可能拥有较强的价格谈判能力。

**顾客的这一业务在其购买总额中的份额大小。** 如果该顾客从某企业所购产品在顾客总采购量（或购买总额）中占有较大比重，那么基于自身利益的考虑，顾客会更有动力地、积极地与对方进行价格谈判，争取更优惠的采购价格。

**顾客所购买产品的性质。** 如果顾客购买的是一种无差异的标准化产品，那么顾客会很方便地找到其他的供货渠道，其讨价还价能力就较强。

**所购产品在顾客产品形成中的重要性。** 如果企业所提供的产品是顾客所加工制造产品的主要构成部分，或对顾客产品质量、功能有重大影响，那么顾客对价格的敏感性会相对降低，其讨价还价能力相对较弱。反之，如果企业所提供的产品在顾客产品形成中没有重要影响，则顾客在采购时就会努力寻求价格优惠，其讨价还价能力就强。

**转换成本。** 转换成本越低，顾客越容易转向别的供应商去购买，其讨价还价能力就越强。

**产品或服务是否具有价格合理的替代品。** 若有价格合理的替代品，顾客的讨价还价能力则较强。

**买方行业的获利状况**。买方行业的获利状况越好,供应商就越希望变相分摊买方的部分利润,这时,买方的讨价还价能力较弱。反之,买方行业的获利状况不佳时,买方会追求更优惠的价格,讨价还价能力较强。

**顾客"后向一体化"的可能性**。所谓"后向一体化",指的是沿产业链上游的纵向一体化,也就是指制造业企业将其经营范围扩展到原材料、半成品或零部件的生产,或者商业企业进入到产品制造的领域。如果顾客对企业提供的产品具有潜在的"自制"能力,那么,顾客就有可能利用自己"后向一体化"的可能,来迫使供应者降低售价,其讨价还价能力就强。

**顾客对产品是否具有充分信息**。如果顾客掌握着充分的信息,对产品有着很深的了解,则其讨价还价能力自然会增强。

⑤ 供应商。企业生产经营所需的生产要素通常需要从外部获取,这样,提供这些生产要素的经济组织所要求的价格,在相当程度上决定着企业生产成本的高低,从而影响着企业的获利水平。于是,需要对供应商的讨价还价能力进行研究。供应商的讨价还价能力取决于以下几个因素。

**供应商所处行业的集中程度**。如果供方产品是由一家或少数几家集中控制(即行业集中程度比较高),而购买此产品的客户数量众多且力量分散时,该供应商讨价还价能力较强。

**有无很好的替代品供应**。如果没有很好的替代品供应,则供应商的讨价还价能力较强。

**买方是否为该供应商的重要客户**。若购买方是该供应商的重要客户,则供应商的讨价还价能力较弱;反之则较强。

**供方产品对买方是否关键**。也即该产品是否为买方的主要投入资源。若供方产品是买方的主要投入资源,则供应商的讨价还价能力较强。

**供方产品是否存在差别化或是否给买方企业制造了转换成本**。若供方产品存在差别化,或供应商为买方企业制造了较高的转换成本,则供应商讨价还价能力较强。

**供应商前向一体化的可能性**。如果供应商可以向产业链下游发展,即前向一体化的可能性,那么它的讨价还价能力就较强。

(4) 环境的合作性 企业与竞争对手之间的关系并不一定都是对立的,它们之间也可以是合作、互惠或双赢的。这意味着,同一组织在不同的时期和不同的条件下,可能是企业的竞争对手,也可能成为企业的合作者或同盟者。传统的纯粹竞争经济已经向合作经济或者合作与竞争相混合的经济转变。所以,组织在识别和分析竞争对手的同时,也要对同盟者进行分析。

按照不同的分类方法,可将同盟者区分为不同的种类,有全面合作的同盟者和某事、某方面合作的同盟者;有战略同盟者和一般同盟者;有直接同盟者和间接同盟者;有长期同盟者和短期同盟者;有现实同盟者和潜在同盟者等。同盟缔结的方式,可以是基于产权关系的,也可以是非产权关系的。而且,不仅企业与企业之间可以结成同盟,企业与科研院校、政府部门等也可以在某一共同利益的联系下结成同盟。同盟成功的重要条件是,同盟者与本企业应具有利害相关和优劣势互补的特性。

当然,由于内外部环境条件的不断变化,企业与同盟者的关系具有可变性和复杂性。企业应该看到,同盟者可能转变成为竞争者,竞争者也可能转变为同盟者,而且,本企业的同盟者可能同时也是竞争者的同盟者。因此,企业需要对各种类型同盟者的状况、发展趋势及特点进行系统、全面和动态的研究。

## 三、组织内部环境及其分析

组织的生存与发展不仅直接或间接地受到组织外部环境的影响和制约,同时还受到来自组织内部各种因素的影响和制约。

1. 组织内部环境的构成

组织内部环境包括资源、能力、核心竞争力等要素。

(1) 资源 资源是指企业生产经营过程中的各种投入物,如资本、设备、雇员的个人技巧、专利、财务状况以及有才能的管理人员。企业中的资源有有形资源和无形资源两大类。有形资源是指那些看得见、摸得着或定量的资产,如以现金、有价证券等反映的财务资源,以土地的位置、厂房设备及原材料的紧缺程度反映的物质资源,以专利、商标和专有技术所有权体现的技术资源等。无形资源则指那些根植于企业的历史、长期以来积累下来的资产,如以知识、技能、管理能力等反映的人力资源,以创意、创新能力等反映的创新资源,以顾客声誉、供应商声誉反映的声誉资源等。

(2) 能力 能力是一组资源的有机的组合。企业通过各种有形资源与无形资源的不断融合形成与众不同的能力,其中,企业的人力资源——员工的知识和技能是企业能力的主要来源。在知识经济时代,实物是辅助的,知识才是中心。企业不是从实物中获取能力,而是从人们所固有的知识、技术中获取。企业能力的典型示例很多,如表 3-1 所示。

表 3-1 企业能力的典型示例

| 职能领域 | 能力 | 企业名称 |
| --- | --- | --- |
| 配送 | 有效地利用物流管理技术 | 沃尔玛 |
| 生产 | 引擎设计和制造 | 本田 |
| 管理 | 有效地执行管理任务 | 惠普 |
| 市场调研 | 独特的企业文化 | 麦肯锡 |
| 研发 | 持续不断地快速推出新一代功能更强大的芯片 | 英特尔 |

(3) 核心竞争力 核心竞争力是指能为企业带来相对于竞争对手更持久优势的资源和能力。它是企业竞争优势的来源,它能使企业在竞争中脱颖而出,并在一定时间内给企业的产品和服务增加价值。核心竞争力是组织中的一系列知识、技能或经验的结合体,其表现是多层次、多样化的,包括独特的技术、难以模仿的技术诀窍、合理的组织方式、良好的营销网络、与众不同的企业文化或管理模式等。比如,索尼的战略管理能力、微软的研发能力、通用公司的组织管理能力、肯德基的企业文化凝聚力等,都是核心竞争力。

2. 组织内部环境的分析

对组织内部环境进行分析,可以识别企业的资源和能力,有助于企业核心竞争力的建立和创造价值能力的提高。组织内部环境分析的方法主要有以下两种。

(1) 标准判断法 标准判断法即通过某些标准,来判断组织的哪些能力属于核心竞争力。每一种核心竞争力都是能力,但并非每一种能力都是核心竞争力,只有那些能给组织带来持久优势的能力才属于核心竞争力(见图 3-6)。

那么,怎样的能力能给组织带来持久优势,即能成为组织的核心竞争力呢?其判断标准有以下四个。

① 有价值的能力。有价值的能力是指那些能为企业在外部环境中利用机会、降低威胁而创造价值的能力。比如,索尼公司设计、生产并销售微型电子技术的能力,为它捕捉了一系列的市场机会,创造了价值;沃尔玛公司依赖于它的采购、信息化和强大的

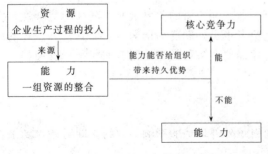

图 3-6 核心竞争力

物流管理能力，以低价向顾客提供宽泛的名牌产品，同样创造了价值。这些能力就属于有价值的能力。

② 稀有能力。稀有能力是指那些现有竞争对手或潜在竞争对手极少拥有的能力。比如，佳能公司在图像显示技术方面的能力；宝洁公司在产品开发和营销方面的能力；华为公司的研发能力等。

③ 难于模仿的能力。难于模仿的能力是指那些其他企业不能轻易建立起来的能力。比如，独特而有价值的组织文化和品牌；经理们之间以及经理和雇员之间的人际关系、信任和友谊等。此外，当组织的一般能力和核心竞争力之间的界限比较模糊时，组织的能力也难以模仿。因为在这种情况下，竞争者无法清楚地了解组织是利用什么样的能力获得竞争优势的，于是，也就不能确定自己需要建立什么样的能力来获得与竞争对手相同的收益。

④ 不可替代的能力。不可替代的能力意味着别的企业用类似的资源，在与本企业执行相同战略的情况下，无法获得与本企业相同的价值。比如，企业的专有知识、经理和员工之间的相互信任以及在此基础上的工作关系等，都属于不可替代的能力。

以上四个标准结合所产生的结果如表 3-2 所示。

表 3-2　四个标准结合所产生的结果

| 资源和能力是否有价值 | 资源和能力是否稀有 | 资源和能力是否难于模仿 | 资源和能力是否不可替代 | 竞争后果 | 业　　绩 |
| --- | --- | --- | --- | --- | --- |
| 否 | 否 | 否 | 否 | 竞争无优势 | 低于行业平均回报 |
| 是 | 否 | 否 | 是/否 | 竞争对等 | 等于行业平均回报 |
| 是 | 是 | 否 | 是/否 | 暂时性的竞争优势 | 高于或等于平均回报 |
| 是 | 是 | 是 | 是 | 持久性的竞争优势 | 高于行业平均回报 |

由上看出，只有四个标准全部满足，才能为组织带来持久优势，这样的能力才是核心竞争力。

（2）价值链分析法　价值链是指企业创造价值的一系列经营活动所组成的链条。它是设计、生产、营销、交货以及对产品起辅助作用的各种活动的集合，显示了从原材料到最终客户的整个过程。

企业的各种价值活动可分为两类：基本活动和辅助活动（见图 3-7）。

按价值活动的工艺顺序，基本活动由五个部分构成。

① 物流输入。包括与接收、存储和分配相关的各种活动。

② 运营。即指把输入的物资转化为最终产品所必需的各种行为，包括加工、包装等活动。

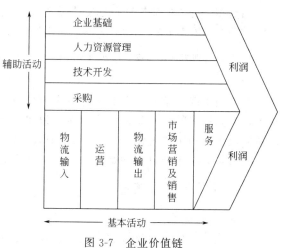

图 3-7　企业价值链

③ 物流输出。包括与集中、存储和将产品发送给买方有关的各种活动。

④ 市场营销及销售。包括传递产品信息、引导和巩固购买者等活动。为了有效地推广和销售产品，企业需要开展广告和促销活动，选择合适的分销渠道，选择、发展和支持他们的销售队伍。

⑤ 服务。为顾客提供服务以增加或保持产品价值，包括安装、修理、培训和调试等。

辅助活动主要包括以下四个部分。

① 企业基础。企业基础包括总体管理、计划、财务、会计、法律、信息系统等所有对整个价值链起支持作用的行为。通过企业基础，企业不断地识别外部机会和威胁、识别资源和能力从而支持核心竞争力。

② 人力资源管理。包括组织各级员工的招聘、培训、激励等活动。

③ 技术开发。指的是用于改进企业产品以及改进产品生产过程的活动，包括改良设备、产品设计等活动。

④ 采购。指购买用于企业价值链的各种投入的活动，包括原材料采购、机器设备采购、建筑设施采购等。

对企业价值链进行分析，就是要对以上各项活动进行深入分析，一方面，识别企业有哪些资源和能力，哪些能力能为企业增加价值；另一方面，将各项活动同竞争对手的情况相对比，找出自身优势与隐忧，从而提高企业的创造价值的能力。

> **小阅读：孙子语**
>
> 孙子说："兵无常势，水无常形，能因势利导而取胜者，谓之神。"

## 第二节 决策概述

> **管理故事：全盘思考**
>
> 明朝的唐伯虎文采过人。有一天，对门的员外母亲过70岁大寿，求他题联。他不假思索，提笔就写："对面老妇不是人。"员外大惊失色，他接着写，"好似南山观世音"。第三句写："两个儿子都是贼"，员外大怒，接着写"偷来蟠桃献母亲"。员外大喜，拜谢而去。
>
> 解释：管理者在决策前，应经过全盘思考，切忌断章取义，先入为主。

决策是管理的核心。有人曾对不同的管理者做过一项调查，要他们回答三个问题："你每天花时间最多的是哪些方面？""你认为你每天最重要的事情是什么？""你在履行你的职责时感到最困难的工作是什么？"结果，绝大多数人的答案只有两个字——"决策"。

决策贯穿于管理过程的始终，而在计划职能中得到了最好的体现。

### 一、决策的基本概念

#### 1. 决策的概念

关于决策的概念有狭义和广义两种理解。狭义地说，决策就是在两个或两个以上备选方案中选取某一方案的行为。这一理解显然过于简单，它把决策定位于"方案选择"这一片刻行为。

广义地说，决策是指管理者为实现组织目标，由组织整体或组织的某个部分做出的对组织未来一定时期内有关活动方向、内容及方式的选择过程。这一理解较为全面和系统，它把决策定位于"制定过程"，而非一刹那行为，所以，一般按广义来理解。要准确地理解决策的概念，须把握以下几个要点。

（1）目标　决策前必须有明确、合理的目标。如果目标本身不明确或不合理，那合理的决策就无从谈起了。

（2）决策者　决策者可以是组织整体，也可以是组织的某个部分。不同层次的管理者，可以进行不同的决策。

（3）时限　决策涉及的时限既可以是未来一段较长的时期，也可仅涉及某个较短的时段。

（4）问题　决策所要解决的问题，可以是组织活动方向和内容的选择，也可以是特定方向下从事某种活动的方式、方法的选择。

（5）过程　要把决策理解为"决策制定过程"，而非"方案选择"的一刹那行为。

2. 决策的构成要素

任何一项决策都由以下几个要素构成。

（1）决策者　决策者是决策的主体，可以是单个人，也可以是一群人或组成群体的机构。

（2）决策对象　决策对象是决策的客体，它可以是整个组织，也可以是组织的某个部门。

（3）决策目标　即决策所期望达到的目的。

（4）自然状态　即不以决策者主观意志为转移的情况和条件。

（5）备选方案　即可供选择的各种可行方案。

（6）决策后果　即决策行动所能引起的变化或带来的结果。

（7）决策准则　即决策所依据的原则和对待风险的态度。

以上七个要素之间是密切关联的。例如，决策准则会影响到决策者对决策后果的评价，而决策后果又与自然状态和备选方案之间是对应关系。

3. 决策的重要性

决策的重要性主要体现在以下几个方面。

① 决策是计划职能的核心。履行计划职能，最核心的环节是进行决策，计划过程本质上就是决策的制定和落实的过程。

② 决策是各级各类管理人员的首要工作。正如现代决策理论的代表人物西蒙（Simon）所言："管理就是决策"。

③ 决策是行为的选择，行为是决策的执行。正确的行为来源于正确的决策。

④ 决策事关组织目标能否实现以及组织的生存与发展。决策失误，必然导致管理与经营行为的失败。

4. 决策的评价标准

一项决策的好与坏、效果如何，必须得到及时、准确的评价，以便于改进决策工作。决策的评价标准主要有以下四个。

（1）决策的质量或合理性　即做出的决策是否能够解决组织目前的问题，是否有益于组织目标的实现。

（2）决策的可接受性　即下属是否乐于接受并实施所做出的决策。

（3）决策的时效性　即做出决策与执行决策所需要的时间和周期长短；决策是否能及时解决组织目前面临的问题。

（4）决策的经济性　即做出决策与执行决策所需要的投入与决策的预期结果相比较，在经济上是否合理。

以上四个标准，必须在决策效果评价中综合考虑。比如，某项决策可能质量很高，但制定过程花费了很长时间，且不易得到实施，或实施成本过高，这样的决策对于组织来讲并不能说是很有效的决策。

## 二、决策的特点

概括地说,决策具有下述几个主要特点。

1. 目标性

任何决策都离不开目标,没有目标,人们就难以拟订未来的活动方案,比较和选择这些方案也就没有了标准,对方案实施效果的评价也就失去了依据。

2. 可行性

决策的可行性是指决策目标符合组织的内外部环境条件,决策方案易于实施,具有可操作性。这就是说,决策方案的拟订和选择,不仅要考察采取某方案的必要性,而且要注意实施条件的限制。一个方案再好,如果不具备实施条件或实施能力,也是毫无意义的。

3. 选择性

决策离不开选择,没有选择就没有决策。决策时,一方面要有可供选择的多种备选方案,另一方面要有选择的标准和准则。

4. 满意性

决策方案的选择,通常遵循的是满意化准则,而不是最优化准则。其原因如下。

① 决策者不可能了解与组织活动有关的全部信息。从广义上说,所有的外部条件都可能对组织的现在或未来产生或多或少、或直接或间接的影响,然而很难收集到外部环境中的所有信息。

② 决策者不可能将所有的可能方案都列出来。信息的有限性以及决策者对信息利用能力的有限性,决定了企业或组织只能制定出有限数量的行动方案。

③ 决策者不可能准确地预测每个方案在未来的执行结果。因为人们对未来的认识能力和影响能力是有限的。

④ 决策者对决策结果的认识未必明确。即便决策方案的实施带来了预期的结果,这种结果对组织目标的实现也未必是最好的。

由于以上原因,人们势必难以做出真正最优的决策,而只能是根据已知的全部条件,加上人们的主观判断,做出相对满意的选择。也就是说,组织决策通常只是"有限理性"的决策。

5. 过程性

前已述及,决策是一个过程,而非瞬间行动。决策的过程性特点表现为以下两个方面。

① 组织决策往往是一系列决策的综合,它贯穿于计划、组织、领导、控制等各项职能之中。通过决策,不仅要选择组织活动的方向和内容,还要决定如何具体展开组织的业务活动、资源如何筹措、组织结构如何调整、人事如何安排等。

② 一项完整的决策,包含了决策目标的确定、决策方案的拟订和评价选择、方案的实施、方案实施效果评价等诸多步骤,是一个全过程。

6. 动态性

决策的动态性特点表现为以下两点。

① 决策不仅是一个过程,而且是一个不断循环的过程,它没有真正的起点,也没有真正的终点,任何时候都有可能做决策。

② 决策必须与外部环境相适应,随着外部环境的变化,决策必须适时调整,以实现与环境的动态平衡。

## 三、决策的类型

依据不同的划分标准,可把决策分成不同的类型。

1. 按照决策对管理的影响状况来分类

按照决策对管理的影响状况来分类，决策可分为战略决策和战术决策。

战略决策是指确定组织在未来较长时期内的活动方向与内容的决策。它具有全局性、长期性和战略性的特点。对于企业而言，战略决策往往都是重大决策，如确定企业经营方向与经营目标、新产品开发、扩大企业规模、企业上市、合资经营等，都属于战略决策。

战术决策是指在既定的活动方向与内容的前提下，采取什么样的程序、途径、手段和措施的决策。它具有局部性、短期性和战术性的特点。对于企业而言，战术决策往往是为战略决策服务的，是实现战略决策的手段和环节，如配合企业的战略决策所进行的组织结构调整、资金筹措与使用、生产安排等都属于战术决策。

战略决策与战术决策在调整对象、所涉及的时间范围、对组织的作用和影响上各不相同（见表3-3）。

表3-3　战略决策与战术决策的区别

| 项　目 | 决　策　类　型 | |
| --- | --- | --- |
| | 战　略　决　策 | 战　术　决　策 |
| 调整对象 | 调整组织活动的方向和内容<br>解决"做什么"的问题 | 调整在既定方向、内容下的活动方式<br>解决"如何做"的问题 |
| 所涉及的时间范围 | 较长时期（5年以上） | 较短时期（1～3年） |
| 对组织的作用和影响 | 影响组织的效益与发展 | 影响组织的效率与生存 |

2. 按照决策的重复程度来分类

按照决策的重复程度来分类，决策可分为程序性决策和非程序性决策。

（1）程序性决策　又称重复性决策、定型化决策、常规决策，它是按预先规定的程序、处理方法和标准来解决管理中经常重复出现的例行问题的决策，如原材料采购决策、日常生产技术管理等。程序性决策是一种例行决策，是在日常工作中需要经常进行的一般性决策。其特点如下。

① 程序性决策有一定的规律可循，决策方法已经定型化，决策者可以按照例行规章和程序进行决策。

② 程序性决策多属于数量化的定量决策。

（2）非程序性决策　又称一次性决策、非定型化决策、非常规决策，它是为解决不经常出现的、非例行的新问题所进行的决策。非程序性决策通常是有关重大战略问题的决策，如新产品开发、组织结构调整、企业合并或分立等。这类决策具有很大的偶然性和随机性。其特点如下。

① 非程序性决策一般无一定的规律可循，更多地依赖于决策者个人的知识、经验、直觉、判断能力和解决问题的创造力。

② 非程序性决策存在着较为复杂的内外环境和条件，需要专门进行研究决断。

③ 非程序性决策多属于定性决策。

④ 非程序性决策往往涉及重大的经营管理问题。

3. 按照决策依据的不同来分类

按照决策依据的不同来分类，决策可分为经验决策和科学决策。

经验决策是指决策者主要根据其个人或群体的经验以及对未来的直觉进行决策。此类决策感性成分较多，理性成分较少，也即决策者的主观判断与经验起着关键作用。

科学决策是指决策者按照科学的程序，依据科学的理论，用科学的方法进行的决策。在科学决策过程中，有时会使用现代化的决策技术，如运筹学、计算机模拟等，有时还会借助现代化的决策工具，如企业资源计划（ERP）等。

科学决策比经验决策更为理性，而且，随着社会环境变化的日益频繁，决策涉及的问题越来越复杂，科学决策的作用越来越明显。但需要强调的是，若过分追求决策问题的数字化、模型化、计算机化，将会使科学决策走向"死胡同"。所以，应注意科学决策与经验决策的结合使用。比如，当决策问题存在高不确定性时，或当变化难以科学预测，无法获得充分信息时，或当需要从存在的几个可行方案中选择一个，而每一个的评价都良好时，经验决策就会发生比较重要的作用。

4. 按照参与决策的人数多少来分类

按照参与决策的人数多少来分类，决策可分为个体决策和群体决策。

个体决策也称个人决策，是由单个人做出的决策。个体决策大多属于经验决策，它主要依赖个人的经验和聪明才智做出决策。在决策过程中，虽然有时也有智囊人物参加，但并不构成决策的主体。"厂长负责制"企业中的决策主要由厂长个人做出，这就是个人决策。

群体决策是指由几个人、一群人甚至整个组织的所有成员共同做出的决策。"董事会制"下的决策就属于群体决策。

群体决策与个体决策相比较，其决策质量往往更高，原因在于以下几个方面。

① 群体决策时，参与决策的人数较多，这有利于提供更完整的信息，能产生更多的备选方案，并能从更广泛的角度对方案进行评价和论证。

② 群体决策有利于增加有关人员对决策方案的接受性。

但群体决策也有其弊端。

① 群体决策的效率往往比较低。因为参与决策的人越多，提出不同意见的可能性就越大，于是，需要花更多时间来进行协调，以达成相对一致的意见。

② 群体决策可能会出现"从众现象"。在群体决策中，群体中的成员会面临群体压力：如果个人表示异议，可能会受到多数人的孤立与嘲笑，丧失归属感，心理紧张。于是，群体成员往往会妥协或修正自己的想法，即使有怀疑也不敢公开发表意见。

③ 群体决策有时会导致"责任不清"。群体决策时，成员们共同分担责任，由于"法不责众"，使他们在决策时，不像个人决策那样具有强烈的责任感。基于这种情况，企业家张瑞敏说过这样一句话：只有集体的智慧，没有集体的决策。必须在民主的基础上进行集中决策，决策责任明确到个人，才能避免决策失误时相互推诿、法不责众的现象。

由上所述，个体决策和群体决策各有利弊，决策者要根据实际情况，灵活选择决策类型和方法。

5. 按照决策解决问题的性质来分类

按照决策解决问题的性质来分类，决策可分为初始决策和追踪决策。

初始决策是指组织对从事何种活动或从事某活动的方案所进行的初次选择。

追踪决策则是在初始决策执行后，由于环境条件发生了变化，或者对环境的认识发生了变化，而对组织活动方向、内容或方式进行重新调整的决策。显然，追踪决策属于"非零起点"决策，它作为初始决策的后续过程，要受到初始决策的影响。进行追踪决策时，首先必须做"回溯分析"，即对初始决策的形成机制与环境条件进行客观分析，然后，在挖掘初始决策中合理因素的基础上，列出需要改变决策的原因，以便有针对性地采取调整措施。事实上，组织中的大部分决策都属于追踪决策。

6. 按照决策的后果不同来分类

按照决策的后果不同来分类，决策可分为确定型决策、风险型决策和非确定型决策。

确定型决策即无论备选方案有多少，每一方案都只有一种确定无疑的结果。这类决策往往比较简单，只要比较各方案的结果就能选出最优方案。如某人手里有笔余款，对这笔余款的投资有几个备选方案：购买 3 年期国库券，年利率 3.8%；3 年期银行定期存款，年利率 2.75%；活期存款，年利率 0.3%。该笔余款如何投资的决策就属于确定型决策。

若各个方案实施后都会出现几种可能状态，每种状态的结果（即效益）是确定的，各状态出现的可能性大小（即概率）可以根据以前的资料或市场预测推断确定，但决策者并不知道或不确定究竟会发生哪种状态，这样的决策即风险型决策。由于决策者不能确定究竟会发生哪种状态，所以，不论采取何种方案都将承担一定的风险。如企业为满足市场对某种新产品的需求，拟规划建设新厂，根据市场预测，产品销路好的可能性为 30%，销路差的可能性为 70%；若建一大厂，需投资 30 万元，销路好时可获利 100 万元，销路不好时亏损 20 万元；若建一小厂，需投资 20 万元，销路好时可获利 40 万元，销路不好时可获利 30 万元。建大厂还是建小厂的决策就属于风险型决策。

当一个方案实施后会出现的可能状态未知；或可能状态可以预计，但每种状态的结果未知；或可能状态和结果都可预计，但每种状态的出现概率未知，这样的决策即非确定型决策。非确定型决策是最难进行的决策，同时也是企业在管理实践中最常遇到的决策。如在市场变化情况不明时，生产一种全新产品的决策就属于非确定型决策。在这种情况下，只能由决策者根据直觉、经验和主观判断来进行决策。

### 四、决策的过程

前已述及，决策不是瞬间行为，而是一个过程。决策过程主要包括以下几个阶段。

1. 发现问题

所谓问题，是应该或可能达到的状况与实际状况之间的差距。它既包括已存在的现实问题，也包括估计可能产生的潜在问题。"问题"是决策的起点，决策前，必须明确组织目前存在什么问题、未来会出现什么问题、问题产生的原因是什么、这些问题会对组织产生何种影响等。

2. 确定目标

确定目标是科学决策的重要一步。目标的确定不仅直接决定着方案的拟订，而且影响到方案的选择和方案的实施。

目标的确定，要符合以下一些基本要求。

① 目标只能有一种理解，不能模棱两可。

② 目标必须有明确的标准，能够数量化的要尽量数量化，以便于计量或衡量，便于检查目标实现的程度。

③ 目标必须有时效性，即要规定实现目标的时间期限。

④ 目标必须切实可行，即目标要具备实现的条件。这里的条件既包括各种资源条件，如人力、物力、财力、信息等，也包括影响目标实现的环境条件，如国内外政治环境、社会环境、自然环境等。

⑤ 对于多元目标，相互间的关系要明确。决策的目标可以是单一的，也可以是多元的，现实情况中更多的是多元目标，这时，要明确各目标的主次，以避免将组织的主要资源和精力投放到非主要目标上。

3. 拟订方案

决策的本质是选择，而要进行正确的选择，就必须提供多种备选方案。

方案的产生来源于两个方面：经验和创造。

经验可以是决策者或决策群体自己的，也可以是别的管理者或别的群体的实际做法。尽管过去面临的环境与目前的状况可能有很大差别，但过去成功的做法毕竟可以作为一个参考。

由于环境的不断变化，仅凭过去的经验来拟订方案显然不够，还必须根据新的环境特点，根据决策目标和相关的分析预测，充分运用各种创造性思维，大胆设想，集思广益，最大限度地寻求解决问题、实现目标的途径与办法。

方案的拟订，应符合以下要求。

① 目标性，即拟订的方案要有益于解决发现的问题，有益于实现所确定的目标。

② 全面性，即要广开思路，多方探索，根据所掌握的信息，尽可能多拟订一些备选方案，以防止漏掉最优方案。方案数量越多，被选中方案的相对满意程度就越高，决策质量就越有保障。

③ 排斥性，即各方案必须有自己独特的地方，不能完全互相包容，以利于方案之间的比较、分析、评估。

④ 详尽性，即方案的拟订必须立足于全方位的思考，尽可能把诸多因素都考虑进去。由于决策内容十分复杂，一项问题的解决往往涉及许多方面，所以，方案的拟订一定要详尽。

4. 方案的比较和选择

方案拟订出来以后，要从理论上对所有备选方案进行综合分析，从而得出各备选方案优劣利弊的结论。

方案比较和选择的内容有以下几个方面。

① 对方案进行可行性分析，即分析实施方案的各项条件是否具备。如果一项方案各方面都比较理想，但缺乏实施的条件，这样的方案也是不可取的。

② 对方案进行成本效益分析，即分析方案的实施需要付出何种成本，实施后会给组织带来何种效益。在这里，既要考虑方案的经济效益，也要兼顾其社会效益。

③ 对方案进行潜在性分析，即分析方案实施后可能产生的各种间接或隐形后果，包括实施方案所要承担的各项风险等。

根据以上几方面的比较，就可辨别出各方案的差异和相对优劣，在此基础上，选择综合优势较大的方案作为最终方案。

在方案的比较和选择过程中，决策者还应注意处理好以下几方面的问题。

① 要统筹兼顾。不仅要注意决策方案中各项活动之间的协调，而且要尽可能保持组织与外部结合方式的连续性，要充分利用组织现有的结构和人员条件，为实现新的目标服务。

② 要发扬民主。要尽可能地发动相关人员献计献策，因为只有员工理解并认可的方案才能被较好地执行。同时要注意反对意见，因为一项决策方案再好，也可能是有瑕疵的，反对意见不仅可以帮助决策者从多种角度去考虑问题，促进方案的进一步完善，而且可以提醒大家去防范一些可能出现的风险。

③ 要有果断和敢冒风险的魄力。任何方案都有其支持者和反对者，要想取得完全的思想统一是不太可能的，这时，决策者要能妥善掌握"议"与"断"的度，该"议"时不要独裁专断，该"断"时切忌迟疑不决、优柔寡断。

5. 方案的实施

方案的实施是决策过程中至关重要的一步。为使方案能够顺利实施，方案的拟订和选择最好让相关人员参与，因为执行方案的人参与了方案的制定过程，就更容易接受这一方案，方案实施起来就更有效。

6. 方案实施效果的评价

评价方案的实施效果，就是看它是否解决了问题，是否达到了预期的目标。这既有利于及时采取措施纠正行动与既定目标的偏离，也有利于当客观条件发生变化后，进一步寻找问题，确定新的决策目标，制定和选择新的决策方案。

以上六个阶段结合起来便组成了一个完整的决策过程。虽然在理论上把决策的过程划分成了不同的步骤，但在实际决策过程中，这些步骤并不是截然分开的，而往往是相互联系、交错重叠、相互影响的。

### 五、决策的影响因素

要做好决策，提高决策水平，首先就要寻找影响决策的因素。一般而言，组织决策主要受以下因素的影响。

1. 环境

环境对组织决策的影响是不言而喻的。这种影响主要表现在以下几方面。

（1）环境的特点影响着组织决策的内容　比如，就企业而言，处于垄断市场上的企业，通常将经营重点致力于内部生产条件的改善、生产规模的扩大及生产成本的降低；而处于竞争市场上的企业，则需密切注视竞争对手的动向，不断推出新产品，制定合理的营销策略，建立健全销售网络。

（2）环境的特点影响着组织决策的频率　如果企业面临的环境是急剧变化的，则需经常性地对其经营活动进行重大调整，决策的频率往往较大；反之，面临稳定环境的企业，决策的频率则较小。

（3）环境中的相关组织及其决策也会对组织决策产生影响　比如，竞争者的降价决策会迫使本企业制定相应的反应对策。

2. 过去的决策

一般而言，组织的决策大都是追踪决策，组织过去的决策（初始决策）是目前决策的起点，目前决策是对过去决策的完善、调整或改革。由于过去的方案实施会伴随着组织人力、物力、财力等资源的消耗以及内、外部状况的改变，所以，目前的决策总会受到过去决策的影响。

过去的决策对目前决策的制约程度，要受到它们与现任决策者关系的影响。如果过去的决策是由现在的决策者制定的，而决策者通常要对自己的选择及其后果负管理上的责任，因此可能不愿意对组织活动进行重大调整，而倾向于仍把大部分资源投入到过去方案的执行中，以证明自己的一贯正确；相反，如果现在的主要决策者与组织过去的重要决策关联性不大，则做出重大调整和变革的可能性就较大。

3. 决策者个人的知觉和价值系统

知觉是对事物的各种不同属性、各个不同部分及其相互关系的综合反映。心理学研究表明，影响人们知觉的主要因素是经验。经验丰富的管理人员一般都具有良好的知觉，对事物的看法透彻而准确。在进行决策时，尤其是在进行关键的非程序性决策时，知觉起着很重要的作用。

决策者的价值系统，包括个人对成就、财富、权力、责任、竞争、冒险、创新等的欲望，以及对正确与错误、好与坏、真与伪、善与恶、美与丑、得与失等对立事物所持的观点。决策者个人的价值系统，会影响其对决策的判断标准。比如，决策者对待风险的不同态度，会影响决策方案的选择。喜欢冒风险的决策者，可能会选择高风险同时也是高收益的方案，而风险规避者往往偏好选择低风险的方案，以追求组织经营状况的稳定，但可能会丧失高收益。

4. 组织文化

组织文化对决策的制定和执行都会产生重大影响。

首先，组织文化制约着包括决策制定者在内的所有组织成员的思想和行为。任何组织在其运行中都会建立或形成体现某种特定思想和行为方式的组织文化，而这种组织文化往往有着很强的同化力，它能使管理者在不知不觉中融入该组织固有的模式中，从而强烈地限制人们对行动方案的选择及进行选择的方式。

其次,组织文化通过影响人们对变化、变革的态度而对决策产生一定的影响。任何决策的制定,都是对过去在某种程度上的否定;任何决策的实施都会给组织带来某种程度的变化。组织成员对这种可能产生的变化会有欢迎或抵御两种截然不同的态度。欢迎变化的组织文化有利于新决策的制定和实施;相反,抵御变化的组织文化不但会使新决策难以出台,而且即便做出了新的决策,其实施也会面临巨大阻力。

因此,决策方案的选择不能不考虑现有组织文化的束缚以及为改变现有组织文化而必须付出的时间和费用。

5. 时间

美国学者威·R·金和大卫·L·克里兰把决策类型划分为时间敏感型决策和知识敏感型决策。时间敏感型决策是指那些必须迅速做出的决策。这种决策对速度的要求更甚于决策质量。例如,当一辆汽车朝你冲过来的时候,关键是要迅速跑开,至于往左跑还是往右跑并不重要。知识敏感型决策则是指那些必须准确做出的决策。这种决策对时间的要求不是很严格,它的执行效果主要取决于决策质量,而非决策速度。制定这类决策时,要求人们充分利用知识和经验,做出尽可能正确的选择。组织关于活动方向与内容的决策,即战略决策,基本属于知识敏感型决策,更重视决策的质量而不是速度。

---

**小阅读:** 草垛寻针

假如一个草垛中分散着一些缝衣针,如果寻找最佳措施,要把所有的针都找到,逐一加以比较之后,找出最尖锐的一根,如果寻找的是"符合要求"的满意的措施,那么只要找到的针尖锐得能够缝制要缝的衣服就可以了,达到了满意的要求。

---

## 第三节 决策方法

---

**管理故事:要求**

有三个人要被关进监狱三年,监狱长答应满足他们三个一人一个要求。

美国人爱抽雪茄,要了三箱雪茄。

法国人最浪漫,要一个美丽的女子相伴。

而犹太人说,他要一部与外界沟通的电话。

三年过后,第一个冲出来的是美国人。他嘴里、鼻孔里塞满了雪茄,大喊道:"给我火,给我火!"原来他忘了要火了。

接着出来的是法国人。只见他手里抱着一个小孩子,美丽女子手里牵着一个小孩子,肚子里还怀着第三个。

最后出来的是犹太人。他紧紧握住监狱长的手说:"这三年来,我每天与外界联系,我的生意不但没有停顿,反而增长了200%。为了表示感谢,我送你一辆劳斯莱斯!"

**解释**:什么样的选择决定什么样的结果。今天的结果是由三年前的选择决定的,而今天的抉择将决定三年后的结果。

---

如何科学地选择方案呢?本节介绍几种常见的决策方法。

## 一、定性决策方法

虽然目前人们越来越多地使用定量决策方法，但仍然不能完全取代定性决策方法，比如，在所需信息不完整时，或者决策问题十分复杂，以至有些因素难以用数据表达时，人们还不得不采用定性决策方法或定性与定量相结合的方法。

常见的定性决策方法有以下几类。

1. 群体决策方法

（1）头脑风暴法　头脑风暴法也称畅谈会法，它是通过会议的形式，邀请有关专家或人员聚在一起，在融洽、宽松的气氛中，就某一问题敞开思路，畅所欲言，以寻求多种决策思路。会议一般邀请5~6人，最多不超过12人，时间一般在1~2小时。在会议上，主持人一般只提出问题，不发表意见，以免影响会议的自由气氛。为了鼓励大家畅所欲言，会议有四条规则：一是鼓励每个人独立思考、奇思妙想，倡导新思维；二是所提建议越多越好，未必每条建议都深思熟虑；三是对别人的建议不批评、不反驳、不作结论；四是可以结合别人的意见进行思维，以补充和完善自己的意见。

这种方法的优点是：能互相启发，集思广益，取长补短，以较快地、全面地集中各方面的意见得出决策结论。缺点是：由于参加人数有限，代表性往往不够充分。

（2）认知冲突法　认知冲突法采取与头脑风暴法大体相同的会议形式，但会议要求与头脑风暴法正好相反。它要求与会者针对他人提出的见解、方案，直接提出相反的意见或进行否定，并鼓励争论，以求在不同意见与方案的冲突、争论中辨明是非，发现各种方案的缺陷，最终使意见逐步趋于一致。这种方法主要用于对已有方案的深入分析、评价与选择。

（3）名义小组法　在群体决策中，如果大家对问题性质的了解程度有很大差异，或彼此的意见有很大分歧，直接开会讨论效果并不好，可能争执不下，也可能权威人士发言后大家随声附和。这时，可以采用名义小组法。

所谓名义小组，即成员之间只是名义上形成了一个小组，但并未真正在一起讨论问题。它的基本步骤如下。

① 管理者先选择一些对要解决的问题有研究或有经验的人作为小组成员，并向他们提供与决策问题相关的信息。小组成员各自先不通气，独立地思考，提出决策建议，并尽可能详细地将自己提出的备选方案写成文字材料。

② 召集会议，让小组成员一一陈述自己的方案，或者由组织者亲自把第一步收集的意见匿名发表给大家，在此基础上，小组成员对全部备选方案投票，产生大家最赞同的方案，并形成对其他方案的意见，提交管理者作为决策参考。

名义小组成员思路的流畅性和独创性比真实小组更高一筹，可以产生更多的想法和建议，避免了真实小组言语交流对个体创造力的抑制，而且该法耗时较少，成本较低，但这种方法如果使用不当，也会失之偏颇。

（4）德尔菲法　德尔菲法是由美国著名咨询机构兰德公司发明的一种方法。德尔菲（Delphi）是古希腊的一处历史遗址，是传说中的阿波罗神殿所在地。该神以预言灵验而著称，又常派使者到各地搜集聪明人的意见。兰德公司用这一名称来命名他们所发明的这种方法，就含有智慧和灵验之意。

德尔菲法的步骤如下。

① 根据问题的特点，选择做过相关研究或有相关经验的专家。

② 将与问题有关的信息分别提供给专家（可使用邮寄或电子邮件等方式），请他们在互不联系的情况下，各自独立发表自己的意见，并以匿名的方式写成书面材料。

③ 组织者收集专家们的意见后，进行整理，以观察专家意见的倾向性和一致性。

④ 把整理后的意见再反馈给专家（只有整理结果，没有具体人名），进行第二轮咨询。每个专家可以针对整理后的意见，毫无顾忌地发表看法，并修订自己的意见。

⑤ 如此反复多次，直到意见比较集中为止。

由于德尔菲法的整个过程是以匿名、书面的方式进行的，因而个人的权威、资历、口才等都不会产生影响，这样就避免了专家们聚集一堂时彼此产生的心理影响。但是，德尔菲法也有不足之处：一方面，以书面的方式咨询意见，使问题的谈论受到了很大的限制；另一方面，专家的意见是由组织者整理的，如果组织者不能很好地理解专家的意见，就有可能出现整理误差。因此，组织者在向专家提供有关信息时，应该尽量全面、具体；在整理专家意见时，尽量把所有专家的意见整理出来，这样才能收到较好的效果。

2. 有关活动方向的决策方法

管理者往往需要对组织或组织某部门的经营活动方向进行选择，这时，可以采用SWOT分析法、经营业务组合分析法和政策指导矩阵法。

（1）SWOT分析法　SWOT分析法是对企业内部优势（Strengths）和劣势（Weaknesses），以及外部环境的机会（Opportunities）和威胁（Threats）进行全面分析的基础上，确定组织活动方向的一种决策方法。通过对外部环境分析，可以了解外界对组织可能造成什么样的威胁或提供什么样的机会；通过对内部环境的分析，可确定组织在资源、能力、核心竞争力等方面有何优势和劣势。依此两方面的结合点，就可以制定出指导企业生存和发展方向的战略方案，如图3-8所示。

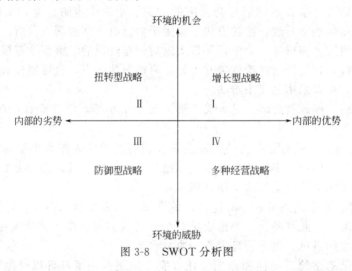

图3-8　SWOT分析图

图3-8中，第Ⅰ类型的企业具有良好的外部机会和有利的内部条件，可以采取增长型战略（如开发市场、增加产量等）来充分发挥内部优势以及充分利用环境提供的发展良机。第Ⅱ类型的企业虽然面临良好的外部机会，但内部的劣势使它的发展受到制约，因此可采取扭转型战略，设法消除内部的不利条件，以便能尽快利用环境的机会。第Ⅲ类型的企业，内部存在劣势且外部面临威胁，可采取防御型战略，设法避开威胁和消除劣势。第Ⅳ类型的企业，内部拥有优势，但外部环境存在威胁，宜采用多种经营战略，一方面使自己的优势得到充分利用，另一方面使经营的风险得以分散。

（2）经营业务组合分析法　经营业务组合分析法是由美国波士顿咨询公司提出来的，所以也称波士顿模型（BCG模型）。该方法认为，大部分企业都经营有两项以上的业务，企业应该为每项业务确定其活动方向。而且，在确定每项经营业务的活动方向时，应考虑它的相对竞争地位和业务增长率两个因素。

相对竞争地位往往体现在市场占有率上，它决定了企业的销售量、销售额和盈利能力。业务增长率则主要体现在销售增长率上，它反映该项业务的市场吸引力，影响投资的回收期限。

根据相对竞争地位和业务增长率两项标准，可把企业的经营业务区分为四种类型（见图3-9）。企业应根据各类经营业务的特征，选择合适的活动方向。

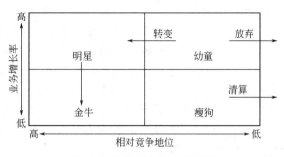

图3-9 经营业务组合分析图

① 幼童业务。这类业务的业务增长率较高，目前市场占有率较低。这有可能是企业刚开发的很有前途的领域。高增长的速度要求大量的资金投入，但较低的市场占有率又只能带来很少量的现金回笼。因此，企业需要将其他业务获得的现金投入到该项业务中，使其尽快扩大生产经营规模，提高市场份额，以将其转变成"明星"业务。但是，如果决策者认为其不可能转变成"明星"，则应忍痛割爱，及时放弃该业务。

② 明星业务。这类业务的业务增长率和相对竞争地位都较高。高的竞争地位能给企业带来较高的利润；高的业务增长率要求企业增加投资，扩大生产规模，以便与其市场增长相匹配，巩固和提高市场占有率。这类业务，现金回笼和现金投入都较大，所以现金净流量未必会高。

③ 金牛业务。这类业务的市场占有率较高，但业务增长率较低。这意味着它能给企业带来较多利润，但前景并不好，不宜投入太多资金盲目发展，而应着力维护和增加当前市场份额。这类业务会有大量的现金回笼，是企业发展其他业务的重要资金来源。

④ 瘦狗业务。这类业务的市场份额和业务增长率都较低，只能带来很少的现金和利润，甚至可能亏损，而且前景也不好。对这种不景气的业务，应采取收缩或者清算、放弃的策略。

经营业务组合分析法是企业经营决策的一种很有用的工具，它能帮助企业判断经营中存在的主要问题及未来的发展方向，依此确定企业的发展战略。比较理想的经营业务组合情况应该是：企业有较多的"明星"类和"金牛"类业务，同时有一定数量的"幼童"类业务，"瘦狗"类业务要尽量减少，否则的话，如果产生现金的业务少，而需要投资的业务过多，企业易陷入现金不足的困境；如果企业目前没有需要重点投资发展的业务，则企业发展潜力不足。因此，决策者应把"金牛"类业务作为企业近期利润和资金的主要来源而加以保护，但不作为重点投资对象。要将资金重点投放到"明星"或将来有希望的"幼童"类业务上，并根据情况有选择地抛弃"瘦狗"类业务和无望的"幼童"类业务。

(3) 政策指导矩阵　该法是由荷兰皇家壳牌公司创立的。顾名思义，政策指导矩阵即用矩阵来指导决策。具体来说，它是从市场前景吸引力和相对竞争能力两个因素来分析企业各经营业务的现状和特征，并把它们标示在矩阵上，据此指导企业活动方向的选择。市场前景吸引力取决于销售增长率等因素；相对竞争能力取决于当前市场占有率等因素。将市场前景吸引力和相对竞争能力均分为弱、中、强三种，则可把企业的经营业务分成九大类（见图3-10）。管理者可根据经营业务在矩阵中所处的位置来选择企业的活动方向。

处于区域 6 和 9 的经营业务竞争能力强，市场前景也不错，应该确保足够的资源，优先发展。其中，处于区域 9 的业务是重点发展对象。

处于区域 8 的经营业务，市场前景虽好，但竞争能力不够强，应该分配更多的资源，以提高其竞争能力。

处于区域 7 的经营业务市场前景虽好，但竞争能力弱，要根据企业的资源状况区别对待。在资源不是足够多的情况下，可挑选最有前途的业务，促进其迅速发展，其余的需逐步淘汰。

处于区域 5 的经营业务，市场前景和竞争能力均居中等，一般在市场上可能有 2~4 个强有力的竞争对手。要分配给这些业务足够的资源，推动其发展。

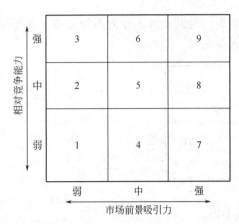

图 3-10　政策指导矩阵示意图

处于区域 2 的经营业务市场吸引力弱且竞争能力不强，处于区域 4 的经营业务市场吸引力不强且竞争能力较弱，应该选择时机放弃这些业务，以便把收回的资金投入到盈利能力更强的业务。

处于区域 3 的经营业务竞争能力较强，但市场前景不容乐观，这些业务不应继续发展，但不要马上放弃，可以利用其较强的竞争能力为其他业务提供资金。

处于区域 1 的经营业务竞争能力和市场前景都很弱，应尽快放弃此类业务，把资金抽出来转移到更有利的经营业务上。

（4）目标管理法　当组织的总目标或总的活动方向确定后，还需确定组织内部各单位的目标或活动方向，这时，可采用目标管理法。

目标管理法的实质是员工参与制定目标，实行自我管理和自我控制，也即在企业总目标确定后，由各部门和全体员工根据总目标的要求，采取"自上而下""自下而上"相结合以及各部门相互配合的方式来协商确定各自的分目标，并将这些分目标细化到各单位、每个人，最后形成以企业总目标为中心、上下左右紧密衔接并协调一致的目标体系；同时在目标执行过程中实行逐级的授权，使执行者能够自行确定实现目标的方法、手段，达到有责又有权的自主、自我管理；将员工的自检和互检与上级的成果检查相结合，实行基于工作成果评价的管理控制。

目标管理法的核心内容如下。

① 目标分类。要在企业总目标的基础上，根据企业实际，分别制定不同类别的目标。比如按照作用不同分为经营目标和管理目标，经营目标可包含销售额、费用额、利润率等指标，管理目标可包含客户保有率、新产品开发计划完成率、产品合格率等；或者按照管理层级分为公司目标、部门目标、个人目标；或者按评价方法的客观性与否分为定量目标和定性目标，定量目标可包含销售额、产量等，定性目标可包含制度建设、团队建设和工作态度等。这些目标往往有交叉，如公司年销售额是经营目标，也是公司目标、定量目标；人力资源制度的完善是管理目标，也是部门目标、定性目标。在目标制定过程中，要符合 SMART 原则。"S"是指目标要具体明确，尽可能量化为具体数据，如年销售额 5000 万元、费用率 25%、存货周转一年 5 次等；不能量化的要尽可能细化，如对文秘工作态度的考核可以分为工作纪律、服从安排、服务态度、电话礼仪、员工投诉等。"M"是指目标要可测量，即可以按照一定的标准进行评价。"A"是指目标是可达成的，即要根据企业的资源、人员技能等来设计目标，保证目标是可以达成的。"R"是指目标是合理的，即目标要符合实际，各

项目标之间要有关联,要相互支持。"T"是指有完成时间限制,即各项目标要定出明确的完成时间。为贯彻以上原则,制定目标时,应充分沟通一致,"自上而下""自下而上"相结合,各部门相互配合。

② 目标分解。目标管理实施的关键是目标的分解。公司整体目标要分解成部门目标,部门目标要分解成个人目标。

③ 目标监控。要经常检查和监控目标在实施过程中的执行情况和完成情况。如果出现偏差,及时分析原因,从关键处进行补充或强化,以促成目标的实现。目标监控要做到自我监控、互监与上级监控相结合。

④ 检查实施结果及奖惩。按照制定的指标、标准,对各项目进行考核。目标完成的结果和质量要与部门、个人的奖惩挂钩,甚至与个人的升迁挂钩。

目标管理法是一种科学合理的现代管理方法,而不单单是计划或目标的设定方法。但目标管理法的成功实施,要求企业有相应的组织文化的支持,同时企业面临的环境必须是相对稳定的,否则,漫长的目标商定过程将降低企业对环境变化的反应速度。

## 二、定量决策方法

定量决策方法是运用数学模型或公式来解决一些决策问题。在组织活动方向既定的情况下,对不同行动方案的选择,就常常用到定量决策方法。以下主要介绍确定型决策、风险型决策和非确定型决策问题常用的一些定量决策方法。

1. 确定型决策方法

前已述及,确定型决策是指无论备选方案有多少,每一方案都只有一种确定无疑的结果。对确定型决策问题,制定决策或选择方案的关键环节是计算出什么样的行动方案能产生最优的经济效果。确定型决策中常用的方法有量本利分析法、投资回报率评价法、现金流量分析法、线性规划法等。这里主要介绍量本利分析法(线性规划法在"知识拓展"中介绍)。

(1) 量本利法分析原理 量本利分析也叫保本分析或盈亏平衡分析,它是通过分析产销量、生产成本、利润三者的关系,掌握盈亏变化的临界点(即盈亏平衡点或保本点),从而选出能产生最大利润的经营方案。

企业利润是销售收入扣除生产成本以后的余额。其中,销售收入是产品销售量与销售价格的乘积。生产成本是产品生产及销售过程中发生的各种耗费的总和(既包括工厂成本,也包括销售费用,即为销售产品而发生的费用),它分为固定成本和变动成本两部分。变动成本是随着产量的变化而变化的成本;固定成本则是在一定时期、一定范围内不随产量的变化而变化的成本。

企业获得利润的前提是生产及销售过程中的各种耗费均能得到补偿,即销售收入至少等于生产成本。为此,必须确定销售收入正好等于生产成本时的产销量和销售收入,把它们称作保本量和保本收入。

图 3-11 描述了特定时期企业利润、销售收入及生产成本间的关系。图中,$A$ 点即为盈亏平衡点或保本点,它对应的横坐标数值 $Q_0$ 为保本量,对应的纵坐标数值 $S_0$ 为保本收入。

利用盈亏平衡分析图,可作以下三方面的分析。

① 判断企业现有产品的产销量在盈利区还是在亏损区。若现有产销量大于保本量,则在盈

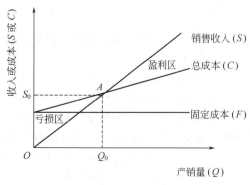

图 3-11 盈亏平衡分析图

利区；小于保本量则在亏损区。

② 分析企业的经营安全率。

$$经营安全率 = \frac{实际产销量(Q) - 保本量(Q_0)}{实际产销量(Q)}$$

经营安全率越高，企业亏损的可能性越小，经营越安全。

③ 寻找降低保本量 $Q_0$ 的措施。如果保本量过高，就增加了产销人员的压力，而且增加了企业的经营风险，所以，企业应设法降低 $Q_0$。由盈亏平衡分析图可以看出，在固定成本一定的情况下，降低 $Q_0$ 的措施可以是：提高销售价格或降低单位成本（即单位产品的成本）。

(2) 保本点的确定　保本点的确定方法如下。

① 产销量法。保本点应满足以下条件：销售收入 $(S)$ = 生产成本 $(C)$，

$$销售收入(S) = 销售量(Q_0) \times 销售价格(W)$$

$$生产成本(C) = 固定成本(F) + 销售量(Q_0) \times 单位变动成本(C_r)$$

所以，

$$Q_0 W = F + Q_0 C_r, \quad Q_0 = \frac{F}{W - C_r}$$

② 销售收入法。保本收入 $(S_0)$ = 保本量 $(Q_0)$ × 销售价格 $(W)$

即

$$S_0 = \frac{FW}{W - C_r} = \frac{F}{1 - \frac{C_r}{W}}$$

**例 3-1**　某企业生产一种产品，其固定成本为 20 万元/年，单位变动成本为 100 元，产品售价为 150 元。求：

(1) 要使该企业不亏损，每年最低销量是多少件？

(2) 企业每年至少要达到多少数额的销售收入，才能开始盈利？

(3) 如果要实现年利润 30 万元，其年销量应为多少？

计算过程如下。

(1) 保本量为：$Q_0 = \dfrac{F}{W - C_r} = \dfrac{200000}{150 - 100} = 4000$（件）

即要使该企业不亏损，每年最低销量为 4000 件。

(2) 保本收入为：$S_0 = Q_0 W = 4000 \times 150 = 600000$（元）

即企业每年至少要达到 60 万元的销售收入，才能开始盈利。

(3) 用 $B$ 表示目标利润，则：

$B = S - C = QW - (F + QC_r) = QW - F - QC_r$

$Q = \dfrac{B + F}{W - C_r} = \dfrac{300000 + 200000}{150 - 100} = 10000$（件）

即当年销量为 10000 件时，企业可实现年利润 30 万元。

2．风险型决策方法

风险型决策即当方案实施后会出现几种可能状态，每种状态的结果（即效益）是确定的，各状态出现的可能性大小（即概率）可以根据以前的资料或市场预测推断确定，但决策者并不知道或不确定将会发生哪种状态。这时，人们只能依据各种自然状态的效益和概率得到期望收益，根据期望收益的高低制定决策或选择方案。

风险型决策的方法很多，这里主要介绍决策树和决策表两种方法。

(1) 决策树法　决策树法是一种以树形图来辅助进行各方案期望收益计算和比较的决策方法。决策树的基本形状如图 3-12 所示。"□"表示决策点；从决策点引出的分支叫方案

枝，表示决策时可采取的不同方案；"○"表示状态点；从状态点引出的分支叫状态枝，表示方案在未来执行时可能遇到的几种不同的自然状态。

决策树法的步骤如下。

① 绘制决策树。根据备选方案的数目和对未来市场状况的了解，绘出决策树形图。

② 计算各方案的期望收益。计算方法：用方案在各自然状态下的收益值分别乘以各自然状态的出现概率，然后相加。计算结果标记在相应的状态点上方。

③ 计算各方案的预期净收益。计算方法：用各方案的期望收益值减去该方案所需的投资。

④ 比较和选择。选择预期净收益较大的方案作为被实施的方案，并将该方案的预期净收益写到决策点方框上方，同时剪去（用"//"表示）其他方案枝。

**例 3-2** 某企业为了扩大某产品的生产，拟建设新厂。据市场预测，产品销路好的概率为 0.7，销路差的概率为 0.3。有两种方案可供企业选择。

方案 1：建大厂。建大厂需投资 300 万元。据初步估计，销路好时，每年可获利 100 万元；销路差时，每年亏损 20 万元。服务期为 10 年。

方案 2：建小厂。建小厂需投资 140 万元。销路好时，每年可获利 40 万元；销路差时，每年仍可获利 30 万元。服务期为 10 年。

问：哪种方案较好？

① 绘制决策树如图 3-12 所示。

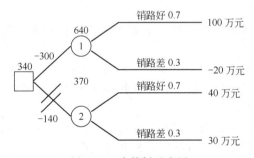

图 3-12 决策树示意图

② 计算各方案的期望收益。

方案 1 的期望收益为：[0.7×100＋0.3×(−20)]×10＝640(万元)

方案 2 的期望收益为：(0.7×40＋0.3×30)×10＝370(万元)

③ 计算各方案的预期净收益。

方案 1 的预期净收益为：640−300＝340（万元）

方案 2 的预期净收益为：370−140＝230（万元）

④ 比较和选择。

方案 1 的预期净收益较高，所以方案 1 较好，即应选择建大厂。

(2) 决策表法　决策表法与决策树法在原理上是完全相同的，只是表示方式不同而已。仍以上例，其决策表如表 3-4 所示。

表 3-4　决策表

| 方案 | 方案的自然状态 | 年损益值/万元 | 概率 | 期望收益/万元 | 投资额/万元 | 预期净收益/万元 |
| --- | --- | --- | --- | --- | --- | --- |
| 方案 1 | 销路好<br>销路差 | 100<br>−20 | 0.7<br>0.3 | 64×10 | 300 | 340 |
| 方案 2 | 销路好<br>销路差 | 40<br>30 | 0.7<br>0.3 | 37×10 | 140 | 230 |

### 3. 非确定型决策方法

非确定型决策包括以下三种情况：其一，方案实施后会出现的可能状态未知；其二，可能状态可以预计，但每种状态的结果未知；其三，可能状态和结果都可预计，但每种状态的出现概率未知。对于前两种情况，其决策方案非常难以选择，无法用定量的方法来进行。对于第三种情况，决策者可根据主观选择的一些原则来比较不同方案的经济效果，从而选择相对收益最好的方案。根据决策者个性的不同，其偏好的决策原则可能很不一样。下面举例说明。

**例 3-3** 某企业计划生产某产品。根据市场预测分析，产品销路有三种可能性：销路好、销路一般和销路差。生产该产品有三种方案：改进生产线、新建生产线、外包生产。各种方案的净收益如表 3-5 所示。

表 3-5　各方案在不同状态下的净收益

| 方　案 | 净收益/万元 | | |
| --- | --- | --- | --- |
| | 销 路 好 | 销 路 一 般 | 销 路 差 |
| ①改进生产线 | 1800 | 1200 | −400 |
| ②新建生产线 | 2400 | 1000 | −800 |
| ③外包生产 | 1000 | 700 | 160 |

问：应选择哪一方案？

这显然属于非确定型决策，选择哪一方案将取决于决策者的选择标准或原则。理论上说，选择原则有以下四种。

(1) 乐观原则　乐观原则即"大中取大"原则。采用这种原则的决策者对未来持乐观态度，认为未来会出现最好的情况。决策时，对各种方案都按它带来的最高收益考虑，然后比较哪种方案的最高收益最高。

在本例中，三种方案的最高收益依次分别为 1800 万元、2400 万元、1000 万元，其中方案②的最高收益值最大，所以选择方案②，即新建生产线。

(2) 悲观原则　悲观原则即"小中取大"原则。采用这种原则的决策者对未来持悲观态度，认为未来会出现最差的情况。决策时，对各种方案都按它带来的最低收益考虑，然后比较哪种方案的最低收益最高。

在本例中，三种方案的最低收益依次分别为 −400 万元、−800 万元、160 万元，其中方案③的最低收益值最大，所以选择方案③，即外包生产。

(3) 折中原则　采用这种原则的决策者认为，要在乐观和悲观两种极端中求得平衡。也即，决策时既不能把未来想象得非常光明，也不能将之看得过于黑暗。于是，要根据决策者个人的估计，给最好的自然状态定一个乐观系数（$\alpha$），给最差的自然状态定一个悲观系数（$\beta$），使两者之和等于 1（即 $\alpha+\beta=1$）；然后，将各方案在最好自然状态下的收益值和乐观系数相乘所得的积，与各方案在最差自然状态下的收益值和悲观系数的乘积相加，由此求得各方案的期望收益值；比较各方案期望收益值大小，选择该值最大的方案作为实施方案。

在本例中，若取 $\alpha=0.3$，$\beta=0.7$，则：

方案①的期望收益为：$0.3\times1800+0.7\times(-400)=260$（万元）

方案②的期望收益为：$0.3\times2400+0.7\times(-800)=160$（万元）

方案③的期望收益为：$0.3\times1000+0.7\times160=412$（万元）

方案③的期望收益最高，所以选择方案 3，即外包生产。

(4)"最大后悔值"最小化原则　决策者在选择了某方案后,若事后发现客观情况并未按自己预想的发生,会为自己事前的决策而后悔。该原则的出发点则是将这种"后悔"降到最低。该原则下的决策步骤如下。

a. 计算各方案在各种状态下的后悔值。

后悔值＝该状态下各方案的最大收益－该方案在该状态下的收益

b. 找出各方案的最大后悔值。

c. 选择"最大后悔值"最小的方案作为实施方案。

本例中,各方案在各状态下的后悔值如表 3-6 所示。

表 3-6　各方案在各状态下的后悔值

| 方　案 | 收益/万元 | | | 最大后悔值/万元 |
| --- | --- | --- | --- | --- |
| | 销路好 | 销路一般 | 销路差 | |
| ①改进生产线 | 600 | 0 | 560 | 600 |
| ②新建生产线 | 0 | 200 | 960 | 960 |
| ③外包生产 | 1400 | 500 | 0 | 1400 |

比较各方案的最大后悔值,方案 1 的最大后悔值最小,所以选择方案 1,即改进生产线。

由上看出,对于非确定型决策,决策者本身所依据的决策原则不同,其决策结果就不一样。所以,对于这类决策,很难达到真正的"最优化",所谓理想的方案只不过是按照决策者事先选定的原则来选择的相对最满意的方案。

**小阅读：古人名言**

◇ 用兵之道,以计为首,计先定于内,而后兵出境。

◇ 不谋万世者,不足谋一时;不谋全局者,不足谋一域。远谋方有深韬略。

## 第四节　计 划 概 述

**管理故事：艾丽丝漫游记**

艾丽丝说："请告诉我,从这里到那里我应该走哪一条路？"

猫说："那就要看你要到哪里去了。"

艾丽丝说："我不在乎到哪里去。"

猫说："那你走哪条路都没有关系。"

**解释**：行动之前,应该有一个明确的计划,否则,一切行为都会是随机的。

计划过程是决策方案的实施、落实的过程。通过有效的计划,可将企业或组织在一定时期内的任务分解给每个部门、环节和个人,使这些部门、环节和个人在该时期的工作有了具体的依据,同时为决策的执行提供了重要的、切实的保证。

## 一、计划的含义和作用

计划是对组织在未来一段时期内的目标和实现目标途径的策划与安排。它要将决策实施所需完成的目标和任务进行分解，将其落实到组织的具体工作部门和个人，从而保证组织工作有序进行及组织目标得以实现。

计划的制订离不开决策，决策是计划的先期工作，计划是决策的逻辑延续。不过，计划工作的范围和内容比决策更为广泛、深入和具体。

计划的作用主要表现为以下几个方面。

1. 为组织稳定发展提供保证

计划是面向未来的，而在未来，无论是组织生存的外部环境还是组织自身，都具有一定的不确定性和变化性。计划工作可以让组织对未来进行周密细致的预测，事先作出各种应变的准备，从而提高组织的适应能力，使组织稳定发展。

2. 为组织成员指明方向

计划通过将组织目标和任务进行时间和空间上的合理分解，使组织的各部门、各成员都明确了自身在不同时间应从事的活动。同时，计划的编制也为组织成员之间的分工与协作提供了基本依据，从而使各方面的行动得到了规范和约束。

3. 减少重叠和浪费行为

组织在实现目标的过程中，各种活动会出现前后协调不一、联系脱节等现象，同样，在多项活动并行的过程中也往往会出现不协调现象。良好的计划能通过设计好的协调一致、有条不紊的工作流程来避免上述现象的发生，从而减少重叠和浪费行为。

4. 为检查、考核和控制组织活动奠定基础

计划为检查、考核和控制提供了衡量标准。如果没有既定的计划作为衡量尺度，管理人员就无法检查和考核组织活动的进行情况及组织目标的实现情况，也就无法实施控制。

## 二、计划的特点

1. 目的性

任何组织制订计划都是为了有效地达到某种目标。目标是计划工作的核心，整个计划工作都是围绕目标进行的，没有目标的计划是盲目的。目的性是计划的出发点和归宿点。

2. 首要性

计划处于管理职能的首要地位，组织、领导、控制等职能都是在计划的基础上进行的，并且随着计划和目标的改变而改变。同时，计划工作又贯穿于组织、领导、控制工作中。

3. 普遍性

计划的普遍性表现在两个方面：一是组织的任何活动都需要计划；二是组织中不同层次、不同部门的管理者，都需要编制具体计划。

4. 效率性

计划的关键内容是确定目标、选择方案。目标的确定影响组织的"效果"，而选择方案则要考虑"效率"，即在满足目标的前提下，要选择效率高的方案。

5. 时效性

要在需要制订计划的时候及时制订计划，要在计划开始之前完成计划的制订工作。这样的计划才有实际意义。

6. 动态性

计划不是一成不变的，随着环境条件的变化，计划必须作出及时的调整，因为任何人都不可能对组织的未来作出全面、准确而没有任何疏漏的判断。

7. 创造性

在管理活动中会不断出现新问题、新变化，这就要求计划也要打破原有的模式，体现出创造性。同时，管理是一个螺旋式上升的过程，原来的计划完成后，要制订新的计划，新计划不是原有计划的重复，而应该是一个新的创造过程，这更是计划创造性的体现。

### 三、计划的类型

按照不同的划分标准，可以将计划划分成不同的类型。

1. 业务计划、财务计划及人力资源计划

按企业的职能来划分，可将计划分为业务计划、财务计划和人力资源计划。

业务计划是组织的主要计划，主要涉及业务方面的调整、业务规模的发展以及业务活动的具体安排，包括产品计划、生产计划、销售计划等。产品计划涉及新品种的开发、现有产品的结构调整及功能完善等；生产计划主要涉及生产规模的扩张及实施步骤，不同车间、班组的季、月、旬乃至周的作业进度安排等；销售计划则涉及销售渠道和销售手段的选择与建立等。

财务计划与人力资源计划是为业务计划服务的，也是围绕着业务计划而展开的。财务计划主要涉及如何从资金的提供和利用上促进业务活动的有效进行。比如，为了满足业务规模发展、资金（资本）增大的需要，如何建立新的融资渠道或选择不同的融资方式、如何保证资金的供应、如何监督这些资金的利用效果等。人力资源计划则主要考虑如何为业务规模的维持或扩展提供人力资源的保证。比如，如何为保证组织的发展提高员工的素质、如何把具备不同素质特点的组织成员安排在不同的岗位上，使他们的能力和积极性得到充分的发挥等。

2. 长期计划、中期计划和短期计划

按计划跨越的时间间隔长短来划分，可将计划分为长期计划、中期计划和短期计划。

一般来说，期限在五年以上的计划为长期计划，期限在一年以内的计划为短期计划，中期计划则介于二者之间。长期计划描述组织在较长时期（五年以上）的发展方向和方针，规定组织的各个部门在较长时期内从事某种活动应达到的目标和要求，绘制组织长期发展的蓝图。中期和短期计划则规定组织的各个部门在目前到未来的各个较短的时段中（中期一～五年，短期一年之内），应该从事何种活动，从事该种活动应达到何种要求，从而为各组织成员在近期内的行动提供依据。

3. 综合性计划和专业性计划

从计划内容涉及的范围上来划分，可将计划分为综合性计划和专业性计划。

综合性计划是对组织活动的各个方面所做的全面规划和安排。一般来讲，长期计划往往属于综合性计划，但短期计划也有综合性的，比如，企业的年度生产经营计划就属于综合性计划。

专业性计划是对某一专业领域的工作所做的计划，比如，产品研发计划、生产计划、销售计划、人力资源计划等都属于专业性计划。它通常都是对综合性计划某一方面内容的分解和落实，它和综合性计划构成一种局部与整体的关系。专业性计划可以是长期计划，也可以是短期计划。比如，在生产计划方面，企业生产规模的扩张及实施步骤就通常属于长期（或中期）计划，而不同车间和班组的季、月、旬乃至周的作业进度安排就属于短期计划。

4. 战略计划和战术计划

按计划涉及的时间和内容的深度综合考虑，可将计划分为战略计划和战术计划。

战略计划是指应用于组织整体的、为组织未来较长时期（通常为五年以上）设立总体目标和寻求组织在环境中的地位的计划。它具有长期性和整体性的特点。长期性是指战略计划涉及未来较长时期，整体性是指战略计划是基于组织整体而制订的，强调组织整体的协调。显然，战略计划属于长期计划和综合性计划。

战术计划是指规定总体目标如何实现的细节的计划，其需要解决的是组织的具体部门或职能在未来各个较短时期内的行动方案。战术计划属于中短期计划，而且通常为专业性计划。

战略计划是战术计划的依据，战术计划是在战略计划指导下制订的，是战略计划的落实。从作用和影响上看，战略计划的实施是组织活动能力形成与创造的过程，战术计划的实施则是对已经形成的能力的应用。

5. 指向性计划和具体计划

按计划内容的明确程度来划分，可将计划分为指向性计划和具体计划。

指向性计划只规定一些一般性的方针和行动原则。它指出行动的重点但并不限定在具体的目标上，也不规定特定的行动方案。比如，一个旨在增加利润的计划，如果是指向性计划，可能只会规定未来6个月中计划使利润增加5%～10%，至于如何增加利润，是降低成本，还是提高销售额，则不做明确要求。

具体计划则有明确的目标，不存在任何的模棱两可和容易引起误解之处。比如上面的例子，如果是具体计划，则可能会规定，为了增加利润，未来6个月中，成本要降低4%，销售额要增加6%。再比如，企业销售部经理打算使企业销售额在未来6个月中增长15%，于是制定了明确的程序、预算方案以及日程进度表，这就是具体计划。

二者相比，指向性计划更具灵活性，它给予行动者较大的自由处置权，但同时丧失了计划的明确性。具体计划较为明确，更易于执行、考核及控制，但它缺乏灵活性。

6. 高层管理计划、中层管理计划和基层管理计划

按计划的主体的不同来划分，可将计划分为高层管理计划、中层管理计划和基层管理计划。

高层管理计划是指由高层管理者所做的计划。它一般以整个组织为单位，着眼于组织整体的、长远的安排，一般属于战略计划。

中层管理计划是指由中层管理者所做的计划。它一般着眼于组织内部的各个组成部分的定位及相互关系的确定，它既可能包含部门的分目标等战略性质的内容，也可能有各部门的工作方案等战术性的内容，也即它可以是战略计划，也可以是战术计划。

基层管理计划是指基层管理人员所做的计划，它主要着眼于每个岗位、每个员工、每个工作时间单位的工作安排和协调，基本都属于战术计划。

## 四、决定计划有效性的因素

前面介绍了计划的各种不同类型。在管理实践中，为了使计划更为有效，需要根据不同的情况，制订不同类型的计划。比如，有些情况下应该制订长期计划，而在有些情况下，也许制订中短期计划更重要。同样，有些情况下可能应该制订具体计划，有时则制订指向性计划会更有效。那么，究竟在什么情况下，制订什么样的计划才更有效呢？一般来讲，主要应考虑以下几个因素。

1. 管理层次

一般来讲，基层管理者所制订的计划主要是具体的作业计划或战术计划。当管理者在组织中的等级上升时，他的计划角色就更具战略导向。到高层管理者，其计划任务则主要是指向性的战略计划。当然，在小企业中，所有者兼管理者制订的计划则可能兼具这两种计划的性质。

2. 组织生命周期

组织都要经历一个"形成—成长—成熟—衰退"的生命周期。在组织生命周期的各个阶

段上，计划的类型应有所不同。

在组织的形成期，管理者应当更多地依赖于短期的指向性计划。因为在这一阶段，要求组织具有很高的灵活性。在这个阶段上，目标是尝试性的，资源的获取具有很大的不确定性，辨认谁是顾客很难，而短期的指向性计划具有较大的灵活性，使管理者可以随时按需要进行调整。

在组织的成长期，目标变得较为稳定，资源也变得较易获取，顾客的忠诚度也有所提高，这时，可制订短期的、较明确的具体计划。

在成熟期，组织的可预见性达到最大，于是，可制订长期的具体计划。

当组织进入衰退期，经营目标要重新考虑，资源也要重新分配，它意味着下一个形成期的开始，所以，这时应该制订短期的指向性计划。

3. 环境的不确定性

如果组织所面临的环境较为稳定，则可制订长期的、具体的计划。因为具体计划一方面能给组织成员指出一个具体的、明确的方向，另一方面能建立一个详细的基准，以衡量实际工作中的成绩和问题。

但组织在更多的时候，面临的是不确定性的环境。环境的不确定性越高，计划越应当具有灵活性，越应该是指向性的，计划期限也应当越短。因为在这种情况下，太明确的计划反而会束缚组织成员采取积极主动的行动去应对变化的环境，从而成为组织取得绩效的障碍。

## 五、计划的表现形式

计划的表现形式是多种多样的，它可以是抽象的，也可以是具体的。从抽象到具体，计划具有如下层次体系（见图3-13）。

1. 目的或使命

任何一个组织都应有一个目的，都应选择一项使命。这项使命表明组织是干什么的，应该干什么。它指明了该组织在社会上应起的作用，决定了组织的性质。比如，学校的使命应是培育人才；医院的使命是诊治病人；企业的使命是提供满足顾客需要的产品或服务。

2. 目标

组织的目的或使命往往太抽象，太原则化。目标则在目的或使命的基础上，具体规定了组织及各部门在各个时期要形成的具体成果。比如，

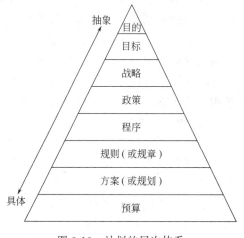

图3-13　计划的层次体系

虽然培育人才是学校的使命，但每一所学校在完成这一使命时，都要具体规定自身的目标，如最近三年培养多少人才、培养什么样的人才等。

3. 战略

战略是组织为实现其使命和目标，而对其发展方向、行动方针及资源配置等提出的总体规划。战略并不能确切地说明组织怎样去实现它的目标，它的重点在于要在目前和未来的环境中为组织的发展指明方向以及确定资源配置的优先次序。

4. 政策

政策是组织在决策或处理问题时用来指导和沟通思想与行动的方针和明文规定。政策的种类可以有很多，比如，企业鼓励员工进行发明创造或技术改造，对创新中表现突出的给予重奖；企业销售部门鼓励顾客现货交易的优惠政策等。

政策可以以书面文字形式发布，也可能存在于管理人员的非正式行为规范中。它指明了组织活动的范围和方向，如鼓励什么、反对什么，但并非对成员的所有行为进行详细的规定。它在限定了一定的权限许可范围后，给下属一定的自由处置问题的权力。例如，企业把奖金分配的权力下放给每个部门，奖金总额已经确定了，要求按照员工绩效进行分配，这就是企业的政策，但如何分配则给予各部门自由裁量权。

5. 程序

程序也是一种计划，它规定了某些经常发生的、重复出现的问题的解决方法和步骤。程序是一种经过优化的计划，是通过大量经验事实的总结而形成的规范化的日常工作过程和方法，并以此来提高工作的效果和效率。

程序不同于战略，战略是思想的指南，而程序是行动的指南。程序也不同于政策，它不给行动者自由处理的权力。

组织中每个部门都有程序，并且在基层，程序更加具体化，数量也更多。比如，一家制造业企业处理订单的程序、财务部门批准给客户信用的程序、会计部门记载往来业务的程序、仓管部门物料领用的程序等。

6. 规则（或规章）

规则是一种最简单的计划，它是针对具体场合和具体情况，允许或不允许采取某种特定行动的规定。例如，"上班不允许迟到，迟到要罚款"，"销售人员规定范围外的费用开支需由副总经理核准"等。

规则不同于政策，规则是一种没有回旋余地的规定，是一个"死命令"，而政策只是指出了行动的原则，并不给出具体的行动方式。规则也不同于程序，规则只是对具体情况下的单个行动的规定而不涉及程序所包含的时间序列，可以说程序实际上就是多个规则按照一定的时间序列的组合。例如，在吸纳新人员的招聘程序中，涉及人力资源部门、用人部门、财务部门等，需要按照一定的程序把相关的入职手续办完，而每涉及一个部门，就会有相应的规则约束各部门的关于入职手续办理的行为。

7. 方案（或规划）

方案是一个综合性的计划，它不仅包括组织或组织各部门的分阶段目标，还包括实现这些目标所需的政策、程序、规则、任务分配、所采取的步骤、要使用的资源等内容。一项方案（或规划）涉及的范围可能很大，也可能很小。比如，为实现中国社会主义经济发展的大目标，国家要制定五年规划，而一个校园里的小零售店为实现向小型超市发展的目标，也可以制定一个改变货架的规划。通常情况下，一个主要方案（或规划）可能需要很多支持计划，在主要方案进行之前，必须把这些支持计划制订出来，并付诸实施，而且，所有这些计划都必须在时间等方面加以协调。

8. 预算

预算作为一种计划，是以数字表示预期结果的一种报告书，也可称为"数字化"的计划。预算可以帮助企业的各级管理人员从资金和现金收支的角度全面细致地了解企业经营管理活动的规模、重点和预期成果。

---

**小阅读：** 何之过

◇ 一件预计可能会出错的事情，往往一定会出错；一件事情出错，其他事情也跟着错。

## 第五节 计划编制的程序和方法

> **管理故事：袋鼠与笼子**
>
> 　　一天，动物园管理员发现袋鼠从笼子里跑出来了，于是开会讨论，一致认为是笼子的高度过低，因此他们决定将笼子的高度由原来的 10 米加高到 20 米。结果第二天他们发现袋鼠还是跑到外面来，所以他们又决定再将高度加高到 30 米。
> 　　没想到隔天居然又看到袋鼠全跑到外面，于是管理员们大为紧张，决定一不做二不休，将笼子的高度加高到 100 米。一天长颈鹿和几只袋鼠们在闲聊，"你们看，这些人会不会再继续加高你们的笼子？"长颈鹿问。"很难说"袋鼠说，"如果他们再继续忘记关门的话！"
> 　　**解释**：在确定行动计划之前，要首先收集资料，分析状况，从而找出可行的、有针对性的行动方案。

### 一、计划编制的程序

计划编制的程序包括以下八个步骤（见图 3-14）。

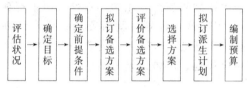

图 3-14　计划编制程序

**1. 评估状况**

对组织的当前状况做出评估，是计划工作的一个重要环节，是制订和实施计划工作方案的前提。评估的内容主要有两个方面：一是要对组织自身的优势和劣势、外部环境的机会和威胁进行综合分析，即 SWOT 分析；二要分析组织与外部的关系，如与顾客的关系、与供应商的关系、与银行等公共群体间的关系等，以找出组织发展的潜在机会和限制因素。不过，对于那些局部的作业性质的计划工作，往往并不需要特别复杂和综合的内外部环境分析，但要对内部资源以及与外部的关系做出基本的判断。

**2. 确定目标**

在对组织当前状况评估的基础上，要确定组织的目标。目标即组织期望达到的最终结果。在这里，不仅要确定组织的总体目标，而且还要将总体目标分解落实到各个层次、各个部门乃至每个人，同时将长期目标分解为各个阶段的分目标。通过分解，形成一个目标体系，这一目标体系确定了组织的各部分在未来各个时期的具体任务和要求，保证了组织内部各方面行动和目标的一致性。

**3. 确定前提条件**

在确定目标之后，计划工作应该着手确定前提条件。这里的前提条件即是组织未来面临的外部环境特点以及组织内部的资源、能力条件等。它既包括外部条件，也包括内部条件；既有定性条件（如产品声誉、企业政策等），也有定量条件（如企业利润水平、市场占有率等）；既有可控条件（如企业的市场开拓政策、产品投放市场的时机与方式等），也有不可控条件（如未来价格水平、国家有关政策等）。前提条件是拟订和选择方案的前提，行动方案只有与前提条件相吻合，才有可能得以正确实施。

**4. 拟定备选方案**

方案是实现目标的途径或手段。要以组织目标和计划的前提条件为基础，集思广益，开拓思路，拟订多种备选方案，为选择最终方案提供比较的对象。

**5. 评价备选方案**

在全面考察、分析的基础上，对各备选方案进行评价，比较其利弊。在评价时，要注意考虑以下几点：其一，认真考察每一方案的制约因素和隐患；其二，既要考虑到各方案的许多有形的、可以用数量表示出来的因素，又要考虑到许多无形的、不能用数量表示出来的因素；其三，既要考虑方案执行带来的利益，还要考虑方案执行带来的损失，特别是那些潜在的、间接的损失。

**6. 选择方案**

这是整个计划编制程序中的关键一步，是计划工作的核心。它要在对各个备选方案进行全面评价和比较的基础上，选出最优或最满意的方案作为实施方案。有时为了保持计划的灵活性，可选择两个或两个以上的方案，并且决定哪个方案为实施方案，哪些为后备方案，这样，可以加大计划工作的弹性，一旦计划实施的条件有变，管理者能够从容应对，迅速适应变化的环境。

**7. 拟订派生计划**

选择方案之后，计划工作并没有结束，还必须进一步拟订派生计划。派生计划是总计划下的分计划，总计划要靠派生计划来支持。比如，一家公司年初制订了"当年销售额比上年增长15%"的销售计划，为实现这一计划，就需要制订生产计划、促销计划等派生计划；再如，当一家公司决定开拓一项新的业务时，也需要一系列的派生计划做支持，如雇佣和培训各种人员的计划、筹集资金计划、广告计划等。

**8. 编制预算**

计划工作的最后一步，就是将计划转变成预算，使之数字化。编制预算，一方面可以使计划的指标体系更加明确，从而有利于资源的合理分配及各类计划的平衡，另一方面，它可以成为衡量计划是否完成的标准，使企业更易于对计划的执行进行控制。

## 二、计划编制的方法

计划编制的方法很多，如滚动计划法、网络计划技术、线性规划法等。这里只介绍滚动计划法和网络计划技术（线性规划法在"知识拓展"中介绍）。

**1. 滚动计划法**

滚动计划法是一种将短期计划、中期计划和长期计划相结合的计划编制方法。其编制原则是"近详远略"，即详细而具体地编制近期计划，概括地或较粗地编制较远期的计划。

滚动计划法的基本做法是：先执行近期计划，等近期计划执行完之后，将整个计划按时间顺序向前推进一个计划期，即向前滚动一次，同时，根据计划因素的变化（如管理环境的变化、经营方针的调整），对各期计划进行调整和修正。图3-15表明了滚动计划法的基本过程，2016年实际执行计划后，在对2016年计划执行情况分析的基础上，根据客观条件的变化以及经营方针的调整，对2017～2020年的计划进行修正，并详细制订出2017年的年度计划，同时制订2021年的粗略计划。

滚动计划法能够根据变化了的环境及时调整和修正组织计划，体现了计划的动态适应性。而且，它可使中长期计划与年度计划紧密衔接起来，能根据年度计划执行情况，分析短期计划中的问题并找出原因，在中长期计划编制时加以克服，从而保证了中长期计划的经济性和科学性。

当然,这种方法也可用来编制短期计划(如年度计划)。编制年度计划时,可以以一季度作为一个计划期,即每季度向前滚动一次、调整一次。

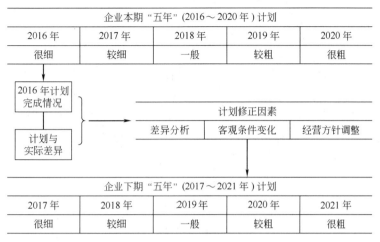

图 3-15　滚动计划法示意

2. 网络计划技术

网络计划技术也称计划评审术、关键路线法,在我国也称统筹法。它是利用网络理论制订计划,并对计划进行评价、审定的技术方法。

这种技术起源于美国,后来在世界各国得到了广泛的应用和发展。应用这种方法可以有效地利用人力、物力和财力,用最少的工期和劳动消耗,达到预定目标。

(1) 网络计划技术的基本原理　该方法的基本原理是:首先,应用网络图的形式来表达一项计划中各项工序或作业的先后顺序和相互关系;其次,通过计算找出关键路线,然后通过不断改善网络图的方法选择最优方案,并在计划执行过程中进行有效的控制和监督,保证取得最佳的经济效益。

(2) 网络图的构成　网络图是用以表示一项计划中各项工序或作业的先后顺序和相互关系的形状图。下面通过例4说明网络图的构成。

例 3-4　已知某项工程的作业程序及作业时间如表 3-7 所示,据此绘制网络图。

表 3-7　某工程作业程序及作业时间表

| 作业名称(代号) | 作业始点 | 作业终点 | 作业时间 | 先行作业 |
| --- | --- | --- | --- | --- |
| A | 1 | 2 | 4 | — |
| B | 1 | 3 | 5 | — |
| C | 2 | 4 | 5 | A |
| D | 3 | 4 | 8 | B |
| E | 3 | 5 | 5 | B |
| F | 4 | 5 | 7 | C,D |
| G | 4 | 6 | 5 | C,D |
| H | 5 | 7 | 4 | E,F |
| I | 6 | 7 | 5 | G |

根据作业程序,绘制网络图(见图 3-16)。

网络图的构成要素如下。

① 工序或作业。用"→"表示。它是一个投入人力、物力,需要经过一段时间才能完成的工作过程。图中,箭线旁边的字母即表示作业名称(代号)。

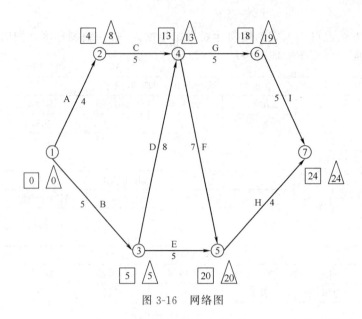

图 3-16 网络图

② 事项。用"○"表示。它是两道工序间的连接点，表示前道工序结束，后道工序开始的瞬间。图中的①~⑦均为事项，其中，①为始点事项，⑦为终点事项。一个网络图中只有一个始点事项，一个终点事项。

③ 路线。指的是网络图中由始点事项出发，沿箭头方向前进，经过一系列事项，最终到达终点事项为止的路径。一个网络图中往往存在多条路线。如图中的"①→②→④→⑥→⑦""①→②→④→⑤→⑦""①→③→④→⑥→⑦""①→③→④→⑤→⑦""①→③→⑤→⑦"均为路线。

④ 作业时间。指完成每项作业所需要的时间。图中，箭线旁边的数字即表示完成该项作业所用的时间。

⑤ 事项的最早开始时间。指从某事项开始的各项作业最早可能进行的时刻。它由始点事项到该事项之前各条路线中作业持续时间最长的路线决定。用 $TE$ 表示，其数值记入"□"中。

⑥ 事项的最迟结束时间。指的是为了不耽搁该事项以后的各项作业进程，该事项最迟必须结束的时刻。它由该事项到终点事项各条线路中作业持续时间最长的路线决定。用 $TL$ 表示，其数值记入"△"中。

⑦ 时差与关键路线。时差是指某事项的最迟结束时间与最早开始时间之差，用 $TS$ 表示。其计算公式如下。

$$TS = TL - TE$$

关键路线是决定计划工作工期的路线。在关键路线上，各工序的作业时间如果提前或延迟一天，整个工期就提前或延迟一天。因此，要缩短工期或生产周期，提高经济效益，必须从缩短关键路线的延续时间入手。可见，掌握和控制关键路线是网络技术的精华与真谛。

时差是决定关键路线的科学依据。时差为零的事项连接起来，便是关键路线。例 3-4 中，各事项的时差见表 3-8。

关键路线为：①→③→④→⑤→⑦

(3) 网络计划的优化 在实际工作中，编制一个计划，不仅要考虑工期即时间合理利用问题，还要考虑资源合理利用和降低成本费用等问题。网络计划的优化，就是利用时差，不

表 3-8  事项最早开始和最迟结束时间及时差

| 事项 | TE | TL | TS | 是否关键路线的事项 |
|---|---|---|---|---|
| 1 | 0 | 0 | 0 | 是 |
| 2 | 4 | 8 | 4 | 否 |
| 3 | 5 | 5 | 0 | 是 |
| 4 | 13 | 13 | 0 | 是 |
| 5 | 20 | 20 | 0 | 是 |
| 6 | 18 | 19 | 1 | 否 |
| 7 | 24 | 24 | 0 | 是 |

断改善网络计划的最初方案，在满足既定要求的前提下，找出周期最短、成本最低、资源利用最有效的方案。常用的优化方法如下。

① 时间优化。利用时差，从非关键路线上抽调部分人力、物力等资源，集中用于关键路线，以缩短关键路线的时间，寻求最短的生产周期。

② 时间-资源优化。在寻求最短的生产周期的条件下，使投入的资源最少。可利用时差，适当压缩非关键路线的资源（同时带来时间的适当延长，只要不超过最迟结束时间即可）。

③ 时间-成本优化。在计划规定的工期范围内，寻找成本与工期的最佳组合，使其既符合工期要求，又降低成本。

### 三、企业计划书

计划的编制，通常需要以企业计划书的形式表现出来。不同类型的计划，计划书的格式会有所不同，但一些基本内容和项目是一致的。

1. 企业计划书的框架模式

企业计划书按照用途与思路的不同，大致可划分为两种框架模式。

（1）基本框架模式  一般的企业计划均采用这种模式。其主要内容有：企业内外部环境分析、企业目标的确定、制定行动方案（包括活动内容、要求、途径、措施等）、确定资源配置方案（包括执行人、资金保证、物资配备、完成时限等）。图 3-17 即是基本框架模式示意图。

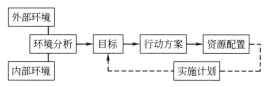

图 3-17  企业计划书的基本框架模式

（2）问题框架模式  这是为解决特定问题而拟订计划所采用的模式。其主要内容有：对所要解决问题的分析与界定、主客观条件分析、目标的确定、制定对策与措施。图 3-18 即是问题框架模式示意图。

图 3-18  企业计划书的问题框架模式

2. 企业计划书的基本项目

企业计划书最基本的项目有：封面（标题）、序言、正文（即上述"框架模式"中所列内容）、附件（主要有计划指标体系、计划进度表及其他相关资料）。

**小阅读：计划的误区**

◇ 没能事先做计划。
◇ 忽视价值观和远见说明。
◇ 对顾客的主观臆断。
◇ 低估竞争者。
◇ 忽略你的优势。
◇ 把预算误认为计划。
◇ 回避合理的风险。
◇ 独断专行。
◇ 害怕变革。
◇ 忽视激发与奖励的作用。

**知识拓展　建模与决策**

随着管理科学的不断发展，借助数学模型进行定量决策已越来越受到人们的重视。这种决策方法的基本程序见图 3-19。

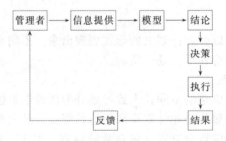

图 3-19　建模与决策流程

### 一、建模的基本思路

建模的基本思路如图 3-20 所示。

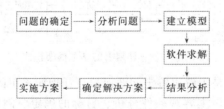

图 3-20　建模的基本思路

通过建模来分析问题、制定决策的方法有：线性规划（在线性目标和约束条件间取得最优化结果）、目标规划（在相对立的目标间寻得妥协）、预测（设计时间序列，或找到因果关系）、网络优化（用网络图表示作业和事项，通过模型寻找优化途径）、决策分析（比较决策的结果）、库存模型（把库存的成本降至最低）等等。

最常用的方法是线性规划法，求解常用的软件为 Excel。

### 二、线性规划

线性规划法通常用来解决资源分配问题，即在现有资源的约束下，如何分配生产可获得最大利润。

**1. 建模步骤**

(1) 确定决策变量　确定需要做哪些决策，决策变量是什么。

(2) 写出目标函数　确定决策的目标是什么，写出目标函数。

(3) 确定约束条件　分析资源与需求间的关系，确定约束条件。

(4) 求解　可用图解法，也可用 Excel 求解。对于较复杂的问题，用 Excel 更为方便。

**2. 用 Excel 求解的基本步骤**

以 Excel 2010 为例。

(1) 打开 Excel，依次点击"文件""选项""加载项"按钮，点击"转到"，勾选"规划求解加载项"前的方框，点击"确定"（若"数据"菜单下已有"规划求解"选项，则可省去此步骤）。

(2) 单击"数据"菜单下的"规划求解"，出现规划求解参数的对话框（见图 3-21）。

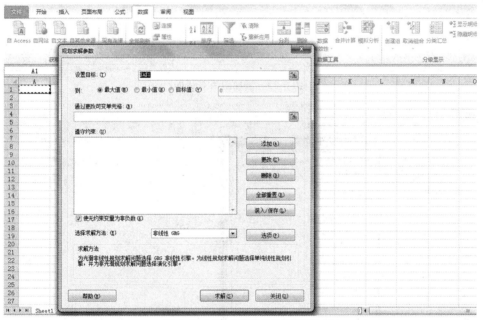

图 3-21　规划求解参数对话框

(3) 在规划求解参数对话框内输入参数所在的地址（将光标放在对话框的相应位置，点击或拖选对应单元格即可）。

(4) 单击"添加"按钮，出现添加约束对话框（图 3-22），在"单元格引用"一栏内，输入约束条件左边的值所在的单元格地址；选择约束符号；在"约束"一栏内，输入约束条件右边的值的单元格地址（将光标放在对话框的相应位置，点击对应单元格即可）。之后点"确定"，回到规划求解参数对话框。

(5) 选择求解方法为"单纯线性规划"。

(6) 单击"选项"按钮，出现规划求解选项对话框（图 3-23）。该对话框用来输入规划求解运算中的有关参数。在该对话框中，大部分参数已经按一般要求设置好了，所以通常情况维持默认状态即可，无需重新设置（也即，此步骤可忽略）。

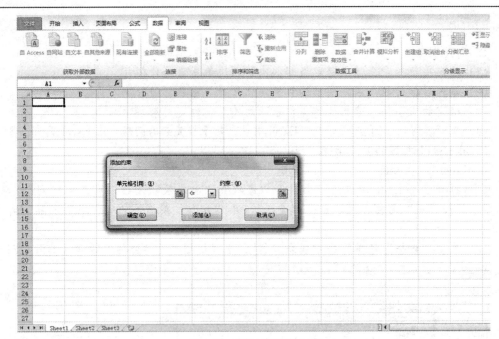

图 3-22　添加约束对话框

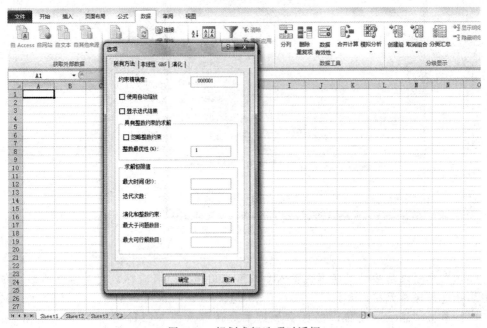

图 3-23　规划求解选项对话框

（7）单击规划求解参数对话框内的"求解"按钮，出现规划求解结果对话框，选择"保留规划求解的解"按钮，点击"确定"。

下面通过例 3-5 说明线性规划问题的具体解法。

**例 3-5**　某企业计划生产甲、乙两种产品。甲产品每台利润为 70 元，乙产品每台利润为 120 元。单位产品的钢材、铜材、专用设备能力消耗定额及每天可用资源总量如表 3-9 所示。

表 3-9　产品材料、设备耗用定额

| 项　目 | 甲产品 | 乙产品 | 每天可用资源总量 |
|---|---|---|---|
| 钢材/千克 | 9 | 4 | 3600 |
| 铜材/千克 | 4 | 5 | 2000 |
| 专用设备能力/(台/时) | 3 | 10 | 3000 |

目前市场需求旺盛。问：如何安排生产能使企业的利润最大？

(1) **分析与建模**　该问题是在有限资源的约束下，求利润最大化的问题。

决策变量：甲、乙产品每天的产量，分别设为 $X_1$、$X_2$。

目标函数：$\max Z = 70X_1 + 120X_2$

约束条件：$\begin{cases} 9X_1 + 4X_2 \leqslant 3600 \\ 4X_1 + 5X_2 \leqslant 2000 \\ 3X_1 + 10X_2 \leqslant 3000 \\ X_1, X_2 \geqslant 0 \end{cases}$

(2) **求解**　将表 3-9 中的有关数据输入 Excel 表格中（称为数据格，在表中的 B3、B4、B5、C3、C4、C5、E3、E4、E5、B7、C7），同时设置决策变量的位置（称为可变单元格，在表中的 B2、C2），如图 3-24 所示。

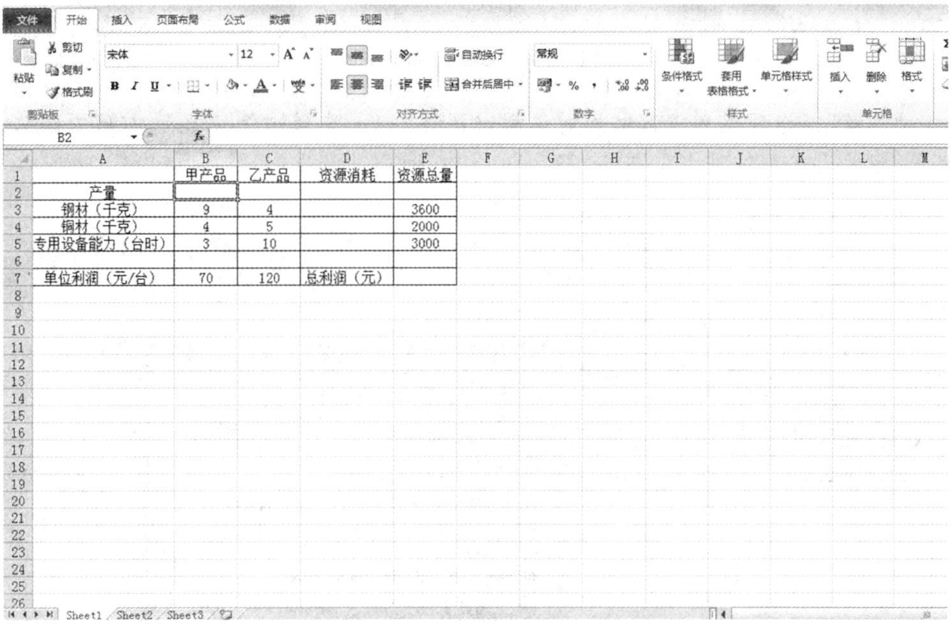

图 3-24　用 Excel 进行线性规划求解

表示资源消耗量的格（D3、D4、D5）为输出格；表示企业总利润的格子（E7）为目标单元格。输出格和目标单元格均需插入函数（选中单元格，点击"插入"下的"函数"选择所需函数），如 D3 的函数为 SUMPRODUCT（B2：C2，B3：C3），即 B2×B3＋C2×C3，D4 的函数为 SUMPRODUCT（B2：C2，B4：C4），D5 的函数为 SUMPRODUCT（B2：C2，B5：C5），E7 的函数为 SUMPRODUCT（B7：C7，B2：C2），即 B7×B2＋C7×C2（由于 B2、C2 目前没有数据，系统以零处理，所以，输出格、目标单元格数据暂为 0。）

点击"数据"下的"规划求解",进入规划求解参数对话框。设置目标单元格 E7(选最大值),可变单元格 B2、C2(拖选),添加约束条件 D3≤E3、D4≤E4、D5≤E5,选择求解方法为"单纯线性规划",如图 3-25 所示。

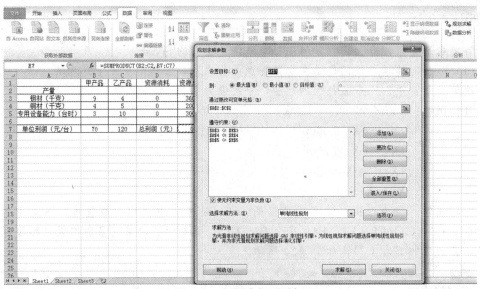

图 3-25　规划求解对话框

点"求解",出现规划求解结果对话框(图 3-26),选择"保留规划求解的解",然后"确定",即获得求解结果(见图 3-27)。

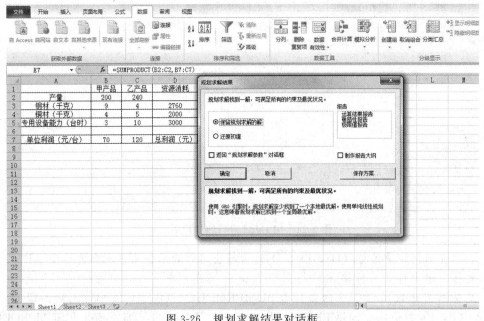

图 3-26　规划求解结果对话框

结果表明,甲产品每天应生产 200 台,乙产品每天应生产 240 台,这样可获得最大利润 42800 元。这时,铜材和设备能力已经耗尽,钢材还有部分剩余。

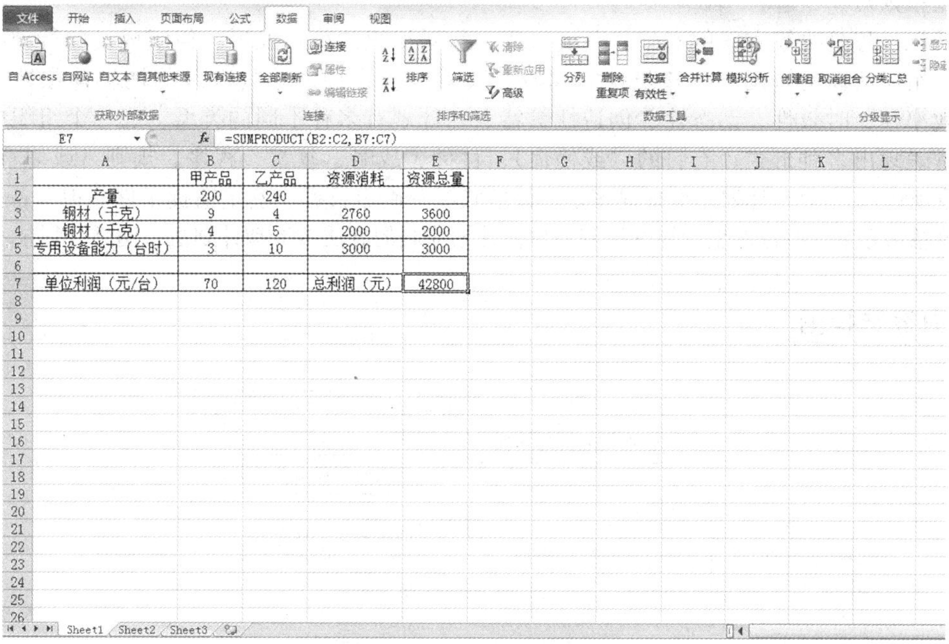

图 3-27 规划求解结果

## 本章小结

计划是管理的首要职能。它是在组织内、外部环境分析的基础上，运用科学的方法对组织活动的目标和实现目标的途径作出筹划和安排，以保证组织活动有条不紊地进行。计划工作涉及管理环境的分析，组织活动方向、内容和方式的选择或决策，以及将决策加以落实的具体计划方案的编制等一系列有机联系的环节。计划工作过程与环境的分析、决策的制定是密不可分的。

任何组织，都是在一定的管理环境中从事活动的，环境的特点及其变化，必然会影响组织活动的方向、内容以及方式的选择。管理环境包括组织外部环境（简称组织环境）和组织内部环境。组织外部环境又包括一般环境和特殊环境（也称任务环境）。一般环境因素包括政治和法律环境、社会和文化环境、经济环境、技术环境、自然环境、全球化环境等；具体组织的特殊环境因素包括供应商、顾客、竞争对手、政府机构及特殊利益团体。对组织外部环境的分析，主要分析它的不确定性、所在行业的成长性、竞争性和合作性；内部环境的分析则主要分析其资源、能力和核心竞争力。

决策是管理工作的基本要素之一，是管理的核心。可以认为，整个管理过程都是围绕决策的制定和实施而展开的。决策在管理中的重要地位在计划职能中得到了最好的体现。决策由决策者、决策目标、自然状态、备选方案、决策后果、决策准则等要素构成，它具有目标性、可行性、选择性、满意性、过程性、动态性等特点。从不同的角度，可把决策分成不同的类型。决策的过程是：发现问题→确定目标→拟订方案→比较和选择方案→实施方案→效果评价。决策方法有定性方法，也有定量方法。定性方法包括头脑风暴法、认知冲突法、名义小组法、德尔菲法、SWOT 分析法、经营业务组合分析法、政策指导矩阵、目标管理法等。定量决策方法包括确定型决策方法（量本利分析法、线性规划法）、风险型决策方法（决策树法、决策表法）、非确定型决策方法（悲观原则、乐观原则、折中原则、最大后悔值最小化原则）。

　　计划过程是决策方案的实施、落实过程，它对组织的稳定发展、组织成员的行动方向与方式、组织活动的协调、考核与控制起着至关重要的作用。它具有目的性、首位性、普遍性、效率性、时效性、动态性、创造性等特点。计划有多种不同的类型。在一个组织中，计划通常表现出多种形式，有目的（或使命）、目标、战略、政策、程序、规则（或规章）、方案（或规划）、预算。计划的编制程序是：评估状况→确定目标→确定前提条件→拟订备选方案→评价备选方案→拟订派生计划→编制预算。计划编制的方法有滚动计划法、网络计划技术等。

## 本章内容结构图

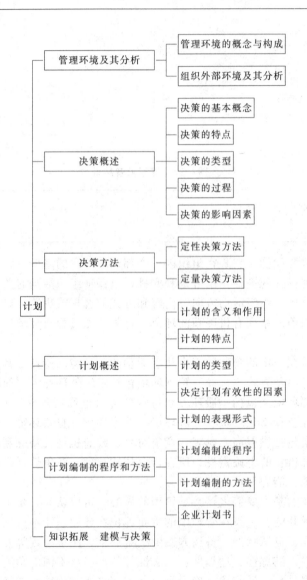

## 思考与练习

### 一、单选题

1. 某公司以前主要生产塑料制品，经营状况不理想。后来注意到影视作品及电视广告中出现的家庭居室多使用各色塑料百叶窗，这种现象渐成时尚。于是公司推出了各种款式、尺寸、颜色的百叶窗，取得了

不错的经营业绩。该公司的这一调整是对下列哪种环境要素所作的何种反应？（  ）

A. 对技术环境的利用与引导　　　　B. 对经济环境的利用与引导

C. 对社会文化环境的适应　　　　　D. 对经济环境的适应

2. 在管理决策中，许多管理人员认为只要选取满意的方案即可，无须刻意追求最优的方案。对于这种观点，你认为以下哪种解释最有说服力？（  ）

A. 现实中不存在所谓的最优方案，所以选中的都只是满意方案

B. 现实管理决策中常常由于时间太紧而来不及寻找最优方案

C. 由于管理者对什么是最优决策无法达成共识，只有退而求其次

D. 刻意追求最优方案，常常会由于代价太高而最终得不偿失

3. 某生物制品企业运用原有技术优势，开发一种固定资产投资极大的新产品，投产后非常畅销。几家竞争对手看出该产品的巨大潜力，也纷纷跃跃欲试。此时，有资料证实，该产品可能通过完全不同的其他途径加以合成，而投资只是原来的几分之一。该企业顿时陷入一片恐慌之中。从计划的程序来看，该企业最有可能在哪个环节上出了问题？（  ）

A. 评估状况，确定目标

B. 确定计划的前提条件

C. 拟订备选方案，比较评价，确定最佳方案

D. 拟订派生计划，并通过预算使计划数字化

4. 组织的高层管理人员所做的决策倾向于（  ）。

A. 战略决策　　　　　　　　　　　B. 战术决策

C. 确定型决策　　　　　　　　　　D. 非确定型决策

5. 管理的首要职能是（  ）。

A. 计划　　　　B. 组织　　　　C. 领导　　　　D. 控制

6. 计划工作的核心是（  ）。

A. 制定目标　　　　　　　　　　　B. 拟订方案

C. 选择方案　　　　　　　　　　　D. 预算

7. 在当前飞速变化的市场环境中，人们常常会感到"计划赶不上变化"，有人甚至怀疑制订计划是否还有必要，对此，应当采取的正确措施是（  ）。

A. 坚持计划工作的必要性，批判怀疑论者

B. "计划赶不上变化"不以人的意志为转移，应当经常修改计划

C. 如果形势变化快，可仅仅制订短期计划

D. 变化的环境，更倾向于制订指导性计划和短期计划

8. 某县为解决三个镇通往 W 市的交通困难，决定接通该县第一条断头公路，由此产生了两套方案：一是直通镇区，走两点一线，全程 4 公里，投资仅需 80 万元；二是绕道镇区，全程 15 公里，投资 208 万元。第一套方案省钱又省时，也没有任何风险，后患是将造成交通拥挤，污染严重；第二套方案可为日后乡镇发展打下良好的基础，还可避免交通瓶颈和环境污染，但工程浩大，投资巨大。最终，该县领导一反常规采取了第二套方案。该案例说明（  ）。

A. 决策应着眼于长远利益，而不要因为暂时的困难和一时的利益做出短视的决策

B. 决策者的风险意识在决策时将发挥主导作用

C. 保守型决策往往是人们的第一选择

D. 利益是决策的最终目标，人们都愿意选择眼前利益

9. 一家饮料生产企业总经理正在考虑其广告部门提出的增加 1000 万元广告费的建议。企业饮料的售价为每瓶 6 元，单位变动成本 4 元。预计增加的广告投入需要至少能带来多少瓶的额外销售，总经理才能拍板做这笔广告投入？（  ）

A. 16667 万瓶　　　B. 250 万瓶　　　C. 500 万瓶　　　D. 750 万瓶

10. 某零售商店选定 3 个备选经营方案，其主要数据如下表所示。根据"最大后悔值"最小化原则，你认为该商店应选哪一个方案为好？（  ）

| 方案 | 收益/万元 | | |
| --- | --- | --- | --- |
| | 销售量高 | 销售量一般 | 销售量低 |
| 甲 | 1000 | 550 | 200 |
| 乙 | 900 | 500 | 300 |
| 丙 | 800 | 400 | 350 |

A. 甲方案　　　　B. 乙方案　　　　C. 丙方案　　　　D. 乙方案和甲方案均可

## 二、简答题

1. 简述管理环境的概念与构成。
2. 简述决策的过程及影响组织决策的因素。
3. 简述计划在管理中的作用及计划编制的程序。
4. 战略决策和战术决策的区别有哪些?
5. 个体决策和群体决策各有何利弊?

## 三、案例分析题

### 柯达之死

有着130多年光辉历史的胶卷大王,曾经自豪地叫响"你只要按下快门,其他的交给我们"口号的柯达公司,于2012年1月19日申请破产保护。那个一直致力于要把别人拍出最佳状态、最漂亮肤色、最动人表情、最美好回忆的柯达,却恰恰没有拍好自己。

表面上看,柯达申请破产保护是因为该公司资不抵债,连年亏损,但更深层次原因在于其重大的战略决策失误,未能适应市场变化、及时转型升级,具体地说是重大的非技术性战略失误。

一、市场竞争定位

市场竞争中的自我定位,是参与市场竞争的先决条件。市场竞争可以分为三个阶段:价格和质量的竞争,技术和专利的竞争,制度和标准的竞争。柯达公司一味地信仰技术主义,过分依赖国际制度对于知识产权的保护,以此攫取垄断利润,完全忽视市场的变化,将自己定位于市场竞争的第二个阶段。然而,其竞争对手却在揣摩消费者的时尚兴趣,把文化作为竞争的主要元素,生产出消费者需要的产品,定位于市场竞争的第三个阶段。在同一个全球市场环境下,柯达公司将自己定位于市场竞争的第二个阶段,偏离了市场客观竞争事实。其定位的失误,导致了其发展战略的选择失误,从而难逃破产的命运。技术环境的变化是很难预测的,柯达公司早期不生产35毫米的照相机,但现在这种照相机已成为产业标准。因此,企业只有把握住技术的发展方向,才能在未来的竞争中抢占先机。柯达虽然拥有许多先进技术的专利,具有很强的技术实力,但是没有把握住这些技术的发展方向,错失市场,相当遗憾。终究是柯达公司沉迷技术,而不具备敏锐的嗅觉,不在乎市场的变化。

二、总体战略选择

选择企业的总体战略,是企业制定业务层战略和职能层战略的基础。企业总体战略选择的失误对于一个企业的生存发展是致命的。柯达公司在选择总体战略的时候,受到各种因素的阻碍,使战略选择失误成为必然。①柯达公司盲目自信,深受其过去战略的影响。曾经胶卷业务带来的成功,使得管理层对于过去的战略深信不疑。②柯达公司的管理者倾向于规避风险,保守发展。③柯达公司对外依赖性太强。一度提出战略转型的建议,却因股东的强烈反对而无果而终。由于这些因素导致柯达公司排斥扭转型战略。早在1912年,柯达公司就成立了自己的研究和发展实验室,是美国最早的工业研究实验室之一。在公司鼓励下,从1900~1999年,柯达的工程师们共获得了19576项专利,并且研发和制造出了最早的数码相机,提供给不同需要者的口袋相机、"一次性胶卷相机"等。在保持摄影、电影业务的同时,也向医疗、印刷出版和空间探索领域发展。面临着胶卷业务销量的日益下降,数码时代趋势的日益明显,柯达公司不顾外部环境的变化,一味地增加胶卷业务等传统业务的投资压制数码相机的进步,而不是明智地选择扭转型的抽资调整战略,即使在摄影技术从胶片化向数码化转型的趋势十分明时,柯达依然沉溺于传统胶片,无法扭转全球胶卷消费市场以每年10%的速度急速萎缩的颓势,直到不得不关闭生产了74年的胶卷工厂,才算是最后的认输。量变的积累引发质变,柯达公司被拖累得破产了。

从产品结构看,企业应把金牛带来的巨大现金流投入到明星产品,以培育新的市场。而柯达过于相信金牛，自己扼杀了明星产品。

### 三、人力资源管理战略

人力资源是企业里面最鲜活的因子，也是企业形成竞争优势的突破口之一。良好的人力资源管理可以带动企业更上一层楼，反之，负效应会导致企业的破产。柯达公司破产的原因之一是人力资源管理的失误。柯达公司与其他大公司一样面临着尾大不掉、多层管理、效率低下、人事冗杂等人力资源管理问题。①柯达公司在人员任用上，走马观花，尤其是在高层的任用上，更换频次高，导致公司整体战略不稳定。②高层管理人员主要来源于老资格领导者，对数字化数码相机的出现缺少市场敏锐感，管理作风偏于保守。③公司的员工终身雇佣制，加重了其经济负担，在后期战略转型时也考虑到传统业务里的众多员工而有所迟疑、有所顾虑。④职能层的执行力不足。其实柯达曾经试图战略转型，但是却迟迟未能落实，与战略实施中职能层的失误不无关系。

资料来源：刘娇，刘可. 从战略角度分析柯达破产重组的原因. 经济广角，2013（9）下：74-75.

#### 分析题

1. "柯达之死"对你有什么启示？
2. 柯达应该进行怎样的战略决策？为什么？

## 技能实训

### 训练项目：管理环境分析及战略决策的制定

[实训目标]
1. 培养学生分析组织内、外部环境的能力；
2. 培养学生制定战略决策的能力。

[实训内容]
1. 全班同学分组，实地调查一家企业，或搜集一家企业的有关资料；
2. 运用麦克尔·波特的"五力模型"，分析该企业的外部环境；
3. 运用价值链理论与方法，分析该企业的内部环境；
4. 运用 SWOT 分析法，确定该企业的发展战略。

[实训具体要求]
1. 要选择具有典型环境的企业；
2. 调查前要制定调查提纲，设计调查内容，以保证信息的完整性、有效性；
3. 分析要真正从实际出发，力求做到客观、真实、清晰；
4. 撰写实训报告，内容包括：
（1）企业的名称、性质及概况；
（2）信息取得方式及主要资料；
（3）企业外部环境分析；
（4）企业内部环境分析；
（5）SWOT 分析；
（6）企业发展战略及实施。

[实训成果与检测]
1. 每组同学提交一份实训报告；
2. 在课堂上组织一次全班交流，每组派一位代表发言；
3. 教师对各组进行点评及成绩评定。

# 第四章 组 织

◆ **知识目标**
  1. 明确组织的含义与功能；
  2. 掌握组织设计的原则、内容及影响因素；
  3. 了解组织结构的具体形式；
  4. 明确组织变革的动因及步骤；
  5. 掌握人力资源管理的原理及内容。
◆ **能力目标**
  1. 培养学生的组织设计能力；
  2. 培养学生的人力资源管理能力。

## 案例引读

### 某传媒企业的组织结构调整

一、项目背景

H股份公司是一家具有20年历史的国有传媒企业，公司领导凭借超前的战略眼光和正确的决策，成功地把握产业发展机会，并借助资本市场，使H公司获得了高速发展。目前，H公司已经发展成为以广告、网络和节目三大主业为核心，并涉足旅游、房地产、酒店等产业的综合性传媒集团。但是，H公司在高速发展和规模扩大的同时，却出现资产收益率和资产周转率逐年下降的现象。经过反复的对比和深入的研究，H公司高层发现：和当时很多国企一样，公司的股份制改造并没有从根本上改变企业的管理方式和组织结构。公司高层和大多数员工已明显感觉到，现有的管理方式和组织结构已明显不适合公司的长远发展战略和当前的市场环境。如何变革才能适应公司发展的要求，已经成为摆在公司面前迫切的需要解决的问题。通过同行业企业的介绍，H公司了解到北森公司在该领域已经成功地操作了几个类似的案例，于是，H公司联系到了北森公司。

二、咨询分析

经过员工访谈和问卷调研，北森项目组认为H公司的主要问题在于：第一，公司战略定位基本正确，但是在战略目标分解成部门或子公司的子目标以及子目标的实现上存在严重的缺陷，战略不能落地。第二，公司总部治理结构相对规范，但是子公司治理结构问题突出，多元化后公司总部与各子公司的关系和管理模式上不合理，岗位责权不清，存在责任交叉和空缺的现象，出现问题后互相推诿和找不到责任人的情况时有发生。第三，公司组织结构中存在着部门职责与权力不匹配，因人设职的情况，组织层级过多，指挥链条混乱，存在严重的多头指挥现象。第四，由于公司组织结构的紊乱造成公司资源的流失，如因为销售政策的决策和执行流程混乱造成的客户和市场的丢失，又如有的人员利用公司的资源为私人牟利的现象层出不穷。

三、解决方案

根据企业发展战略、管理模式和业务格局对组织结构进行调整和优化。

首先，明确集团总部定位——战略决策中心、投资中心、管理和协调中心的组合。集团总部的角色应集中于管理整个集团的业务组合、促进业务单元的业绩改进和最大程度利用集团资源投资发展；集团总部的职能部门应该高效、精简，并着力于发展由产业推动的战略、财务计划及人力资源管理的技能；总部应该通过对业务单元战略及经营计划的严格审查和考核，并通过提供有效的激励机制来指导业务单元的经营，而不是通过对日常运作的干预；集团总部应集中资金管理，实施集中融资；各业务单元的财务系统应归集团财务部的直接领导。

其次，根据集团定位，对战略管理型、操作管理型和财务管理型三种管理模式与公司战略进行匹配，对不同股权构成和产业类型的子公司采取不同的组织管理模式，清晰界定下属公司与职能部门之间的关系。不同管理模式下的子公司在发展目标、管理手段和应用方式上相应有所不同，各有侧重。

再次，将三大主业分公司升格为事业部，并将同类产业纳入事业部统一管理，其他产业保留子公司管理模式，以增强事业部的市场分析和快速决策能力，从而增强其核心竞争力。

最后，基于管理模式与关键管理流程对现有管理职能进行分拆、合并、增设，新设立投资决策委员会、证券投资监管委员会和考核委员会。各委员会承担相应的横向流程整合和协调功能。

四、结果反馈

H公司按照北森的方案调整并优化了组织结构，明确了集团总部与子公司之间的管理关系和权力分配，理顺了各职能部门的责权划分和协调关系，管理层次精练，指挥有效，控制力度强，并且对公司资源及资源的增值进行了有效的管理，防止了资源的流失，公司管理和运营效率大为提高；与组织结构配套的薪酬和绩效管理体系的运用和实施，形成了良好的激励机制，直接改变了该公司以前人浮于事、部门之间互相推诿、多头指挥、技术和能力较强的人员流失情况严重等现象，为公司实现远景战略目标提供了有力的保障，该方案得到了客户的普遍认同和高度评价。

资料来源：段圣贤，肖宏华，史道敏. 管理学基础. 北京：中国财政经济出版社，2016：116-117.

**启示**：一个企业的组织工作是否到位、组织结构是否合理，影响着该企业的管理和运营效率以及战略目标的实现。组织的绩效与组织结构的合理性、适应性密切相关。必须根据组织的目标，根据组织所处的环境条件和自身特点，设计出合理、高效的组织结构和体系，包括划分部门、设计层次、明确责权等。此外，与组织结构配套的薪酬体系设计等，也是至关重要的。

# 第一节 组织的含义与功能

---

**管理故事：简单道理**

从前，有两个饥饿的人得到了一位长者的恩赐：一根鱼竿和一篓鲜活硕大的鱼。其中一个人要了一篓鱼，另一个人要了一根鱼竿，于是他们分道扬镳了。得到鱼的人原地就用干柴搭起篝火煮起了鱼，他狼吞虎咽，还没有品出鲜鱼的肉香，转瞬间，连鱼带汤就被他吃了个精光，不久，他便饿死在空空的鱼篓旁。另一个人则提着鱼竿继续忍饥挨饿，一步步艰难地向海边走去，可当他已经看到不远处那片蔚蓝色的海洋时，他浑身的最后一点力气也使完了，他也只能眼巴巴地带着无尽的遗憾撒手人间。

还有两个饥饿的人，他们同样得到了长者恩赐的一根鱼竿和一篓鱼。只是他们并没有各奔东西，而是商定共同去找寻大海，他俩每次只煮一条鱼，他们经过遥远的跋涉，来到了海边，从此，两人开始了捕鱼为生的日子，几年后，他们盖起了房子，有了各自的家庭、子女，有了自己建造的渔船，过上了幸福安康的生活。

**解释**：人与人之间只有密切配合，合理协作，才能实现共同的目标。一个组织也是如此，只有各部门、各成员建立良好的分工协作关系，才能促成组织目标的实现。

---

一个公共机关，不管其最终使命是什么，为了有效地实现组织的目标，都需要把组织总体的任务分配给各个成员、各个部门去承担，建立起它们之间相互分工协作的关系，形成一种框架式结构，并为这样的结构配备合适的工作人员。这就是组织的内涵或真谛。

## 一、组织的含义

对组织的含义,可以从组织工作对象、组织工作本身和组织工作的结果三个角度来理解。

**1. 作为组织工作对象的"组织"**

这里的组织,是名词的组织,它指的是完成特定使命的人们,为实现共同的目标而组合成的有机整体。它既是管理对象,同时也是组织工作的对象。它可以是企业,也可以是事业单位、政府机关等。

**2. 作为组织工作本身或组织职能的"组织"**

这里的组织,是动词的组织,指的是管理者所开展的组织行为、组织活动过程,其主要内容就是进行组织结构的设计(简称组织设计)、组织结构的再设计(简称组织变革)和人员配备(或人力资源管理)。

**3. 作为组织工作结果的"组织"**

管理者在组织中开展组织工作的结果,则是形成了一种体现分工与协作关系的框架,这种框架称作组织结构,有时简称为"组织"。

本章主要讨论组织工作及组织结构。

## 二、组织的功能

**1. 汇聚功能**

有效的组织工作,能够把分散的个体汇集成为整体,从而实现单独个体无法达到的目标。这里的汇聚作用,相当于"1+1=2"的"相和"效果。汇集功能是组织的基本功能,是组织产生和存在的必要前提。

**2. 放大功能**

良好的组织工作不仅具有汇聚功能,还通常具有"整体大于各部分总和"的放大功能,相当于"1+1>2"的"相乘"效果。对于组织来说,只有借助于组织力量的放大作用,才能取得"产出"大于"投入"的经济效益,否则,总产出等于总收入,组织职能只能勉强地维持下去,而不可能得到盈余(利润),更难以求得发展和壮大。可见,放大功能是组织的核心功能。

**3. 协调功能**

组织工作使每个部门、每个成员了解自己在组织中的工作关系和隶属关系,从而正确处理各种关系,做到部门间以及成员间的协调。

**4. 改善功能**

组织能及时调整和改善自身结构,使各部门、各成员的职责更加明确合理,以适应组织内、外部客观条件的变化。

---

**小阅读:一加一不等于二**

◇ 一个和尚挑水吃,两个和尚抬水吃,三个和尚没水吃。
◇ 三个臭皮匠,胜过诸葛亮。

## 第二节  组织设计

> **管理故事：看不见**
>
> 这个故事发生在汉朝。有一天，宰相丙吉上街，忽然看见前面两个人在打架，头破血流了还不罢手。他假装没看见，一声不吭绕道走了。走了不远，发现路边的牛在不停地喘气，于是停下来看牛为什么喘气。随从很奇怪，就问宰相，为什么不管人的事，而关心牛，难道牛比人更重要吗？丙吉说，人打架的事情是衙门管的，这也是考验衙门官员是否称职的机会；而牛喘气，可能是天气出现了问题，可能有灾害，事关天下的收成，这是我的职责，所以分外关心。
>
> **解释**：在一个组织中，岗位划分必须清晰，职责要明确，这样才能做到事事有人管，人人有事做。

组织设计，亦即组织结构设计，指的是根据组织目标和组织活动的特点，对组织结构的组成要素和它们之间的联结方式进行设计的过程。

### 一、组织设计的原则

组织设计应遵循以下一些基本原则。

1. **战略目标原则**

组织结构是实现目标的手段。管理者在进行组织设计时，必须服从于组织目标。组织在一定时期内所要实现和开展的战略目标和关键职能，对组织结构的形成起着决定性作用。对组织特定目标和职能的关注应该贯穿到组织设计和组织变革的全过程中。

2. **控制幅度原则**

控制幅度原则是指一个上级直接领导和指挥下属的人数应该有一定的限度。法国的管理学者拉丘纳斯（V. A. Graicunas）曾提出这样一个公式：$N = n(2^{n-1} + n - 1)$，其中 $n$ 表示管理者直接管理的下级人数，$N$ 表示需要协调的人际关系数。表 4-1 列出了随着 $n$ 的增加，$N$ 的变化情况。

表 4-1  管理幅度与人际关系数

| $n$ | $N$ | $n$ | $N$ |
| --- | --- | --- | --- |
| 1 | 1 | 5 | 100 |
| 2 | 6 | 6 | 222 |
| 3 | 18 | 7 | 490 |
| 4 | 44 | 8 | 1080 |

由表 4-1 可以看出，随着 $n$ 的增加，$N$ 将大幅度增加。这就意味着，管理幅度不能够无限度增加，毕竟每个人的知识水平、能力水平、精力等都是有限的。当然，管理幅度也不应过小。若管理幅度过小，则会导致信息传递距离加长以及主管人员配备增加等问题。总之，保持合理的管理幅度是组织设计的一条重要原则。

3. **统一指挥原则**

统一指挥原则是要求每位下属应该只有一个上级，要求在上下级之间形成一条清晰的指挥链。如果下属有多个上级，就会因为上级可能下达彼此不同甚至相互冲突的命令而无所适从。

**4. 权责对等原则**

组织中的各部门、各成员都有责任按照工作目标的要求保质保量地完成工作任务，同时，组织也必须委之以自主完成任务所必需的权力，职责和职权要对等。如果有责无权，或者权力范围过于狭小，责任方就有可能会因缺乏主动性、积极性而导致无法履行责任，甚至无法完成任务；如果有权无责，或者权力不明确，权力人就有可能不负责任地滥用权力，影响到整个组织系统的健康运行。

**5. 才职相称原则**

才职相称原则是强调人的实际工作才能与职务应相适应。组织设计应尽量做到才职相称，应规定各职务承担者的素质要求。只有当人的素质与工作要求相匹配时，工作效果才会较好。

**6. 柔性经济原则**

组织结构应保持一定的柔性，各个部门、各个成员应该能够根据组织内外环境的变化而进行灵活调整和变动。同时，组织结构应具有经济性，组织的管理幅度与层次、人员结构以及部门工作流程应设计合理，以达到管理的高效率。

## 二、组织设计的内容

组织设计的内容主要包括职务设计、部门划分、层次设计、职权设计、结构形成等。

**1. 职务设计**

职务设计是组织设计的最基础工作。它是在对组织目标进行逐级分解的基础上，设计和确定组织内从事具体管理工作所需的职务类别和数量，分析每个职务的职责及任职人员应具备的素质。

（1）职务设计的内容　职务设计是组织设计的最基础工作。一个组织为完成其目标，会有成千上万个任务，职务则是这些任务的组合。职务设计的具体内容就是在组织目标逐步分解的基础上，设计和确定组织内开展各项作业活动和管理活动所需的职务类别和数量，分析担任每个职务的人员应负的责任、应具备的素质要求。

（2）职务设计的原则　职务设计应遵循以下原则。

① 职务专业化。职务专业化是指一项工作不是由一个人独立完成，而是先把工作分解为若干步骤，每一步骤由一个人单独完成。每个人专门从事工作的一个环节或步骤，而不是全部。这意味着要将职务划分为较为细小的、专业化的任务。这种专业化的分工可以提高各方面工作的质量和效率，但它的弊端也是显而易见的，如分工造成了工作的单调乏味，影响了员工的工作热情和创造性思维；分工带来了本位主义，助长了人们的片面观点，同时引起办事程序和手续的繁琐复杂，增大协调工作量，等等。

② 职务轮换。避免职务专业化及其缺陷的早期努力，是进行职务轮换，即让员工有次序地从一项工作更换到另一项工作上去，使员工的活动得以多样化，从而避免产生心理厌倦。

现实中有两种类型的职务轮换，即纵向的和横向的。纵向轮换指的是升职或降职；横向轮换则是水平方向上的同层次上的相互调换。一般用得比较多的是横向轮换。

③ 职务扩大化和业务流程整合化。避免职务专业化弊端的另一有效方法是职务扩大化和业务流程整合化。这一原则目前越来越被提倡。职务扩大化是将员工所担任工作的范围扩大，任务数量增多，以调动员工的工作热情。业务流程整合化是将职能相似程度高、相互关联较强的工作合并在一起，由一个人来完成，这样，在调动员工工作热情的同时，更重要的是减小了协调成本。这种强化协调、削弱分工的做法，在20世纪90年代兴起的"业务流程

重组"中得到了最鲜明的体现。

业务流程重组，也称业务流程再造（英文简称为"BPR"），指的是对业务流程作根本的重新思考和彻底的重新设计的企业再造活动。重组、再造的实质就是打破分工，将协调注入到业务流程开展中。其要点有四个方面：一是"流程"，重组、再造针对的是一系列相互关联的业务工作活动所形成的过程或流程，而不是彼此孤立的单项工作活动；二是"根本"，要抛弃原有的一切，从零开始，进行彻底的改革，而不是现有状况的改良；三是"重新设计"，通过业务流程重组、再造，使业务工作方式产生飞跃性变化；四是"显著"，重组所带来的变化应该是大幅度的、显著的。

需要强调的是，职务轮换、职务扩大化及业务流程整合化，并不意味着对职务专业化的全盘否定，事实上，它们各有道理：职务专业化使员工精于简单的或单一的工作，以提高工作效率；职务轮换可消除员工的心理疲倦；职务扩大化将工作范围加大、任务增多，可提高员工工作热情；业务流程整合则重在减小协调成本，提高绩效。在进行职务设计时，要根据实际情况，进行全方位的考虑，寻找以上各原则的最佳结合点。

④ 职务丰富化。职务丰富化指的是将有关激励因素融合于职务内，以丰富职务的内涵。通常的做法是：通过种种方法扩大员工的工作职责，使员工能在其职务中获得较高层次的心理满足，增强他们的工作参与热情，调动员工的主动性和创造性。具体方法有：给予员工较难或从未做过的工作；向员工授权，给他们更大的工作自主权和独立性；实行弹性工作制，鼓励员工自我管理，鼓励员工创新，等等。

⑤ 工作团队设计。工作团队设计是一种日益盛行的职务设计方案。它指的是将某一工作委派给一个群体（或团队）来完成，由群体（或团队）来承担责任。

进行职务设计时，可以选择性地遵循以上原则，其宗旨是：既有利于工作的完成、组织目标的实现，又能提高员工满意度，激发员工的工作热情。

(3) 职务设计的基础性方法——职务分类法　职务分类法即根据职务的工作性质、责任轻重、难易程度和所需资格条件等，对职务进行分类，划分为若干种类和等级，以便对从事不同性质工作的人，用不同的要求和方法管理，对同类同级的人员用统一的标准管理，以实现管理科学化，做到"适才适所"，劳动报酬公平合理等。这种职务设计方法，可以更好地发挥员工的积极主动性，也更能将个人的能力发挥到一个较高的水平，对公司、对员工都有利。

① 职务分类的前提。在进行职务分类前，必须明确规定各职务的任职条件和资格，包括职务名称、职务内容（包括工作性质、职务复杂程度、职权范围、管辖范围等）、责任程度、任职条件（包括资格、学历、经历、知识、能力、个人品格和健康状况等）。

② 职务分类的步骤。职务分类一般有以下五个步骤。

步骤一，职务调查。即了解每个职务的有关内容，包括：专业性质、工作时间、工作方法、工作报酬、需要资格（学历、经历、熟练程度与技术高低等）、所接受和所施行的监督（上下级关系）等。

步骤二，职系区分。职系指的是一系列性质相同而职级不同的职务系列。在这一阶段，要按照业务性质（即工种）的异同，将各职务区分为不同的职系。具体来说，就是将工作性质相似，但工作繁简、难易、责任轻重及资格条件各不相同的各职务汇集在一起。一个职系就是一种专门职业。

步骤三，职务评价。即按工作难度（繁简）、责任大小（轻重）、担任职务的人员所需要的教育程度和技术高低，对各职系的职务进行评价，划分职级。职级是指一群可以用相同的职称表明的责任和权限相似的职务。所有职务都可以纳入适当的职级。为了便于比较不同职系间职务的级别，又可设立职等。职等是指工作性质不同，而工作繁简难易、责任轻重及所需资格条件相当的各职务组成的等级。不同职务间的级别，按工作难易和责任大小的顺序排列。

步骤四，制定肯职级规范。职级规范也叫职系说明书，内容包括：职务名称、责任的描述、工作概述、工作范围、工作要求、工作关系（上下、内外）、任职者应具备的条件（教育、训练、经验和知识等）、待遇和升迁路线等。

步骤五，制定有关法规。制定一系列制度和法规，对各职务的有关行为做进一步的规范。

2. 部门划分

有了好的职务设计，还需要按照一定的方式把它组合起来，形成一定的彼此分工和协作的关系，这就涉及到部门划分问题。部门划分，即根据各个职务所从事的工作内容的性质以及职务间的相互关系，依照一定的原则，将各个职务组合成被称为"部门"的管理单位的过程。

(1) 部门划分的原则　部门划分应遵循以下原则。

① 目标原则。部门划分应首先确保组织目标的实现，对于一切妨碍组织目标的部门应予以撤并，对于必不可少的部门则必须重点建设，不可空缺。

② 精简原则。要在确保组织目标实现的前提下，力求维持最少的部门。

③ 弹性原则。部门的划分应具有弹性，应能随环境和市场的需要而调整。在一定时期划分的部门并不是永久性的，其增设和撤销应随客观条件的变化而定。

④ 任务平衡原则。各部门的任务指派应达到平衡，避免忙闲不均、工作量分摊不均。

⑤ 监督与执行部门分立原则。承担监督检查职能的部门与承担执行职能的部门要分别设立，也就是说，监督检查人员和执行人员应分属不同的部门，否则会影响监督实效。

(2) 部门划分方法　部门划分的方法有多种。从不同的角度，有不同的划分方法。

① 按职能划分部门。按职能划分部门就是把相似的工作任务或职能组合在一起形成一个部门。这是一种传统而基本的部门划分方法。如图4-1所示。

图4-1　按职能划分部门的组织结构图

这种划分方法的优点是：符合专业化分工的要求，能够充分有效地发挥员工的才能，并且简化了培训；各部门活动都是整体活动的一部分，有利于维护高层主管的权威性；避免了职能部门的重叠。其缺点是：各职能部门片面强调本部门工作，缺乏沟通与协作，容易忽视整体目标；对外部环境变化的反应较慢。

这是一种传统的部门划分方法，目前也非常普遍。

② 按产品划分部门。即按组织向社会提供的产品来划分部门。对于一些规模较大、多元化经营的企业，其不同产品在生产、技术、市场销售等方面都很不相同，这时，可以按产品划分部门。如图4-2所示。

这种划分方法的优点是：各产品部可根据市场变化，对产品做适时调整；由于各产品部是一相对独立的经济利益体，所以，其积极性较高；有利于促进企业的内部竞争。其缺点是：各产品部门可能过分强调本部门利益，而影响企业总目标的实现。

该法适用于产品种类较多的大型企业。

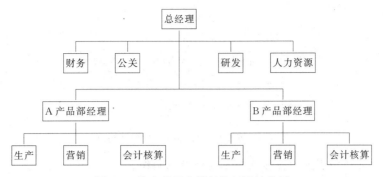

图 4-2 按产品划分部门的组织结构图

③ 按地区划分部门。这种方法是将一个特定地区的经营活动集中在一起,委托给一个管理者或部门去完成。如图 4-3 所示。

图 4-3 按地区划分部门的组织结构图

这种划分方法的优点是:可以根据本地区的市场需求情况自主组织生产和经营活动,更好地适应市场;可以充分利用当地有效的资源进行市场开拓;分权给各地区管理者,可以调动其生产经营的积极性。其缺点是:需要全能型管理人才;各地区职能机构重复,导致管理费用上升;增加了总部的控制难度。

这种方法适用于空间分布很广的企业。

④ 按顾客划分部门。即按照不同的目标顾客进行部门的划分。如图 4-4 所示。

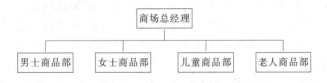

图 4-4 按顾客划分部门的组织结构图

这种方法的优点是:可以对顾客提供针对性更强、更高质量的服务。其缺点是:由于各部门的生产和销售差异较大,所以各部门的协调较困难。

这种方法适用于服务对象差异较大,对产品或服务有特殊要求的企业。

⑤ 按流程划分部门。这种方法是把产品的形成过程分成若干阶段,以此来划分部门。如图 4-5 所示,某造纸企业按照纸张生产过程,其生产部下设了原料车间、制浆车间和造纸车间。

这种方法的优点是:符合专业化的原则,可充分利用专业技术和特殊技能,简化培训。其缺点是:各部门之间沟通协作困难;不利于综合型管理人才的培养。

这种方法主要适用于生产制造类企业、连续生产型企业等。

⑥ 按人数划分部门。当组织中人数较多,或某项工作必须由若干人一起劳动才能完成时,可采用按人数划分部门的方法。其特点是各部门的人数、工作内容几乎完全相同。比如,军队中的连、排、班的划分和学校中同一年级的学生分班上课,建筑工程队的划分等。

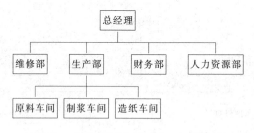

图 4-5　按流程划分部门的组织结构图

这种方法主要适用于人数较多或技术含量低的组织。

⑦ 按时间划分部门。这是指将人员按时间进行分组，即倒班作业。其特点是可以保证工作的连续性。

这种方法通常用于需要不间断工作的组织中，主要针对生产经营一线的基层组织。

以上是部门划分的各种不同方法。值得注意的是，就某一个特定组织而言，很难做到纯粹按照某一种方法进行划分，而往往是按照几种方法来划分，表现为一种综合性的结构形式。例如某一方面是按照职能来划分的，而另一方面又可能是按照产品或流程来划分的。

3. 层次设计

在部门划分的基础上，根据各部门的工作性质和内容，可以将一些部门以一定的方式组合成上一层级的更大的部门，这便形成了组织的层次。

组织的管理层次与管理幅度间存在着相互依赖、相互制约的关系。在设计管理层次之前，首先需要确定管理幅度。

(1) 管理幅度　管理幅度也叫管理宽度、管理跨度，是指管理者直接和有效地控制下属人员的数量。管理幅度过大或过小都是不恰当的。管理幅度过大，管理者的精力、时间、能力的有限性与组织事务活动的复杂性之间的矛盾就会突出，管理效率就会降低；管理幅度过小，则会使主管人员增多，管理费用上升。管理幅度究竟多少为宜，没有一个绝对的标准，它主要受以下因素的影响。

① 上下级的能力。主管人员的综合能力、理解能力、表达能力强，则可迅速地把握问题的关键，对下属的工作提出恰当的指导建议，并使下属明确地理解，从而可缩短与下属接触的时间，管理幅度可以大一些。同样，如果下属的工作能力很强，知识经验丰富，技能水平高，则可以在很多问题上根据自己的主见去解决，从而减少向上级的请示，这样，主管人员的管理幅度也可以适当大些。

② 工作内容和性质。一是工作的标准化程度。如果作业方法及作业程度标准化程度较高，则管理幅度可大一些；如果标准化程度很低，事事要重新研究，则管理幅度要小一些。二是工作的类似性程度。如果管理者所管理的工作都是相同或相类似的，则其管理幅度就可以大一些；如果下属的工作各不相同，则其管理幅度就应小一些。三是计划的完善程度。如果计划工作做得很完善，下属都知道自己的职责、目标、任务安排以及互相之间的协调配合关系，则需要管理者直接加以处理的事情就会相对减少，因此可加大管理宽度；否则，其管理宽度就要缩小。四是主管所处的管理层次。主管所处的管理层次越高，其决策职能越重要，用于指导和协调下属的时间就越少，所以，管理幅度应小一些；对于基层管理者来说，他们主要处理一些重复性或相似性的例行性日常工作，所以，管理幅度可大一些。五是非管理性事务的多少。主管人员的非管理性事务越多，用于指挥和领导下属的时间就会减少，管理幅度就不能太大。

③ 工作条件。一是助手的配备情况。如果下属在工作中遇到的所有问题，都不分轻重缓急需要主管亲自去处理，那么，主管人员所能直接领导的下属数量就会受到一定限制；如

果给主管配备必要的助手,由助手去和下属进行一般的联络,并直接处理一些次要问题,这样就可以大大减少主管的工作量,增加其有效的管理幅度。二是工作地点的接近性。同一主管人员领导的下属,如果工作岗位在地理上的分布较为分散,那么,下属与主管以及下属与下属之间的沟通就相对比较困难,该主管所能领导的直接下属数量就要减少。三是信息手段的配置情况。如果能够利用先进的信息技术,选择恰当的信息传递方式和渠道,则可使信息传递效率提高、上下左右的沟通更为快捷、关系可以更好地协调,则可扩大管理幅度;如果信息传递渠道不畅、传递方式不当、传递技术落后,则上下左右沟通较困难,应适当缩小管理幅度。

④ 工作环境。组织面临的环境是否稳定,会在很大程度上影响管理幅度的大小。环境变化越快,变化程度越大,组织中遇到的新问题就越多,管理者需要处理的问题也就越多,同时,管理者还必须耗费一定的精力去关注环境的变化、考虑应变的措施。因此,环境越不稳定,各层次主管人员的管理幅度就应越小。

⑤ 授权程度。如果管理者善于把管理权限充分地授予下属,让下属有充分的自主权,则管理者本人需要亲自处理的问题就相对减少,管理幅度就可扩大;如果不能授权,或不愿授权,则管理幅度就应相应减小。

(2) 管理层次　管理层次是指组织纵向结构的等级数目。管理层次与管理幅度、组织规模间存在相互制约关系。在组织规模一定的情况下,管理幅度越大,管理层次就越少;在管理幅度一定的情况下,组织规模越大,管理层次就越多。

按照对组织管理幅度和管理层次的不同设计,可把组织结构分为"高耸型组织"和"扁平型组织"两类。管理幅度较小、管理层次较多的组织为高耸型组织;管理幅度较大、管理层次较少的组织为扁平型组织。以一家具有 4096 名作业人员的企业为例,若管理幅度为 4 (假设各层次管理幅度相同),则管理层次为 7,所需管理人员(1~6 层)为 1365 人[见图 4-6(a)];若管理幅度为 16,则管理层次为 4,所需管理人员(1~3 层)为 273 人[见图 4-6(b)]。可将图 4-6(a)称为高耸型组织,而图 4-6(b)则为扁平型组织。

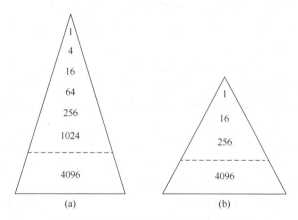

图 4-6　高耸型与扁平型组织结构示意图

高耸型组织和扁平型组织各有利弊。在高耸型组织中,由于管理幅度比较小,每一层次的主管都能对下属进行及时的指导和控制;而且,不同层次间的关系也比较紧密,这有利于工作任务的衔接。但由于管理层次多,信息传递路径长、传递速度慢,导致对环境的适应性差,而且信息失真的可能性也比较大;而且,管理人员数量的增多,使管理费用上升。相比之下,扁平型组织则由于管理层次比较少,信息传递路径短、速度快,信息失真度比较低;而且,上级主管对下属的控制也不会太呆板,下属的满意度比较高,有利于发挥下属人员的积极性和创造性。但过大的管理幅度增加了主管对下属监督和协调控制的难度。因此，要根据具体情况，确定适宜的管理幅度和管理层次，既要考虑到上下级之间的信息沟通和下属人员的满意度，也要考虑到控制效果。但总的说来，在现代管理中，扁平型组织结构是一种趋势。

4. 职权设计

在部门划分和层次设计之后，还需进行职权设计。职权设计，即是对不同部门、不同层次的管理者赋予不同的职权，以使其履行职责，实现目标。

职权是指由于占据组织中的职位而拥有的权力。与职权相对应的是职责，是指担当某一职位而必须履行的责任。职权是履行职责的必要条件和手段；职责则是行使权力所要达到的目的。

职权设计就是按目标的需要，将职权在不同管理层次、不同部门或人员之间进行分割。职权设计中主要涉及两方面的问题：集权与分权；直线与参谋。

(1) 集权与分权　集权与分权是组织设计中的两种相反的权力分配方式。集权是指决策指挥权在组织较高管理层次上的集中，也就是说，下级部门和机构只能依据上级的决定、命令和指示办事，一切行动必须服从上级指挥。组织目标的一致性必然要求组织行动的统一性，所以，组织实行一定程度的集权是十分必要的。而分权是指决策指挥权在组织较低管理层次上的分散。组织高层管理者将其一部分决策指挥权分配给下级组织机构和部门的管理者，使他们充分行使这些权力，支配组织的某些资源，并在其工作职责范围内自主地解决某些问题。组织内部的专业化分工以及组织规模的扩大、市场面的增多或产品种类的多元化，要求组织必须具有一定程度的分权。

集权和分权是两个相对的概念，绝对的集权和分权是不存在的。将集权和分权有效地结合起来，是组织存在的基本条件，也是组织既保持目标统一性又具有柔性、灵活性的基本要求。那么，一个组织究竟应该有多大程度的集权或多大程度的分权呢？这主要取决于以下一些因素。

① 组织规模。如果组织规模较小，集权管理的效率会更高。当组织规模较大或分布地域较广时，所需做出的决策数量会增多，需要做决策的场所（或部门）也越多，协调起来也就越困难，这时分权管理更为有效。

② 政策的统一性。如果高层管理者希望保持政策的统一性，即在整个组织中采用一个统一的政策，就必须趋向于集权化。如果组织面对的是复杂多变的环境，高层管理者希望在不同的阶段、不同的场合采取不同的政策以激发下属的工作热情和创新精神，就应适当分权。

③ 管理者的数量和素质。如果管理者的数量和基本素质能够保证组织任务的完成，那么，组织可以更多地分权；组织如果缺乏足够的、受过良好训练的管理人员，其基本素质不符合分权式管理的基本要求，则应趋向于集权。

④ 组织所处的成长阶段。在组织成长的初始阶段，为了有效管理和控制组织的运行，组织往往采取集权的管理方式；随着组织的成长，管理的复杂性逐渐增强，这时，便需要分权管理。

⑤ 决策的重要性。一般而言，涉及较高的费用支出和影响面较大的决策，宜实行集权；重要程度较低的决策可实行较大的分权。

⑥ 业务活动的性质。如果组织的业务活动必须保持较高的灵活性和创新性，则应实行较大程度的分权；若组织的业务活动是常规性的，则可以实行较大程度的集权。如财务会计等部门往往需要相对地集权，而研发、市场营销等部门却需要相对地分权。

⑦ 组织历史。如果组织是从内部发展起来的，是由小组织逐渐发展成为大组织的，则

⑧ 管理者的个性。专制、独裁的管理者不能容忍别人触犯他们小心戒备的权力，往往采取集权式管理；反之，则会倾向于分权。

在现代组织中，由于组织规模的扩大、组织活动的分散化和跨地域化、外部环境的复杂多变以及员工素质的逐步提高，都对分权提出了较高的要求，同时，过分集权的弊端也愈加突出。这些弊端的主要表现如下。

① 降低决策的质量和速度。在规模较大的组织中，高层主管距离生产作业活动的现场较远，如果管理权力过于集中，则现场发生的问题需要经过层层请示汇报后由高层人员解决，这样做出的决策，不仅难以保证其应有的准确性，而且时效性也会受到影响。

② 降低组织的适应能力。过分集权的组织，可能使各个部门失去自我适应和自我调整的能力，从而削弱组织整体的应变能力。

③ 耗费高层管理者的精力。过分集权致使高层管理者陷入日常管理事务中，难以集中精力处理企业发展中的重大问题。

④ 降低组织成员的工作热情。管理权力的过分集中，会挫伤下层管理人员和作业人员的工作主动性和创造性，降低他们的工作热情。

衡量分权程度的标志主要有以下四个方面。

① 决策的数量。组织中较低层次的管理者做出决策的数目越多或频度越大，则分权程度越高。

② 决策的影响面。组织中较低层次的管理者决策的范围越广、影响面越大、涉及的职能越多，则分权程度越高。

③ 决策的重要性。组织中较低层次的管理者做出的决策重要性越大、涉及的费用越多，则分权程度越高。

④ 决策的审核程度。上级对组织中较低层次管理者做出的决策审核越少，这个组织的分权程度越大。如果做出决策后，还必须报上级批准，则分权的程度就小。

要想实现有效的分权，除了改变组织设计中对管理权限的制度分配外，另一有效途径就是促成主管人员在工作中的充分授权。

所谓授权，就是指上级管理者随着职责的委派而将部分职权委让给其直接下属的行为。授权的本质含义就是：管理者不要去做别人能做的事，而只做那些必须由自己来做的事。真正的管理者必须知道如何可以有效地借助他人的力量去实现组织的目标。

科学、合理的授权过程由四个有机联系的环节构成。

① 任务的分派。任务的分派即主管人员根据下属的能力以及其他一些条件，把部分任务交给下属去完成。任务的分派是授权的出发点，由于有了任务的分派，才产生了授权。

② 权力的委任。权力的委任是指授权人将权力授予被授权人，由他代替授权人采取行动。权力的委任使被授权人拥有了一定的权力，但授权人始终保留着对已委任权力的完全控制。

③ 责任的确立。下级接受了任务并拥有了相应的权力后，就有责任去完成其所承担的工作任务。其责任主要表现在两个方面：一是下级应尽其职责完成自己所接受的工作任务；二是下级必须为完成工作任务而向授权人承担责任。

④ 监控权的确认。授权不等于弃权，授权人授予被授权人的只是代理权，而不是所有权。授权人应该明白自己对授予下属任务的执行情况负有最终责任，应对被授权人拥有监控权，即有权对被授权人的工作情况和权力使用情况进行监督检查，并根据检查情况，调整所授权力或收回权力。

（2）直线与参谋　直线与参谋的概念可以泛指部门的设置，也可以专指职权关系。从部门的设置来看，直线部门（或直线机构）指的是对组织目标的实现负有直接责任的部门，如制造业企业中的生产部门、销售部门都属于直线部门。参谋部门（或参谋机构）则指的是那些为协助直线人员工作而设置的辅助于组织基本目标实现的部门，如制造业企业中的采购、财务、人力资源管理、设备维修和质量管理等部门。由于这些参谋部门一般都是按照专业分工，发挥着专业管理的职能，所以习惯上又称为职能部门。

而这里讨论"直线与参谋"，主要针对职权关系而言。

从职权关系来看，直线职权指的是直线人员所拥有的做出决策、发布命令的权力。直线职权都掌握在直线人员手中，从公司的总经理到最基层的班组长，他们都拥有各自相应的直线职权，只是由于他们所处的管理层次不同，因而其职权大小及职权范围有所不同。这种从上到下的直线职权，构成了组织的指挥链。在指挥链中，拥有直线职权的管理者均有权指挥下属人员的工作，并可以自主做出决策而无须征得他人同意。

参谋职权指的是参谋人员所拥有的提出咨询建议、协助直线机构和直线人员进行工作的权力，是一种辅助性职权。管理人员在管理过程中，为了弥补知识的不足，通常需要依靠各个领域的专业人员或专家来出主意、想办法，提供咨询和建议。这些专业人员或专家便是组织中的参谋，直线人员和参谋人员之间的这种建议和咨询的关系便是参谋职权关系。

参谋职权有以下几个特点。

① 参谋职权不具有指挥权，它不能向下级任何部门和个人发布指示和命令，不能做出决策，而只起咨询、建议、指导、协助、服务和顾问的作用。

② 参谋职权从属于直线职权，相应地，参谋机构则从属于直线机构。因此，直线职权是参谋职权存在和依附的基础，参谋职权则是为直线人员更好地行使直线职权而服务的。

③ 参谋职权直接对它的上一级领导负责，而不是对它的下一级直线领导负责，但它可以对它的顶头上司下属的第一级直线机构发生某种程度的影响和作用。

④ 参谋人员只能在其职责范围内行使参谋职权，而不能超出其职责范围之外。同级的各种参谋机构的参谋职权是平行的、并列的。

⑤ 在某种特殊情况下，比如参谋人员的专门知识和技能是开展某项工作的重要条件时，可以授予参谋人员职能职权，也即允许参谋人员对有关人员直接下达指示，而且这些指示要像来自直线主管的命令一样得到同等的重视。当然，这种指示也有可能被直线主管撤回，但在此之前它是绝对有效的。

从理论上来说，设置参谋部门，不仅有利于适应复杂管理活动对多种专业知识的要求，同时也应该能够保证直线系统的统一指挥。然而，在管理实践中，直线与参谋的矛盾冲突时有发生，通常表现为两种不同倾向：要么保持了命令的统一性，但参谋作用不能充分发挥；要么参谋作用发挥失当，破坏了统一指挥原则。这使得两者常常在实际中相互产生一种不满、对立的情绪。要想处理好直线职权和参谋职权的关系，正确发挥参谋的作用，应注意以下几点。

① 明确关系。要明确直线与参谋的关系，分清双方的职权范围，认识到双方的存在价值，形成互相尊重和相互配合的关系。

② 授予权力。必要时授予参谋机构在一定专业领域内的职能职权，以提高参谋人员工作的积极性。参谋职权可以有以下四种：一是建议权，即提供建议或提案，其意见可能得到有关人员的欢迎和采纳，也可能被置之不理。二是强制协商权，即有关人员在做决策之前必须先询问和听取参谋人员的意见，但它并不限制直线主管人员的自主决定权。三是共同决定权，即直线人员在采取行动时必须得到参谋人员的同意和许可。这种权力常在企业某项决策必须确保得到专家评定的情况下采用。四是职能职权，即允许参谋人员对有关人员直接下达指示。在某种特殊情况下，授予参谋人员职能职权，可发挥其独特的作用。

③ 提供信息。直线人员要为参谋人员提供必要的信息条件，以便获得参谋人员有价值的支持。

5. 结构形成

结构形成，即在职务设计、部门划分、层次设计、职权设计的基础上，进一步调整和平衡各部门、各层次之间的权责关系及工作量，使各职务、各部门、各层次形成一个严密、有序的活动网络。

组织设计的直接成果就是组织结构图和职务说明书。

组织结构图的基本形状如图 4-7 所示。

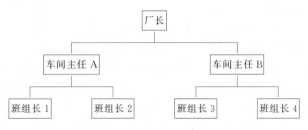

图 4-7　组织结构示意图

图 4-7 中，方框表示各管理职务或相应的部门；方框的高低位置反映该职务或部门在组织中所处的地位或管理层次；通过线段将各方框连接，表明了各职务或部门之间的相互关系。比如，车间主任 A 必须服从厂长的指挥，并向厂长汇报工作；同时，他又直接领导着班组长 1 和班组长 2 的工作。

职务说明书则说明各管理职务的工作内容、职责与权力、与组织中其他部门和职务的关系以及担任该项职务者所必须拥有的基本素质、技术知识、工作经验、处理问题的能力等条件。

## 三、影响组织设计的因素

任何组织都是在内外各种复杂因素的影响下构建和运行的，因此，组织设计必然受到诸多因素的影响，其中最主要的影响因素有四个：战略、外部环境、技术、组织规模和成长阶段。

1. 战略

一个组织的战略就是它的总目标，决定着组织的全局方针和政策，而组织结构是为组织目标服务的，因此，组织结构和组织战略密切相关，这种相关性主要表现在两个方面：一是不同的战略要求开展不同的业务和管理活动，由此影响到管理职务和部门的设计；二是战略重点的改变会引起组织业务活动重心的转移和核心职能的改变，从而使各部门、各职务在组织中的相对位置发生变化，相应地就要求对各管理职务以及部门之间的关系做出调整。

2. 外部环境

外部环境对组织结构的影响是显而易见的。一般而言，集权的、正规的机械式组织结构，适用于稳定的环境；而变化的环境，则要求分权的、弹性化或有机化的组织结构。环境特征与组织结构特征的关系见表 4-2。

表 4-2　环境特征与组织结构特征的关系

| 环境特征 | 组织结构特征 |
| --- | --- |
| 低不确定性 | 集权的、正规的 |
| 较低不确定性 | 分权的、正规的 |
| 较高不确定性 | 集权的、弹性的（有机的） |
| 高不确定性 | 分权的、弹性的（有机的） |

### 3. 技术

技术是组织把投入转化为产出的手段。每个组织都至少拥有一种技术，从而把人、财、物等资源转化为产品或服务。组织的技术状况对组织的职务设计与部门划分、部门间的关系、组织结构的形式等会产生相当程度的影响。比如，信息技术的广泛应用，使信息的共享与交流强度越来越大，许多传统的非程序化决策转化成了程序化决策，于是，许多重大问题的决策趋于集中化，而次要问题的决策可以分散化，这就要求组织结构要"集权与分权"相结合。再者，从生产作业技术来看，越是常规化的技术，越需要高度结构化的组织；反之，非常规化的技术，要求较大的结构灵活性。

### 4. 组织规模和成长阶段

组织规模对其结构有着明显的影响作用。一般而言，组织规模越大，组织的标准化程度和规章制度的健全程度也就应当越高，工作也越专业化，分权程度也应当越大。组织的规模往往与组织的成长或发展阶段相关联。在组织不同的成长阶段，应有不同的组织结构与之相适应。比如，企业在成长的早期，组织结构常常是简单、灵活而集权的。随着员工的增多和组织规模的扩大，企业必须由创业初期的松散结构转变为正规、集权的，其通常的表现形态就是直线职能型结构。而当企业的经营进入多元产品和跨地区市场后，分权的事业部结构可能更为适宜。

## 四、组织设计中的其他问题

### 1. 正式组织和非正式组织

（1）正式组织和非正式组织的含义　正式组织是组织设计中规定的群体，它有明确的目标、任务、结构、职能以及由此决定的成员间的权责关系，对个人有某种程度的强制性。比如，企业的车间和班组、学校的系和部、医院的各个科室都是正式组织。

非正式组织是伴随着正式组织的运转而形成的。正式组织中的某些成员，由于工作性质相近、社会地位相当，对一些具体问题的认识基本一致、观点基本相同，或者由于性格、业余爱好和感情比较相投，于是便会自发形成一个关系网络，这便是非正式组织。如大学中的老乡会、单位的校友会、机关里午休时间的扑克会、工余时间的球友会，都是非正式组织。

（2）正式组织和非正式组织的对比　正式组织和非正式组织在特征上有着明显的区别。正式组织的基本特征有：①目的性，即正式组织都是为了实现组织目标而有意识建立的；②正规性，即正式组织中所有成员的职责范围和相互关系通常都以书面文件的形式正式规定，以确保行为的合法性和可靠性；③稳定性，即正式组织一经建立，通常会维持一段时间相对不变，只有在内外环境条件发生了较大变化而使原有组织形式不再适应时，才会进行组织重组和变革。

与正式组织相比，非正式组织的特征有：①自发性，即非正式组织都是自发形成的；②内聚性，即非正式组织是靠自身内在的凝聚力而存在的；③不稳定性，即非正式组织随时都有可能随着人员的变动或新的人际关系的出现而发生改变。

（3）非正式组织的作用　非正式组织的存在及其活动，既可能对正式组织目标的实现起到积极促进作用，也可能产生消极作用。非正式组织的积极作用主要表现在：

① 可满足员工的心理需要。非正式组织是自愿形成的，其成员之所以愿意成为非正式组织的成员，是因为这类组织可以给他们带来某些需要的满足。这类需要的满足，对工作效率有着非常重要的影响。

② 易于形成团结合作的精神。非正式组织和谐、融洽的人际关系，有利于提高员工的相互合作精神，最终改变正式组织的工作情况。

非正式组织的消极作用表现在：

① 目标冲突。如果非正式组织的目标与正式组织的目标发生冲突，则可能对正式组织的工作产生极为不利的影响。一般而言，非正式组织的目标更多的是维持群体的团结一致，而不是正式组织的绩效。

② 束缚个人发展。非正式组织要求成员的行为要保持一致性，这会束缚成员的个人发展。在一些非正式组织中，有些人虽然有过人的才华和能力，但非正式组织可能不允许他冒尖，从而使个人的才智得不到充分的发挥，最终影响整个组织工作效率的提高。

③ 影响变革。非正式组织还会影响正式组织的变革进程，造成组织创新的惰性。这并不是因为所有非正式组织成员都不希望变革，而是只要其中大部分人不希望变革，担心变革会威胁自己的利益，就会通过非正式组织的力量给变革增加障碍和阻力。

（4）对待非正式组织的策略　对待非正式组织，可采取以下策略。

① 正视非正式组织存在的客观必然性和必要性，允许乃至鼓励非正式组织的存在，为非正式组织的形成提供条件，并努力使之与正式组织相吻合。

② 通过建立、宣传正确的组织文化以影响和改变非正式组织的行为规范，从而更好地引导非正式组织做出积极的贡献。

2. 委员会

委员会是执行某方面管理职能并实行集体决策、集体领导的管理者群体。委员会在实践中被广泛采用，如董事会、监事会、薪酬委员会、职工委员会、学位评定委员会等。在组织的各个管理层次都可以成立委员会。

（1）委员会的类型　委员会有多种不同的类型。

① 临时委员会和常设委员会。临时委员会是为某一特定目的而临时组织的委员会，当完成特定任务后即行解散。常设委员会则是为行使某种经常性职能而成立的。

② 直线式委员会和参谋式委员会。直线式委员会可行使决策职能，它的决策要求下级必须执行。如公司董事会就属于直线式委员会。参谋式委员会只能行使咨询协调职能，它的任务是为直线人员提供咨询建议。如公司的监事会、薪酬委员会就属于参谋式委员会。

（2）委员会的优缺点　委员会作为组织的一个组成部分，其主要优点有：

① 集体决策。成立委员会的最重要的理由就是为了集体决策，避免由于个人知识、水平、能力有限而造成的各种失误。

② 避免权力过于集中。委员会做出的决策一般都是对组织前途有举足轻重影响的重大决策。通过委员会做出决策，可有效避免个人的独断专行、以权谋私等问题，委员之间起到了权力相互制约的作用。

③ 代表各方面利益。委员会的成员，一般由各方面利益集团的代表组成，在决策过程中，各方代表作为各自利益集团的代言人肯定会陈述自己的意见，对决策发挥作用，这样做出的决策势必是各利益集团妥协的结果，能够广泛地反映各个利益集团的利益。

委员会管理的缺点主要表现在：

① 决策速度慢。由于委员会成员各自的地位、经历、知识等的不同，当为某一议题争论不休，难以取得一致意见时，往往会导致议而不决，使决策速度比较慢。

② 责任不清。委员会是集体负责，无法将责任落实到某一个人身上，导致责任不清。

为了更有效地发挥委员会这种集体领导形式的作用，必须认真分析委员会的特点，以取其长而避其短。

> **小阅读：怎样使授权做得更好？**
>
> ◇ 最初你只能把自己看成一个普通的管理人员，要认识到无论你怎样优秀，你所承担的责任都要胜过你的能力。
>
> ◇ 授权的目的在于集中精力去做更重要的事情。
>
> ◇ 如果你不能区分重要和不重要的项目，那就有麻烦了。从长远来看，如果你不能认识到琐碎的工作可以由其他人来完成这一事实，你会忙得发疯。
>
> ◇ 要准备放弃你所喜欢的工作。一个主管应学会放手让下属去做应由他们做的工作，否则，越来越多具有挑战性的工作就可能无法完成。

## 第三节 组织结构的具体形式

> **管理故事：分粥**
>
> 有七个人曾经住在一起，每天分一大桶粥。要命的是，粥每天都是不够的。
>
> 一开始，他们抓阄决定谁来分粥，每天轮一个。于是每周下来他们只有一天是饱的，就是自己分粥的那一天。
>
> 后来，他们开始推选出一个道德高尚的人出来分粥。强权就会产生腐败，大家开始挖空心思去讨好他，贿赂他，搞得整个小团体乌烟瘴气。
>
> 然后，大家开始组成三人的分粥委员会及四人的评选委员会，互相攻击扯皮下来，粥吃到嘴里全是凉的。
>
> 最后想出来一个方法：轮流分粥，但分粥的人要等其他人都挑完后，拿剩下的最后一碗。为了不让自己吃到最少的，每人都尽量分得平均，就算不平，也只能认了。大家快快乐乐，和和气气，日子越过越好。
>
> **解释**：七个人，一桶粥，引发出多种不同的组合，并非每种组合都是合理的。一个组织，大量的人，大量的资源，不同的结构，不同的组合，将会导致不同的结果。

组织结构是组织设计的结果，反映了组织的各个组成部分之间的相互联系和相互作用，体现了组织各部分之间的分工协作关系。组织结构的具体形式有多种，不同的组织或同一组织在不同的阶段，可根据实际情况选择不同的组织形式。

### 一、直线制

直线制组织结构是最古老、最简单的一种组织结构形式，也是一种集权式的组织结构形式。其特点是：职权或命令的流向呈一条直线，由上至下贯穿组织结构的纵向，每个下属只有一个直接上级，只接受一个上级的指挥，也只向一个上级汇报工作；没有专门的职能机构或参谋人员，管理者要对生产、技术、销售、财务等事务都亲自处理。该组织结构图如图4-8所示。

这种组织结构的优点是：结构简单，沟通与决策迅速；权力集中，有利于保持命令的统一；层次分明，责任明确；管理人员少，管理费用低。缺点是：管理简单、粗放；职权或命令的直线性，使成员之间或部门之间的横向沟通与协调较差；没有职能机构，管理者负担过重，而且难以满足多种能力要求；集权化管理使下属得不到锻炼，不利于后备人才的培养。

这种组织结构适用于规模不大、人员不多、生产管理较简单的企业。

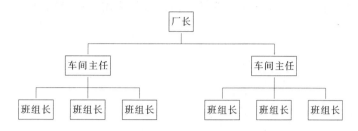

图 4-8　直线制组织结构图

## 二、职能制

职能制组织结构又称"U 形"组织结构，它最早是由泰勒提出来的。它的特点是：按照专业分工设置若干职能机构或人员；各职能机构或人员在自己的业务范围内有权向下级下达指示和命令，即各级部门除了要服从上级直接领导的指挥以外，还要受上级各职能机构或人员的领导。该组织结构图如图 4-9 所示。

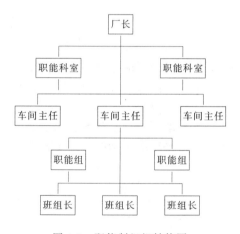

图 4-9　职能制组织结构图

这种组织结构的优点是：较细的管理分工使管理工作可以做得细致、深入，对下级的指导也较具体。但它的致命缺点是：多头领导，违背了统一指挥原则。这一缺点使它在实践中并没有得到广泛推广，只是表明了一种强调专业化管理的意图。

## 三、直线职能制

直线职能制组织结构是在直线制和职能制的基础上发展起来的，最早是由法国管理学家法约尔提出并采用的。它的特点是：把直线指挥的统一化思想和职能分工的专业化思想结合起来，在纵向的直线指挥系统的基础上，设置了横向的职能管理系统；以直线指挥系统为主体，同时发挥职能部门的参谋作用；职能部门对下级部门无权直接指挥，只起业务指导作用，除非上级直线管理人员授予他们某种职能职权。该组织结构图如图 4-10 所示。

这种结构的优点是：既保证了统一指挥，又发挥了专业管理的作用。其缺点是：职能部门之间的横向联系较差，容易产生脱节和矛盾，增加了高层管理人员的协调工作量；职能管理人员只重视与其有关的专业职能领域，因而不利于从组织内部培养熟悉全面情况的管理人才；下级缺乏必要的自主权，加之信息传递线路较长、反馈较慢，于是对环境变化的反应迟钝；直线人员与参谋人员的关系有时难以协调。

中国目前大多数企业，甚至机关、学校、医院等都采用这种组织形式。它尤其适用于面临较稳定环境的企业。

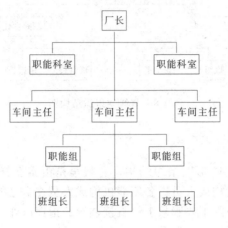

图 4-10　直线职能制组织结构图

## 四、事业部制

事业部制组织结构是美国通用汽车公司前总裁斯隆于 1924 年提出的一种分权式的组织结构形式，目前已被很多大型企业、跨国公司等普遍采用。它的特点是：在总公司下，按产品或地区的不同，建立不同的事业部（或分公司）；每个事业部对内都是一个独立的利润中心，它在总公司的领导下，实行统一政策，独立核算，自负盈亏。总公司为投资决策中心，事业部下属的生产单位为成本中心。该组织结构图如图 4-11 所示。

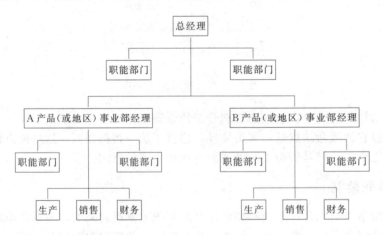

图 4-11　事业部制组织结构图

这种组织结构的优点是：各事业部自主、独立，有利于调动事业部的积极性、主动性，并能更好地适应市场；分权式管理，使高层管理者摆脱了日常事务，可以集中精力去考虑宏观战略；事业部管理人员属于综合管理人员，这有利于锻炼和培养综合型管理人才。其缺点是：对事业部经理的素质要求较高，需要具备全面管理能力；各事业部都有类似的日常生产经营管理机构，职能重复，管理费用上升；各事业部拥有各自独立的经济利益，易产生对公司资源和共享市场的不良竞争，由此可能引发不必要的内耗，使总公司协调的任务加重；分权程度不好把握，分权过大会削弱公司的整体领导力，分权过小则影响事业部经营的自主性。

这种组织结构适用于规模较大、产品多元化或市场多元化的现代大企业。

### 五、矩阵制

矩阵制组织结构因其形态横、纵排列如数学里的"矩阵"而得名。其特点是：在直线职能制的垂直指挥链系统上，又有按产品、项目等划分的横向指挥链系统，形成一种"矩阵"结构；横向系统的项目组（或产品组）所需的人员从各职能部门抽调，接受本职能部门和项目组的双层领导；项目组（或产品组）一般针对某项目（或某产品）暂时成立，项目结束后，项目组即自行撤销，人员回原部门工作；为了完成特定的任务，每个项目组都设有负责人，在其上级（一般为企业最高层）的直接领导下进行工作。该组织结构图如图4-12所示。

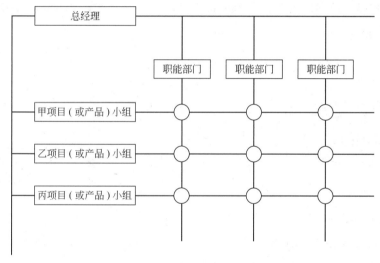

图 4-12　矩阵制组织结构图

这种组织结构的优点是：加强了各职能部门之间的横向配合，有利于发挥专业人员的综合优势；人员、设备随调随用，机动灵活；有利于培养合作精神和全局观念。其缺点是：矩阵制组织结构是一种临时性组织结构，当任务完成后，成员仍要回到原来的工作部门，因此稳定性较差，成员易产生临时观念，责任心差；由于组织成员必须接受双层领导，破坏了统一指挥原则，下属会感到无所适从；工作出现差错时，不易分清领导责任。

这种组织形式主要适用于以完成工程项目为主的企业，尤其是设计、研制、建筑等类型的企业。

### 六、混合结构

混合结构是直线职能制、事业部制、矩阵制混为一体的一种组织结构形式。如果一个大型组织拥有多个事业部，每个事业部又采用不同的结构形式，那么，该组织就拥有一个混合结构。一些大型组织（尤其是跨国组织）通常按产品或地区划分多个事业部，而每个事业部又可以根据所处的特定环境和战略等因素，选择适合自己的组织结构形式，比如直线职能制、矩阵制等，这样便形成了混合结构。

这种组织结构适用于产品种类多、跨地区经营的跨国公司或跨地区公司。

## 七、无边界组织

现代企业的经营已经超越了企业内部边界的范围，开始在企业与企业之间形成比较密切的、长期的联系。这种"无边界组织"结构较常见的有集团控股型组织结构和网络型组织结构。

1. 集团控股型组织结构

集团控股型组织结构也称 H 形组织结构，它是在非相关领域或弱相关领域开展多种经营的企业所常用的一种组织结构形式。由于经营业务的非相关或弱相关，大公司不对这些业务经营单位进行直接的管理和控制，而代之以持股控制。这样，大公司便成为一个持股公司，受其持股的单位不但对具体业务有自主经营权，而且保留独立的法人地位。

大公司对另一企业持有的股权，可以是绝对控股（持股比例大于 50%）、相对控股（持股比例不足 50%，但可对企业的经营决策发生实质性的影响）和一般参股（持股比例很低，且对另一企业的活动没有实质性的影响）。通常将持有股权的大公司称为母公司（或集团公司），它处于企业集团的核心层；被绝对控股或相对控股的企业称为子公司，它处于企业集团的紧密层；仅被一般参股的企业称为关联公司，它处于企业集团的半紧密层。该组织结构图如图 4-13 所示。

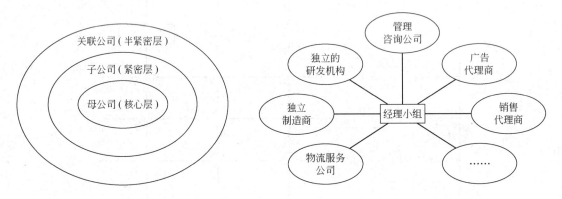

图 4-13　集团控股型组织结构图　　　　图 4-14　网络型组织结构图

集团公司或母公司与它所持股的企业单位之间不是上下级之间的行政管理关系，而是出资人对被持股企业的产权管理关系。母公司作为大股东，对持股单位进行产权管理控制的主要手段是：母公司凭借所掌握的股权向子公司派遣产权代表和董事、监事，通过这些人员在子公司股东会、董事会、监事会中发挥积极作用而影响子公司的经营决策。

2. 网络型组织结构

网络型组织结构也叫虚拟制组织结构，它是一种只有很精干的中心机构，以契约关系的建立和维持为基础，依靠外部机构进行制造、销售或其他重要业务经营活动的组织结构形式（见图 4-14）。它与被联结的企业之间没有正式的资本所有关系和行政隶属关系，只是通过契约作为纽带，在互利互惠的基础上进行合作。

利用这些无边界组织结构形式，公司可以充分利用其他企业的有利资源，扩大自己的经营业务范围。

---

**小阅读：成功设计组织结构的关键**

◇ 一个成功组织的关键是相互协调：组织结构的要素在协调的情况下才能有助于实现组织的目标。

## 第四节　人力资源管理

> **管理故事：跳槽**
>
> A 对 B 说："我要离开这个公司。我恨这个公司！"
>
> B 建议道："我举双手赞成！不过你现在离开，还不是最好的时机。"
>
> A 问："为什么？"
>
> B 说："如果你现在走，公司的损失并不大。公司不是准备给你调岗吗？等你到了新岗位，拼命去为自己拉一些客户，成为公司独当一面的人物，然后带着这些客户突然离开公司，公司才会受到重大损失，非常被动。"
>
> A 认为 B 说得非常在理，于是在新的岗位上努力工作，事遂所愿，半年后，他有了许多的忠实客户。
>
> 再见面时，B 问 A："现在是时机了，要跳赶快行动哦！"
>
> A 淡然笑道："我在现在的岗位上工作很顺手，也很愉悦。再说老总跟我长谈过，准备升我做总经理助理，我暂时没有离开的打算了。"
>
> **解释**：企业要想留住人才，就要做到人与岗位（或职务）的最佳匹配。

为不同的职务、不同的岗位配备合适的人员，是组织职能中的又一主要问题，这便涉及人力资源的管理。

### 一、人力资源的概念与特征

1. 人力资源的概念

不同的学者，对人力资源有不同的解释。

彼得·德鲁克指出，人力资源与其他所有资源相比，唯一的区别就是它是人，并且是经理们必须考虑的具有"特殊资产"的资源。

美国学者伊万·伯格认为，人力资源管理是人类可用于生产产品或提供各种服务的活力、技能和知识。

内贝尔·埃利斯提出，人力资源是企业内部成员及外部的与企业相关的人，即总经理、雇员、合作伙伴和顾客等可提供潜在合作与服务及有利于企业预期经营活动的人力的总和。

综合以上观点，一般认为，人力资源是指能够推动整个社会经济发展的具有智力劳动和体力劳动能力的人们的综合，它包括数量和质量两个方面。

2. 人力资源的特征

（1）基于人力资源与其他资源的不同　人力资源与其他资源相比，其主要特征如下。

① 人力资源属于人类自身特有，具有不可剥夺性；

② 存在于人体之中，是一种活的资源，具有生物性；

③ 其形成受时代条件的制约；

④ 在开发过程中具有能动性；

⑤ 具有时效性；

⑥ 有可再生性；

⑦ 智力与知识性。

（2）基于人力资源形成与发展的角度　从人力资源形成与发展的角度看，其主要特征如下。

① 生成过程的时代性；
② 开发对象的能动性；
③ 使用过程的时效性；
④ 开发过程的持续性；
⑤ 闲置过程的消耗性；
⑥ 组织过程的社会性。

（3）基于人力资源作为一种资本的角度　从人力资源作为一种资本的角度看，其主要特征如下。

① 高价值创造，高风险投入的资本；
② 自我经营、自我扩张的资本；
③ 经营复杂缓慢，收益难以计量的资本；
④ 人性化的资本。

### 二、现代人力资源管理的本质

现代人力资源管理的本质是了解人性、尊重人性、以人为本。不过，这个问题也值得进行探讨。

现代人力资源管理所关心的是"人的问题"，其本质是了解人性、尊重人性，以人为本。这里的以人为本，有个以谁为本的问题。现代人力资源管理倾向于以员工为本，即作为管理者，首先要以自己的员工为本，员工再以顾客为本。这就是说，在一个组织中，要围绕人进行管理，要关心人，关心人与人的关系、人与工作的关系、人与环境的关系以及人与组织的关系等。

### 三、人力资源管理的基本职能

1. 推动"人"与"事"的发展

通过有效的人力资源管理，可能动地推动"人"与"事"的发展。这里所说的"事"的发展，是指组织结构的调整和变革，包括职位分类的变化、岗位的设置和岗位职责的调整等。"人"的发展包括提高人员素质和调动人的积极性的全部工作。

2. 实现人与事的优化配置

实现人与事的优化配置，即通过人力资源管理的各项业务工作，达到事得其人、人适其事、人尽其才、事尽其功的目的。

### 四、人力资源管理的原理

1. 同素异构原理

同素异构原理本来是化学中的一个原理，意指事物的成分因在空间关系即排列次序和结构形式上的变化而引起的不同的结果，甚至发生质的变化。

把自然界的同素异构原理移植到人力资源开发和管理领域，意指同样数量的人，用不同的组织网络联结起来，形成不同的权责结构和协作关系，可以取得完全不同的效果。

2. 能级层序原理

能级的概念出自物理学。能级表示事物系统内部按个体能量大小形成的结构、次序、层次。

将能级层序原理引入人力资源开发和管理领域，主要指具有不同能力的人，应放在组织内部不同的岗位上，给予不同的权力和责任，实现能力与职位的对应和适应。

3. 要素有用原理

要素有用原理的含义是，在人力资源开发和管理中，任何要素（人员）都是有用的，关键是要为它创造发挥作用的条件。换言之，"没有无用之人，只有没用好人之事"。

4. 互补增值原理

人作为个体，不可能十全十美，而是各有长短，正所谓"金无足赤，人无完人"。因此，要实现组织目标就需要各类人的互相补充。这里的互补包括知识互补、能力互补、性格互补、年龄互补和关系互补等。

增值的客观标准是 $1+1>2$。如果 $1+1=2$，则说明没有增值；若 $1+1<2$，则说明不仅没有实现互补增值，而且出现了内耗减值。

5. 动态适应原理

在人力资源管理中，人与职位的适应是相对的，而不适应是绝对的，因此要在不断的调整中实现适应。这种调整包括岗位的调整、人员的调整、弹性工作时间、一人多岗、一专多能、动态优化组合等。

6. 激励强化原理

所谓激励就是创造满足员工各种需要的条件，激发员工的动机，使之产生实现组织目标的特定行为过程。

7. 公平竞争原理

公平竞争是指竞争各方从同样的起点、用同样的规则，公正地进行考核、录用和奖罚的竞争方式。竞争必须是公平的、有度的、以组织目标为重的，这是使竞争有效的三个前提条件。

8. 信息催化原理

信息的迅速捕捉、掌握和应用以至产生效益的过程便是信息的催化过程。随着科学技术的迅猛发展，信息能否被迅速催化决定着人们在激烈的竞争中能否站在科学技术和现代管理的前列，能否使人力资源管理和开发跟上飞速变化的形势。

9. 主观能动原理

人是能动性资源，但每个人的主观能动性差别极大。作为管理者，不能把员工当作机器看待，而要高度重视人的主观能动性的开发，为人才的培养和使用创造良好的外部条件。

10. 文化凝聚原理

提高组织凝聚力是人力资源管理和开发的重要方面。通过优秀的组织文化提高组织凝聚力，有利于吸引人才、留住人才，增强竞争力。

### 五、人力资源管理的主要内容

现代人力资源管理就是一个人力资源的获取、整合、保持激励、控制调整及开发的过程。通俗地说，现代人力资源管理包括求才、用才、育才、激才、留才等工作，其主要内容包括工作分析与评价、人员选聘、人员培训、绩效考核、薪酬管理等。

1. 工作分析与评价

（1）工作分析的含义与作用　工作分析是对某一项具体工作或具体职务进行全面了解的管理活动，是确定完成组织中各项工作所需技能、责任和知识的过程。工作分析是招聘和选择员工、配置员工的依据,是发展和评价员工的依据,是制定薪酬政策和进行薪酬管理的依据,是工作设计和组织设计的基础。工作分析与工作设计、组织设计常常是交叉进行的。

(2) 工作分析的基本步骤　工作分析的基本步骤有以下四个阶段。

① 准备阶段:确定目的,形成分析小组,确定分析样本。

② 调查阶段:确定信息类型及来源,并收集信息。

③ 分析阶段:整理所得信息,确定各信息的用途,选择有用信息,进行总结和分析。

④ 编写工作说明书和工作规范。

(3) 工作分析的结果　工作分析的最终结果是编写出工作说明书和工作规范。工作说明书包含的内容有工作概况、工作目标任务、工作责任范围、工作的物理环境、工作的社会环境。工作规范书包含的内容有一般要求、生理要求、心理要求。

(4) 工作评价　不同的工作或不同岗位,其劳动技能、劳动强度、工作条件及责任都存在着客观差别,因此各个岗位上员工的付出、对企业的贡献是不同的,也即各岗位在企业中的存在价值是有差异的。工作评价或岗位评价,就是通过测算各岗位的岗位相对值,来反映不同岗位间的这种差异,其基本步骤如下。

① 建立岗位评价体系并进行权重分配。尽管不同组织的评价因素分析不尽相同,但大致可归纳为四大类,即技能、强度、条件、责任,然后根据组织的需要再细分。例如,某公司从事软件开发的岗位评价体系如图4-15所示。建立岗位评价体系之后,要赋予各评价因素适当的权重。不同形式的组织,其岗位评价因素之间的相对权重也不同。例如,"工作环境"这一因素,在一个拥有现代化设备的学校,可以配给5%的权重,而在水泥厂或铸造厂,则可能配给10%以上的权重。所以,权重分配要以行业性质以及企业自身特点为依据。

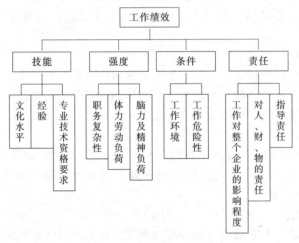

图 4-15　岗位评价因素体系

② 定义评价因素和建立等级标准。对每一个评价因素给予肯定的定义,然后依据实际情况把各项评价因素划分为若干个等级。对每一项因素的每一个等级都要有明确的界限,并给以适当的评分。

③ 岗位相对值的计算。确定各岗位在每一评价因素上的等级和应得的分数,然后将岗位在每一因素上的得分和该因素的权重相乘,相乘后的结果即为岗位在各项因素上的加权得分值;然后将所有因素的加权得分相加,即得到该岗位的岗位相对评价值。

2. 人员选聘

吸引、选择、保留高素质的人力资源是组织赖以生存和发展的基础,所以,人员选聘是人力资源管理的重要环节。在确定了组织的人力资源需求、工作内容和员工应具备的资格条件之后，如何寻觅到合适的员工并将其吸纳到组织中来，需要有详细的招聘方案、合理的招聘流程以及优化的选聘渠道、科学的甄选方法和技术等环节来保证。

(1) 人员选聘的基本原则　人员选聘应遵循以下原则。

① 效率优先原则。即要根据不同的招聘要求，灵活选用适当的招聘途径和甄选手段，在保证招聘质量的基础上，尽可能降低招聘成本。

② 因事择人原则。企业的招聘应根据企业的人力资源规划和工作说明书进行。人力资源规划决定了未来一段时期内需要招聘的职位和部门、数量、时限、类型等；工作说明书为空缺职位提供了详细的人员录用标准，同时也为应聘者提供了该工作的详细信息。人力资源规划和工作说明书是人员招聘的主要依据。对于用人单位来说，无论是多招了人还是招错了人，都会给企业带来很大的负面作用。

③ 公平、公正、公开的原则。人员招聘必须面向全社会公开招聘条件，必须对应聘者进行全面考核，公开考核结果，应该根据考核结果择优录用，避免暗箱操作。公平、公正、公开的原则是保证组织招聘到高素质人员和实现招聘活动高效率的基础。

④ 合法的原则。组织在招聘过程中，应知法守法，遵守国家有关法律、法规、政策。我国《劳动法》明确规定，劳动者就业不应因民族、种族、性别、信仰不同而受到歧视。如果组织对此法规熟视无睹，不仅会影响招聘工作，而且还会严重损害组织的形象。

(2) 招聘的流程

① 制订招聘计划。当人力资源规划显示组织的人力资源出现需求的时候，组织就要根据工作分析所规定的条件去招聘员工。在招聘之前，组织必须制订员工招聘计划。有效的招聘计划首先要分析组织的人力资源需求，即在招聘前进一步分析并确认组织人力资源的需求状况，确定招聘的岗位、人员需求量、岗位的性质及要求等，另外还要对招聘的时间、渠道、成本和程序等作出规定。在这类分析中，可以用"7W"的方法。

Why——为什么要招聘。即分析是否存在人力资源的需求，是否确有必要向外招聘员工，内部是否存在供给。

Who——谁负责招聘。即确定招聘小组成员的构成。

What——招聘来干什么。即分析招聘来的员工将从事何种工作、配置在什么岗位上。

When——什么时候招聘。即通过分析岗位用工时间及招聘周期，确定招聘时间，明确招聘工作的时间表。

Where——到哪里去招聘。即分析组织通过什么渠道可以最有效地招到所需员工。

Whom——为哪一部门招聘员工。这样可以取得用人部门的合作。

How——如何招聘。即确定招聘内容。招聘内容一般由招募、筛选、录用、评估等一系列活动构成。

② 招聘的准备工作。招聘前需要做好如下准备：一是分析拟招聘岗位的工作任务，确定任职资格。这一工作可以通过查看工作说明书来完成，按照工作说明书中规定的最低任职资格确定招聘需求。若组织尚无工作说明书，需先分析待聘岗位的工作性质、工作任务、工作职责及所需的能力、素质等要求，补充编制工作说明书后确定招聘要求。二是确定录用标准和工资水平，包括最理想的状况以及可接受的上限与下限。三是招聘宣传材料的准备，包括撰写招聘广告，组织各种宣传介绍材料等。四是招聘工具的准备，包括招聘表格、招聘软件、面试问卷、笔试试题等。五是招聘小组成员的工作培训，培训内容包括招聘的基本工作程序、招聘方法与技巧、公关礼仪等。六是招聘预算，即对招聘过程中所需要的一系列费用做出估算，并且得到有关项目资金保证。这一过程包括招聘广告预算、招聘测试预算、有关

差旅费预算、中介服务预算、文件与办公用品预算等。

③ 实施招聘。招聘实施是整个招聘活动的核心，也是关键一环。它先后经历招募、筛选、录用三个阶段。

首先是招募阶段。招募阶段的最终目标是根据招聘计划确定的策略和用人部门（或岗位）招聘条件和标准进行决策，通过适宜的招聘渠道和相应的招聘方法，吸引更多的合格应聘者，以达到适当的效果。这一阶段的具体工作内容包括公开发布招聘信息、接待来访报名者、填写报名表及收集应聘者资料等。

其次是筛选阶段。筛选阶段的最终目标是比较各应聘者的综合能力和素质，从中选取出最符合组织岗位需要的人。这一阶段的工作内容主要有应聘人资格的初步审查、面试及各种测试。

最后是录用阶段。这一阶段的工作内容有确定录用人员，发出录用及辞谢通知；上岗培训；签订劳动合同。

④ 招聘工作评估。招聘录用工作结束后，应进行工作的评估与反馈，这是招聘过程必不可少的环节。它主要包括以下两部分。

**招聘成本与效益的评估**。招聘成本指人力资源的获取成本，它包括招聘洽谈会议费、差旅费、代理费、广告费、宣传材料费、安置费、临时场地及设备使用费等。成本与效益评估就是对招聘成本所产生的效益进行分析，该项评估主要测算以下几个指标值。

总成本效用＝录用人数/招聘总成本

招聘成本效用＝应聘人数/招聘期间的费用

选拔成本效用＝被选中人数/选拔期间的费用

人员录用效用＝正式录用的人数/录用期间的费用

招聘收益成本＝所有新员工为组织创造的总价值/招聘总成本

以上指标越高越好。

**数量与质量评估**。录用人员数量评估主要从录用比、招聘完成比和应聘比三方面进行。

录用比＝录用人数/应聘人数

录用比例越小，说明录用者的素质可能越高。

招聘完成比＝录用人数/计划招聘人数

当招聘完成比大于或等于100%时，则说明在数量上完成或超额完成了招聘任务。

应聘比＝应聘人数/计划招聘人数

应聘比则说明招聘的效果，该比例越大，招聘信息发布的效果越好。

录用人员的质量是衡量招聘工作成功与否的另一个重要指标。如果有充足的、合格的申请者，组织就可以优中选优，为组织发展提供高质量的人力资源。

有一种被称为"招募筛选金字塔"的方式可以帮助确定为了雇佣一定数量的新雇员，需要吸引多少人来申请工作，如图4-16所示。由图看出，如果某公司要招聘50名业务员，理想状态是要吸引1200名求职者前来应聘。

(3) 招聘员工的来源　组织要进行有效的员工招聘，首先要明确组织人员补充的来源，一是组织内部的人力资源储备，即内部招聘；二是外部劳动力市场，即外部招聘。

① 内部招聘。内部招聘是指通过内部提升、工作调换、工作轮换、人员重聘等方法，从组织的内部人力资源储备中选拔出合适的人员补充到空缺或新增的岗位上的招聘方式。

**内部提升**是一种用现有员工来填补高于原级别职位空缺的政策。内部提升政策给员工提供更多的发展机会，从而使其对组织产生献身精神。大多数员工在其职业生涯中主要考虑的是组织能够在多大程度上帮助自己实现个人的职业目标。因此，内部提升制度在组织增加员工忠诚度以及留住人才的措施中，是处于中心地位的。

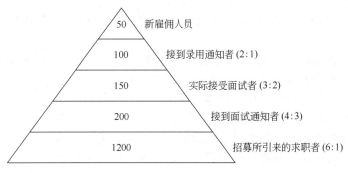

图 4-16　招募筛选金字塔

**工作调换** 也称"平调",指职务级别不发生变化,而工作岗位发生变化。这一般适用于中层管理人员,使之有从事多种相关工作的机会,开阔视野,为提升到更高的职位做准备;或者将其调任到更为重要的岗位,虽级别不发生变化,也有受重用之感。

**工作轮换** 与工作调换类似,但工作轮换往往是临时性的,而调换则通常是永久性的。工作轮换便于有潜力的员工积累不同工作岗位的经验,减少因长期从事某项工作带来的枯燥感;通过工作的轮换,还可以丰富员工工作经验,使之熟悉组织内更多领域及各部门之间的活动,用于培养技术和行政管理人员;同时工作轮换使员工了解各种职位,能够设身处地为他人着想,有利于加强组织之间的合作。

**重新聘用** 则是组织将解雇、提前退休、已退休或下岗待业的员工再招回组织来工作。这些人大多对组织工作十分熟悉,不需要组织进行过多的培训就可以直接上岗,且往往十分珍惜再次就业的机会。

内部招聘的优点体现在:其一,可以节约组织招聘的费用。内部招聘可以节约大量的费用,如发布招聘广告的费用、招聘人员的差旅费、招聘筛选与测试的费用等,同时还可以省去一些不必要的培训项目,减少因职位空缺而造成的间接损失。其二,可以降低招聘的风险。从招聘的有效性和可信性来看,由于组织对内部员工有较充分的了解,如对该员工过去的业绩评价的了解,对员工的性格、工作动机、工作态度以及发展潜能等有全面深入的考察,内部招聘就更有利于招聘到合适的人员,而且有利于提高人事决策的成功率。其三,可以较快地适应岗位,迅速打开局面。内部员工早已熟悉组织的管理方式、政策、组织文化,对于组织的历史、现状、目标及现存问题比较了解,有利于迅速开展工作。其四,激励性强。从激励方面来分析,内部招聘能够给员工提供发展的机会,有利于鼓舞士气,强化员工为组织工作的动机,更好地维持员工对组织的忠诚,增强员工对组织的归属感。尤其是管理人员的招聘,这种晋升式的招聘有利于在组织内部树立榜样,在组织内形成积极进取、追求成功的氛围。其五,有利于吸引外部人才。任何人都希望自己在将来的工作岗位上有发展的机会,组织提供内部招聘机制对于吸引外部人才来说同样重要。其六,可以使组织对成员的培训投资获得回收。

同样,内部招聘也存在一些缺点:其一,难以保证人才质量符合需要。如果供需缺口较大,内部人员在质上不符合职务要求,如仍然坚持从内部提升,则会导致不称职的现象,影响组织的整体效益。其二,容易导致近亲繁殖,缺乏创新。同一组织内部员工往往会形成相似的思维方式、管理思想、管理风格及处理问题的方式,抑制了个体创新,尤其在组织内部领导岗位主要由基层员工逐级升任的情况下,就可能会因缺乏新人与新观念的输入,而造成思维意识趋于僵化,不利于组织的长期发展与创新。其三,可能因操作不公或员工心理原因造成组织内部矛盾。内部招聘竞争的结果可能是成员之间的明争暗斗。另外,竞争必然有成功与失败，并且失败者占多数。竞争失败的员工可能会心灰意冷，士气低下，不利于组织的内部团结。内部选拔还可能导致部门之间"挖人才"现象，不利于部门之间的团结协作。

② 外部招聘。外部招聘是按照一定的标准和程序，从企业外部的众多候选人中挑选符合空缺职位工作要求的人员。外部招聘的途径和方法有员工举荐、自荐、广告招募、人才招聘会、职业介绍所、猎头机构、校园招募、网络招募、海外招募等。

**员工举荐**指组织的员工从他们的朋友或相关的人中引荐求职者。这种方法的优点体现在：举荐者在举荐候选人时，他们对组织的要求和候选人的条件都有一定了解，会先在自己心目中进行一次筛选；被举荐者通过举荐者可以对组织的基本情况、企业文化等有一个基本了解。其存在的主要问题是：易在组织内形成"小团体"，不利于管理；会使招募工作取决于主管人的个人态度，而不是根据能力和工作绩效进行选择，从而影响招募水平，尤其是在主管举荐的情况下；选用人员的面较窄。

**自荐**指的是没有通过预约就进入组织的人力资源部门或招聘现场进行职位申请的行为。一般来说，一些大型的、知名度高的组织或公司，常常会有许多这样的自荐者。在所有的外部招聘来源中，自荐是招聘成本最低的。不管这些求职者是否符合组织的要求，都必须礼貌对待，妥善处理，因为这不仅是尊重求职者自尊的问题，更是关系到组织在社会上的声誉问题。

**广告招募**指通过广播、报纸、电视和行业出版物等媒介向公众传递组织的人员需求信息。广告招募是最常见、最普遍的一种招募方式。广告招募需考虑的两个关键问题：一是广告媒体的选择。广告招聘效果随广告媒体的选择和形式不同有很大差别，这就要根据成本和收益，以及拟招聘岗位对组织的重要程度而慎重选择。组织所要招募的职位类型决定何种媒体是最好的选择依据。二是如何设计广告。好的广告能吸引大量的求职者，同时广告制作也是一次绝好的宣传组织形象的机会，有利于组织树立公共形象，对外宣传组织文化，使求职者容易产生对组织的认同感。一般说来，招聘广告应满足 AIDA 原则：A——要能引起求职者的注意；I——要能引起求职者对工作的兴趣；D——要能引起求职者申请工作的愿望；A——广告要能让求职者马上采取行动。

一份好的广告应具备以下内容：组织情况简介、职位情况简介、任职资格要求、相应的人力资源政策、应聘者的准备工作、应聘的联系方式。

**人才招聘会**是一种比较传统的招募方式，也是目前国内企业采用比较多的一种方式。利用招聘会招募人才，关键是要做好宣传工作，招聘会参展组织和应聘者众多，必须事先做好充分准备，否则很难将组织推销出去。

**利用职业介绍或就业服务机构所招募员工**也是目前常用的一种外部招聘方法。目前的就业服务机构分为劳动力市场和人才市场，企业一般在劳动力市场上招募"蓝领"工人，在人才市场上招募"白领"员工。就业服务机构作为一种专业的中介机构，掌握着丰富的人力资源资料，而且招募甄选的方法也比较科学，效率较高，可以为企业节省时间。同时就业机构作为第三方，能够坚持公事公办，公开考核，择优录用，公正地为企业选择人才。但另一方面，也正因为就业服务机构不是企业本身，不能清楚地了解企业对人才的要求，有时会选择到不合格的人；而且企业必须支付中介费，增加企业的招募成本。

**猎头机构**主要是为企业寻找高级管理人才和专业技术人才，是为企业搜寻高级人才的服务机构。它们掌握着丰富的又有特殊才能的个人信息；通晓各种各样的组织对人才的需求标准；可以为组织节省很多招聘和选拔高级人才的时间；出于对自己声誉的考虑，猎头公司对供需匹配非常注意，降低了组织外聘人才的风险。但是这类机构的费用通常也是很昂贵的，一般是所推荐人才年薪的 30%～40%。

**学校**是人才高度集中的地方，也是组织获取人力资源重要的源泉。大中专学生的专业知识与技能以及对工作的热情是组织所期待的。企业通过校园招募获取人才主要基于以下两个原因：一是大学毕业生具有文化易塑性。在校的学生由于相对较少的接触社会和企业，因此在职业化行为、核心职业理念、价值观等方面尚未成形，相对容易接受组织文化，在与组织文化相融合的过程中，阻力相对较少。二是大中专毕业生是最具发展潜质的人员群体，对组织来说，通过校园招募，其用于评价应聘人员潜质的信息相对完整、可信度较高。

**网络招募**是随着互联网发展起来的一种新兴的招募方式，网上招募员工已经成为大公司普遍使用的一种手段。越来越多的求职者喜欢到网上去搜寻工作机会。国内目前已有多家网站提供各种形式的人员招募服务，网络招募打破了原有招募形式的地域界线，具有便捷、迅速的特点。

**高级管理人才或一些尖端技术的专门人才需要到全球范围去进行选择**。特别是当企业业务向海外拓展时，获得海外招募来源就成为一个越来越重要的问题。海外招募可以在世界范围内进行人才的选择，但是海外招募也有很多困难，比如对候选人的资格、背景审查就非常困难；而且雇用外国人在手续上也比较繁琐。

外部招聘的优点体现在：其一，可以保证人才的质量。外部招聘广泛的人才来源，增加了选择的余地，可充分满足胜任组织职位的需求，获取一流的管理人才与技术人才。其二，可以避免"近亲繁殖"，促进组织的创新与发展。外来人才带来了新的技术知识、管理思想、客户群体，增强了组织的活力。另外，组织通过从外部招聘优秀的技术人才和管理专家，就可以在无形中给组织的原有员工施加压力，激发斗志，从而产生"鲶鱼效应"。其三，可拥有外来优势。应聘者新近加入组织，没有与上级或下属的个人恩怨，不必顾忌复杂的人情网络，正所谓"外来的和尚好念经"。其四，节省培训费用。大多数应聘者都具有一定的理论知识和实践经验，可以节省在培训方面所耗费的大量时间、费用。

但是，外部招聘也有一定的缺点：一是决策风险大。外部招聘双方处于信息不对称状态，虽然选聘尽可能遵循一定的科学原则、程序、方法，但仅仅通过几次短时间的接触，就必须判断应聘人是否符合本组织空缺岗位的要求，而不能像内部招聘那样经过长期的接触和考察，评估能力和实际工作能力可能存在差距，增加了招聘决策的风险。二是招聘成本高。外部招聘需要在媒体发布信息或者通过中介机构进行招聘，都需要支付一笔费用，而且由于外界应聘人员相对较多，后续的选拔过程也非常繁琐与复杂，这不仅耗费大量的人力、财力，还占用很多时间，所以外部招聘的成本较大。三是会对内部员工产生打击。外部招聘最大的局限性莫过于对员工积极性的打击。组织从外部招聘了某些人员，使得组织内部的有胜任岗位能力的人未被选用或提拔，即内部员工得不到相应的晋升与发展机会，内部员工的积极性会受到较大影响。四是进入角色慢。外聘人员由于不熟悉组织内部情况，如组织文化、工作流程、工作作风等，需要一个较长的熟悉和了解的过程，往往进入状态较慢。另外，外聘的管理人员往往缺乏人事基础，首先面对的便是未被晋升的员工的抵触情绪，开展工作比较困难。

（4）人员甄选的方法与技术　人员甄选是从应聘的候选人中挑选出最适合空缺职位的人，实现人员和职位的最佳匹配。人员甄选主要通过申请表、笔试、心理测试、面试、评价中心法、背景调查和体检。

① 申请表。招聘申请表是由企业自行设计的、包含了职位所需基本信息并用标准化的格式表示出来的一种初级筛选表，其目的是筛选出那些背景和潜质都与职务规范所需的条件相当的应聘者，以确定参加后续选拔的人员。

求职申请表可以帮助企业较快、较公正而准确地获取应聘者的有关的资料。

② 笔试。由于人员资格审查与初选不能反映应聘者的全部信息，单位不可能对应聘者

进行深层次的了解，因此，需要通过其他的选拔方法使组织得到需要的信息，以便于组织进行录用决策。笔试就是选择方法之一。笔试是让应聘者在试卷上笔答事先拟好的试题，然后根据应聘者解答的正确程度予以评定成绩的一种选择方法。这种方法主要通过测试应聘者的基础知识和素质能力的差异，判断该应聘者对招聘职位的适应性。

对基础知识和素质能力的测试一般包括两个层次，即一般知识和能力与专业知识和能力。

一般知识和能力包括一个人的社会文化知识、智商、语言理解能力、数字才能、推理能力、理解速度和记忆能力等。

专业知识能力即与应聘岗位相关的知识和能力，如财务会计知识、管理知识、人际关系能力、观察能力等。

③ 心理测试。心理测试是一种比较先进的测试方法，在国外被广泛使用。它是指通过一系列手段，将人的某些心理特征数量化，来衡量应聘者的智力水平和个性的一种科学测量方法，其结果是对应聘者的能力特征和发展潜力的一种评定。

心理测试的实施是在控制的情境下，向应试者提供一组标准化的刺激，以所引起的反应作为代表行为的样本，从而对其个人的行为做出评价。

这种测试与前面提到的笔试相比，更加规范化。由于心理测试的难度较大，组织应选择专业的心理测试人员，或委托专业的人才机构或心理学研究机构进行测试。

④ 面试。所谓面试，是指经过精心设计，在特定场景下，以面对面的交谈与观察为手段，由表及里测评应试者有关素质的方式。

面试与笔试相比，优点是信息来源多渠道，信息交流直接，考察内容深入，考察方式灵活，可测试多方面的能力；缺点是主观随意性强，且面试常常伴有情景压力，从而使主试与应试之间的沟通扭曲，影响应试者正常水平的发挥和主试评定的准确性。为了提高面试的效度，应对主试人员进行培训。

⑤ 评价中心法。评价中心法起源于情景模拟与角色扮演，是根据被试者可能担任的职位，编制一套与该职位实际情况相似的测试项目，将被试者安排在模拟的、逼真的工作环境中，要求被试者处理可能出现的各种问题，用多种方法来测试其心理素质、实际工作能力、潜在能力的一系列方法。

评价中心法由于将应聘者放在一个模拟的真实环境中，让应聘者解决某方面的一个"现实"问题或达成一个"现实"目标，因而较容易通过观察应聘者的行为过程和行为效果来鉴别应聘者的领导能力、交际能力、沟通能力、合作能力、观察能力、理解能力、解决问题的能力、创造能力、语言表达能力、决策能力等综合素质和实际能力。

评价中心法有两个优点：一是评价中心是一种集人格测验与能力测验于一体的综合性测评方法，可从多角度、动态地全面观察、分析、判断、评价应聘者，这样企业就可能得到最佳人选；二是由于被测者被置于其未来可能任职的模拟工作情境中，而测试的重点又在于实际工作能力，因此通过这种测试而选拔出来的人员往往可直接上岗或只需有针对性地培训即可上岗，这为企业节省了大量的培训费用。但是这种方法设计复杂，操作难度大，且费时耗资，因此目前只在招聘中高层管理人员时使用较多。

⑥ 背景调查和体检。背景调查是指企业通过第三者对应聘者的情况进行了解和验证。这里的"第三者"主要是应聘者原来的雇主、同事以及其他了解应聘者的人员。方法包括打电话、访谈、要求提供推荐信等。背景调查也可以聘请调查代理机构进行，这些代理机构通过对求职者过去的雇主、邻居、亲戚和证明人的书面或口头上的沟通来收集资料。

体检一般委托医院进行，其主要目的是确定应聘者的身体状况是否能够适应工作的要求，特别是能否满足工作对应聘者身体素质的特殊要求。体检还可以降低缺勤率和事故，发现本人可能不知道的传染病。

体检通常放在所有选择方法使用之后进行，以节约体检费用。

3. 人员培训

人员培训是指组织通过对组织成员有计划、有针对性的教育和训练，使其改进目前知识和能力的一项连续而有效的工作。

（1）培训的目标　人员培训旨在提高员工队伍的素质，促进组织的发展，实现以下四个方面的具体目标。

① 更新知识。随着科学技术进步速度的加快，人们原先拥有的知识与技能在不断老化。为了防止组织中各层级人员工作技能的衰退，组织必须对员工进行不断的培训，使他们掌握与工作有关的最新知识和技能。

② 发展能力。要通过人员培训，提高组织成员在决策、用人、激励、沟通、创新等各方面的综合能力，特别是随着工作的日益复杂化和非个人行为化，改进组织内部人际关系的能力要不断提高。

③ 转变观念。每个组织都有自己的文化价值观念和基本行为准则。要通过人员培训，使组织中的每个成员，特别是新聘成员逐步了解并融入组织文化中，形成统一的价值观念，按照组织中普遍的行为准则来从事工作，与组织目标同步。

④ 交流信息。通过培训，要加强员工之间的信息交流，特别是使新员工能够及时了解组织在一定时期内的政策变化、技术发展、经营环境、绩效水平、市场状况等方面的情况，熟悉未来的合作伙伴，准确而及时地定位。

（2）培训的类型　组织的人员培训可分为四大类型：弥补任职差距的完善性培训；满足生产、服务需求的培训；提高企业全体人员技能的前瞻性培训；非工作技术性的综合素质培训。

（3）培训的原则　培训应遵循以下原则。

① 战略原则。即培训要符合组织整体发展的需要，要把培训目标与组织的长远目标、组织战略相联系。

② 理论联系实际、学以致用的原则。即培训要有针对性、实践性，要讲时效。

③ 专业知识和技能的培训与组织文化的培训兼顾的原则。即培训不仅仅要提高组织成员的专业知识和技能，同时要让其了解并融于企业特有的组织文化中，形成统一的价值观念。

④ 全员培训和重点培训相结合。即在全员培训的基础上，要对某些关键职务、关键岗位和部门进行重点培训。

⑤ 主动参与的原则。即提倡员工主动参与、主动学习，增强学习意识，要通过各种途径，激发员工的学习动机。

⑥ 严格考核、择优奖励的原则。培训过程中及培训结束后，要严格考核，对优秀者要进行奖励（尤其是精神奖励），以调动员工的学习热情。

⑦ 投资效益的原则。要将培训投资与培训所能带来的效益相对比，注重培训的经济性。

（4）设计培训的步骤　要设计一个培训项目，需经过以下步骤（如图 4-17 所示）。

（5）人员培训的方法　人员培训包括管理人员培训和一般员工培训。

① 管理人员培训。管理人员的培训方法有工作轮换、设置职

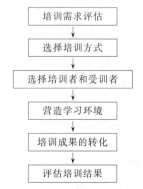

图 4-17　设计培训的步骤

务助理、临时职务代理三种。

**工作轮换** 工作轮换训练是培养管理技能的一种重要方法,它不仅可以使受训者丰富技术知识和管理能力,掌握公司业务与管理活动的全貌,而且可以培养他们的协作精神和全局观念,使他们明确企业系统的各组成部分在整体运行和发展中的作用,从而在解决具体问题时,能自觉地从整个企业的角度出发,处理好局部与整体的关系。

**设置职务助理** 在一些较高的管理层次设置职务助理,不仅具有培训待提拔管理人员的好处,而且可以借此减轻主要负责人的负担,使之从繁忙的日常管理事务中解脱出来,专心致力于重要问题的考虑和处理。

**临时职务代理** 当组织中某个主管由于出差、生病或度假等原因暂时不能上岗时,对于这种临时性的职务空缺(当然,组织也可有意识地安排这类空缺),组织可以考虑让受训者临时代理该主管工作。安排临时性的代理工作,可使受训者亲身体验高层管理工作,使之在代理期内充分展示其管理才能,知道自己应该如何迅速弥补其现有管理能力的不足。

② 一般员工培训。一般员工的培训方法有导入培训(对新职工的培训)、在职培训和离职培训三种形式。

**导入培训** 是针对新职工进行的培训。应聘者一旦决定被录用之后,组织就应该对他们进行必要的培训,使他们尽快熟悉所从事的本职工作以及组织的基本情况,充分了解他应尽的义务和职责以及绩效评估制度和奖惩制度等。这样做一方面可以消除新员工那些不切实际的期望,使其充分预计到今后工作中可能遇到的各种困难和问题,了解克服和解决这些困难和问题的渠道;另一方面可以引导新员工了解组织的远景目标、工作中如何与同事合作等。组织有义务把新员工的不适应感降至最低,并应使其尽快地调整自我,尽早地适应工作环境。

**在职培训** 对员工进行在职培训是为了使员工掌握新技术和新方法,以满足新的工作目标要求所进行的不脱产培训。工作轮换和实习是两种最常见的在职培训。工作轮换是指让员工在横向层级上进行工作调整,使他们学习多种工作技术,同时进一步了解各种工作之间的依存性,了解组织的整个活动,开阔视野。实习是让新来员工向优秀的老员工学习,以提升自己的知识与技能的一种培训方式。

**离职培训** 离职培训是指为了使员工能够适应新的工作岗位要求,将员工送到专门的学校或其他培训场所而进行的培训。最常见的离职培训方式有教室教学、影片教学以及模拟演练等。教室教学比较适合给员工们集中灌输一些特殊的信息、知识,可以有效地增进员工在管理和技术方面的认知。影片教学的优点在于它的直观示范性,可以弥补其他教学方式在示范效果方面的不足。而如何在实践中处理好人际关系问题,如何提高解决具体问题的技能,则更适于通过模拟演练学习。模拟演练包括案例分析、经验交流、角色模拟等。比如,员工在实际上岗前,可以先在同样的设施内模仿他们日后的工作进行操作,以便为日后开展实际工作打下基础。

**4. 绩效考核**

绩效考核就是考察组织成员对岗位所规定职责的执行程度,从而评价其工作成绩和效果。

(1) 绩效考核的作用 有效的绩效考核,有利于评价、监督和促进员工的工作,起到明显的激励作用;为确定员工薪酬及其他待遇提供了依据;通过给员工提供反馈,使员工了解组织如何看待他们的工作表现,从而促进员工间的相互学习和组织内部的相互沟通;通过绩效考核,还可以了解员工的哪些技术和能力目前已不适合,需要通过培训和发展加以补救;绩效考核还为人力资源规划提供了依据,指导晋升、岗位轮换及解聘决策。

(2) 绩效考核的前提条件 并非任何企业都能实施绩效考核管理。处于成长期、成熟期的企业，建立了完整的战略目标体系、目标责任体系、组织结构体系，才能把各项目标落实到各级责任人，才使绩效考核成为可能。因此企业绩效考核是企业进入成长期、成熟期的产物，是随企业变革而不断完善创新的过程。其实施前提如下。

① 有可操作的企业发展战略。
② 组织结构图对各层次的岗位的关系有准确的界定。
③ 岗位说明书对各岗位职责的明确描述。
④ 内外客户对所分析的岗位的清楚要求。
⑤ 对员工的表现有详细的记录。

(3) 完善的绩效考核制度的特点　完善的绩效考核制度应具备以下特点。

① 与公司战略相连接。
② 高层主管的全力支持。
③ 全体员工的主动参与。
④ 结果和绩效相结合的评价指标。
⑤ 考核方法的客观性。
⑥ 与薪酬调整相结合。
⑦ 有效的沟通和培训。

(4) 绩效考核的原则　绩效考核应遵循以下原则。

① 可靠、客观、公平。绩效考核应尽可能科学，应根据明确的考核标准、针对客观考评资料进行评价，尽量减少主观性和感情色彩。

② 科学、明确、公开。应使考核标准和考核程序科学化、明确化和公开化，这样才能使组织成员对考核工作产生信任，从而采取合作态度，对考核结果也才能够理解和接受。

③ 坚持差别原则。若考核结果不能产生鲜明的差别，也没有以此作为奖罚的依据，考核就丧失了其激励作用。

④ 及时反馈。考核结果要及时反馈给被考核者本人，这样一方面可以防止考核中可能出现的偏见及误差，保证考核的公平与合理；另一方面，可以使被考核者及时了解自己的缺点和优点。

(5) 绩效考核的内容　绩效考核内容主要是能力、态度、业绩三个方面。能力即员工具有哪方面的能力，掌握程度如何；态度即员工发挥自身能力时，所表现出来的热情、主动性；业绩即员工所表现出来的能力的实际效果。

设计考核指标时，要遵循"SMART"原则。S（Specific）即细化到具体内容；M（Measurable）即结果可以量化；A（Attainable）即员工通过努力可以实现的；R（Realistic）即指标能观察、可证明，现实的确存在；T（Time-bound）即要有时间限制，要关注效率。

(6) 绩效考核的程序　绩效考核可以分为以下几个步骤。

① 确定特定的绩效考核目标。在不同的管理层次和不同的工作岗位上，每一个员工所具备的能力和提供的贡献是不同的，而一种绩效考核制度不可能适用所有的考核目标。在考核员工时，首先要有针对性地选择并确定特定的绩效考核目标，然后根据不同岗位的工作性质，设计和选择合理的考核制度。

② 确定考核者。考核工作往往被视为人力资源管理部门的任务。实际上，人力资源管理部门的主要职责是组织、协调和执行考核方案。要使考核方案取得成效，还必须让那些受过专门考核培训的管理人员直接参与到方案实施中来，因为管理人员可以更为直观地识别员工的能力和业绩，并富有直接的领导责任。当然，下属、同事和自我的评价也可以列为一种参考。

③ 评价业绩。在确定了特定的绩效考核目标和考核者之后，就应当通过绩效考核系统，对员工特定的目标考核内容进行正确的考核。得出考核结论后，要对考核结论的主要内容进行分析，检验考核结论的有效程度。考核应当客观、公正，杜绝平均主义和个人偏见。

④ 反馈考核结果。考核人应及时将考核结果通知本人，这样可以使员工知道组织对自己能力的评价以及对自己所做贡献的承认程度，认识到组织的期望目标和自己的不足之处，从而确定今后需要改进的方向。如果认为考核有不公正或不全面之处，也可在认真反思和考虑之后进行充分申辩或补充，这既有利于员工的事业发展，也有利于组织对员工工作要求的重新建立。

⑤ 将考核结果备案。为员工今后的培训和人事调整提供充分的依据。

(7) 绩效考核的方法　绩效考核的方法有德能勤绩考核法、量表测评法、关键事件记录评价法、360度考核法、强制分布法、主基二元考核法、目标管理法、关键绩效指标法等。

① 德能勤绩考核法。"德"指员工的思想品德和职业道德，它直接关系到员工的工作质量、为社会所做的贡献等。"能"指员工的专业理论水平和实际能力。能力是做好工作的基本条件。对能力的考核主要包括基本能力考核和精神熟悉能力考核。基本能力包括知识、技能和体力；精神熟悉能力包括理解能力、判断能力、决断能力、创造能力、筹划能力、开发能力、表达能力、谈判能力、涉外能力、领导能力等。"勤"指员工主观上的工作积极性和工作态度，包括在工作中表现出来的热情与干劲、责任感、纪律性等。"绩"指员工在工作过程中的实际成绩与效果。这是考核的核心内容，它包括员工完成工作成果的数量、质量及时效。

德能勤绩考核法的基本假设是：人如果品德好，又有好的能力，一定能产生好的绩效。

② 量表测评法。该法是用一系列标准的量表，进行考核评价，并按统计分析规律进行综合分析，得出考核评价结果。

该法通常用于对员工的潜在能力和适应性进行评价。

③ 关键事件记录评价法。管理人员将下属在工作活动中所表现出来的非常优秀的行为或非常严重的错误（或事故）记录下来，将此作为主要依据来评价员工的工作绩效。需要注意的是，记录的关键事件是考核的主要依据，但不是唯一的依据。

④ 360度考核法。由员工的上级、下级、同事、客户等所有相关者对其进行评价，再结合员工本人的自我评价，通过加权平均得出考核结果。

员工本人、下级、同事、客户只是绩效信息的提供者，考核主体仍然是上级。公司人力资源部均不直接参与具体考核工作，只承担辅助工作，比如，提供全公司绩效考核的指导原则等。

⑤ 强制分布法。这种方法是通过对考核结果进行修正和调整，来使考核结果满足预先设定的等级分布。准确地说，强制分布法不是一种考核方法，而是一种考核结果调整的办法。这里需要考虑的是，谁应该拥有"强制分布权"？什么样的分布算是合理分布？

⑥ 主基二元考核法。这种方法是把员工的绩效分成两部分，第一部分是"主要绩效"，是显现员工绩效的重要部分，员工做得越好，绩效分越高；第二部分是"基础绩效"，基础绩效指标采用红黄绿三色管理，红色为必须改善区，黄色为一般区，绿色为优秀区。员工的表现、成果落在黄色区，不加分也不减分，落在绿色区要加分，落在红色区要减分。主要绩效和基础绩效相互独立又互相促进，基础绩效好，对整体绩效是个补充，基础绩效差，整体绩效就不好。绩效考核就是把这两部分的分都考核出来，然后将两者互相叠加，即得出真正的绩效考核分数。

⑦ 目标管理法。将组织目标层层分解到各部门、各人，根据目标的完成情况，对部门和员工进行考核。该法的关键是，目标的制定和分解要合理。下一步的目标管理计划准备工作要在目前目标管理实施的期末之前完成。

⑧ 关键绩效指标法。该法通过对工作绩效特征的分析，提炼出最能代表绩效的若干关键指标，并以此为基础进行绩效考核。

5. 薪酬管理

（1）薪酬的含义　薪酬是指员工从组织中获得的基于劳动付出的各种补偿。它有广义和狭义两种含义。

广义的薪酬包括经济性薪酬和非经济性薪酬。

经济性薪酬包括直接的经济性薪酬和间接的经济性薪酬。直接的经济性薪酬主要有基本工资、奖金、津贴等。间接的经济性薪酬是指企业向员工提供的各种福利，如各种保险、补助、优惠、服务和带薪休假等。

非经济性薪酬包括工作本身、组织内部及外部特征为员工带来的效用满足。工作本身所带来的效用满足包括工作的挑战性、责任感、成就感、趣味性、员工在工作中所体验到的个人能力和适应性等方面的成长以及个人梦想的实现等。这里所说的组织内部特征指组织的工作条件、工作时间、管理制度、上下级关系、同事关系、团队气氛和信息环境等。组织外部特征则指组织的地理位置、社区环境、业界声望、社会网络以及组织的发展前景等。符合员工需要的组织内、外部特征可以为员工的某些心理需求提供满足。

狭义的薪酬仅指经济性薪酬。

一般所指的薪酬都是经济性薪酬。

（2）薪酬的构成　狭义的薪酬包括基本工资、奖金、津贴、福利。

基本工资是以员工的劳动强度、劳动熟练程度、工作复杂程度以及责任大小为基准，根据员工完成定额任务（或法定时间）的实际劳动消耗而计付的报酬。它一般是员工报酬的主要部分，也是计算其他部分数额的基础。

奖金是企业对员工超额完成任务以及出色的工作成绩而计付的报酬，其作用在于鼓励员工提高劳动生产率（或工作效率）和工作质量，所以又称"效率薪酬"或"刺激薪酬"。它可以是针对员工个人绩效的奖励，也可以是对集体绩效的奖励。

津贴也叫附加薪酬，它是为了补偿和鼓励员工在恶劣工作环境下的劳动而计付的薪酬。它有利于吸引劳动者到工作环境脏、苦、险、累的职位上工作。

福利是为了吸引员工到企业工作或维持企业骨干人员的稳定而支付的一种补充性薪酬，包括法定社会保险、免费或折价工作餐、生活用品的发放等。它往往不是采用目前可花费的现金形式支付，多数是实物支付和延期支付。

（3）薪酬的功能　合理的薪酬，对员工、对企业、对社会都有极大的功能。

① 薪酬对员工的功能。一个完整的薪酬结构，对企业员工具有保障和激励功能。薪酬的保障功能是通过基本工资来体现的。劳动是员工脑力和体力的支出，员工作为企业劳动力要素的提供者，企业只有给予足够的补偿，才能使其不断投入新的劳动力。薪酬的激励功能主要通过奖金来实现。在市场经济条件下，对员工的激励除了精神激励外，主要是物质利益的激励。现实生活中，员工一方面要追求自身的价值、主人翁感和认同感，另一方面更重视追求实在的利益，而劳动则是员工获取收入以提高自己满足物质需求的基本手段。在这种情况下，企业通过各种具体工资形式（如奖金），把收入与员工的劳动贡献联系起来，劳动收入就能发挥激励作用。

② 薪酬对企业的功能。薪酬对企业具有保值增值的功能。薪酬是能够为企业和投资者带来预期收益的资本。企业或投资者从事生产经营活动必须雇佣员工，薪酬就是用来购买劳

动力所支付的特定资本。薪酬的投入可以为投资者带来高于成本的预期收益,这是雇主雇佣员工,对劳动要素进行投资的动力所在。因此,从这个意义上说,薪酬具有保值增值的功能。

③ 薪酬对社会的功能。薪酬对社会具有劳动力资源的再配置功能。薪酬作为劳动力价格信号,调节着劳动力的供求和流向。另外,薪酬也调节着人们对职业和工种的选择,调节着人们择业的愿望和就业的流向。

(4) 薪酬的模式　按照薪酬刚性和差异性的不同,可以将薪酬的各个部分放在一个坐标系中。横轴表示薪酬的刚性,它指薪酬的不可变性;纵轴表示薪酬的差异性,它指薪酬在不同员工之间的差别程度。这样,整个坐标平面就被分成了四个部分(见图4-18)。

基本薪酬即基薪,它具有高刚性和高差异性。这就是说,不同岗位上的员工的基本薪酬之间差异明显,而且每个人的基本薪酬既不容易增加,也不能随便扣减。

图 4-18　薪酬的刚性与差异性

奖励薪酬即奖金,它具有高差异性和低刚性。由于员工的绩效、为企业做出的贡献相差较大,所以奖金表现出高差异性;再者,随着企业经济效益和战略目标的变化,奖金也要不断调整,表现出低刚性。

附加薪酬即津贴,它具有低差异性和低刚性。作为一种附加薪酬,它会随着企业效益、工资水平、物价水平等客观环境因素而做出相应调整甚至取消,因而具有低刚性;再者,它一旦作为一种制度确立下来,就必须对从事同一种职务的员工一视同仁,不论其绩效高低,都要对同样恶劣的工作条件做出相同水平的补偿,因而具有低差异性。

员工福利具有低差异性和高刚性。因为福利是人人都可以享受的利益,其设置的目的就是为了长期稳定员工和发展组织,所以它必须在不同的人和不同的阶段之间都保持较小的变化,因而具有低差异性和高刚性。

由于薪酬体系中各个部分的性质不同,所以,它们以不同比例组合在一起,就构成了不同的薪酬体系模式。

① 高弹性模式。这是一种短期绩效决定模式,是辅助薪酬所占比重较大的模式。它是一种基于绩效高低来决定员工薪酬的体系。如果近期某一员工的工作绩效很高,则支付给他相应的高薪酬;如果近期该员工的工作绩效降低,则支付其较低的报酬。其特点如表4-3所示。

表 4-3　高弹性模式的特点

| 项　目 | 内　容 |
| --- | --- |
| 适用条件 | 员工的工作热情不高 |
|  | 企业的人员流动率较大 |
|  | 业绩的伸缩范围较大的岗位,如营销、开发创新等 |
| 优点 | 激励功能较强 |
|  | 薪酬与绩效紧密挂钩,不易超支 |
| 缺点 | 薪酬水平波动较大,不易核算成本 |
|  | 员工缺乏安全感 |

② 高稳定模式。高稳定模式是基本薪酬所占比重较大的模式，一般基于岗位、资历等来决定薪酬的高低，一经确定，则很少波动。在该模式下，员工的薪酬与个人的绩效关系不大，而是主要取决于公司的经营状况及员工的工龄，因此，员工的个人收入相对稳定。其特点如表 4-4 所示。

表 4-4 高稳定模式的特点

| 项　　目 | 内　　容 |
| --- | --- |
| 适用条件 | 员工的工作热情较高 |
|  | 企业的人员流动率不大 |
|  | 员工业绩的伸缩空间较小 |
| 优点 | 薪酬水平波动不大，容易核算成本 |
|  | 员工安全感较强 |
| 缺点 | 缺乏激励功能 |
|  | 企业人均成本稳定，容易形成较重的负担 |

③ 折中模式。这种模式兼具稳定性和弹性，既能激励员工的绩效，又能给员工一定的安全感。但要达到理想的效果，需将薪酬体系的各个部分，根据企业的具体生产经营特点、发展阶段和经济效益，进行合理的搭配。一般来说，这种模式下的基本薪酬部分趋向于高刚性，然后可以配合与员工个人绩效紧密挂钩的奖励薪酬，或者与企业经济效益相关联的附加薪酬，甚至是比较灵活的员工福利。其特点如表 4-5 所示。

表 4-5 折中模式的特点

| 项　　目 | 内　　容 |
| --- | --- |
| 优点 | 兼具激励性与员工安全感 |
|  | 薪酬制度灵活掌握，薪酬成本容易控制 |
|  | 适用面比较广泛 |
| 缺点 | 薪酬理论水平要求相对较高 |

（5）薪酬管理的含义　薪酬管理是指企业在经营战略和发展规划的指导下，综合考虑企业的内外部各种因素的影响，确定自身的薪酬水平、薪酬结构和薪酬形式，并进行薪酬调整和薪酬控制的整个过程。其目的在于吸引和留住符合企业需要的员工，并激发他们的工作热情和各种潜能，最终实现企业的经营目标。

薪酬水平是指企业内部各类职位和人员平均薪酬的高低状况，它反映了企业薪酬的外部竞争性。

薪酬结构是指企业内部各类职位和人员之间薪酬的相互关系，它反映了企业支付薪酬的内部一致性。

薪酬形式则是员工和企业总体的薪酬中，不同类型薪酬的组合方式。

薪酬调整是指企业根据内外各种因素的变化，对薪酬水平、薪酬结构和薪酬形式进行相应的变动。

薪酬控制是指企业对支付的薪酬总额进行测算和监控，以维持正常的薪酬成本，避免为企业带来过重的经济负担。

正确理解薪酬管理的内涵需要把握以下几点。

第一，薪酬管理是人力资源管理乃至企业管理的重要一环，其目的在于实现企业的经营战略目标，因而薪酬管理必须服从并服务于企业经营战略。

第二，薪酬管理的直接目的在于吸引和留住符合企业需要的员工，并激发他们的工作热情和各种潜能。因此在薪酬设计过程中，必须考虑企业内外部各种因素的影响和作用，既能保持企业员工薪酬水平的外部竞争性和内部公平性，同时又要保证各类薪酬组合方式在激励方面的有效性。

第三，薪酬管理工作绝不仅仅是为企业雇员发发工资这么简单，它同企业其他管理工作一样，需要有科学、先进的管理理念做支撑；需要运用计划、组织、领导和控制等管理职能来开展工作；尤其需要随着组织和社会的发展，不断进行调整和变化。

（6）薪酬管理的作用　薪酬管理的作用具体表现为以下几个方面。

① 有利于吸引和保留优秀的员工。这是薪酬管理最基本的作用。在比较健全的市场经济中，优秀的员工往往是所有企业争夺的对象，最优秀的员工也是最有可能流失的员工。有效的薪酬管理，其关键在于能够比竞争者更能有效地满足这些员工在生理和心理方面的需求，使他们留下来为企业服务。

② 有助于激发员工的工作积极性。薪酬不仅是劳动付出的结果，同时也是劳动付出的原因。人们的行动是在需要的基础上产生的，对行为的激励正是以人们尚未满足的需要为支点的。有效的薪酬管理能够在不同程度上满足员工的需要，从而可以实现对员工的激励。

③ 有助于改善企业的绩效。有效的薪酬管理能够对员工产生较强的激励，提高他们的工作绩效，进而使整个企业的绩效得以提升。

④ 有助于控制企业成本。对于任何企业来说，薪酬支出都是一项重要的成本开支，通过有效的薪酬控制，企业可以在一定程度上降低总成本，从而扩大产品和服务的利润空间。

⑤ 有助于塑造良好的企业文化。良好的企业文化对于企业的正常运转具有重要的作用，而有效的薪酬管理则有助于塑造良好的企业文化。经济性薪酬为企业文化的建设提供了基本的物质基础。而非经济性薪酬本身就含有大量企业文化的成分。更为重要的是，合理的薪酬制度可以作为构建企业文化的制度性基础，对企业文化的发展方向具有重要的引导作用。

（7）合理的薪酬制度的要求　合理的薪酬制度要具有公平性、竞争性、激励性、经济性和合法性。

① 公平性。企业员工对薪酬分配的公平感，也就是对薪酬发放是否公正的判断与认识，它是设计薪酬制度和进行薪酬管理时需要首要考虑的因素。

在企业中要根据员工贡献大小、工龄、职务的重要性等因素付给员工薪酬，使企业的员工有公平感，多劳多得，否则会挫伤员工的积极性，甚至另寻出路。在现代企业中，有些员工尤其是优秀的员工经常跳槽，这与薪酬分配不公平有着重要的关系。

薪酬公平性的三个层次。一是外部公平性，即同一行业或同一地区或同等规模的不同企业中类似职务的薪酬应当基本相同；二是内部公平性，即同一企业中不同职位的员工所获得的薪酬应和其各自对企业所做的贡献成正比；三是个人公平性，即同一企业中在同一岗位上工作的员工，其所获得的薪酬应与其贡献成正比。

② 竞争性。竞争性是指在社会上和人才市场中，企业的薪酬标准要有吸引力，这样才足以战胜其他企业，招到所需人才，吸引新员工。

③ 激励性。激励性是指要在企业内部各类、各级职务的薪酬水准上，适当拉开差距，真正体现按贡献分配的原则，从而提高员工的工作热情，为企业做出更大的贡献。

④ 经济性。薪酬制度的制定及薪酬水平的确定，要考虑企业的实际承受能力。

⑤ 合法性。合法性是指企业的薪酬制度必须符合现行的政策和法律，否则将难以顺利进行。

（8）工资制度　常见的工资制度有结构工资制、岗位技能工资制、岗位薪点工资制、技术等级工资制、岗位等级工资制、职能等级工资制、提成工资制、保密工资制等。

① 结构工资制。结构工资制是基于工资各组成部分的不同功能，将工资划分为若干个相对独立的工资单元，然后将各单元按不同的比例进行组合。

结构工资制的构成一般包括五个部分。一是保障职工生活的基本工资（或基础工资），这是为了保证劳动力的简单再生产；二是按照岗位的劳动复杂程度、繁重程度、精确程度、责任大小等因素决定的工资，称作岗位工资，它是结构工资制的主要组成部分，是体现劳动差别、贯彻按劳分配原则的关键；三是按照职工的综合能力而决定的工资，称作技能工资，这是为弥补岗位工资的不足，鼓励职工努力钻研业务、提高技能而设置的，也是对职工智力投资的补偿；四是按照职工工龄决定的工资，称作工龄津贴，它是对职工工作经验和劳动贡献的积累给予的补偿，它随着工龄而逐年增加；五是根据职工在全年工作中有突出贡献，成绩优异状况而决定的工资，称作激励工资或效益工资，它能激励职工努力工作，多做贡献。

② 岗位技能工资制。岗位技能工资制是在岗位工作评价的基础上，按照岗位与技能这两个因素来确定工资多少的制度。它更好地贯彻了按劳分配的原则，也更能够调动员工提高技术水平的积极性。

③ 岗位薪点工资制。岗位薪点工资制是在对岗位责任、岗位技能、工作强度、工作条件进行评价的基础上，用点数和点值来确定员工实际劳动报酬的一种工资制度。

员工的点数通过一系列量化考核指标来确定，点值与企业和各部门效益实绩挂钩。员工的工资标准由点数和点值决定（工资等于点数乘以点值）。

④ 技术等级工资制。技术等级工资制是按照工人所能达到的技术等级标准确定工资等级，并按照确定的等级工资标准计付劳动报酬的一种制度。它的主要作用是区分技术工种之间和工种内部的劳动差别和工资差别。

⑤ 岗位等级工资制。岗位等级工资制是按照工人在生产中的工作岗位确定工资等级和工资标准的一种工资制度。

岗位等级工资制与职务等级工资制的性质是基本相同的，区别在于我国主要将前者应用于企业工人，后者应用于行政管理人员和专业技术人员。

这种制度是根据工作岗位或岗位对任职人员在知识、技能和体力等方面的要求及劳动环境因素来确定员工的工作报酬。员工工资只与岗位和职务要求挂钩，不考虑超出岗位要求之外的个人能力。

⑥ 职能等级工资制。职能等级工资制是根据职工所具备的与完成某一职位等级工作所相应要求的工作能力，确定工资等级的一种工资制度。它是一种强调个人知识水平和技能，推动劳动者通过个人素质的提高实现工资收入增长的一种工资体系。

在这种制度下，决定个人工资等级的最主要因素是个人相关技能和工作能力，即使不从事某一职位等级的工作，但经考核评定其具备担任某一职位等级工作的能力，仍可执行与其能力等级相应的工资等级，即职位与工资并不直接挂钩。

⑦ 提成工资制。提成工资制是用企业实际销售收入减去成本开支和应缴纳的各种税费以后，将剩余部分在企业和职工之间按不同比例分成的一种工资制度。

这种方式如果运用恰当，则可以极大地提高员工的积极性，使员工和企业达到双赢，但如果运用得不好，不但不能提高员工的积极性，还可能使员工产生不公平感。

这种工资制度主要适用于业绩与员工的个人能力密切相关的行业，如保险行业从业人员、基金或股票经纪人、营销人员等。

⑧ 保密工资制。保密工资制是一种灵活反映企业经营状况和劳务市场供求状况，并对员工的工资收入实行保密的工资制度。

在这种制度下，员工的工资额由企业与员工当面协商确定，其工资额的高低取决于劳务市场的供求状况和企业经营状况。当某一工种或人员紧缺或企业的经营状况较好时，工资额就上升，反之下降。

企业对生产需要的专业技术水平高的员工愿意支付较高的报酬。如果企业不需要该等级的专业技术的员工，就可能降级使用或支付较低的报酬。如果员工对所得的工资不满，可以与企业协商调整。如果双方都同意，可以履行新的工资额。

员工可以因工资额不符合本人要求而另谋职业，企业也可以因无法满足员工的愿望而另行录用其他员工。

企业和员工都必须对工资收入严格保密，不得向他人泄露。

---

**小阅读： 人与事**

◇ 唐太宗论用人——明主之用人，如巧匠之制木，直者以为辕，曲者以为轮，长者以为栋梁，短者以为拱角。无曲直长短，各有所施。明主之任人，亦由是也。智者取其谋，愚者取其力，勇者取其威，怯者取其慎，无智愚勇怯，兼而用之。故良匠无弃材，明主无弃士。

◇ 用人的最佳状态——人得其事，事得其人，人尽其才，事尽其功。

---

## 第五节 组织变革

**管理故事：不拉马的士兵**

一位年轻有为的炮兵军官上任伊始，到了下属部队视察其操练情况。他在几个部队发现相同的情况：在一个单位操练中，总有一名士兵自始至终站在大炮的炮管下面，纹丝不动。

军官不解，究其原因，得到的答案是：操练条例就是这样要求的。军官回去后反复查阅军事文献，终于发现，长期以来，炮兵的操练条例仍因循非机械化时代的规则。

站在炮管下的士兵的任务是负责拉住马的缰绳，以便在大炮发射后调整由于后坐力产生的距离偏差，减少再次瞄准所需的时间。现在大炮的自动化和机械化程度很高，已经不再需要这样一个角色了，但操练条例没有及时地调整，因此才出现了"不拉马的士兵"。军官的发现使他获得了国防部的嘉奖。

**解释**：岗位的设置不是一成不变的，必须随着客观条件的变化而调整。

### 一、组织变革的动因

任何组织都不是完美无缺的，也不会是一成不变的。随着组织环境的变化，组织必须及时做出相应的调整。所谓组织变革，就是指组织为适应内、外环境的变化，及时对组织中的要素及其关系进行调整的过程。

导致组织变革的因素主要有两个：一是组织的外部环境因素；二是组织的内部环境因素。

**1. 外部环境因素**

外部环境因素主要是市场、资源、技术和政治经济环境的变化。这些因素往往是管理者难以控制的。

(1) 市场变化  市场变化包括顾客的收入、价值观念、消费偏好的变化，也包括竞争者的变化（如推出了新产品、加强了广告宣传、降低了成本、改进了服务等）。市场的这些变化可能使本企业的产品不再具有吸引力，从而推动组织进行变革。

(2) 资源变化  资源变化包括人力资源、能源、原材料等的质量、数量及价格的变化。例如，劳动者素质的提高使传统的"高耸型组织"、集权化管理越来越不适应，组织必须实行与劳动者素质相适应的新型管理方式，如分权化管理、参与式管理等。

(3) 技术变化  技术变化包括新工艺、新材料、新技术以及新设备的出现。技术的变化不仅会影响新产品，而且会产生新的行业，带来新的管理方式以及人与人之间关系的变化。如计算机信息技术的广泛应用，使现代企业管理发生了本质变化。

(4) 政治经济环境变化  政治经济环境的变化包括政治形势、经济形势、投资政策、贸易政策、税收政策、产业政策等的变化，这些变化有时会给组织带来良好的机遇，有时会给组织带来极大的风险。这些都会引起组织内部深层次的调整和变革。

2. 内部环境因素

内部环境因素主要是组织中人的变化以及组织运行中各种矛盾的产生。

(1) 组织中人的变化  组织中人的变化是组织内部环境中引起组织变革的重要因素。人的变化主要指人员思想和行为的变化，包括人员的工作态度、工作期望、个人价值观念等方面的变化，这些变化会直接影响到组织目标的实现和组织结构的调整。例如，新上任的领导具有新的经营理念，采用了新的管理方法，就可能引起组织变革。

(2) 组织运行中的矛盾  组织在运行中会出现各种各样的矛盾，如组织结构与组织的战略、外部环境、技术、组织规模和成长阶段等不相适应；组织结构庞大臃肿、运行机制僵化、决策行为缓慢等。要解决这些矛盾，组织结构就需要调整。

## 二、组织变革的动力和阻力

1. 组织变革的动力

组织变革的动因仅仅是为组织变革提供了必要性和理由。要成功地实施变革，还需要一定的推动力量。组织变革的动力指的就是发动、赞成和支持变革并努力去实施变革的驱动力。组织变革的动力一方面来自组织内部管理者及员工对变革的必要性及变革所能带来好处的认识，另一方面也可来自组织外部的咨询专家。在进行巨大变革时，组织的管理者经常会聘请外部专家提供建议和协助。与组织内部人员相比，外部的咨询专家对组织问题的认识更为客观，同时由于无需承担组织变革后的各种后果，所以，他们往往倾向于更为剧烈的变革，于是，构成了组织变革的动力。

2. 组织变革的阻力

组织变革的阻力是指人们反对变革、阻挠变革甚至对抗变革的制约力。组织变革的阻力主要来源于以下几个方面。

(1) 个人惯性  组织变革要求成员调整不合理的或落后的知识结构，更新过去的管理观念，调整已经习惯了的工作方式等。人们对这种改变的抵触，便构成了变革阻力。

(2) 对不确定性的恐惧  人类有安于现状的习性，对变革有一种天然的抵触情绪，任何管理制度、行为规范的变革都会使他们的内心产生恐慌，并失去平衡，于是，宁愿抱残守缺，也不愿意尝试变革，结果往往导致组织丧失变革的最佳时机。

(3) 对既得利益的威胁  变革意味着原有的平衡系统将被打破，意味着管理层级、职能机构、关系结构的重新调整，从而会影响组织成员的既得利益。因而，组织成员出于对自身安全的考虑，会极力反对变革。

(4) 对未来发展认识的不足  由于没有意识到组织面临的各种环境压力，组织成员往往对变革缺乏一种应有的紧迫感，对未来盲目乐观，缺少创新精神和危机意识，缺少变革的勇气和承担变革风险的心理承受能力，不愿做组织变革的先行者，甚至认为组织变革是多此一举。这种认识上的盲目性使得组织成员从感情到行为都会表现出毫无理由地拒绝和排斥组织变革的倾向。

（5）工作阻力　如果组织变革涉及工作性质和技术方面的要求，如调整工作内容、使用新机器或新技术，就会遭到组织中员工的抵制。因为员工在熟悉了某项工作后，就不太愿意改变。这与人安于现状的心理是一致的。

（6）非正式组织的阻力　人们在生活、工作中会形成多种非正式人际关系，产生非正式组织。当组织进行变革时，特别是进行结构和人员调整时，这些非正式人际关系会遭到破坏，还可能会改变这些非正式组织中某些人的权力、地位甚至利益，所以必然遭到抵制。

（7）组织文化　组织所固有的文化在有些情况下也会成为阻碍变革的因素。比如，不愿冒险的组织文化可能使组织变革的阻力增大。

3. 克服变革阻力的途径

（1）增进内部沟通　通过良好的内部沟通，使组织上下都深刻了解组织目前所处的经营环境、所面临的威胁与机遇等，从而增强变革的紧迫感，扩大对变革的支持力量，排除阻力。

（2）加强教育培训　变革者应通过自上而下的培训教育，使员工学习新知识，接受新观念，掌握新技术，学会用新的观点和方法来看待和处理新形势下的各种新问题，从而增强对组织变革的适应力和心理承受能力，增进他们对组织变革的理性认识，使他们自觉地成为变革的主力军。想办法使人们认识到，虽然每种变革都会影响到某些人的特权、地位或职权，但如果不实施变革，维持现状，那将会威胁到整个组织的生存和发展。

（3）发动全员参与　让组织成员共同参与变革计划的制订与执行，通过对变革内容与执行方式的公开讨论，使参与者之间增进交流、相互接受，从而赢得组织成员对变革的支持。

（4）把握策略与时机　变革要选好时机，把握好分寸，循序渐进，配套进行。变革是革命，但不等于蛮干，要特别注意策略和艺术，成功的变革不仅可以增进组织的效率，维持组织的成长，同时也可以提高成员的工作士气，满足成员的合理欲望。

## 三、组织变革的方式

1. 按照工作对象的不同来划分

按照工作对象的不同来划分，组织变革的方式主要可分为以调整组织结构为中心的变革、以任务和职能为中心的变革和以人为中心的变革。

（1）以调整组织结构为中心的变革　这种变革方式是通过调整和改变组织结构形式、职权配置方式、信息沟通渠道、管理规章制度、成员的工作环境等途径实现组织变革。在这种变革过程中，员工的态度和行为方式是随着以上几方面的改变而加以调整的，并且这种调整是渐进的，有时是为了适应环境的变化不得已而为之。以调整组织结构为中心的变革是人们采用的较多的变革方式，其优点是操作比较容易、效果比较明显。

（2）以任务和职能为中心的变革　当组织面对的外部大环境发生变化时，组织的任务也就会发生变化，组织的职能也要变化。此时，组织变革就是明确新任务，根据新任务调整职能、转变职能。

（3）以人为中心的变革　这种变革方式，是通过改变员工的态度、价值观念、需求层次、行为方式等途径实现组织变革。组织的管理者应针对员工的不同特点和所处的不同状态，有目标、有计划、有步骤地进行深入细致的教育、引导、示范和培训，改变他们看问题的角度与方式、对工作和人生的态度，激发他们的工作热情，引导其需求的偏好和兴趣，提高他们的岗位技能，激励他们大胆创新，提高工作效率。因此，这种变革一般需要较长的时间，并对组织的管理者具有极高的素质要求，虽效果迟缓但具有持久性，与前两种组织变革方式相比有更大的难度。

对于一个具体组织而言，应视其具体情况来选择变革方式，其组织变革常常是上面三种方式交替与混合的过程。

2. 按照变革的程度与速度不同来划分

按照变革的程度与速度不同，组织变革可分为激进式变革、渐进式变革和系统发展式变革。

(1) 激进式变革　这种变革就是彻底打破原状，抛弃旧的，采取新的组织管理办法。比如，更换组织主要领导人、大范围调整人员、重新划分部门和职权等。这种方式一般是在组织发生危机或外界环境发生重大突变时采用。

(2) 渐进式变革　这种变革是在原有的状态下做些小的变革，比如，规章制度的修订、局部的人事变动、某些部门权责的调整或职责的明晰等。这种方式是最常用的一种变革方式。

(3) 系统发展式变革　这种变革是先由主管人员设想出一个最佳方案，让有关人员共同研究，分析修改，定出变革的模型，然后对照现状，找出矛盾和差距，再据此找出解决问题的具体措施，最终实现组织的最佳化以及个人成长的最佳化。这是一种有计划、有远见的组织发展方式。

在以上三种变革方式中，渐进方式不易触及组织的根本性问题，所以，收效不大，而且费时较长。激进方式要彻底打破现状，会产生较大阻力和破坏性。相比之下，系统发展方式是最有效的，它既不是仅满足于小幅度、小范围的调整，也不是打破一切、强制人接受的一种深刻变化。它能把领导和职工的聪明才智组织起来，系统地研究问题，制定变革方案，在理解与支持的基础上，朝着预定目标前进。

3. 按变革的侧重点不同来划分

按变革的侧重点不同，组织变革可分为战略性变革、结构性变革和流程性变革。

(1) 战略性变革　战略性变革是指组织对其长期发展战略或使命所做的变革。

(2) 结构性变革　结构性变革是指组织根据环境的变化，适时对组织的结构进行变革，并重新在组织中进行权力和责任的分配。

(3) 流程性变革　流程性变革是指组织紧密围绕其关键目标和核心能力，充分应用现代信息技术，对业务流程进行重新构造。这种变革会引起组织结构、组织文化、用户服务、质量、成本等各个方面的重大改变。

## 四、组织变革的步骤

组织变革的基本步骤包括四个方面。

1. 进行组织诊断

在实施组织变革之前，首先应该邀请组织内部有关人员和外部咨询专家共同参与，根据外部环境和内部环境的变化，对组织现状进行综合分析和全面考察，研究确定组织中存在的主要问题，发现和找出症结所在，以便有的放矢、对症下药。这是进行组织变革的首要步骤。

2. 设计组织变革

在对组织问题进行正确诊断的基础上，应由各方参与人员互相交流、共同讨论，多方论证，提出组织变革的计划方案，作为进一步行动的指南。同时，还要根据组织的实际情况，确定变革可能遇到的障碍与阻力。这是进行组织变革的关键步骤。

### 3. 实施组织变革

在确定了计划方案之后，就要按照变革计划所规定的内容，实施变革。这是进行组织变革的核心步骤。

变革的实施是一个过程。心理学家勒温从变革的一般特征出发，总结出组织变革过程的三个阶段，得到了广泛的认可。

（1）解冻  由于任何一项组织变革都或多或少会面临一定程度的抵制，因此，组织变革过程需要有一个解冻阶段作为实施变革的前奏。解冻阶段的主要任务是发现组织变革的动力，营造危机感，营造改革乃是大势所趋的气氛。

（2）变革  变革阶段的任务就是按照所拟订变革方案的要求开展具体的组织变革运动或行动，以使组织从现有结构模式向目标模式转变。这是变革的实质性阶段。

（3）冻结  这一阶段的任务是，变革的管理者采取一定的措施，将组织成员已经形成的新的行为方式以及新的组织形态加以强化和巩固，以防止再退回到原有状态。

### 4. 评估组织变革

在实施组织变革之后，还应通过信息反馈，考察和评估组织变革的实际效果，找出差距和不足，并分析原因，为下一步的组织变革提供依据。这是进行组织变革的必要步骤。

## 五、组织变革的趋势

### 1. 扁平化

扁平化就是增大管理幅度，减少管理层次，权力适当下放。扁平化的结果是，信息的传递更为快捷；管理人员的减少使管理成本降低；提高了效率；员工潜力得以开发。

### 2. 分立化

分立化是指从一个大公司里再分离出几个小的公司，把公司总部与下属单位之间的内部性的上下级关系变为外部性的公司与公司之间的关系。分立化有两种方式：一是横向分立。如企业将一些有发展前途的产品分离出来，成立独立的公司，选派有技术、懂管理的人去经营。二是纵向分立。如将一种产品进行上、下游的分离。分立化的好处是：①增加了各公司的自主权和经营积极性；②减少了管理层次，精简机构；③信息传递快，具有较强应变能力、较大的灵活性；④各部门之间平等，无上、下级关系，有利于相互配合、协调，提高效率。

### 3. 柔性化

柔性化是指，企业为了实现某一目标而把在不同领域工作的具有不同知识和技能的人集中于一个特定的动态团队之中，共同完成某个项目，待项目完成后，团队成员各回各处。这种动态团队组织结构灵活便捷，能伸能缩，富有柔性。目前，企业越来越提倡知识共享、人才共用，传统的刚性管理已不能适应现代企业的发展，柔性组织便应运而生。

### 4. 虚拟化

虚拟是指把不同地区的资产迅速组合成一种没有围墙、超越空间约束的企业组织模式。虚拟企业有两种形式：一是形式虚拟，即在信息技术条件下，原有的实体企业改变了形式，员工可以通过信息网络，在任何地方及任何时间商讨工作；二是内容虚拟，比如，前面所讲过的网络型组织结构。

### 5. 网络化

组织结构的网络化主要体现在四个方面：一是企业形式集团化。企业集团是一种新的利益共同体，这种新的利益共同体的形成与发展，使得众多企业之间的联系日益紧密起来，构成了企业组织形式的网络化；二是经营方式连锁化。很多企业通过发展连锁经营和商务代理等业务，形成了一个庞大的销售网络体系，使得企业的营销组织网络化；三是企业内部组织网络化。由于企业的组织结构日益扁平,管理幅度加大,执行层机构在增多,每个执行机构都与决策层建立了直接联系的关系,横向的网络也在不断增多,企业内部组织机构网络化正在形成。四是信息传递网络化。随着网络技术的蓬勃发展和计算机的广泛应用,企业的信息传递和人际沟通已逐渐数字化、网络化。

以上五个趋势是组织内部结构变革的趋势,而组织外部结构变革的趋势主要是战略联盟。

6. 战略联盟

战略联盟是指多个企业为达到共同的战略目标,通过各种纽带联结而成的优势互补、资源共享、要素相互流动的网络。其类型有非竞争性联盟(技术互换、合作生产、特许经营、销售联合、合作开发等)、竞争性联盟(即竞争对手之间的结盟,与其他竞争对手抗衡)。

---

**小阅读:韦尔奇论变革**

关于组织变革,GE前总裁韦尔奇有如下观点。

◇ 韦尔奇说:"当时我在任总裁的时候,75%的时间都花在挑选、评估、鼓励我的团队。我不会设计,也不会制造,我全要靠他们。"因此,变革过程中,建立团队最重要。

◇ 韦尔奇认为,此时企业领导人更有无数工作待做:开发新市场、买公司、买技术,以加强公司实力。"你要走出舒适的大办公室,和员工接触,和市场接触"。

◇ 韦尔奇认为,人力资源部门主管地位应该比财务主管高很多,可惜现在太多公司反其道而行之。主管更应该给部属诚实公正的评估,淘汰不适应的员工,留下来的就得好好培植,让部属知道他所长、所短。公司提供训练,改进他的短处,加强其专业技能。好部属离职,主管应该负责。给部属诚实公正的评估,并大量投资开发部属潜能。

---

**知识拓展 团队**

一、团队的含义与特征

1. 团队的含义

团队是一种为实现某一目标而由相互协作的个体所组成的正式群体。一个有效的团队能通过相互协作来实现"1+1>2"的协同效应。目前,许多西方组织正在逐步摒弃传统的垂直式、职能化的组织模式,而以一种全新的以团队为核心的扁平式、过程化的组织模式来取代。

团队与一般群体之间存在着明显的区别(见表4-6)。

表 4-6 团队与一般群体的区别

| 比较项 | 一般群体 | 团 队 | 比较项 | 一般群体 | 团 队 |
| --- | --- | --- | --- | --- | --- |
| 领导 | 有明确的领导人 | 成员分担领导权 | 责任 | 个人责任制 | 个人+相互责任 |
| 目标 | 与组织一致 | 可自己产生 | 技能 | 随机的或不同的 | 相互互补的 |
| 协作 | 中性/有时消极 | 积极 | 结果 | 个人产品 | 集体产品 |

2. 有效团队的特征

(1) 清晰的目标 一个有效团队,其目标明确、专一,且每个成员都能感受到目标的价值和意义。

(2) 相关的技能 有效团队是由一群专业与技能不同的成员组成的,而他们的专业与技能都是实现目标和完成任务所必需的,而且是互补的。

(3) 相互的信任 团队成员之间有着像非正式组织成员间的那种含友情成分的人际关系,有着良好的信任基础。

（4）一致的承诺　成员对团队目标有着一致的承诺，对组织、对领导高度忠诚。

（5）顺畅的沟通　成员间有着良好的、多渠道多形式的信息流通渠道，成员可以迅速而准确地了解彼此的想法和情感。

（6）应变的能力　团队具有高度的灵活性和一定程度上的决策权，能根据环境的变化而随机应变。

（7）恰当的领导　有效团队的成员具有高度的责任感，因为团队的成败也就意味着成员个人的成败。因此，有效团队的领导不同于一般组织的领导，他们不一定进行控制，而更多的是关注、关怀团队成员，给成员授权，让其自我控制、自我指挥。

（8）良好的条件　一个有效团队还需要有较好的工作条件、合理的报酬及上级的支持。

## 二、团队的类型

按照不同的标志，可以将团队划分为多种类型，但最基本的划分方法是，按照团队的工作内容，将团队划分为作业团队、项目团队、营销团队和管理团队。

### 1. 作业团队

这是最基本、最普遍的团队形式。作业团队主要承担企业生产经营中的基本工作任务，如制造、装配、销售或提供服务等。作业团队是正式组织结构中的一部分，由在职成员组成。

### 2. 项目团队

项目团队的任务是承担某个工作项目或解决某些特殊问题，如特别任务小组、流程改善小组、问题解决小组等。项目团队往往是暂时性的，设立项目团队的目的主要是用来解决特定问题或执行特别的计划，待任务完成后随即解散。该团队成员一般具有专门知识与技能，可以发挥专业与技能整合优势。

### 3. 营销团队

营销团队主要负责开拓企业的产品市场，并为企业产品的更新换代提供决策依据。

### 4. 管理团队

管理团队主要负责对下属一些部门或人员进行指导与协调。管理团队对下属的管理往往不是监督，而更多的是协调。管理团队既包括组织最高层这样的专司管理职能的团队，也包括质量管理小组、稽核小组这样的由兼职人员组成的团队，还包括由组织的资深经理人以及来自不同部门的领导者组成的团队。

## 三、团队的塑造

### 1. 塑造团队的四个阶段

团队的塑造，一般经历以下四个阶段。

（1）初始阶段　这个阶段其实是一种探索的阶段，其成员既很振奋，又有些迷茫。工作团队建立伊始，管理阶层所任命的正式监督者仍会对团队的各种活动进行指挥与控制。通过按照现代团队的理念与模式进行教育与训练，逐渐地，这位监督者的职责会先被分派给某些团队成员，然后再分散至所有的成员身上。团队的成员必须解决属于自己团队中的问题，而监督者与团队领导者只负责提供技术方面的教授与训练，团队成员无法再依赖他们来解决问题。

（2）过渡阶段　团队逐步形成一些有关合作的基本规定或标准，团队工作人员的归属感越来越强，并以合作来取代竞争，彼此会加强沟通，彼此之间的信任也逐渐加深。团队走出了相互敌对的状态，成员也开始注重彼此关系的维持。随着团队成员担负的与团队每日运作、管理有关的职责越来越多,团队领导者的角色也逐渐由监督者变为协调者。团队的成员开始接管一些较为重要的管理工作,发展团队意识,解决团队内部的冲突,在无监督者指示的情况下做决定。

(3) 成长阶段　随着团队建设的深入,团队信心大增,成员们了解了自己的角色与他们必须完成的任务,团队开始发展,并且利用建构好的流程与方式来进行沟通、化解冲突、分配资源,处理与其他团队的关系。在这个阶段中,团队领导者(或称协调者)脱离了团队,不再直接控制团队的活动。而团队成员则担负起制定例行决策的责任,根据不断积累起来的经验,他们能够正确地处理各种管理问题。

(4) 成熟阶段　进入这一阶段,团队已经步入成熟,团队成员完全负责团队的整个工作。团队有很大的自主性,有较为完整的决策权,可以按照自己的意愿行事,高效地实现团队的目标。

**2. 创建高绩效团队的五大要诀**

(1) 营造一种支持性的人力资源环境　为了创建一支高绩效的团队,管理层应该努力营造一种支持性的人力资源环境,包括倡导成员多为集体考虑问题、留下足够多的时间供大家交流以及对成员取得成绩的能力表示信心等。这些支持性的做法帮助组织向团队合作迈出了必要的一步,因为这些做法促进了更深一步的协调、信任和彼此之间的欣赏。管理者需要为此架构一种良好的沟通平台。

(2) 团队成员的自豪感　每位成员都希望拥有一支光荣的团队,而一支光荣的团队往往会有自己独特的标志。如果缺少这种标志,或者这种标志遭到损坏,员工作为团队成员的自豪感就会荡然无存。许多无知的管理者不知道,团队成员的自豪感,正是成员们愿意为团队奉献的精神动力。因此,从创建公司的形象系统,到鼓励各部门、各项目小组营造一种英雄主义的亚文化,都会对团队的创造力产生积极的、深远的影响。

(3) 让每一位成员的才能与角色相匹配　团队成员必须具备履行工作职责的胜任能力,并且善于与其他团队成员合作。只有这样,每一位成员才会清楚自己的角色,清楚自己在每一个职能流程中的工作位置以及上一道工序和下一道工序。也只有这样,每一个进入团队的人,才能真正成为一个团队成员。如果做到了这一点,成员们就能根据条件的需要,迅速行动起来,而不需要有人下命令,换言之,团队成员能根据工作的需要自发地作出反应,采取适当的行动来完成团队的目标。例如,在医院的某个手术小组,如果在某个环节上,没有人在适当的时间按适当的要求去履行职责,病人就会有危险。同样的道理,公司为客户提供的服务质量也会由于某个人的失职而无法保证。所以,高效率的团队需要每一位成员的才能都能够与角色相匹配,并要求所有的人都全力以赴。

(4) 设定具有挑战性的团队目标　主管人员的职责是激励整个团队向总体目标努力,而不是强调个人的工作量。所以,要为团队设定一个具有挑战性的目标,并鼓励每一位成员的团队协作精神。当人们意识到,只有所有成员全力以赴才能实现这个目标时,这种目标就会集中员工的注意力,一些内部的小矛盾也就往往消失无形了。此时,如果还有人自私自利,其他人就会谴责他不顾大局。这样,就能形成更加紧密团结的团队。

(5) 正确的绩效评估　一个卓有成效的绩效评估体系通常包括两种评估形式:正式评估和日常管理中的及时评估。企业之所以要进行绩效评估,首先是希望通过对员工的考核,判断他们是否称职,从而切实保证他们与职位的匹配、报酬及培训等工作的科学性;其次是希望通过绩效评估,帮助员工找出自己绩效差距的真正原因,激发员工的潜能。与绩效评估紧密相关的工作,就是如何科学地支付报酬。作为对团队所有员工绩效的认可形式,这些报酬体系首先在设计上应该表现出"对内具有公平性,对外具有竞争力"的特点。无论是物质报酬或非物质报酬,其目的应该在于激发员工的创造力和团队合作精神上。当一个项目小组或一位员工表现杰出时,我们就需要通过绩效评估来给予奖励。很多时候我们会发现,仅仅发放奖金或发放奖状是不够的,必须同时发放奖金和奖状。例如,在颁发奖金的同时,也颁发"本月度最优秀团队"或"本月度最优秀员工"之类的奖杯、奖状。这样,那些钞票就会变得富有感情色彩,令人激动万分。

## 本章小结

组织是管理的第二大职能,它指的是管理者所开展的组织行为、组织活动过程,其主要内容包括组织结构设计(简称组织设计)、组织结构再设计(简称组织变革)和人员配备(或人力资源管理)。

组织设计,亦即组织结构设计,指的是根据组织目标和组织活动的特点,对组织结构的组成要素和它们之间连接方式进行设计的过程。其内容主要包括职务设计、部门划分、层次设计、职权设计、结构形成。组织设计的直接成果就是组织结构图和职务说明书。组织设计应遵循战略目标原则、控制幅度原则、统一指挥原则、权责对等原则、才职相称原则、柔性经济原则。组织设计受战略、外部环境、技术、组织规模等因素的影响。

组织结构的具体形式主要有直线制、职能制、直线职能制、事业部制、矩阵制、集团控股型、网络型等,各种形式各有利弊,不同的组织或同一组织在不同的阶段,可根据实际情况选择不同的组织形式。

有效的人力资源管理能够为不同的职务、不同的岗位配备合适的人员。这里的人力资源指的是能够推动整个社会经济发展的具有智力劳动和体力劳动能力的人们的综合,它包括数量和质量两个方面。现代人力资源管理的本质是了解人性、尊重人性、以人为本。人力资源管理要遵循同素异构原理、能级层序原理、要素有用原理、互补增值原理、动态适应原理、激励强化原理、公平竞争原理、信息催化原理、主观能动原理和文化凝聚原理。现代人力资源管理就是一个人力资源的获取、整合、保持激励、控制调整及开发的过程。通俗地说,现代人力资源管理包括求才、用才、育才、激才、留才等工作,其主要内容包括工作分析与评价、人员选聘、人员培训、绩效考核、薪酬管理等。

组织变革指的是组织为适应内、外环境的变化,及时对组织中的要素及其关系进行调整的过程。导致组织变革的因素主要有两个:一是组织的外部环境因素;二是组织的内部环境因素。组织变革有动力,也会有阻力,动力一方面来自组织内部管理者及员工对变革的必要性及变革所能带来好处的认识,另一方面也可来自组织外部的咨询专家。阻力主要来源于个人惯性、对不确定性的恐惧、对既得利益的威胁、对未来发展认识的不足、工作阻力、非正式组织的阻力、组织文化等。克服变革阻力的途径主要有增进内部沟通、加强教育培训、发动全员参与、把握策略与时机。组织变革的基本步骤包括四个方面:进行组织诊断、设计组织变革、实施组织变革(包括解冻、变革、冻结三个阶段)、评估组织变革。组织变革的趋势有扁平化、分立化、柔性化、虚拟化、网络化、战略联盟。

## 本章内容结构图

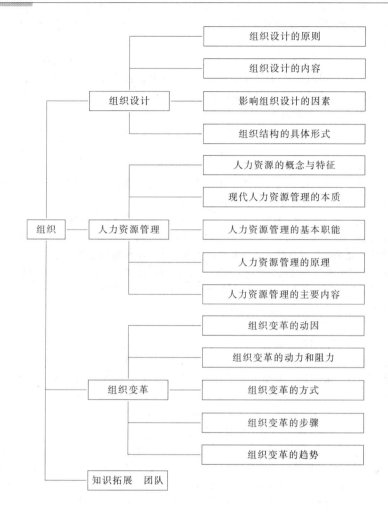

## 思考与练习

### 一、单选题

1. 事业部式组织结构适合于（　　）。
   A. 小型企业　　　　B. 现场管理　　　　C. 集权型企业　　　　D. 跨国公司
2. 组织规模一定时，管理层次和管理幅度呈（　　）关系。
   A. 正比　　　　　　B. 指数　　　　　　C. 反比　　　　　　　D. 相关
3. 某公司总经理自创业以来一直都亲自主管生产工作。随着公司规模的扩大，他所直管的生产队伍从12人增加到239人。最近，总经理发现公司的生产人员有些散漫，对公司的一些举措有异议时，不像从前那样直接与总经理本人进行沟通，而是采取背后议论的方式，总经理找不到确切的原因来解释这一从未出现过的现象。其实，从管理的角度看，这一情况产生的本质原因是（　　）。
   A. 市场需求过快，生产规模不能及时跟上扩张的步伐
   B. 公司管理层次太多，阻碍了总经理与生产工人之间的直接交流
   C. 总经理对生产工人不够关心，致使生产人员内心产生了看法
   D. 总经理直管生产队伍的模式不再适应公司日益扩大的规模
4. 一家超市分为以下几个部门：日用杂货、肉类、冷冻食品、瓜果蔬菜、乳制品。这是以什么划分部门？（　　）

A. 以职能划分部门　　　　　　　　B. 以产品或服务划分部门
C. 以区域布局划分部门　　　　　　D. 以顾客需求划分部门

5. 一家产品单一的跨国公司在世界许多地区拥有客户和分支机构，该公司在组织设计时，应考虑按（　　）来划分部门。
A. 职能　　　　B. 产品　　　　C. 地区　　　　D. 矩阵结构

6. 小陈是一合资企业的职员，在日常工作中，他经常同时接到来自上边的两个命令，有时甚至是相互冲突的命令。导致这一现象的最本质的原因很可能是（　　）。
A. 该公司在组织设计上管理层次过多
B. 该公司在组织设计上采取了职能型结构
C. 该公司在组织运作中出现了越级指挥问题
D. 该公司在组织运行中有意或无意地违背了统一指挥原则

7. 某组织中设有一管理岗位，连续聘任了几位管理者，结果都由于难以胜任岗位要求而被中途免职。从管理的角度来看，出现这一情况的根本原因最有可能是（　　）。
A. 组织设计没有考虑命令统一原则　　　B. 组织设计忽视了才职相称原则
C. 组织设计忽视了控制幅度原则　　　　D. 组织设计没有考虑到权责对等原则

8. 新星集团公司原来是一家小型企业，最初的主营业务是小型家用电器。随着规模的扩大以及企业品牌的确立，公司开始谋求进一步发展。经过几年的发展，公司的经营领域逐渐扩大到计算机显示屏、通信器材、照明设备等。在这种情况下，公司总裁感觉自己的能力越来越不足以对整个公司进行有效的领导。如果让你给总裁出一个建议，你会为他提出哪个建议？（　　）
A. 选拔一个能干的副手来协助总裁的工作　　B. 改变组织结构，适当放权
C. 淘汰一种产品，只做自己擅长的产品　　　D. 公司高层实行集体管理的方式

9. 在某小企业一次中高层管理人员会议上发生了如下争执。生产经理说："听着，如果我们不进行生产，什么也不会发生。""你错了，"研究开发部门的经理打断说，"如果我们不进行设计，什么事也不会发生。""你们说什么呀？"营销经理反问道，"如果不是我们把产品卖出去，那才什么事都不会发生呢！"最后，一位会计师气愤地说："你们生产、设计或营销都无关紧要，如果不是我们对结果做了记录，谁会知道发生了什么？"这段对话最可能在何种类型的组织中出现？（　　）
A. 职能结构　　　B. 简单结构　　　C. 事业部结构　　　D. 矩阵结构

10. 一家在同行业居领先地位、注重高素质人才培养的高技术产品制造公司，不久前有两位精明能干的年轻财务人员提出辞职，到提供更高薪资的竞争对手公司里任职。其实，这家大公司的财务主管早在数月前就曾要求公司给这两位年轻人增加薪资，因为他们的工作表现十分出色。但人力资源管理部门的主管认为，按同行业平均水平来说，这两位年轻财务人员的薪资水平已经是相当高了，而且这种加薪要求与公司现行建立在职位、年龄和资历基础上的薪资制度不符合，因此拒绝给予加薪。人力资源部门拒绝给财务人员增加薪资，这是行使了什么权力？（　　）
A. 直线权力　　　B. 参谋权力　　　C. 职能权力　　　D. 个人权力

## 二、简答题

1. 组织设计的原则和内容有哪些？
2. 组织设计的影响因素有哪些？
3. 组织结构有哪些具体形式？各有何利弊？
4. 如何克服组织变革的阻力？
5. 简述人力资源管理的基本职能和原理。

## 三、案例分析题

### 一对孪生企业的不同组织模式

1. 基本情况介绍

1965年，美国一家大型技术产品公司清理电子产品业务，将属下制造装配印刷电路板的两个电子厂卖给了不同的投资者。

其中一个工厂位于欧梅格市，更换所有者后取名为欧梅格电子公司（这里简称为 A 公司）。A 公司保

留了原管理队伍，任命原厂长泰康为公司总经理。A 公司年销售额达 1000 万美元，员工有 550 人。

A 公司的总经理泰康把公司的高效益归功于对员工实行严密控制的能力。他解释说，他保留着工厂原隶属于技术产品公司时形成的基本组织结构，这种结构对于大量制造印刷电路板以及随后进行的装配具有很高的效率。泰康相信，要不是市场需求量这么大，他的竞争对手部分就不可能生存下来。A 公司具有详细的组织结构图和职务说明书，对每个部门和员工的工作进行细密的专业化分工，并规定有明确的职责规范。A 公司的员工一般都对工作感到满意，不过，一些管理人员已经提出了扩大工作自主权的要求。

另一家工厂地处该市郊区，改名为阿克米电子公司（这里简称 B 公司）。B 公司选用了该厂原有的部分管理人员，并聘请了一个电子研究所的所长罗奇担任公司总经理之职。B 公司年销售额为 800 万美元，有 480 名员工。

B 公司设有同 A 公司相似的管理部门，但总经理罗奇并不相信组织结构图的功用。他认为，公司的规模并不大，像组织结构图这类东西只能在专家之间制造人为的障碍，而这些专家是需要在一起工作的。罗奇很关心员工的满足感，希望每个人都把自己看作是组织的一员，熟悉整个组织的活动。罗奇强调部门之间的工作协调，但他不提倡人们在沟通中用书面文件，也不对人们的工作做出死规定。技术部的一个新成员说："我刚来这里时不知道自己该干些什么。今天我同技术人员一起工作，明天我又帮助装运部门设计包装盒。工作的头几个月乱哄哄的，但我对公司的整个活动有了比较真实的了解。"

A 公司通常能赚得更多的利润，这引起了 B 公司管理人员的嫉妒。A 公司和 B 公司经常为争取同一项生产合同而展开竞争。作为电子产品协作厂，家公司都得益于 20 世纪 70 年代初期电子行业的兴旺发展，同时也都期待着将来的扩大与繁荣。

2. 协作合同竞争及内部管理过程

1976 年，美国电子行业微型化的步伐在加快，市场对晶体管的需求直线下降，取而代之的是集成电路。由于集成电路的生产过程是高度保密的，而 A 公司和 B 公司以往所生产的印刷电路板主要是与晶体管相配套的。意识到未来的潜在威胁，两家公司都开始拼命寻找新的客户。

这年 7 月，有家大型复印机厂正想为他们新试制的复印机的存储器找个电路板协作厂。这项协作合同预计有 500 万～700 万美元的订货额。A 公司和 B 公司在地理位置上都很靠近这家复印机厂，因此都想以具有竞争力的出价获得该协作生产合同。A 公司的出价稍低于 B 公司，但两家公司都被要求生产 100 件样品。

复印机厂告诉这两家公司：速度是关键，因为他们的总经理已经向其他厂家夸口说在新年前制造出一台完整的复印机。这一夸口使复印机厂的设计师们大为慌张，他们要求向所有的协作厂施加压力，使之在复印机最终设计完成之前就开始试生产样品。这就意味着，A 公司和 B 公司最多只能用两周的时间试生产样品，否则，他们就会拖延整个复印机生产的进度。

1976 年 7 月 11 日（周一），A 公司接到了复印机厂的存储器设计图。总经理泰康立即给采购部门送了份备忘录，要求他们提前购买好所需的元器件。同时，他将图纸交给产品设计部门，要安排好装配顺序供生产部门使用。泰康还给其他部门负责人发了书面通知，提示时间是这项工作的关键因素，并表明他希望每个人都能像过去那样高效率地完成任务。

开头几天，各部门间没有什么接触，他们看来都在以各自的进度工作着。当然，各部门也遇到了一些问题：采购部门对于这项工作的期限要求不够重视，而忙于完成其他任务。泰康在安排企业内部事务的同时，继续同复印机厂保持密切的联系，他每星期至少给复印机厂打两次电话，一方面想让他们了解本公司的工作进度，另一方面也想从他们那里获得设计改进的新信息。

7 月 15 日（周五），泰康得知技术部门工艺开发进度落后的消息后，大为不满。更糟的是，由于采购部门没有买齐所有的元器件，设计师只好建议在短缺一个元件的情况下先把产品装配起来，待短缺的元件后再补上去。成品装配工作于 7 月 21 日（下一个周四）开始，这时与计划进度相比已经推迟了好几天。次日，泰康视察工厂时发现最终成品装配完毕。当天傍晚时分，泰康接到复印机厂设计部门负责人打来的电话。这位负责人告诉泰康，他已经在星期三接到 B 公司总经理罗奇的电话，说罗奇的工人发现了存储器接线板设计中的一个错误，他们已经在试生产的样品中予以了更正。这位设计负责人解释说，经他本人核查后也确认原设计确有错误，因此要求 A 公司按他派人送来的新设计蓝图予以改正，并且他还坚持，A 公司要在原定的 7 月 26 日交货。

新的设计蓝图送来后，泰康立刻招来生产主管探讨更改方案及结果，没有其他办法，只能拆开组装好的装配件并卸掉接线板的一些焊电。鉴于短缺的那个元件还未运到，泰康盼咐生产主管周一（7月25日）上午先增派人工修改错误，争取在周二完成这项工作。周二傍晚，修改工作已经完成，短缺的元件晚间才运到厂里。周三早上，生产主管发现要将短缺的元件补上去，还得拆开成品。泰康听到后，大发雷霆。他叫来设计工程师，问他们能否解决这个问题。生产主管和设计工程师对于如何插入这个元件没能达成一致意见，泰康只好下令再次拆开所有成品。泰康同时命令装运部门准备好纸板箱，等待星期五下午装运。到了星期五，即7月29日，泰康亲自检验了一件样品，发现它能正常运行之后，放弃了最终检验的要求，命令有关部门将已完工的50件试生产样品运至复印机厂。8月2日，A公司又运出余下的50件样品。

再看B公司。其总经理罗奇在接到复印机厂设计蓝图前，7月8日（周五），召集了一次会议，把公司即将接到一项新任务之事面告各部门负责人，希望大家一接到设计蓝图就开始工作。7月11日（周一），设计蓝图送来了。各部门负责人再次开会讨论这项工作。会议结束时，产品设计部同意尽快准备制造图纸，设计部门和生产部门则一起进行方法设计。

同A公司一样，B公司也遇到了两个问题：一些外购元器件未能按时采购到；装配顺序的设计也是个难题。对于这些问题，各部门相互帮着出主意。各部门的负责人及主要人员还每天开会讨论工作进程。产品设计部门的负责人知道日本有个货源，从那里可以买到一般供应商无法提供的元器件。果真在7月16日，B公司买到了装配所需的所有元器件。

7月18日（周一），B公司的方法设计工程师和生产主管共同制订出装配计划，准备第二天开始正式生产。周一下午，产品设计、方法设计、生产和技术等部门的有关人员聚集在一起讨论并开始第一件样品的试制工作。在试制过程中，他们发现了接线板设计上的那个错误，经过反复检查设计图纸后，所有的工程师都同意接线板设计有误的看法。当晚，产品设计部门和技术部门的人员利用晚上的时间重新设计了接线板，并修改了制造图纸。次日上午，罗奇闻知设计修改的消息后很为吃惊，决定要征得复印机厂的认可。到了星期二，复印机厂的设计负责人给罗奇回话说，他们可以按前一天电话所说的设计修改方案继续工作。7月22日（周五），B公司试生产的100件样品经过质量管理部门的检验后装运出厂。

3. 结果

A公司生产的100件存储器中有10件质量不合格，B公司的所有样品都通过了复印机厂的检验。A公司本来就拖延了交货的日期，后来因返修不合格产品，又进一步拖延了些日子。

尽管如此，复印机厂还是把1976年下半年的生产协作任务交由A公司和B公司共同来承担，而没有把整批订货全部给其中某一家。不过，复印机厂在协作合同中附加了两个条件：一是保证产品无缺陷；二是降低产品成本。

在执行合同过程中，A公司通过广泛努力，使单位产品成本降低了20%。这样A公司就从1977年开始赢得了复印机厂存储器的全面生产协作任务。

资料来源：https://wenku.baidu.com/view/ad7fc67b1711cc7931b7166e.html?re=view

### 分析题

1. A公司和B公司各采用了怎样的组织结构？各有何优劣？对公司产生了怎样的影响？
2. 你认为可以给A、B公司设计怎样的组织结构？
3. 从该案例中，你获得了哪些启示？

## 技能实训

**训练项目：企业组织结构与人力资源管理调查分析**

［实训目标］
1. 增强学生对企业组织结构的认识、分析及设计能力；
2. 初步培养学生的人力资源管理能力。

［实训内容］
1. 全班同学分组，实地调查一家企业，或搜集一家企业的有关资料；
2. 了解该企业的组织结构，绘出组织结构图，并分析该组织结构的优缺点及改进意见；
3. 了解各职务、部门的职责、权限及职权关系，并提出个人见解；

4. 了解企业人力资源配置情况、绩效考核制度、薪酬制度，提出利弊及改进措施。

［实训具体要求］

1. 最好选择一家中小型企业；
2. 调查前要制定调查提纲，设计调查内容，以保证信息的完整性；
3. 用所学知识，对企业组织结构和人力资源管理状况进行分析，找出存在的主要问题，提出建议；
4. 撰写实训报告，内容包括：

（1）企业的名称、规模、业务性质、目标；

（2）信息取得方式；

（3）搜集的主要资料（包括组织结构图，各职务、部门的职责、权限及职权关系，人力资源配置情况、绩效考核制度、薪酬制度等）；

（4）对企业组织结构和人力资源管理状况进行利弊分析；

（5）提出具体建议。

［实训成果与检测］

1. 每组同学提交一份实训报告；
2. 在课堂上组织一次全班交流，每组派一位代表发言；
3. 教师对各组进行点评及成绩评定。

# 第五章 领　导

◆ 知识目标
1. 理解领导的含义、作用，掌握领导权力的构成及使用；
2. 掌握几种主要的领导理论；
3. 了解激励的含义、原理，掌握激励理论；
4. 了解沟通的含义以及人际沟通的方式、网络形式。

◆ 能力目标
1. 培养学生有效实施领导行为的意识和潜质；
2. 培养学生运用各种领导理论分析现实组织的领导行为、因地制宜地解决实际问题的能力；
3. 培养学生灵活运用激励方式的能力；
4. 培养学生有效沟通的能力。

## 案例引读

### 惠普：开放的"沟通之道"

1938年，惠普公司的创始人比尔·休利特和戴维·帕卡德利用业余时间在一间简陋的汽车房以538美元的原始资金开始创业，并于1939年1月1日正式创办了仅由他们两人组成的合伙企业。从此，惠普公司经历了七十多年的风雨，逐渐成长为如今全球领先的、面向大中小企业、研究机构和个人用户的技术解决方案提供商，其服务区域遍及170多个国家和地区，在IT基础设施、全球服务、商用和家用计算机以及打印和成像等诸多领域居领导地位，并位列全球500强公司前列。

是什么让这家企业如此神奇、持续而又有活力地成长呢？其答案就在于惠普的企业文化，在于蕴含其中的有效沟通理念。

一、虚心倾听——实行"走动式的管理"

惠普公司非常重视为员工创造最佳的沟通氛围，这既增强了员工个人的满意度和成就感，同时也确保了公司能够有效地进行信息沟通。同时，惠普公司通过与客户进行有效沟通，既与客户之间建立了紧密的联系，又为其产品的开发与推广提供了高价值的全面信息。

这项政策是惠普公司的一个帮助经理和监督者了解其属下员工和他们正在做的工作、同时使他们自己也更加平易近人的办法。"走动式的管理"是经理同工厂工人一起致力于解决问题的做法，它解决了书面指令难以面面俱到的缺点，使管理者亲自参与、深入实际。

《惠普之道》一书中特别指出，"走动式的管理"虽然听起来简单明了，但做起来却要一些必要的条件。例如，并非每位经理都能轻松自如地做到"走动式的管理"，它必须是经常的、友好的、不特别专注某个问题的，而且是不安排时间表的——但绝不是漫无目标的。由于它的主要目的是要弄清楚人们的思想和意见，这就需要经理虚心倾听。

二、建立信任——推行"开放式沟通"

这项政策的核心是对员工、职能直线经理、人力资源经理、人力资源部雇员等的作用和责任进行明确规定，确保惠普的开放式工作环境的形成。

例如，在员工的责任条款中规定，员工有责任公开提出问题；与直接上司讨论解决问题的最佳选择；明朗而真实地进行沟通交流；了解解决方案应该包括与他人进行交谈；清晰表述具体需要的管理行动等。在职能直线经理的责任条款中包括公开倾听员工提出的问题和关注点,争取充分理解;做主解决问题;识别并寻求人力资源经理的帮助以找到解决方案;采取清晰、决定性的行动解决问题等。

"开放式沟通"政策旨在建立相互信任和理解,以及创造一种环境,使员工可以自由表达他们的思想、意见和问题。不管雇员的问题是属于个人的,还是同工作有关的,"开放式沟通"政策鼓励他们同一位合适的经理讨论这种问题,寻求问题的解决。通过这项政策,人们乐意提出他们可能有的问题或关心的问题,而且经理通常也能够很快地找出令人满意的解决办法。

比尔·休利特和戴维·帕卡德都经常参加不同雇员的"开放式管理"的沟通工作,员工通常讨论的是普遍关心的问题,而不是个人的不满。"开放式沟通"政策是惠普管理哲学不可分割的一部分,而且这个做法鼓励并保证了沟通交流不仅是自上而下的,而且也是自下而上的。

三、倡导热情——比尔的"戴帽子过程"

在《惠普之道》中特别提到了一个有效的沟通案例就是比尔·休利特的"戴帽子过程"。惠普公司1967年在纽约市电气和电子工程师学会的贸易展览会上展示了它的一台计算机。一位富有创造性的创新者满怀热情地提出一种新思想,第一次找到比尔·休利特。而比尔·休利特马上戴上一项"热情"帽子,他认真地倾听,在适当的地方表示惊讶,一般是表示赞赏,同时问一些十分温和的、不尖锐的问题。

几天以后,比尔·休利特把创新者叫来,戴的是"询问"帽子。这次他提出了一些非常尖锐的问题,对创新者的思路进行了深入的探讨,有问有答,问得很详细,然后就结束了,未做出最后决定。

不久以后,比尔·休利特戴上"决定"帽子,再次会见这位创新者。在严格的逻辑推理下做出了判断,对这个思路下了结论。即便是最后的决定是否定了这个项目,但这个过程也给予这位创新者一种满足感。这是"惠普之道"倡导人们继续保持热情和创造性的一个极为重要的沟通方式。

四、亲密交流——营造"浓郁的家庭气氛"

惠普的创始人在公司内部营造了浓郁的家庭气氛,并在其年轻的企业里也创造了对这种亲密的情感沟通方式的认同感。"野餐"被惠普的创始人认为是"惠普之道"的重要内容之一。

在早期,惠普公司每年在帕洛阿尔托地区为所有的雇员及其家属举行一次野餐。这是一项大规模活动,主要由雇员自己计划和进行。比尔·休利特和戴维·帕卡德以及其他高级行政人员负责上菜,从而使他们有机会会见所有的雇员及其家属。这是一项很受欢迎的福利,因此后来决定在世界其他地区有惠普人聚居的地方也这样做。此外,惠普公司还采取了包括会见所有雇员及其家属的多种多样的感情交流方式。

没有什么东西比亲自的相互沟通更能促进合作和团队精神,更能在雇员之间建立一种信任和理解的气氛了。

五、满足客户——有效的外部沟通

惠普公司获得成功的根本基础,是努力满足顾客的需要。惠普鼓励公司的每个人经常考虑如何使自己的活动围绕为顾客服务这一中心目标,认真地倾听客户的意见。"热忱对待客户"位于惠普公司提出的七个价值观的首位,"倾听客户的意见"也是惠普之道的核心部分。

在惠普公司,为顾客服务的思想首先表现为倾听客户意见,并据此提出新的思路和新的技术,在这个基础上开发有用的重要产品。这些新的思路成为开发新产品的基础,而新产品将满足顾客潜在的重要需求。除此以外,惠普公司还提供许多不同种类的产品,以满足不同顾客的需求。

资料来源:宋杼宸,安琪. 惠普:开放的"沟通之道". 科技日报,2015-8-18(6).

**启示**:对于一个企业来说,其领导职能起着举足轻重的作用。惠普公司成功发展与不断壮大的事实,验证了惠普公司领导、沟通的有效性。惠普公司通过有效的信息沟通,提高了决策力和执行力;通过有效的情感沟通,增强了凝聚力;通过良好的外部沟通,赢得了客户。最终,公司实现了"为客户创造价值,助员工实现梦想"的核心价值观。

# 第一节 领导与领导者

> **管理故事:刘备、宋江的"无能"之能**
>
> 《三国演义》中的刘备、《水浒》中的宋江,文才武略都不如别人,更没有什么英雄气概,但却能让别人都追随他们,得到他们想要的东西。这是为什么呢?

> 先说刘备，他从一个卖草席的破落皇族起家，先后依附刘焉、卢植、刘表等人，在此期间不断网罗了关羽、张飞、赵云、诸葛亮等武将谋士，最后时机一到，取得了天府之地。
>
> 再看宋江，他广交天下英雄，积累了雄厚的人际关系。后因为浔阳江头题写了反诗，在法场上被众兄弟救起，终于决心上了梁山。此时追随他的新人已超过晁盖的旧有人马。
>
> 那么多有本事的人愿意死心塌地跟着这两个看似没什么本事的人出生入死，原因就在于这两个人具有当领导的才能，即所谓"无能"之能。
>
> **解释**：通过人与人之间的相互作用，使被领导者义无反顾地追随，自觉自愿地把自己的力量奉献给组织，这就是领导的力量。

## 一、领导与领导者的含义

### 1. 领导的含义

"领导"一词有两种词性：一是名词，二是动词。作为名词，是指领导者，即组织中确定和实现组织目标的首领；作为动词，是指领导工作或领导行为的实施过程，即激励、引导和影响个人或组织，在一定条件下，实现组织目标的行动过程，是管理的一项职能。本书讨论的领导仅指后一种含义。

领导包括以下三层内涵。

第一，领导必须有领导者与被领导者，没有部下的领导者谈不上领导。

第二，领导本身是一个活动过程，这个过程是由领导者、被领导者和客观环境之间相互作用的动态平衡过程。

第三，领导的目的是通过影响下属来达到组织的目标。

为了正确地理解领导的含义，还必须明确领导与管理的区别与联系。在本书第一章已经讨论了管理的含义。管理就是管理者在特定的环境下，为了实现一定的组织目标，对组织所拥有的各种资源进行计划、组织、领导和控制等一系列活动过程。按照管理的定义，管理活动比领导活动的范围要广泛得多，领导只是组织中若干管理活动的一种。此外，领导是相对于人而言的，即人需要领导；而管理不仅对人，也对事，如财、物、信息等。

### 2. 领导者的含义

领导者就是在组织中承担领导职责，实施领导过程的人。领导者在一个组织中充当着重要角色，在带领、指导和影响组织成员为实现组织目标而努力的过程中起着关键作用。

正如领导区别于管理一样，领导者与管理者也不同。首先，管理者的范围大于领导者，因为管理者除了做好领导工作外，还有其他工作要做。其次，管理者是由组织任命的，其影响力来自于他们的职位产生的职权，而领导者可能是组织任命的，也可能是从一个群体中自发产生出来的，如有的人并没有正式职权，却能以个人的影响力去影响他人而成为该群体的领导者。

本书所指的领导者是指那些拥有职位且能够影响、指导他人实现组织目标的人。

## 二、领导的作用

领导活动不仅决定着组织绩效，而且决定着组织的兴衰成败。其主要作用如下。

### 1. 指挥作用

领导就是指挥与引导，就像乐队指挥一样，指挥整个组织朝着组织目标共同努力。领导者不仅应帮助组织成员认清所处的环境和形势，指明组织活动的目标和达到目标的途径，而且要用自己的行动带领和鼓舞组织成员为实现组织目标而努力。

2. 激励作用

组织是由不同需求和欲望的个人所组成，因而组织成员的个人目标与组织目标不可能完全一致。领导的目的就是要通过各种激励手段，把组织成员的个人目标与组织目标结合起来，引导组织成员满腔热情地为实现组织目标做出贡献。

3. 协调作用

在组织运作过程中，组织成员之间不可避免地会在思想上或行动上发生各种分歧和冲突，有效的领导，可以协调人们之间的关系和活动。

### 三、领导权力的构成及使用

权力是指改变个人或群体行为的能力。自古以来，领导和权力密切相关，在任何组织中，权力都是一种自然存在的现象。

1. 领导权力的构成

根据权力来源的基础和使用方式的不同，可以将权力划分为五种类型。

（1）法定权　法定权又称合法权，是指组织内各领导职位所固有的合法而正式的权力。它是上级指挥下属并使之服从的权力，员工有义务服从这种权力。这种权力可以通过领导者利用职权向下属发布命令、下达指示来直接体现，也可以借助于组织内的规章制度来间接体现。

（2）奖赏权　奖赏权是指提供奖金、升职、赞扬和其他任何令人愉悦的东西的权力。这种权力来自下级追求满足的欲望。由于被领导者感到领导者有能力使其需要得到满足，因而愿意追随和服从。领导者的奖励手段越多，这些奖励对下属越重要，拥有的影响力就越大。

（3）惩罚权　惩罚权是指扣发工资和奖金、降职、批评乃至开除等的权力。显然，惩罚权和奖赏权都与法定权力密切相关。

（4）专长权　专长权是由个人的特殊技能或某些专业知识形成的权力。它来自下属的信任，即下属感到领导者具有专门的知识和技能，能够帮助他们排除障碍，克服困难，实现组织目标和个人目标，因此愿意跟随。

（5）模范权　模范权也称个人影响权或感召权，是指由于领导者优良的领导作风、思想水平、品德修养、综合素质等而在组织成员中树立的影响力。这种影响力建立在下属对领导者充分认同的基础上。

以上五种权力可以归纳为两大类：一类是制度权，即与职位有关的权力，也称行政性权力。这种权力是由上级和组织赋予的，并由法律、制度明文规定。法定权、奖赏权、惩罚权就属于制度权。制度权不依任职者的变动而变动，有职位者就有制度权，无职位者就没有。组织成员往往由于压力而不得不服从于这种权力。另一类是个人权，即与领导者个人有关的权力。这种权力不是由领导者在组织中的职位产生的，而是领导者由于自身的某些特殊条件才具有的。例如，领导者具有高尚的品德、丰富的经验、卓越的专业能力、良好的人际关系、特殊的个人经历和背景以及善于创造一个激励的工作环境，以满足组织成员的需要等。专长权、模范权就属于个人权。这种来自于个人的权力，通常是在组织成员自愿接受的情况下产生影响力的，因而易于赢得组织成员发自内心的长时间的敬重和服从。显然，有效的领导者不仅要依靠制度权，还必须具有个人内在的影响力，这样才会使被领导者心悦诚服，才能更好地进行领导。

2. 权力的正当使用

在实际领导工作中，领导者要能够正确地运用组织所赋予的以及自身所拥有的权力影响组织成员的行为。在权力的使用中应注意以下几点。

（1）慎重用权　领导者绝不可滥用权力，不应通过炫耀手中的权力来树立自己的权威，这样只能招致同事的反感和群众的厌恶，损害自己的形象，降低自己的威信。要珍惜组织和组织成员给予自己的权力，珍惜自己由于多年辛勤工作在群众中形成的权威。但是，在确实需要使用权力时，又要当机立断，以维护组织和组织成员的利益，而不应为了维护个人的私利而患得患失、优柔寡断。

（2）公正用权　领导者在运用权力时一定要不分亲疏、不徇私情、不谋私利，要做到公正廉明，这样才能有效地维护自己的威信，维持权力的影响力。

（3）例外处理　规章制度是组织成员应当共同遵守的行为准则。领导者必须维护规章制度的严肃性，但在特殊的时候，也可以灵活地对特殊事件进行例外处理。这里，例外处理不是为了破坏规章制度，而恰恰是为了使规章制度在执行中表现得更加合理、更加人性化、更符合实际情况。不过，例外处理必须有充分、正当的理由，必须光明正大地进行，而且只能对事，不能对人。

### 四、领导者的素质

领导者的素质，是指领导者所具有的在领导活动中经常起作用的基本条件或内在因素。一般认为，领导者的素质应包括政治素质、业务知识和工作能力及身体素质。

1. 政治素质

政治素质主要包括思想观念、价值体系、政策水平、职业道德、工作作风等方面。具体来说，一个合格的领导者应满足以下几方面的要求：一要有正确的世界观、价值观和人生观，必须在大是大非问题上有正确的价值判断和伦理观念，能够处理好经营经济性、经营社会性和对待员工的人性等多方面的关系；二要有现代管理思想，要有一系列全新的管理观念，包括系统观念、战略观念、信息观念、时间观念、人才观念、竞争观念、质量观念、创新观念、法制观念、效益观念等；三要有强烈的事业心、高度的责任感和正直的品质；四要有实事求是、勇于创新的精神。

2. 业务知识

领导者应具备两种业务知识：一是自然科学、社会科学的基础知识。领导者只有广泛地吸取自然科学、社会科学中的相关知识，才能更好地发挥影响力，进行有效的领导。二是本行业的专业知识。领导者只有对本行业专业知识有一定的了解，才能避免瞎指挥。

3. 工作能力

领导工作是否有效，在很大程度上取决于领导者工作能力的高低。领导者的工作能力主要包括逻辑思维能力、预测决策能力、组织指挥能力、协调控制能力、选才用人能力、开拓创新能力、灵活应变能力、社会交际能力、语言表达能力、管理自己时间的能力等。

4. 身体素质

领导工作是一项不仅需要足够心智，而且消耗体力的工作，因此，领导者必须具有强健的身体，充沛的精力。

---

**小阅读：古人精语**

智、信、仁、勇、严，此乃企业领导者应当具备的基本特质。智者人附，信者人归，仁者爱人，勇者服人，严者明人。企业领导者只有拥有这些素质后，才能充分发掘企业发展的潜力，才能实现"贤臣择主而事，良禽择木而栖"。

## 第二节　领　导　理　论

> **管理故事：斯隆与德鲁克**
>
> 　　美国通用汽车公司总经理斯隆，在聘请了著名管理专家德鲁克担任公司管理顾问以后，第一天上班就告诉他："我不知道我们要你研究什么，要你写什么，也不知道该得出什么结果。这些都应该是你的任务。我唯一的要求，只是希望你把认为正确的东西写下来。你不必顾虑我们的反应，也不必怕我们不同意，尤其重要的是，你不必为了使你的建议易于我们接受而想到调和和折中。在我们公司里，人人都会调和和折中，不必劳驾你。"后来，德鲁克为通用汽车公司提出了很多好的建议和新的想法，使公司不断走向发达。
>
> 　　**解释**：斯隆对德鲁克采取的态度仅是领导风格中的一种。现实生活中，有的领导喜欢发号施令，有的平易近人，也有的开放民主。这些领导风格各有千秋，但目的是为了更好地实现组织目标。

　　领导理论大致可以分为三类：第一类是领导特质理论，主要描述有效的领导者应具备的个人特性；第二类是领导行为理论，主要描述领导者的工作作风或领导者行为对领导有效性的影响；第三类是领导权变理论，主要描述在不同的情境下何种领导行为效果最佳。

### 一、领导特质理论

　　20世纪30年代以前，西方的一些管理学家一直把领导者个人品质特征作为描述和预测其领导成效的因素，强调领导者的品质与生俱来，是由遗传决定的。显然，这种认识是不全面的，但它所描述的一些领导者应具备的素质还是有一定参考意义和积极作用的。

　　20世纪70年代以来，国外一些学者在对领导者的素质进行分析时，认为有效的领导者必须具备一定的素质，但领导者的特性和品质不是天生的，而是在实践中逐渐培养锻炼而形成的。

　　美国普林斯顿大学教授鲍莫尔提出了企业领导人应具备的"十大条件"论，这十大条件是：合作精神、决策能力、组织能力、精于授权、善于应变、敢于创新、勇于负责、承担风险、尊重他人、品德高尚。

　　日本企业界将领导者的素质归结为"十项品德"和"十项能力"。"十项品德"是使命感、责任感、信赖感、积极性、忠诚老实、进取心、忍耐心、公平、热情和勇气。"十项能力"是思维能力、规划能力、判断能力、创造能力、洞察能力、劝说能力、理解能力、解决问题的能力、培养下级的能力和调动积极性的能力。

　　不同的学者对领导者特质的描述各不相同，那是因为领导者的素质是在社会实践中逐步形成的，所处环境不同，对领导者的特质要求也就不同。

### 二、领导行为理论

　　从20世纪40年代开始，许多学者将目光转向领导者所表现出来的行为上，因而被称为领导行为理论。这种理论主要探讨什么样的行为是最有效的领导行为，并认为有效的领导行为与无效的领导行为有很大的区别，有效的领导行为在任何环境中都是有效的。

　　1. 三种基本领导风格

　　美国社会心理学家勒温通过研究试验，把领导者在领导过程中表现出来的领导风格分为三种类型：专制型、民主型和放任式。

(1) 专制型　专制型又称独裁专断型，这种类型是指领导者个人决定一切，所有的政策、工作分配、奖惩等均由领导者单独决定，并要求下属绝对服从和执行，下级没有任何参与决策的机会，领导者与下属保持相当的心理距离。

(2) 民主型　民主型领导即鼓励下属参与决策，对将要采取的行动和决策要同下属协商，员工间可相互交流，领导者积极参加团体活动，与下属无任何心理距离。

(3) 放任式　放任式领导则极少运用权力，而是给下属以高度的独立性，领导者仅提供资料及信息，并不主动干涉，亦即"无为而治"。

以上三种领导风格的效果存在明显差异：放任式领导风格的工作效率最低，只能达到组织成员的社交目标，但不能很好地完成工作目标；专制式领导风格虽然通过严格管理能够达到目标，但组织成员没有责任感，情绪消极，士气低落；民主式领导风格工作效率最高，不但能够完成工作目标，而且组织成员之间关系融洽，工作积极主动，有创造性。

2. 四分图理论

四分图理论又称俄亥俄模式。该理论认为，领导行为由"着手组织"与"体贴精神"两个因素影响和决定。着手组织是指领导者规定自身与工作群体的关系，建立明确的组织模式、信息交流渠道和工作程序的行为。如：领导者要安排好工作进度计划、要制定好考核绩效的明确标准、要求组织成员遵守有关规章制度等。体贴精神是指建立领导者与被领导者之间的友谊、尊重、信任方面的关系，关心员工，尊重员工的感受，加强与员工的交流、沟通。如：领导者能找出时间听取群体成员的意见、能注意照顾组织成员的个人福利、领导者平易近人等。这两个因素的结合，形成了四种不同类型的领导风格，如图5-1所示。

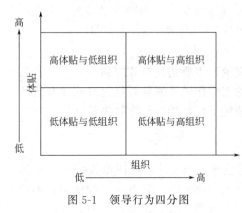

图 5-1　领导行为四分图

(1) 高体贴与高组织　注重严格执行规章制度，建立良好的工作秩序，同时重视人际关系，关心下属。这是一种相对高效、成功的领导风格。

(2) 高体贴与低组织　注重人际关系，但组织内规章制度不严，工作秩序较差。这是一种相对仁慈的领导风格。

(3) 低体贴与高组织　注重严格执行规章制度，建立良好的工作秩序，但不注意关心下属，与下属关系不融洽。这是一种相对严厉的领导风格。

(4) 低体贴与低组织　不注意执行规章制度，工作秩序差，而且也不关心下属，与下属关系不融洽。这是一种相对无能、不称职的领导风格。

3. 管理方格图理论

在领导行为四分图的基础上，美国管理学者布莱克（R. R. Blake）和莫顿（J. S. Mouton）提出了管理方格图理论。他们将四分图中的体贴改为对人的关心度，将组织改为对生产的关心度，建立了一张 $9 \times 9$ 的方格图。纵坐标表示对人的关心度，分为9级，横坐标表示对生产的关心度，也分为9级，每一个方格代表这两个方面以不同程度结合的不同领导风格，纵横交错形成了81种领导风格。其中有五种典型的领导风格，如图5-2所示。

(1) "1-1型"　"1-1型"又称"贫乏型"。领导者对员工和生产几乎都漠不关心，放任自流，没有担当起领导者应尽的责任。这种领导方式会导致失败，是很少见的极端情况。

(2) "9-1型"　"9-1型"又称"任务型"。领导者注意力集中于完成工作任务，对人的关心不够，很少注意员工的士气和发展。

（3）"1-9型" "1-9型"又称"俱乐部型"。领导者很少甚至不关心生产，只关心人，注意搞好人际关系，努力创造和谐的组织气氛。

（4）"9-9型" "9-9型"又称"团队型"。领导者对生产和人都极为关心，努力使员工的个人目标和组织目标最有效地结合，员工之间关系融洽，生产任务也完成得很好。

（5）"5-5型" "5-5型"又称"中间型"。领导者对人和生产都有适度的关心，保持完成任务和满足员工需要之间的平衡，追求正常的效率和令人满意的士气。

除了这五种典型的领导风格外，管理方格图还提供了大量的介于这些形态之间的形态，这里就不详述了。不过就这五种风格而言，也有优劣之分。布莱克与莫顿认为团队型最佳，其次是任务型，再次是中间型、俱乐部型，最差的是贫乏型。

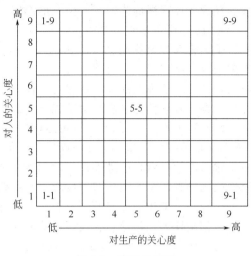

图5-2 管理方格图

### 三、领导权变理论

领导权变理论是在领导特质理论和领导行为理论的基础上发展起来的。它认为，影响领导效能的因素有三个：领导者、被领导者、领导工作的情境。所以，它关注的就是这三者之间的相互影响。该理论认为，并不存在一种普遍适用的领导方式，领导者的领导行为若想有效，就必须随着被领导者的特点和领导情境的变化而变化。下面介绍几种有代表性的理论。

1. 领导行为连续统一体理论

坦南鲍姆（R. Tannenbaum）与施密特（W. H. Schmidt）认为，在专制独裁型和民主参与型两种极端的领导方式中间，存在着许多过渡型的领导方式，这些不同的领导方式构成一个连续的统一体。该理论描述了从"以上级为中心的专制领导"到"以下属为中心的民主领导"之间的一系列领导方式的转化过程。这些方式因领导授予下属权力大小的差异而不同。这一理论很好地说明了领导风格的多样性和领导方式因情况而异或随机制宜的性质，如图5-3所示。

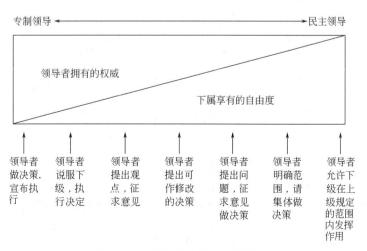

图5-3 领导行为连续统一体模型

在图5-3中，从左至右，领导者的职权运用逐渐变弱，而部属享有的自由则逐渐增强。偏向于独裁一端的领导者似乎较重视工作关系，并注意用权力去影响部属，而偏向于民主一端的领导者较重视群体关系，注意给部属一定的工作自由。

2. 权变式领导模型理论

美国管理学家费德勒（F. Fiedler）经过长期的调查研究，创建了著名的权变式领导模型理论，简称"费德勒模型"。他认为，个人的领导风格是一生经历的结晶，因而很难改变。所以，他的权变模型的基本思想是，任何个人的领导风格都只在某种具体的情境中有效。因此增强领导有效性的方法是帮助领导者认识自己的领导风格，并使之与情境相适应。为此，菲德勒设计了LPC（Least Preferred Coworker）量表。这种量表的使用方法是让领导者对"最不喜欢的同事"作"正反两面"的评价，这个评价分数用来测定一个人对其他人的态度。一个领导者如果对自己最不喜欢的同事给予很高或较高的评价，那他会被认为是关心人或宽容性的领导者，又叫关系型领导者；而那些对其最不喜欢的同事给予很低或较低评价的人，则被认为是以工作为中心的领导者，又叫任务型领导者。

费德勒认为，领导的有效性依赖于情境的有利性，而情境的有利性取决于三个变量：职位权力、任务结构、领导者与下属的关系。

职位权力是指领导者所拥有的正式的、法定的权力。权力是否明确、充分，在上级和整个组织中所得到的支持是否有力，直接影响到领导工作的情境及领导的有效性。职位权力越大，情境越有利。

任务结构是指工作团体要完成的任务是否明确，有无不清楚之处，其规划和程序化程度如何。任务越是结构化，情境就越有利。

领导者与下属的关系是指领导者得到被领导者拥护和支持的程度，即领导者是否受下级的喜爱、尊敬和信任，是否能吸引下属愿意跟随。显然，领导者与下属的关系越融洽，情境就越有利。

如果以上三个条件均具备，便是最有利的领导条件。如果三者都不具备，便是最不利的领导条件。假如将上述每个变量都分成两种情况：职权强与弱，任务结构性明确与不明确，上下级关系好与差，则可组合出八种主要的领导形态（见图5-4）。

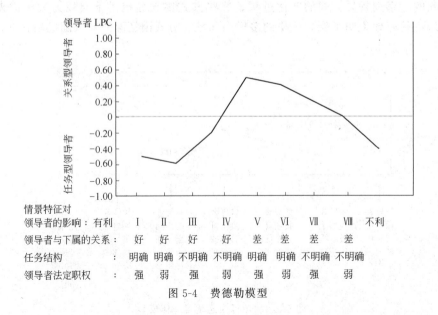

图5-4　费德勒模型

费德勒的研究结果表明：要根据领导工作的情境，选择不同领导风格的领导者，采取适当的领导方式，这样才可以把群体绩效提高到最大限度。具体来说，当情境非常有利或非常不利时，采取任务型领导方式是合适的；但当各方面因素交织在一起且情境有利程度适中时，采取以人为重的关系型领导方式更为有效。

3. 领导生命周期理论

领导生命周期理论又称情景领导理论，是由俄亥俄州立大学的卡曼（Karman）提出的。该理论认为，人们在考虑领导行为有效性的时候，应该把"工作行为""关系行为"与"被领导者的成熟程度"结合起来。所谓成熟程度，是指被领导者具有的知识、技能和经验的多寡以及独立工作能力、承担责任的态度和对成就的向往等，也就是心理成熟度。卡曼赞同阿吉利斯的观点，认为每一个人都有一个从不成熟到成熟的发展过程，即不成熟→初步成熟→比较成熟→成熟四个阶段。

（1）不成熟（M1）　下属对工作任务缺乏接受的意愿和承担的能力，既不能胜任工作又不被信任。

（2）初步成熟（M2）　下属愿意承担工作，但缺乏足够的能力，没有完成任务所需的技能。

（3）比较成熟（M3）　下属有能力完成工作任务，但不愿去做。

（4）成熟（M4）　下属既有能力又愿意去做领导分配的工作。

面对分别处于这四个阶段的员工，领导行为不能一成不变，而应随他们成熟度的变化而变化，这就是领导生命周期理论的精髓，可以用图5-5来表示。

图5-5表明，根据员工成熟度的不同，领导者可采用以下不同的领导行为。

（1）命令式　当员工的平均成熟度处于不成熟阶段时，领导者应采取"高任务、低关系"的行为，即命令式。命令式即领导者以单向沟通方式向下属规定任务，对下属的工作进行具体的指导，告诉下属应该干什么，怎么干以及何时何地去干，同时还要严格要求。图中第Ⅳ象限表征的是命令式。

（2）说服式　面对处于初步成熟阶段的

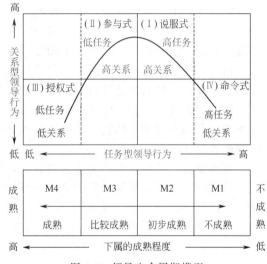

图5-5　领导生命周期模型

员工，领导者应采取"高任务、高关系"的领导方式，即说服式。说服式即领导者一方面要与部属双向沟通，互通信息，达到彼此支持，充分激发和鼓励其积极性，另一方面又要给下属一定的工作指导。图中第Ⅰ象限表征就是说服式。

（3）参与式　当员工进入比较成熟阶段时，领导者的任务行为要适当放松，关系行为要加强，即采取"低任务、高关系"的领导方式，形成参与式。领导者与下属相互沟通，鼓励下属积极参与管理与决策，而对下属的工作指导较少。图中第Ⅱ象限表征的是参与式。

（4）授权式　当员工发展到成熟阶段时，领导者应采取"低任务、低关系"的领导方式，即授权式。授权式是领导者给下属以权力，让他们有一定的自主权，由下属独立地开展工作，完成任务，"八仙过海，各显神通"，对下属的工作提供极少的指导，领导者本人只起检查监督作用。图中第Ⅲ象限表征的就是授权式。

**4. 途径-目标理论**

途径-目标理论又叫目标导向理论，由加拿大多伦多大学豪斯（R. J. House）创立。豪斯认为，领导者的行为只有在帮助下属实现他们的目标时才会被下属接受。因此，如果下属认为领导者正在为实现某种目标而和自己一道工作，而且那种目标能为自己提供利益，那么这种领导者就是成功的。

由于环境因素在变化，不同下属的个人因素也有所不同，所以，领导者必须调整自己的行为以适应下属的需要。也就是说，在某些情境中，下属要求领导者指导并设定目标，而在其他场合，他们已经知道做什么，因而只需要情感方面的支持。只有这样，才能实现组织及个人的绩效和下属的满意（见图5-6）。

在豪斯看来，领导者在应付每一种情境的时候，可以采用下列四种风格的领导行为中的一种：支持型、参与型、指令型、成就型。

(1) 支持型　这种类型的领导者关心员工，考虑下属的需要，与下属友善相处，关心下属的福利，公平待人，努力营造愉快的组织氛围。

图5-6　途径-目标理论模型

(2) 参与型　这种类型的领导者同员工分享信息，在做出决策时征求、接受和采纳下属的建议，允许下属对领导决策施加影响，并以此来提高激励效果。

(3) 指令型　这种类型的领导者发布指示，明确告诉下属做什么、怎么做，对员工的活动进行计划、组织和控制。决策由领导做出，下属不参与决策。

(4) 成就型　这种类型的领导者为员工设定富有挑战性的目标，希望下属最大限度地发挥潜力，并相信他们能达到目标，同时加强对成就的奖励。

每一种领导风格都只能用于特定情境，而且有赖于下属的能力和任务的结构化程度。一般来说，下属能力水平越高，领导者的指导就可以越少。同样，任务非结构性越强，领导者应有的指导就越多。

有鉴于此，豪斯认为，为了提高效率，实现绩效，提高员工满意度，领导者应该：认清下属的需要，并努力满足；奖励达成目标的下属；帮助下属识别用于达成特定目标的最好道路；扫清道路以便员工达成目标。

总之，领导者的行为主要在于努力协助下属找到实现目标的最好途径。当工作任务不明确，员工无所适从时，他们希望领导者对他们的工作作出明确的规定和安排。对例行性的工作或内容已经明确时，员工只希望领导者给予生活等方面的关心，使个人需要得到满足。如果工作任务已经明确，领导者还在喋喋不休地发布指示，员工就会感到厌烦，甚至认为是侮辱。可见，领导者一方面要用抓好组织、关心生产的办法，帮助职工扫清通往目标的道路；另一方面要体贴关心人，满足员工的需要，使他们顺利实现自己的预定目标。

---

**小阅读：关于领导**

◇ 夫将者，国之辅也，辅周则国必强，辅隙则国必弱。　　　　　　　　　　出自《孙子兵法》

◇ 太上，不知有之。　　　　　　　　　　　　　　　　　　　　　　　　　出自《老子》

# 第三节 激 励

> **管理故事：士为"赞赏"者死**
>
> 韩国某大型公司的一个清洁工人，本来是一个最被人忽视、最被人看不起的角色，但就是这样一个人，却在一天晚上公司保险箱被窃时，与小偷进行了殊死搏斗。
>
> 事后，有人问他为什么如此英勇，他的回答出人意料：当公司的总经理从他身边走过时，总会不时赞美他"你扫得真干净"。
>
> **解释**：韩国公司经理的赞赏让一个平凡的人在关键时刻做出了不平凡的事情。可见，人是需要激励的，尽管激励的方式如此简单。

## 一、激励的含义与原理

管理中的激励，是指管理者运用各种管理手段，刺激被管理者的需要，激发其动机，使其朝着期望的目标前进的心理过程。

激励过程实际上就是一个由需要开始，到需要得到满足为止的连锁反应。首先是感觉到有需要，并由此产生动机，造成心理紧张，于是引起行动以达到目标，最后是要求得到了满足。当一种需要得到满足后，人们会随之产生新的需要，引起新的动机，指向新的目标。这是一个循环往复、连续不断的过程，如图5-7所示。

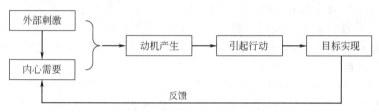

图5-7 激励过程示意图

## 二、内容型激励理论

内容型激励理论是从激励过程的起点——人的需要出发，分析用什么因素或内容引起、维持并引导某种行为，从而实现目标。这类理论是从静态的角度探讨激励问题。

1. 需要层次理论

美国心理学家马斯洛提出的需要层次理论，将人的需要划分为五个不同层次，由低到高依次为生理需要、安全需要、社交需要、尊重需要和自我实现需要。

（1）生理需要　生理需要是指一个人对维持生存所需的衣、食、住等基本生活条件的需要，是最基本和最优先的需要。

（2）安全需要　安全需要是指对人身安全、就业保障、环境安全、经济保障等的需求。

（3）社交需要　社交需要是指人希望获得友谊、爱情及归属的需要。人都希望得到别人的关心和爱护，希望成为社会中的一员。

（4）尊重需要　尊重需要是指希望自己保持自尊与自重，并获得别人的尊重和高度评价。

(5) 自我实现需要 自我实现需要是指能使自己的潜在能力得以最大限度地发挥，实现自我价值和抱负的需要。

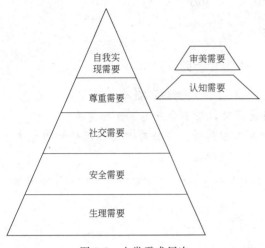

图 5-8 人类需求层次

马斯洛认为：人的需要是分层次等级的，一般按照由低到高的顺序发展。以上五个层次的需要呈金字塔形排列（见图5-8）。生理和安全需要属于较低级需要，社交、尊重和自我实现则属于较高级的需要。只有低一层需要得到基本满足之后，人们才会进一步追求较高层次的需要。在同一时期内同时存在的几种需要中，总有一种需要占主导、支配地位，人的行为主要受这种需要的驱使。任何一种已经满足了的低层次需要并不因为高层次需要的发展而消失，只是不再成为主要激励力量。

大多数介绍马斯洛的书籍都这样介绍他的需要层次论，但是，这实际上存在一定的不完整性。马斯洛本人的著作中对需要层次论作了更多的探讨。除了广为人知的以上五种需要外，马斯洛还详细说明了认知需要、审美需要在人身上的客观存在。认知需要是指对事物的理解、系统化、组织、分析、寻找联系和意义、创立一个价值系统等的需要。审美需要即对美的需要，他认为审美需要的冲动在每种文化、每个时代里都会出现。但是他也说明，这些需要不能放在基本需要层次之中。相对于认知需要和审美需要，他把前面的五层次需要统称为意动需要。他认为，认知需要、审美需要与意动需要并不处于同一阶层发展系统之中，而是表现出一种既相互重叠，又相互区别的关系。

需要层次论对管理实践的启示：管理者应该正确认识被管理者需要的多层次性，对其需要进行科学分析；管理者要不失时机、最大限度地运用管理手段、管理条件满足被管理者的需要；管理者应在科学分析的基础上，找出被管理者的主要需要，然后有针对性地采取激励措施。

2. 双因素理论

美国心理学家赫茨伯格于20世纪50年代提出了著名的双因素论，即保健因素和激励因素论。

(1) 保健因素 保健因素属于工作环境和工作条件方面的因素，包括组织的政策与制度、监督系统、工作条件、人际关系、工资、职务地位等因素。当人们得不到这些方面的满足时，人们会产生不满，从而影响工作；但当人们得到这些方面的满足时，只是消除了不满，即只是没有不满意，但却不会使人们产生积极的满意感，不会调动人们工作的积极性。因此，这些因素称为保健因素。

(2) 激励因素 激励因素属于工作本身和工作内容方面的因素，包括工作成就感、工作挑战性、工作的认可与赞美、工作的发展前途等。当人们得不到这些方面的满足时，工作缺乏积极性，但不会产生明显的不满情绪；但当人们得到这些方面的满足时，会产生积极的满意感，会对工作产生浓厚的兴趣，从而带来很大的工作积极性。显然，这类因素能起到明显的激励作用，因此将其称为激励因素。

双因素论对管理实践有以下两方面的启示。

① 区分两类因素。管理者要善于区分管理实践中的两类因素，对于保健因素要给予基本的满足，以消除下级的不满；要抓住激励因素，进行有针对性的激励，以增加员工对工作的兴趣。

② 正确识别激励因素。管理者要正确识别与挑选激励因素，它不是绝对的、一成不变的，要灵活地加以确定。

### 三、过程型激励理论

过程型激励理论是在内容型激励理论的基础上发展起来的，它是从人的动机产生到行为反应这一过程出发，分析哪些因素对人的动机和行为发生作用。此类理论是从动态的角度探讨激励问题，主要是了解对行为起决定作用的关键因素，掌握这些因素之间的关系，以达到预测或控制人的行为的目的。

1. 期望理论

期望理论是美国心理学家弗鲁姆于1964年提出来的，这一理论通过人们的努力行为与预期结果之间的因果关系来分析激励的过程。

该理论认为，人们对某项工作积极性的高低，取决于他对这种工作能满足于其需要的程度及实现目标可能性的大小。用公式表示为：

$$激励力量 = 效价 \times 期望值$$

其中，激励力量指激励作用的大小，它表示人们为达到目的而努力的程度；效价指目标对于满足个人需要的价值，亦即对结果的偏爱程度；期望值指采取某种行动实现目标可能性的大小，即实现目标的概率。

由上式可见，激励作用的大小与效价、期望值成正比，即效价、期望值越高，激励作用越大；反之，则越小。如果其中一项为零，激励作用也自然为零。

期望理论对于管理实践有以下几方面的启示。

（1）激励手段的选择  要选择员工感兴趣、评价高的激励手段。如果不从实际出发，不考虑员工的实际需要，只从管理者的意志出发，推行对员工来说效价不高的项目，是不可能收到激励效果的。

（2）标准的确定  确定的标准不宜过高。凡能起激励作用的工作项目，都应是大多数人经过努力能够实现的。如果一个人通过努力有较大可能获得好成绩时，他就会信心十足地做好工作，如果工作太难或是目标定得太高，就会丧失信心。

（3）成绩与奖励挂钩  人们总希望在取得成绩后能够得到奖励，如果没有奖励，那他的工作干劲很难保持下去。这种奖励是广义的，既包括提高工资、多发奖金等物质奖励，也包括表扬等精神方面的奖励。奖励是维持和提高效价的重要手段。

2. 公平理论

公平理论是美国心理学家达西·亚当斯（J. S. Adams）于1965年提出的，这一理论重点分析个人对自己做出的贡献与所得报酬之间关系的感觉对激励的影响。该理论认为，人的工作积极性不仅受其所得报酬绝对量的影响，而且还受到自己对所得报酬相对量（相对于贡献、相对于他人、相对于过去）的感觉的影响。因此，他要进行种种比较来确定自己所获报酬是否合理，比较的结果将直接影响今后工作的积极性。

具体来说，人们会进行以下两种方式的比较。

（1）横向比较  横向比较也称社会比较，它是在同一时期，用自己对自身所获报酬（包括金钱、工作安排以及获得的赏识等）的感觉与自己对自身所作投入（包括教育程度、所作努力、用于工作的时间和精力以及其他无形损耗等）的感觉之比同自己对他人所获报酬的感觉与自己对他人所作投入的感觉之比进行比较，即，

$$\frac{自己对自身所获报酬的感觉}{自己对自身所作投入的感觉} \quad 同 \quad \frac{自己对他人所获报酬的感觉}{自己对他人所作投入的感觉} \quad 相比较。$$

只有二者相等时，人们才会认为公平，才有公平感。如果二者不相等，则会出现以下两种情况。

① 前者大于后者。在这种情况下，刚开始他可能会要求减少自己的报酬或自动多做些

工作，但久而久之，他会重新估计自己的技术和工作情况，于是会自我平衡，觉得自己确实应当得到那么高的待遇，这时，他的工作态度与工作状况又会回到过去的水平。

② 前者小于后者。在这种情况下，他可能要求增加自己的收入或减小自己今后的努力程度，以便使前者增大，趋于相等；他也可能要求组织减少比较对象的收入或者让其今后增大努力程度以便使后者减小，趋于相等；他还可能另外找人作为比较对象，以便达到心理上的平衡。

(2) 纵向比较　纵向比较也称历史比较，它是用自己对现在所获报酬的感觉与自己对现在投入的感觉之比同自己对过去所获报酬的感觉与自己对过去投入的感觉之比进行比较，即，

$$\frac{自己对现在所获报酬的感觉}{自己对现在投入的感觉} 同 \frac{自己对过去所获报酬的感觉}{自己对过去投入的感觉} 相比较。$$

同样道理，只有二者相等时，人们才会认为公平，才有公平感。如果二者不相等，也会出现以下两种情况。

① 前者小于后者。这种情况可能导致人的工作积极性下降。

② 前者大于后者。在这种情况下，人不会因此产生不公平的感觉，但也不会觉得自己多拿了报酬，从而主动多做些工作。

需要指出的是，公平理论是客观存在的，但公平本身却是一个相当复杂的问题，这主要是由于下面几个原因：第一，它与个人的主观判断有关。上面的比较中，无论是自己的或他人的投入和报酬都是个人感觉，而一般人总是对自己的投入估计过高，对别人的投入估计过低。第二，它与绩效的评定有关。人们主张按绩效付报酬，并且各人之间应相对均衡，但如何评定绩效呢？是以工作成果的数量和质量，还是按工作中的努力程度和付出的劳动量？是按工作的复杂、困难程度，还是按工作能力、技能、资历和学历？不同的评定办法会得到不同的结果。虽然最好是按工作成果的数量和质量，用明确、客观、易于核实的标准来度量，但这在实际工作中往往难以做到，有时不得不采用其他的方法。第三，它与评定人有关。绩效由谁来评定，是领导者评定还是群众评定或自我评定，不同的评定人会得出不同的结果。由于同一组织内往往不是由同一个人评定，因此会出现松紧不一、回避矛盾、姑息迁就、抱有成见等现象。

公平理论对于管理实践有以下几方面的启示。

① 影响激励效果的不仅有报酬的绝对值，还有报酬相对值。

② 激励时应力求公平，使等式在客观上成立。尽管有主观判断的误差，也不致造成严重的不公平感。

③ 在激励过程中应注意对被激励者公平心理的引导，使其树立正确的公平观，一是要认识到绝对的公平是不存在的，二是不要盲目攀比。

④ 为了避免职工产生不公平的感觉，企业应采取各种手段，在企业中营造一种公平合理的气氛，使职工产生一种主观上的公平感。如有的企业采用保密工资的办法，使职工相互不了解彼此的收支比率，以免职工互相比较而产生不公平感。

3. 强化理论

强化理论是由美国心理学家斯金纳（Burrhus Frederic Skinner）提出的关于理解和修正人的行为的一种理论。所谓强化，指的是对一种行为的肯定或否定的后果（奖励或惩罚）会在一定程度上决定这种行为在今后是否重复发生。

根据强化的性质和目的，可把强化分为四种类型。

(1) 正强化　正强化是奖励那些符合组织目标的行为，以便使这些行为得到进一步加强，从而有利于组织目标的实现。正强化的激励措施不仅包括奖金等物质激励，而且还包含表扬、提升、改善工作关系、分派有意义的工作、给予学习和成长的机会等精神措施。

(2) 负强化　负强化是预先告知某种不符合要求的行为或不良绩效可能引起的后果，使员工通过按要求的方式行事或避免不符合要求的行为，来回避一些令人不愉快的后果。如果员工能按所要求的方式行事，即可减少或消除这种令人不愉快的处境，从而使人们增加积极行为出现的可能性。

(3) 惩罚　惩罚是指用某种令人不快的后果来减弱某种行为。如批评、降薪、降职、罚款、开除、不给予奖励或少给奖励等来创造一种令人不快的环境，以示对不符合要求的行为的否定，从而达到减少消极行为的目的。

(4) 自然消退　自然消退是指撤销对原来可以接受的行为的正强化，即对这种行为不予理睬，以表示对该行为的轻视或某种程度的否定。

强化理论对于管理实践有以下启示。

① 正强化比惩罚更有效。在强化手段的运用上，应以正强化为主，过多地运用惩罚的方法，会带来许多消极作用；但必要时也要对坏的行为给以惩罚，做到奖惩结合。

② 依照强化对象的不同采用不同的强化措施。人们的年龄、性别、职业、学历、经历不同，需要就不同，强化方式也应不一样。如有的人更重视物质奖励，有的人更重视精神奖励，就应区分情况，采用不同的强化措施。应奖人所需，形式多样，不搞"一刀切"。

③ 目标明确。对于人的激励，首先要设立一个明确的、鼓舞人心而又切实可行的目标，只有目标明确而具体时，才能进行衡量和采取适当的强化措施。同时，还要将目标进行分解，分成许多小目标，完成每个小目标都及时给予强化，这样不仅有利于目标的实现，而且通过不断激励可以增强信心。如果目标一次定得太高，会使人感到不易达到或者说能够达到的希望很小，这就很难充分调动人们为达到目标而做出努力的积极性。

④ 及时反馈。所谓及时反馈就是通过某种形式和途径，及时将工作结果告诉行动者。要取得最好的激励效果，就应该在行为发生以后尽快采取适当的强化方法。一个人在实施了某种行为以后，即使是领导者表示"已注意到这种行为"这样简单的反馈，也能起到正强化的作用。如果领导者对这种行为不予注意，这种行为重复发生的可能性就会减小以致消失。所以，必须利用及时的反馈作为一种强化手段。

### 四、综合型激励理论

综合型激励理论是由美国学者波特和劳勒于1968年提出的。这一模式较为全面地说明了激励理论的全部内容，如图5-9所示。

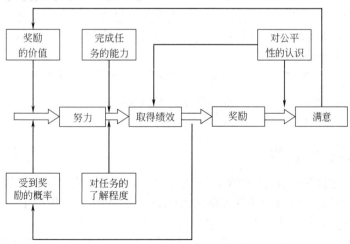

图 5-9　综合型激励理论示意图

① 个人的努力及其程度取决于奖励的价值和得到奖励的概率。如果个人认为奖励的价值比较高，且有把握完成任务或过去曾经完成（即得到奖励的概率高），他将乐意作出努力。

② 工作的实际绩效取决于能力的大小、努力的程度和对任务理解的深度。特别是对于比较复杂的任务，个人能力及理解程度比努力程度对绩效的影响更大。而取得的绩效高低又会影响到获得奖励的概率。

③ 激励措施是否会产生满意，取决于奖励内容和受激励者对所获报酬公平性的感觉。奖励内容有内在奖励和外在奖励，内在奖励如取得挑战性工作、获得更大的自主权等；外在奖励如工资的提高、获得更好的工作环境等。这些奖励可从正面强化个人的有利行为。此外，受激励者对所获报酬感觉越公平，满意程度越高。

④ 个人的满意程度将会反馈到下一个任务的努力过程中。满意将会产生进一步的努力，不满意将会导致努力程度降低。

综合激励理论对于管理实践的启示如下。
① 合理安排任务。要根据个人能力进行任务分工。
② 合理设定目标。要设定合适的工作目标。
③ 奖励内容和形式多样化。要根据不同人的需要，给予不同的奖励。
④ 考核与奖励要公平。要进行公平考核、公平奖励，以使员工真正感到满意。

---

**小阅读：马蝇效应**

◇ 再懒惰的马，只要身上有马蝇叮咬，它也会精神抖擞，飞快奔跑。

---

## 第四节 沟　　通

**管理故事：哈佛教授的三天**

哈佛商学院的一位教授应邀去非洲给土著人讲课。为了表示对土著人的尊敬，他西装革履。可一上讲台便直冒汗，是天热吗？不是。原来土著人以最高礼仪在听课——不论男女几乎都没穿什么衣服，戴着项圈，以树叶蔽体。

第二天，为了入乡随俗，教授以土著人穿戴走上讲台。可这一天也让他直冒汗，原来土著人为了照顾教授的感情，吸取了头一天的教训，全部都西装革履，一本正经，只有教授一人几乎是光着身子在台上。

直到第三天，双方才做了很好的沟通，台上台下全都穿西装，教授在台上才没再冒汗。

**解释：** 有效沟通是消除误会、取得一致的前提。管理中的沟通尤为重要。

### 一、沟通的概念与过程

沟通是凭借一定的符号载体，将信息从发送者传递到接受者并获得理解的过程。沟通可以在个体或群体间进行。著名组织管理学家巴纳德认为，"沟通是把一个组织中的成员联系在一起，以实现共同目标的手段"。没有沟通，就没有管理。

沟通应当具备三个要素：信息发送者、信息接受者和所传递的信息内容。图 5-10 描述了沟通的过程。

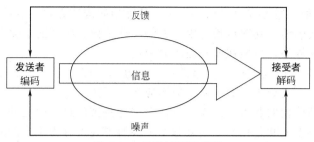

图 5-10　沟通过程示意图

沟通过程首先从发送者开始，发送者将头脑中的思想进行编码，即译成接受者能够理解的一系列符号，如语言、文字、动作等，形成信息，然后通过传递信息的媒介物——通道发送给接受者。接受者在接受信息之前，必须先将其翻译成可以理解的形式，即解码。解码信息与发送者的意图越接近，沟通的效率越高。接受者理解信息内容之后，要对信息有所反应，并返还给发送者，即反馈。通过反馈可以检查信息被理解的程度。在整个沟通过程中，有可能会受到噪声的影响，即信息传递过程中的干扰因素，包括内部的和外部的，它可能在沟通的任何环节上造成信息的失真，从而影响沟通的有效性。

沟通有三种形式：人际沟通（即人与人之间的沟通）；人机沟通（即人与机器之间的沟通）；机机沟通（即机器与机器之间的沟通）。本章主要讲述人际沟通。

## 二、人际沟通的特点及方式

1. 人际沟通的特点

组织中的人际沟通是指为了达到管理的目的而进行的人与人之间的情感和信息传递、交流过程。通过有效的人际沟通，管理者与员工之间以及员工与员工之间可以互相了解各自的心理，表达自己的看法和意见。与其他两种沟通形式相比，人际沟通具有以下特点。

（1）动态性　人与人之间的沟通是一个双向交流、动态调整的过程。

（2）手段和内容的多样性　人与人之间的沟通不仅可以通过语言、文字等手段来进行交流，也可以通过动作、表情、电子手段等进行沟通。沟通的内容不仅局限于一般的信息，还可以有情感、思想、文化等方面的沟通。

（3）障碍性　人与人之间的沟通会受到人的特殊心理活动及外界客观因素等多方面的影响而产生障碍。

2. 人际沟通的方式

从不同的角度，人际沟通有不同的方式。

（1）根据沟通所使用的媒介物的不同来分类　沟通方式可分为口头沟通、书面沟通、非语言沟通、电子沟通。

① 口头沟通是运用最为广泛的一种沟通方式。它是以口头语言为媒介的信息传递，包括面对面讨论、开会和演讲，也可能是非正式的讨论或小道消息的传播等。口头沟通的优点在于：方便灵活、传递速度快、亲切、说服力强。其缺点是：如果考虑不周，用词不当，易引起误解；多层口头传递易于造成信息失真；无法记录，难以查证；沟通范围有限。

② 书面沟通是以书面文字为媒介的信息传递，包括文件、备忘录、信件、报告、组织内发行的期刊、布告栏、意见箱及其他任何传递书面文字或符号的手段。其优点是：信息有充足的修改时间，于是更为准确；可长期保存；信息经过多次传递不会走样等。缺点则表现在：信息反馈慢；接受者可能不能完全理解信息；沟通效果受文化背景的影响大。

③ 非语言沟通是指非口头、非书面形式的沟通，它通过身体动作、面部表情以及信息发送者与接受者之间的身体距离来传递信息。在人际沟通的"表里如一"方面，它更多的反

映了人的"里"。这种沟通方式的优点:作为一种辅助的沟通方式,有助于加强信息的传递,能反映出人们的真实感情。其缺点是:由于人的个性差异、国家的文化差异,有时沟通会造成误解;沟通范围受局限,只能在面对面沟通中使用。

④ 电子沟通是指采用电子技术传递信息,如电话、传真、电子邮件、手机短信、QQ、微信等。它的优点为:类似于书面沟通,但沟通效率更高,方便、灵活、快捷。缺点是:不能采集到微妙的、情感化的非语言线索;不适合传递机密信息、解决冲突和谈判。

(2) 根据沟通的渠道和途径的不同来分类　沟通方式可分为正式沟通与非正式沟通。

① 正式沟通是指通过组织内部明文规定的途径进行信息传递和交流,包括:由正式组织系统发布的命令、指示、文件;组织召开的正式会议;组织正式颁布的规章、手册、简报、通知、公告;组织内部上下级之间因工作需要进行的正式接触等。

② 非正式沟通是相对于正式沟通而言的,它是指以社会关系为基础,与组织内部明确的规章制度无关系的信息沟通。与正式沟通相比,非正式沟通有以下特点:一是信息传播速度快,所谓一传十,十传百,百传千;二是传播途径和方式多,不受组织监督,由组织成员自己选择;三是信息在传递过程中受到传递者个人情感和情绪的影响,容易被歪曲,不能作为决策的依据。

(3) 根据信息流向的不同来分类　沟通方式可分为纵向沟通、横向沟通和斜向沟通。

① 纵向沟通包括下行沟通和上行沟通。下行沟通是指在组织中,信息从较高层次流向较低层次的沟通,包括工作指示、下发文件、下达工作计划等。这是广泛采用的一种沟通形式。下行沟通在发布命令、明确任务、协调行动等方面起着重要作用,但在多层次的传送中,由于曲解、误读、搁置等原因,所传递的信息会逐步减少或歪曲。而且,采用单向的下行沟通,会导致员工满意度下降,挫伤员工积极性。上行沟通是指在组织中,信息从较低层次流向较高层次的沟通。如调查问卷、员工座谈会、意见箱、请示、汇报等都属于上行沟通。管理者通过这种沟通方式可以了解员工的需求以及对指示、命令的反映,提高员工满意度,但信息在向上传递的过程中常会被筛选掉,影响沟通效果。理想的沟通状态应该是下行沟通和上行沟通相结合。

② 横向沟通也叫平行沟通,它是指组织内同一层次的机构和人员之间的沟通。横向沟通有利于相关部门间的协调和理解,提高组织整体的效率。

③ 斜向沟通是不同层次且无隶属关系的机构和人员之间的沟通。斜向沟通同样有利于部门间的协调和理解,但跨越权限的斜向沟通必须以组织系统的纵向沟通为基础,否则可能会扰乱组织的管理秩序。

以上三种沟通方式往往用于正式沟通。

### 三、人际沟通的网络形式

1. 正式沟通网络形式

在正式沟通中,信息在不同人与机构之间向不同方向流动就形成了一个由各种通道构成的沟通网络,具体表现出五种网络形式(见图 5-11)。

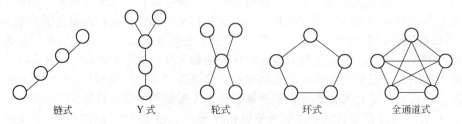

图 5-11　正式沟通网络形式

（1）链式　信息在个体间逐渐传递，可自上而下或自下而上进行。其特点是：信息经过层层传递、筛选，容易失真；成员之间的联系面窄，员工满足度低；适应变化慢。在现实组织中，严格按直线职权关系和指挥链系统而在各级主管人员间逐级进行的信息传递就是链式沟通网络应用的实例。

（2）轮式　只有一个个体是各种信息的汇集点与传递中心。在组织中相当于一个主管领导直接管理几个部门。其特点是：信息传递速度快，精确度高；领导者了解全部情况，控制力强；下级之间无沟通联系，成员满意度低；适应变化慢。轮式网络适合于组织接受紧急任务，需要进行严密控制，同时又要争取时间和速度的情形。

（3）Y式　在个体间的逐级沟通中，其中只有一个个体位于沟通渠道的中心，成为沟通的媒介。在组织中相当于组织领导、秘书班子再到下级主管人员或一般成员之间的纵向关系。其特点是：沟通速度快；由于信息沟通的"秘书层"，易导致信息失真；拉大上下级之间的距离。通常当主管人员的工作任务十分繁重，需要有人协助筛选信息和提供决策依据，同时又要对组织实行有效控制时，采用这种沟通网络。

（4）环式　环式即个体间依次联络和沟通。其特点是：不存在信息沟通中的领导或中心人物，集中化程度比较低，领导者作用不明显；组织成员具有较高的满意度；沟通渠道窄、环节多，沟通的速度和准确性难以保证。如果组织需要创造出一种能激发高昂士气的氛围来实现组织目标，环式沟通是一种行之有效的方式。

（5）全通道式　全通道式即组织所有成员之间可以不受限制地进行相互沟通与联系，各成员地位平等，没有中心人物。其特点是：沟通渠道宽，成员可直接、自由而充分地发表意见，有利于集思广益，提高沟通的准确性；成员地位差异小，人际关系和谐，民主氛围好，组织成员满意度高，利于提高成员士气和培养合作精神；集中化程度低，削弱了领导者的领导核心作用；渠道太多，易造成混乱；讨论过程较费时，影响工作效率。这种沟通网络在组织解决复杂问题时有明显的促进作用。委员会方式的沟通就是全通道式沟通网络的应用实例。

2. 非正式沟通网络形式

与正式沟通一样，非正式沟通也有几种沟通网络形式（见图5-12）。

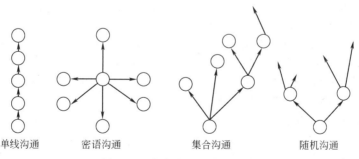

图5-12　非正式沟通网络形式

（1）单线沟通　信息在个人之间相互转告，依次传递到最终的接受者。
（2）密语沟通　信息由一个人传递给其他人，犹如独家新闻。
（3）集合沟通　信息传递给几个特定的人，然后由他们传递给其他很多人。
（4）随机沟通　信息在个人之间随机地相互转告。

非正式沟通的产生和存在，一是由于组织内的沟通系统比较封闭，二是人们的情感和心理的需要。如果管理者能够开放或公开人们所关心的信息，非正式沟通可能会有所减弱。非正式沟通现象是不可能消除的，管理者应该对组织内的非正式沟通状况进行了解、适应和整合，使其有效担负起沟通的重要作用，成为正式沟通的辅助工具。不过不能过分利用非正式沟通，否则会破坏正式沟通系统，甚至破坏组织结构。

### 四、人际沟通的障碍

所谓沟通障碍，是指信息在传递过程中受到沟通系统内、外部噪音的影响而失真的现象。

1. 沟通障碍的因素

一般来讲，沟通联络中的障碍因素主要有主观障碍、客观障碍和沟通方式的障碍三个方面。

(1) 主观障碍　主观障碍主要有以下几个方面。

① 个人心理因素。个人的性格、气质、态度、情绪、见解等方面的差别，使信息在沟通过程中受个人主观心理因素的制约。

② 经验水平和知识结构因素。在信息沟通中，如果双方在经验水平和知识结构上差距过大，就会产生沟通的障碍。

③ 个人记忆和思维能力因素。信息沟通往往是依据组织系统，分层次逐渐传递的。然而，在按层次传达同一条信息时，往往会受到个人的记忆、思维能力的影响，从而降低信息沟通的效率。

④ 对信息的态度。对信息的态度不同，使有些员工和主管人员忽视对自己不重要的信息，不关心组织目标、管理决策等信息，而只重视和关心与他们物质利益有关的信息，使沟通发生障碍。

⑤ 上下级之间的信任度。有时由于管理人员考虑不周而伤害了员工的自尊心，或决策错误，导致了上下级之间的相互不信任，而相互不信任则会影响沟通的顺利进行。

⑥ 下级人员的畏惧感。下级人员的畏惧感也会造成障碍。畏惧感的产生主要是由于上级管理严格、咄咄逼人及下级人员本身的素质决定的。

(2) 客观障碍　客观障碍主要有以下几个方面。

① 发送者和接受者的距离。信息的发送者和接受者如果空间距离太远、接触机会少，就有可能造成沟通障碍。社会文化背景不同，种族不同而形成的社会距离也会影响信息沟通。

② 组织机构。如果组织机构过于庞大，中间层次太多，信息从最高决策层到下级基层单位就有可能失真。

(3) 沟通联络方式的障碍　沟通联络方式障碍主要表现如下。

① 误解。如果发送者在提供信息时表达不清楚，如措词不当、丢字少句、空话连篇、文字松散、使用方言等，或者接受者接收信息时不善于倾听、缺乏反馈，则会导致误解。

② 沟通方式选择不当。沟通的网络形式多种多样，且它们都有各自的优缺点。如果不根据实际情况灵活选择，则沟通不能畅通进行。

③ 缺乏沟通技巧。有效的沟通技巧可消除因方法不当而引起的沟通障碍。关于沟通技巧，主要从下面一些角度去认识：你会正确表达想法吗？你能够按对方希望的时间和方式表达想法吗？你能够与不同职位、不同性格的人进行沟通吗？

2. 沟通障碍的克服

只要有信息沟通，就必然会存在沟通障碍。管理者要正视这些障碍，采取一切可能的方法来消除这些障碍，为有效的信息沟通创造条件。

克服信息沟通的障碍，提高沟通的有效性，可以从以下七个方面入手，将其称为"7C"原则。

(1) 依赖性（Credibility）　依赖性即指沟通的发送者与接受者之间建立彼此的信任关系。主动沟通者真诚的沟通态度以及被沟通者对于沟通者的信任，都会为建立良好的沟通创造好的开端。

(2) 一致性（Context）　一致性指沟通计划、沟通方式应与组织内、外部环境相一致。

(3) 内容（Content） 沟通的内容对信息的接受者要有意义。

(4) 明确性（Clarity） 明确性是指沟通所用的语言或词语是双方共同认可的，应该易于理解和接受。

(5) 持续性与连贯性（Continuity and Consistency） 要达到沟通的目的，必须对信息进行重复，并在重复中不断补充新的内容。这一过程应该连续不断地进行。

(6) 渠道（Channels） 要选择那些能够充分提高沟通效率的渠道，尽可能利用已经存在、沟通者日常已习惯使用的渠道。

(7) 接受者的接收能力（Capability） 沟通时应充分考虑接受者的接收能力，增强沟通的针对性。沟通前应多方面地了解沟通对象的情况，如被沟通者的知识水平、阅读能力与接受信息习惯等。

---

**小阅读： 关于沟通**

◇ 管理就是沟通、沟通再沟通。　　　　　　　　　　　　　——通用电气公司总裁杰克·韦尔奇
◇ 管理者的最基本能力：有效沟通。　　　　　　　　　　——英国管理学家L·威尔德

---

**知识拓展　冲突管理**

### 一、冲突的概念

随着社会环境的不断复杂化，分工和专业化的水平日渐提高，人们之间的相互依赖性逐渐增强，联系日趋紧密，这种相互依赖性要求在实现个人目标和组织目标时必须进行相互合作，协调行动，但是，当组织成员之间某一方谋求另一方的权利时，冲突的发生是不可避免的。事实上组织成员之间发生冲突是一种非常普遍的现象，因此，需要坦然面对和妥善处理，并将冲突程度控制在一定范围内。

所谓冲突，可以定义为各个利益主体内部或主体之间由于利益、目标等的差异引起的抵触、争执或争斗的对立状态。人与人之间的利益、观点、掌握的信息或对事件的理解都可能存在差异，这种差异性影响着人们之间的相互作用关系，导致意见的分歧，成为冲突发生的主要根源。

### 二、冲突管理方法

一旦冲突发生，就需要及时进行管理，使之保持在一个合适的水平，既不妨碍组织目标的实现，又能激发成员的创新能力。

#### 1. 托马斯的人际冲突处理模式

为了有效地解决组织中的人际关系冲突，美国行为科学家托马斯提出了一种二维模式。托马斯认为，至少有五种处理人际关系的策略，每种方法都是由两个维度来确定的：坚持性与合作性。坚持性代表在追求个人利益过程中的武断程度；合作性代表在追求个人利益过程中与他人的合作程度。合作与坚持之间的不同组合形成不同的策略（见图5-13）。

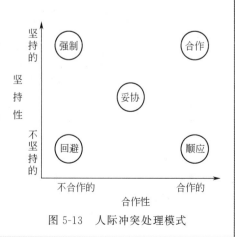

图5-13　人际冲突处理模式

(1) 回避策略　回避策略是指人们将自己置身于冲突之外，忽视双方之间的差异，保持中立状态。回避策略可以避免问题扩大化，但经常会因为

忽略了重要的意见或看法，使对方受挫，招致非议。

(2) 强制策略　强制策略是高度坚持且不合作的策略，即为了自己的利益而牺牲他人的利益。当一方在冲突中具有占绝对优势的权力和地位时，可能会采用该策略。显然，强制策略不受对方欢迎。

(3) 顺应策略　顺应策略是一种高度合作而坚持程度较低的策略，当事人愿意牺牲自己的利益以满足他人的要求。顺应策略最受对手欢迎，但容易被对手认为过于软弱或易于屈服。

(4) 合作策略　合作策略是一种高度合作和高度坚持的策略，代表了冲突解决中的双赢局面，既考虑了自己的利益，又照顾到他人的利益。

(5) 妥协策略　妥协策略指一种合作性与坚持程度均处于中间状态的策略。它通过一系列的谈判和让步来解决问题。妥协策略虽然只能部分满足双方的要求，但却最为常用，接受程度最高。

以上每一种策略都有其特定的应用条件，且应与具体的情境状况匹配（见表5-1）。

表5-1　处理冲突的策略与适用情境

| 策　略 | 适　用　情　境 |
| --- | --- |
| 回避 | 1. 议题微不足道，或者有更重要的议题时<br>2. 毫无机会可满足所关心的事情时<br>3. 潜在的分裂所带来的利益超过解决问题所带来的利益时<br>4. 使人冷静下来及有重要认知时<br>5. 搜集资料比立刻决定来得重要时<br>6. 别人能更有效率地解决问题时 |
| 强制 | 1. 快速、决定性的行为：紧急事件<br>2. 遇到不同寻常的情况时<br>3. 有关大众利益时 |
| 顺应 | 1. 发现自己错误时，显示自己的理性<br>2. 议题对别人比自己重要时，保持合作态度满足别人<br>3. 当和谐与安定更重要时<br>4. 允许属下从错误中学习，发展自我 |
| 合作 | 1. 双方所关心的事十分重要，且无法妥协时<br>2. 当目标明确时<br>3. 整合不同的看法时<br>4. 整合不同的关系时 |
| 妥协 | 1. 当目标明确，但不值得努力，或存在潜在瓦解危机时<br>2. 势均力敌的对手相互排斥时<br>3. 非常复杂的议题<br>4. 时间及成本具有相当大的压力时<br>5. 合作与强制都不成功时 |

**2. 解决冲突的传统方法**

解决冲突的传统方法主要有以下几种。

(1) 协商解决　即冲突双方可以通过协商或谈判来解决冲突。调解者一般应当是领导者，调解时首先了解双方情况，然后对双方的意见进行分析权衡，根据共同的目标和利益提出建议，求同存异，实行妥协。

(2) 互助解决　即冲突双方在第三者（专家或领导）的协助指导下，通过充分讨论来解决冲突。双方针对问题充分提出自己的观点和依据，进行分析比较，确定共同的认识，然后双方各自根据共识提出解决方案,由专家排列比较,从中选择最合理的方案予以实施。这种方法强调协商调节、折中、互相让步。

(3) 权威裁决 即由握有权力的人或组织对冲突作出裁决。这种方法简单省力,但只有当权威者是一个有能力、公正并熟悉情况者时,裁决才可能正确而公正。反之,就会挫伤被裁决者的积极性。

(4) 组织调整 通过组织调整解决冲突的办法很多,如让互相冲突的岗位和人员相互轮换,进行角色体验,加深彼此了解;调整个人职责,简化角色要求和角色冲突等。

(5) 权力支配 即冲突的一方利用自己手中的权力或武力迫使冲突的对方退却或放弃。事实上,这种方法并不意味着冲突得到真正解决,而有可能加剧或转移矛盾,因此,此类方法应慎用。

## 本章小结

领导作为管理的一项职能,领导是指激励、引导和影响个人或组织,在一定条件下,实现组织目标的行动过程。领导者,就是在组织中承担领导职责,实施领导过程的人。领导活动不仅决定着组织绩效,而且决定着组织的兴衰成败,其作用主要表现为指挥、激励、协调三个方面。领导者的权力包括:法定权、奖赏权、惩罚权、专长权、模范权,权力是领导者履行领导职能的基础和手段。领导者必须具有全面的综合素质,一般认为,领导者应该具备一定的政治素质、业务知识和工作能力素质及身体素质。

领导理论大致可以分为三类:第一类是领导特质理论,主要描述有效的领导者应具备的个人特性;第二类是领导行为理论,主要描述领导者的领导风格或领导者行为对领导有效性的影响;第三类是领导权变理论,主要描述在不同的情境下何种领导行为效果最佳。其中领导行为理论主要包括四分图理论、管理方格图理论;权变理论主要包括领导行为连续统一体理论、权变式领导模型理论、领导生命周期理论、途径-目标理论。

激励是指管理者运用各种管理手段,刺激被管理者的需要,激发其动机,使其朝着期望的目标前进的心理过程。激励理论基本上分为三类:内容型激励理论、过程型激励理论和综合型激励理论。其中,内容型激励理论主要包括需要层次理论、双因素理论;过程型激励理论主要包括期望理论、公平理论、强化理论。

沟通是凭借一定的符号载体,将信息从发送者传递到接受者并获得理解的过程。沟通的三个要素包括:信息发送者、信息接受者和所传递的信息内容。沟通形式有人际沟通、人机沟通和机机沟通。人际沟通是为了达到管理的目的而进行的人与人之间的情感和信息传递、交流过程。它具有动态性、手段和内容的多样性、障碍性的特点。根据沟通时所使用的媒介物不同,人际沟通方式有口头沟通、书面沟通、非语言沟通、电子沟通;根据沟通渠道和途径的不同,人际沟通方式有正式沟通与非正式沟通;根据信息流向的不同,人际沟通方式有纵向沟通、横向沟通和斜向沟通。

正式沟通的网络形式具体表现出五种:链式、轮式、Y式、环式、全通道式。非正式沟通的网络形式有四种:单线沟通、密语沟通、集合沟通、随机沟通。

沟通障碍是指信息在传递过程中受到沟通系统内、外部噪音的影响而失真的现象。沟通联络中的障碍因素主要有主观障碍、客观障碍和沟通方式障碍三个方面。主观障碍因素有个人心理因素、经验水平和知识结构因素、个人记忆和思维能力因素、对信息的态度、上下级之间的信任度、下级人员的畏惧感等;客观障碍因素有发送者和接受者的距离、组织机构等；沟通方式障碍因素有误解、沟通方式选择不当、缺乏沟通技巧等。为克服沟通障碍，提高沟通的有效性，可遵循"7C"原则，即依赖性、一致性、内容、明确性、持续性与连贯性、渠道、接受者的接收能力。

## 本章内容结构图

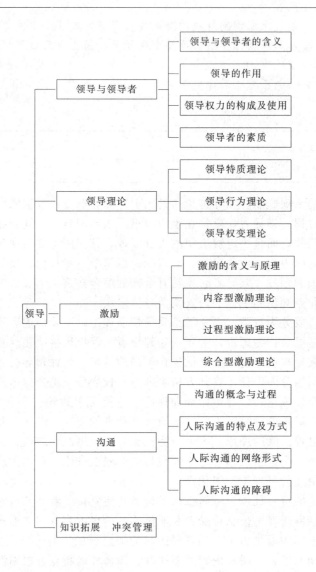

## 思考与练习

### 一、单选题

1. 李红原来是公司业务部的经理，因其工作经验丰富、业绩突出，在公司得到大家的认可，近来被提升为公司的副总经理。他目前觉得有很多工作需要做，但是你认为以下哪一项是他不应该参与的活动？（　　）

　　A. 搜集各方面的信息以了解整个行业的发展前景
　　B. 与各部门经理沟通，了解公司的总体情况
　　C. 与业务部门新的经理沟通，制订其工作计划
　　D. 到一线工作现场了解企业的生产运作情况

2. 你认为以下哪项是民主式的领导方式？（　　）
   A. 领导事先安排全部的工作，包括程序和方法，下属只能服从
   B. 分配工作前会和员工沟通，尽量照顾到个人的能力
   C. 对工作事先没有任何的安排，事后无评估，一切由员工自己决定
   D. 领导方法的选择取决于领导者的个性
3. 依照途径-目标理论，下列说法中正确的是（　　）。
   A. 当任务不明或压力过大时，成就导向型领导导致了更高的满意度
   B. 当下属执行结构化任务时，支持型领导导致了员工的高绩效和高满意度
   C. 对知觉能力强或经验丰富的下属，指导型的领导可能被视为好领导
   D. 组织中的正式权力关系越明确化，领导者越应表现出控制型行为
4. 领导者采取何种领导风格，应当视其下属的"成熟"程度而定。当下属不愿也不能承担工作责任，学识和经验较少时，领导者应采取如下哪种领导方式？（　　）
   A. 命令式　　　　B. 说服式　　　　C. 参与式　　　　D. 授权式
5. 不管采用何种激励方式，它的基础是（　　）。
   A. 需要　　　　B. 动机　　　　C. 行为　　　　D. 潜能
6. 马斯洛认为每个人都有五个层次的需要，依次是（　　）。
   A. 生理—安全—社交—尊重—自我实现
   B. 安全—生理—尊重—社交—自我实现
   C. 自我实现—尊重—社交—安全—生理
   D. 社交—尊重—自我实现—安全—生理
7. 管理者激发员工的工作热情，使他们产生满意情绪，要利用（　　）。
   A. 保健因素　　　B. 维持因素　　　C. 激励因素　　　D. 薪酬
8. 公司每周召开例会，要求中层以上管理人员参加。会上将通报董事会的决策，并要求与会人员向其部门内部传达上级的政策。这个过程中，存在哪种沟通网络？（　　）
   A. Y式、环式　　B. 轮式、全通道式　　C. 轮式、链式　　D. 链式、环式
9. 沟通作为有效管理的一个环节非常重要，但是经常会出现沟通不畅而导致信息失真。这可能是由于如下的哪个原因造成的？（　　）
   A. 沟通双方的经验水平和知识结构不同　　B. 沟通双方所处的背景、立场不同
   C. 沟通双方原本就对彼此有成见　　D. 以上几点都有可能

## 二、简答题

1. 有人认为领导者就是管理者，他们之间没有区别。你认为呢？为什么？
2. 简单描述权变式领导模型理论。
3. 如何利用期望理论和公平理论进行薪酬设计？
4. 简述组织中正式沟通的网络形式及其各自的优缺点。
5. 沟通是不是都是有效的？哪些因素可能影响沟通的有效性？

## 三、案例分析题

### 欧阳健的领导风格

蓝天技术开发公司由于一开始就瞄准成长的国际市场，在国内率先开发出了某高技术含量的产品，其销售额得到了超常规的增长，公司的发展速度十分惊人。然而，在竞争对手如林的今天，该公司和许多高科技公司一样，也面临着来自国内外大公司的激烈竞争。当公司经济上出现了困境时，公司董事会聘请了一位新经理欧阳健负责公司的全面工作。欧阳健照章办事，十分古板，与蓝天技术开发公司以前自由的风格相去甚远。公司的管理人员对他的态度是：看看这家伙能待多久！看来，一场潜在的"危机"迟早会爆发。

第一次"危机"发生在经理欧阳健首次召开的高层管理会议上。会议定于上午 9 点开始，可有一个人姗姗来迟，直到 9 点半才进来。欧阳健厉声道："我再重申一次，本公司所有的日常例会要准时开始，谁做不到，我就请他走人。"到下午 4 点，竟然有两名高层主管提出辞职。

此后蓝天公司发生了一系列重大变化。由于公司各部门没有明确的工作职责、目标和工作程序，欧阳健首先颁布了几项指令性规定，使已有的工作有章可循。他还三番五次地告诫公司副经理徐钢，公司一切重大事务向下传达之前必须先由他审批，他批评下面的研发、设计、生产和销售等部门之间互相扯皮，结果使蓝天公司一直没能形成统一的战略。

欧阳健在详细审查了公司人员工资制度后，决定将全体高层主管的工资削减10%，这在公司一些高层主管之间激起波澜。

研发部经理这样认为："我不想走，因为这里的工作对我来说具有挑战性。"

生产部经理不满欧阳健的做法，可他的一番话令人惊讶："我不能说我很喜欢欧阳健，不过至少他给我那个部门设立的目标我能够达到。当我们圆满完成任务时，欧阳健是第一个感谢我们干得棒的人。"

采购部经理牢骚满腹。他说："欧阳健要我把原料成本削减20%，说假如我能做到的话就给我丰厚的奖励，如果我做不到，他将另请高就。但干这个活简直就不可能，我另谋出路。"

欧阳健对待销售部胡经理的态度则让人刮目相看。以前，胡经理每天都到欧阳健的办公室去抱怨和指责其他部门。欧阳健对付他很有一套，让他在门外静等半个小时，见了他后，对其抱怨也充耳不闻，而是一针见血地谈公司在销售上存在的问题。过了没多久，大家惊奇地发现胡经理开始更多地跑基层而不是欧阳健的办公室了。

随着时间的流逝，蓝天公司在欧阳健的领导下恢复了元气。欧阳健也渐渐放松控制，开始让设计和研究部门更轻松地去干事情。然而对生产和采购部门，他仍然勒紧缰绳。蓝天公司内再也听不到关于欧阳健去留的流言蜚语。大家这样评价他：欧阳健不是那种对这里情况很了解的人，但他对各项业务的决策无懈可击，而且确实取得了成效，使我们走出了低谷。

资料来源：http://www.docin.com/p-1432953403.html

### 分析题

1. 欧阳健进入蓝天公司时，总的来说，采取了何种领导方式？具体来说，他对研发部和生产部各采取了何种领导风格？当蓝天公司各方面工作走向正轨后，为适应新的形势，欧阳健的领导方式做了何改变？为什么？
2. 蓝天公司一些高层管理人员因为工资被削减而提出辞职。按照"双因素理论"，工资属于保健因素还是激励因素？研发部经理的话反映他当前的需要属于哪一种？
3. 生产部经理愿意留下跟着欧阳健干，而采购部经理却想离职，对其原因请用期望理论进行分析。
4. 试用强化理论说明欧阳健对销售部经理采取了何种激励方式？

## 技能实训

### 训练项目：领导风格、激励与沟通方式的调查分析

［实训目标］
1. 认知领导风格、激励与沟通的重要性；
2. 感受领导理论、激励与沟通方式在管理中的实际应用。

［实训内容］
全班同学分组，利用课余时间，选择一个组织进行调查访问，重点访问一位领导者。
调查访问的主要内容：
(1) 组织的名称、性质；
(2) 组织的基本情况；
(3) 重点访问的领导者的领导风格、激励方式、沟通形式；
(4) 该领导者的下属对该领导者领导风格、激励方式、沟通形式的评价与反应；
(5) 运用所学理论对以上现象进行分析，并提出建议。

［实训具体要求］
1. 访问前要制定访问提纲，设计访问内容，以保证信息的完整性；
2. 调查访问要客观、真实；

3. 最终要写出实训报告。

[实训成果与检测]
1. 每组同学提交一份实训报告;
2. 在课堂上组织一次全班交流,每组派一位代表发言;
3. 教师对各组进行点评及成绩评定。

# 第六章 控 制

◆ 知识目标
1. 了解控制的概念、类型及特点；
2. 掌握控制的过程；
3. 掌握有效控制应遵循的原则；
4. 熟悉预算控制和非预算控制的方法。

◆ 能力目标
培养学生有效控制的能力。

## 案例引读

### 哈勃望远镜的研制

经过长达15年的精心准备，耗资超过15亿美元的哈勃（Hubble）太空望远镜最后在1990年4月发射升空。但是，美国国家航天管理局（NASA）仍然发现望远镜的主镜片存在缺陷。由于直径达94.5英寸（1英寸＝0.0254米）的主镜片的中心过于平坦，导致成像模糊。因此望远镜对遥远的星体无法像预期的那样清晰地聚焦，结果造成一半以上的实验和许多观察项目无法进行。更让人觉得可悲的是，如果有一点更好的控制，这些是完全可以避免的。镜片的生产商是Perkings-Elmer公司，其使用了一个有缺陷的光学模板来生产如此精密的镜片。

具体原因是，在镜片生产过程中，进行检验的一种无反射校正装置没有设置好。校正装置上的1.3毫米的误差导致镜片研磨、抛光成了错误的形状。但是没有人发现这个错误。

具有讽刺意义的是，与许多NASA项目所不同的是，这次并没有时间上的压力，而是有足够充足的时间来发现望远镜上的错误。实际上，镜片的粗磨在1978年就开始了，直到1981年才抛光完毕，此后，由于"挑战者号"航天飞机的失事，完工后的望远镜又在地上待了2年。

美国国家航天管理局（NASA）中负责哈勃项目的官员，对望远镜制造过程中的细节根本就不关心。事后航天管理局中一个由6人组成的调查委员会的负责人说："至少有3次有明显的证据说明问题的存在，但这3次机会都失去了。"

资料来源：https://wenku.baidu.com/view/c1c981dca58da0116c1749e9.html? from=search

启示：一件事情，无论计划做得多么完善，如果没有令人满意的控制系统，在实施过程中仍然会出问题。因此，对于有效的管理，必须考虑到设计良好的控制系统所带来的好处。

## 第一节 控制的基本概念与类型

**管理故事：扁鹊的医术**

魏文王问名医扁鹊说："你们家兄弟三人，都精于医术，到底哪一位最好呢？"

> 扁鹊答:"长兄最好,中兄次之,我最差。"文王再问:"那么为什么你最出名呢?"扁鹊答:"长兄治病,是治病于病情发作之前,由于一般人不知道他事先能铲除病因,所以他的名气无法传出去;中兄治病,是治病于病情初起时,一般人以为他只能治轻微的小病,所以他的名气只及本乡里;而我是治病于病情严重之时,一般人都看到我在经脉上穿针管放血、在皮肤上敷药等大手术,所以以为我的医术高明,名气因此响遍全国。"
>
> **解释**:事后控制不如事中控制,事中控制不如事前控制。可惜大多数的人体会不到这一点,只看到事后控制的效果,忽视了事前控制者的"高明"。

管理的控制职能是对实际情况进行衡量与矫正,以确保组织目标的实现。控制与计划密切相关,通常把计划与控制看成是一把剪刀的两刃,没有任何一刃,剪刀也就没有用了。一方面,没有计划,也就不可能控制,因为控制必须要把业绩和制定好的标准进行比较。另一方面,只有计划,没有控制,计划也就很难落到实处。尽管计划可以制订出来,员工积极性也可以调动起来,但是这仍然不能保证所有的行动都能按计划执行,不能保证组织目标的实现。

### 一、控制的概念

"计划"是管理者追求的目标,"组织"为实现目标提供了结构、人员配备等,"领导"提供了沟通和激励的环境,而"控制"提供了有关偏差的信息以及确保实际与计划不相符的纠偏或调适措施。控制即为了确保组织目标的实现,各级主管人员根据事先确定的标准,对下级的工作进行衡量和评价,并在出现偏差时进行纠正,以防止偏差继续发展或今后再度发生;或者根据组织内外环境的变化和组织的发展需要,在计划的执行过程中,对原计划进行修订或制订新的计划。

### 二、控制的目标和特点

1. 控制目标

管理者进行控制的根本目的在于保证组织活动的开展能与预定的计划协调一致,保证组织目标最终实现。其主要目标有两个。

(1) 限制偏差的累积  小的差错和失误并不会立即给组织带来严重的损害,但是时间一长,小的差错就会得以积累、放大,并最终变得非常严重。美国某公司是一家制造雷达探测器的大型厂商,曾经由于需求日益旺盛而放松了质量控制,次品率由4%上升到9%,再到15%,直至25%,终于有一天该公司的管理者发现,公司全部250名员工中有100人被完全投入到了次品修理工作中,待修理的库存产品达到了200万美元。工作中出现偏差在很大程度上是不能完全避免的,关键是要能够及时获取偏差信息,及时采取有效的矫正措施。

(2) 适应环境的变化  企业面临的市场环境和内部条件是不断变化的,这会妨碍计划的顺利实施,甚至会影响计划本身的科学性和现实性。于是,组织必须建立有效的管理控制系统,帮助管理人员及时预测和把握环境的变化,并对变化带来的机会和威胁做出快速和正确的反应,及时调整。

2. 控制的特点

管理工作中的控制活动,相对于其他方面的控制(如物理、生物、经济等方面的控制),有其自身的特点。

(1) 整体性  整体性主要包含两个方面的含义:一是管理控制是组织全体成员的职责,

完成计划是组织全体成员的共同责任,参与控制是全体人员的共同任务;二是控制的对象是组织的各个方面,要通过控制,确保组织各部门、各单位在工作上的彼此均衡与协调。

(2) 动态性　管理工作中的控制不同于其他控制(如电冰箱的温度调控),后者的控制是高度程序化的,具有稳定的特征。组织不是静态的,其外部环境及内部条件随时都在发生着变化,从而决定了管理控制的标准和方法不可能固定不变。只有动态地控制,才能提高控制的适应性和有效性。

(3) 人本性　管理控制是保证工作按计划进行并实现组织目标的管理活动,而组织中的各项工作要靠人来完成,各项控制活动也要靠人去执行。所以,管理控制是人对人的控制。

(4) 指导性　控制不仅仅是监督,更重要的是指导和帮助。管理者可以制订纠正偏差计划,但这种计划要靠员工去实施,只有当员工认识到纠正偏差的必要性并具备纠正能力时,偏差才会真正被纠正。通过控制工作,管理者可以帮助员工分析偏差产生的原因,端正员工的工作态度,指导他们采取纠正措施。这样,既能达到控制的目的,又能提高员工的工作能力和自我控制能力。

### 三、控制的基本类型

按不同标准进行分类,可以将控制划分为不同的类型。

1. 根据纠正偏差的作用环节划分

根据纠正偏差的作用环节不同,可将控制分为前馈控制、现场控制和反馈控制。

(1) 前馈控制　前馈控制又称事前控制,它在实际工作开始之前就进行控制。前馈控制以未来为导向,在工作之前对工作中可能产生的偏差进行预测和估计,采取防患措施,以便在实际偏差产生之前,管理者就能运用各种手段对可能产生的偏差进行纠正,将其消除于产生之前。如在企业中,制定一系列规章制度让员工遵守,进而保证工作的顺利进行;为了生产出高质量的产品而对原材料质量进行控制,这些都属于前馈控制。

前馈控制的优点体现在:首先,它是在工作开始之前进行的控制,因而,可防患于未然,避免事后控制无能为力的弊端。其次,它是针对某项计划行动所依赖的条件进行的控制,不针对具体人员,不会造成心理冲突,易于被员工接受并付诸实施。所以,前馈控制是最好的控制。但前馈控制同时也是最难的控制,因为事先需要对可能产生的偏差进行准确估计。

(2) 现场控制　现场控制也称过程控制,是在活动的进行过程中实施的控制,其纠正措施用于正在进行的计划执行过程。现场控制是一种主要为基层主管人员所采用的控制方法。主管人员通过深入现场亲自监督检查、指导和控制下属的活动。其主要的控制行为有:向下级指示恰当的工作方法和工作过程;监督下级的工作以保证计划目标的实现;发现不合标准的偏差时,立即采取纠正措施。如生产制造活动的生产进度控制、主管人员对现场工作的指导等都属于现场控制。目前,随着信息技术的发展,有时管理人员不亲临现场也可以进行现场控制,如对各连锁门店的库存控制,可以在信息系统中进行。

现场控制的内容应该与被控制对象的工作特点相适应。例如,对简单重复的体力劳动可以实行严格的监督,而对创造性劳动,应为其创造宽松的工作环境。在现场控制中,控制工作的有效性取决于主管人员的个人素质、个人作风、业务能力、表达能力以及下属对业务指导的理解程度等。其中,主管人员的"言传身教"具有很大意义。一个主管人员的管理水平和领导能力常常会通过现场控制工作表现出来。

在现场控制中,主管人员必须避免单凭主观意志进行工作。主管人员必须注意提高自身素质,亲临第一线进行认真细致的观察和监督,以计划(或控制标准)为控制的依据,服从组织原则,遵从正式指挥系统的统一指挥,逐级实施控制。

现场控制具有指导职能，有助于提高工作人员的工作能力和自我控制能力。但是，现场控制也有很多弊端：首先，运用这种控制方法容易受管理者时间、精力、业务水平的制约。管理者不能时时对所有的事都进行现场控制，只能偶尔使用或在关键项目上使用。其次，现场控制的应用范围较窄。对生产工作容易进行现场控制，而对那些难以辨别问题、难以衡量成果的工作，如研发、营销等工作，就较难进行现场控制。再者，现场控制容易在控制者与被控制者之间形成心理上的对立，容易损害被控制者的工作积极性和主动性。

（3）反馈控制　反馈控制又称事后控制，是在工作结束之后进行的控制。反馈控制把注意力主要集中于工作结果上，通过对工作结果进行测量、比较和分析，采取措施，进而矫正今后的行动。如企业对不合格产品进行修理，发现产品销路不畅而减产、转产或加强促销努力等，都属于反馈控制。在组织中应用最广泛的反馈控制方法有：财务报告分析、成本分析、质量控制分析和工作人员成绩评定等。

反馈控制类似于成语所说的"亡羊补牢"。它的最大弊端是在实施矫正措施之前，偏差就已经产生。但是在实践中，有些情况下，反馈控制又是唯一可选择的控制类型。反馈控制能为管理者今后的制订与执行计划提供有用的信息，同时人们可以借助反馈控制，认识组织活动的特点及其规律，为进一步实施前馈控制和现场控制创造条件，实现控制工作的良性循环，并在不断的循环过程中，提高控制效果。

总的说来，这三种控制方式各有优缺点，有效的管理控制不能只依靠某一种控制方式，而必须根据特定情况将三种方式各有侧重地结合起来使用，以取得综合控制效果。

2. 根据管理者的工作方式划分

根据管理者工作方式的不同，可将控制分为间接控制和直接控制。

（1）间接控制　间接控制是指根据计划和标准来考核工作的实际结果，分析出现偏差的原因，并追究责任者的个人责任，以使其改进未来工作的一种控制方法。多见于上级管理者对下级人员工作过程的控制。

间接控制在管理中简单易行，也容易被人们接受。但它的缺陷也是比较明显的，因为间接控制的有效性是建立在如下假设基础上的。

① 工作成效可计量。由于工作成效可计量，因而可以相互比较（事实上，很多管理部门或职位的绩效是很难计量和相互比较的。即使确定了定量评价的标准，这些定量标准也可能对其绩效起误导作用）。

② 个人责任清晰。人们对工作任务负有个人责任，个人责任是清晰的、可以分割和相互比较的，而且个人的尽责程度也是可以比较的（实际上，很多活动的责任是多个部门共同承担的，而且工作绩效也可能与个人责任感无关）。

③ 时间和费用有保证。分析偏差和追究责任所需的时间、费用等是有充分保证的（事实上，有时上级主管人员可能不愿意花时间和费用去分析引起偏差的事实真相）。

④ 偏差可发现。出现的偏差可以预料并能及时发现。

⑤ 人们愿意纠正。有关责任单位和责任人将会采取纠正措施（事实上，推卸责任是很普遍的现象）。

因此，不少管理者比较倾向和重视采用直接控制的方法。

（2）直接控制　直接控制是指管理者通过提高主管人员素质，使他们改善管理工作，从而防止出现因管理不善而造成的不良后果的一种控制方式。其基本假设是：合格的主管人员产生的差错最少，他能敏锐地觉察到正在形成的问题，并能及时采取措施。主管人员及其下属的素质越高，就越不需要间接控制。

直接控制的优点是：在对个人委派任务时能有较大的准确性；有利于主管人员主动地采取纠正措施；主管人员的素质提高后，他们的威信会得到提高，能得到下属的信任和支持，有利于整个计划目标的顺利实现；可节省经费。其缺陷是对主管人员的要求较高。所以，直接控制的着眼点通常是通过培训等形式，着力提高主管人员的素质和责任感。

> **小阅读：名家妙语**
>
> ◇ 对下属最有效而且持续不断的控制并不是强制性的，而是通过触发下属内在自觉性的自我控制。
> ——日本社会学家　横山宁夫
> ◇ 对于一个管理者来说，最重要的往往不是你在场时的情况，而是你不在场时发生了什么。
> ——美国管理学家　洛伯

## 第二节　控制的过程

> **管理故事：撞钟**
>
> 有一个小和尚担任撞钟一职，半年下来，觉得无聊至极，"做一天和尚撞一天钟"而已。有一天，住持宣布调他到后院劈柴挑水，原因是他不能胜任撞钟一职。小和尚很不服气地问："我撞的钟难道不准时、不响亮？"老住持耐心地告诉他："你撞的钟虽然很准时、也很响亮，但钟声空泛、疲软、没有感召力。钟声是要唤醒沉迷的众生，因此，撞出的钟声不仅要洪亮，而且要圆润、浑厚、深沉、悠远。"
>
> **解释：**"做一天和尚撞一天钟"是由于住持没有提前公布工作标准造成的。如果小和尚进入寺院的当天就明白撞钟的标准和重要性，可能他就不会因怠工而被撤职。工作标准是员工的行为指南，管理活动中的控制首需要将计划的目标转化为更具体、可测量和考核的标准，根据标准来衡量管理活动的成效，消除偏差，才能确保目标的实现。

控制工作的基本过程包括三个步骤：确立标准、衡量绩效和纠正偏差。

### 一、确立标准

1. 确立控制对象

控制的对象一般有组织的人员、财务活动、生产作业、信息及组织绩效等。组织绩效应该成为控制的重点对象。

2. 选择关键控制点

管理者必须选择需要特别关注的地方，以确保整个工作按计划要求执行，因此要对关键控制点给以特别关注。这些关键控制点或是经营活动中的限制因素，或者能够比其他因素更清楚地体现计划是否得以有效实施。

3. 制定控制标准

最理想的控制标准是以可考核的目标直接作为标准，但现实中更多的情况往往是需要通过一些科学的方法将某一计划目标分解为一系列可操作的控制标准。

控制标准可分为定量标准和定性标准两大类。所谓定量标准就是可以用数字量化的标准，是控制标准的主要形式。常用的定量标准主要有四种：时间标准（如工时、交货期等）、数量标准（如产品数量、废品数量）、质量标准（如产品等级、合格率）和成本标准（如单位产品成本）。定性标准主要是有关服务质量、组织形象等难以量化的标准。尽管定性标准具有非定量性质，但实际工作中为了便于掌握这些方面的工作绩效，有时也都尽可能地采取一些可度量的方法。如麦当劳快餐公司为确保其"质量优良、服务周到、清洁卫生、价格合理"的经营宗旨，制定了可度量的如下几条工作标准：95%以上的顾客进餐馆后三分钟内，服务员必须迎上前去接待顾客；事先准备好的汉堡包必须在五分钟内热好并供应给顾客；服务员必须在就餐人离开后五分钟内把餐桌打扫干净。这是对定性标准予以量化处理的实例。

制定控制标准常用的方法有以下三种。

（1）统计计算法　该法是根据企业的历史数据或者对比同类企业的水平，运用统计学方法来确定企业经营各方面工作的标准。用这种方法制定的标准称为统计标准。

（2）经验估计法　即根据经验和判断来确定标准。这种方法确定的标准称为经验标准。对于新近从事的工作，或者缺乏统计资料的工作，企业可以让有经验的管理人员或对该工作熟悉的人员凭借经验和判断来确定标准。

（3）工程方法　使用工程方法建立的标准称为工程标准。工程标准是通过对工作情况进行客观的分析，并以准确的技术参数和实测的数据为基础而制定的。比如，工人操作标准是劳动研究人员在对构成作业的各项动作和要素进行客观描述和分析的基础上确定的；劳动时间定额是测定受过训练的普通工人以正常速度按照标准操作方法对产品或零部件进行加工所需的时间，之后再平均得到的。

## 二、衡量绩效

控制活动应当跟踪工作进展，及时预示脱离标准或偏离预期成果的信息，以便及时采取矫正措施。在衡量绩效的过程中，应着重考虑以下问题。

1. 确定衡量项目、衡量方法和衡量的主体

（1）衡量项目　衡量项目是衡量工作中最为重要的方面。管理者应该针对决定实际工作成效好坏的重要特征项进行衡量，而不应只偏向那些易衡量的项目。

（2）衡量的方法　管理者可通过如下几种方法来获得实际工作绩效方面的资料和信息。

① 亲自观察。通过深入现场，实际观察工作人员的工作情况或与工作人员现场交谈来了解工作进展及存在的问题。这种方法耗用管理者的时间和精力较多。

② 利用报表和报告。这是经由书面资料了解工作情况的常用方法。这种方法可节省管理者的时间，但所获资讯是否全面、准确则取决于这些报表和报告的质量。

③ 抽样调查。即从整批调查对象中抽取部分样本进行调查，以此推断整批调查对象的情况。此法可节省调查成本和时间。

④ 召开会议。在会议上，让各部门主管汇报各自的工作近况及遇到的问题。这既有助于管理者了解各部门工作的情况，又有助于加强部门间的沟通和协作。以上方法各有利弊，在实际控制工作中，可多种方法结合使用。

（3）衡量的主体　衡量绩效的人可以是工作者本人（如目标管理中的自我控制），也可以是同一层级的其他人员，还可以是上级主管人员或职能部门的人员。相对于目标管理的自我控制，由上级主管或职能人员进行的控制则是一种强加的、非自主的控制。衡量的主体不同，会对控制效果和控制方式产生影响。

2. 检验标准的客观性和有效性

衡量绩效是以预定的标准为依据进行的。如果实际与标准之间有偏差，那么有两种可能：一是实际工作出现了问题；二是标准本身存在问题。如果是前者，则需要纠正偏差；若是后者，则要修正和更新标准。所以，利用预先制定的标准去检查各部门、各阶段和每个人

工作的过程，同时也是对标准的客观性和有效性进行检验的过程。

3. 确定适宜的衡量频度

要确定适宜的衡量频度。这里的频度不仅体现在控制对象的数量上（即控制目标的数量上），而且体现在对同一标准的测量次数或频度上。适宜的衡量频度取决于被控制活动的内容和性质。对那些长期的较高水平的标准，适用于年度控制；而对产量、出勤率等短期的、基础性的标准，则需要比较频繁地控制。

4. 建立信息反馈系统

应该建立有效的信息反馈网络，使反映实际工作情况的信息既能迅速收集上来，又能适时传递给管理人员，并能迅速将纠偏指令下达给相关人员，使之能与预定标准相比较，及时发现问题，并迅速地进行处理。

5. 进行差异分析

通过将实际绩效与控制标准进行比较，可确定这两者之间有无差异。若无差异，工作按原计划继续进行；若有差异，则要进行差异分析。

（1）找出偏差产生的主要原因　实际上，并非所有的偏差都会影响企业的最终成果，有些偏差可能是由于计划本身和执行过程中的问题造成的，而有些偏差则可能是由于偶然的、暂时的、局部性因素引起的，不一定会对组织活动的最终结果产生重要影响。在采取纠正措施以前，必须对反映偏差的信息进行评估和分析。

管理者必须把精力集中于查清问题的原因上，既要查内部的因素，也要查外部环境的影响，寻找问题的本质。评估和分析偏差信息时，首先要判别偏差的严重程度，判断其是否会对组织活动的效率和效果产生影响；其次要探寻导致偏差产生的主要原因。

（2）确定纠偏措施的实施对象　在纠偏过程中，需要纠正的不仅可能是企业的实际活动，也可能是指导这些活动的计划或衡量活动的标准。因此，纠偏的对象可能是进行的活动，也可能是衡量的标准，甚至是指导活动的计划。

计划或标准需要纠正的原因可能有两种：一是最初制订的计划或标准不科学，过高或过低，有必要对标准进行修正；二是制订的计划或标准本身没有问题，但由于客观环境发生了变化，或一些不可控因素造成大幅度偏差，使原本适用的计划或标准变得不再适宜。

### 三、纠正偏差

1. 纠偏的主要方法

针对产生偏差的主要原因，在纠偏工作中采取的方法主要有以下三种。

① 加强管理与监督。对于由工作失误造成的偏差，纠偏方法主要是加强管理、监督，确保工作与目标接近或吻合。

② 修改计划或目标。如果偏差是由于计划或目标不切合实际而造成的，则纠偏主要是按实际情况修改计划或目标。

③ 启动备用计划或重新制订新的计划。若组织的运行环境发生了重大变化，使计划失去客观的依据，则纠偏方法主要是启动备用计划或重新制订新的计划。

管理人员可以运用组织职能重新分派任务来纠正偏差，还可以采用增加人员，更好地选拔和培训下属人员，或是最终解雇、重新配备人员等办法来纠正偏差。此外，管理人员还可以对工作做出更全面的说明和采用更为有效的领导方法来纠正偏差。

2. 纠偏措施

具体的纠偏措施有两种：一是立即执行的临时性应急措施；二是永久性的根治措施。对于那些迅速、直接地影响组织正常活动的紧迫问题，多数应立即采取补救措施。例如，如果某一种规格的部件一周后如不能生产出来，其他部门就会受其影响而出现停工待料，此时，不应花时间考虑该追究什么人的责任,而要采取措施确保按期完成任务。管理者可以凭借手中的权力,采取如下行动:要求工人加班加点,短期突击;增添工人和设备;派专人负责指导完成等。危机缓解以后,则可转向永久性的根治措施,如更换车间管理人员,变更整个生产线,或者重新设计部件结构等。现实中不少管理者在控制工作中常常局限于充当"救火员"的角色,没有认真探究"失火"的原因,并采取根治措施消除偏差产生的根源和隐患。长此以往,必将把自己置于被动的境地。

3. 需要注意的问题

(1) 使纠偏方案双重优化　第一重优化是要考虑纠偏工作的经济性问题。如果管理人员发现纠偏工作的成本大于偏差可能带来的损失,管理人员应放弃纠偏行动。若要纠偏,应使纠偏的成本小于偏差可能带来的损失。第二重优化是在此基础上,通过对各种纠偏方案的比较,找出其中追加投入最少、成本最小、解决偏差效果最好的方案来组织实施。

(2) 充分考虑原先计划实施的影响　由于对客观环境的认识能力提高,或者由于客观环境本身发生了变化而引起的纠偏需要,可能会导致对部分原先计划、甚至全部计划的否定,从而要求对企业活动的方向和内容进行重大的调整。这种调整类似于"追踪决策"的性质。

追踪决策是相对于初始决策而言的。初始决策是指所选定的方案尚未付诸实施,没有投入任何资源,客观对象与环境尚未受到决策的影响和干扰,因而是以零为起点的决策。进行重大战略调整的追踪决策则不然。企业外部的经营环境或内部的经营条件已经由于初始决策的执行而有所改变,是"非零起点"。因此,在制定和选择追踪决策的方案时,要充分考虑到伴随着初始决策的实施已经消耗的资源,以及这种消耗对客观环境造成的种种影响和人员思想观念的转变。

(3) 注意消除组织成员对纠偏措施的疑虑　控制人员要充分考虑到组织成员对纠偏措施的不同态度,特别是要注意消除执行者的疑虑,争取更多人的理解、赞同和支持,以避免在纠偏方案实施过程中可能出现的人为障碍。

---

**小阅读:** 帕累托原理

意大利经济学家帕累托发现,80%的社会财富集中在20%的人手中,而80%的人只拥有20%的财富。这反映了一种不平衡性,但它在社会、经济及生活中无处不在。比如市场上80%的产品可能是20%的企业生产的,或者20%的顾客可能给商家带来80%的利润;一个人80%的成绩,归功于20%的努力,等等。这种不平衡关系就是帕累托原理,又被称为二八法则。

做管理控制工作也同样如此,我们只要抓住少数重点控制点,就能取得较好的控制效果。

---

## 第三节　控制原则与控制方法

**管理故事:老农移石**

在一位老农的农田当中,多年以来横亘着一块大石头。这块石头碰断了老农的好几把犁头,还弄坏了他的种耕机。老农对此无可奈何,巨石成了他种田时挥之不去的心病。

一天,在又一把犁头被打坏之后,老农想起巨石给他带来的无尽麻烦,终于下决心了结这块巨石。于是,他找来撬棍伸进巨石底下,却惊讶地发现,石头埋在地里并没有想象的那么深、那么厚，稍微使劲就可以把石头撬起来，再用大锤打碎，清出地里，老农脑海里闪过多年被巨石困扰的情景，再想到可以更早些把这桩头疼事处理掉，禁不住一脸的苦笑。

**解释**：管理者遇到问题应弄清根源，及时控制，决不可拖延。只有这样才可能实现有效的控制。

## 一、控制原则

1. 重点与例外原则

重点原则是指组织在建立控制系统时必须从实际出发，对影响组织目标成果实现或反映工作绩效的各种要素进行科学的分析研究，从中选择出关键性要素作为控制对象，并进行严格的控制，其他方面则相对放松控制，这样，管理人员可以省出很多时间和精力，收到事半功倍的效果。

例外原则是指主管人员越是只注意一些重要的例外偏差，也即越是把控制的主要注意力集中在那些超出一般情况的特别好或特别坏的情况，控制工作的效能和效率就越高。

2. 及时性原则

控制的及时性原则主要表现在两个方面：一是在偏差还未发生之前，就能准确预见并制定对策，防患于未然，特别是对控制全局的主管人员来说，应关注所预见的趋势，通过对活动变化趋势的把握，尽可能早地预测偏差的产生，并采取预防措施加以纠正，从而使各方面的损失降到最低限度。二是一旦产生偏差，能够及时发现并予以纠正，避免时过境迁，使控制失去应有的效果。

3. 灵活性原则

控制系统应能适应主客观条件的变化，持续地发挥作用。于是，应考虑多种方案及允许变动的幅度，控制依据的标准、衡量工作所用的方法等都要随着情况的变化而变化。同时，控制应允许意外的变化或情况发生，过于死板反而会破坏控制的有效性。

4. 经济性原则

控制所支出的费用必须小于由于控制所带来的收益的增加。因此，实施控制时要考虑以下几个方面。

① 应根据组织规模的大小、所要控制的问题重要程度，以及控制费用和所能带来的收益等方面来设计控制系统。

② 所选用的控制技术和控制方法，应当是能够以最少费用或其他代价就可以检查、阐明和纠正工作偏差的。

③ 不要追求所谓的"全面控制"，应该实行有选择的控制，把着眼点放在组织工作最重要的方面和最关键的环节上。

5. 客观性原则

客观性原则就是坚持实事求是，一切从实际出发的原则。有效的控制要求有客观的、准确的和适当的标准。这个标准可以是定量的，也可以是定性的，关键在于，在每一种情况下，标准应是客观的、可测定和可考核的。

## 二、控制方法

为保证控制的有效性，必须选择相应的控制方法。根据控制的对象和内容不同，所选择的控制方法也不同。下面介绍常用的两类控制方法。

1. 预算控制

（1）预算和预算控制的概念　预算，就是用数字（特别是用财务数字）的形式来描述企业未来的活动计划，它预估了企业在未来时期的经营收入或现金流量，同时也为各部门或各项活动规定了在资金、劳动、材料、能源等方面的支出不能超过的额度。预算是一种计划，是用数字编制的反映组织在未来某一个时期的综合计划。预算的内容可以简单地概括为以下三个方面。

① "多少"。即为了实现计划目标，各种管理工作的收入（产出）与支出（投入）各是多少。

② "为什么"。即为什么必须收入（产出）这么多数量，以及为什么需要支出（投入）这么多数量。

③ "何时"。即什么时候实现收入（产出）以及什么时候支出（投入），必须使得收入与产出取得平衡。

预算不仅是对未来一段时期内的收支情况的预计，同时也是一种控制手段。编制预算实际上就是控制过程的第一步，即拟订标准。由于预算是以数量化的方式来表明管理工作的标准的，因此，其本身具有可考核性。编制预算有助于根据标准来评定工作成效，当实际营业收入（产出）数或实际成本投入数与计划数产生差异时，向决策者和主管经理们发出信号，促使他们找出偏差（控制过程第二步），并采取纠正措施，消除偏差（控制过程第三步）。预算是按财务项目或非财务项目来表明组织的预期成果，其中的财务项目有收入、费用以及资金等，非财务项目有直接工时、材料、实物销售量等。

预算控制就是根据预算规定的收入与支出标准来检查和监督各个部门的生产经营活动，以保证各种活动或各个部门在充分达成既定目标、实现利润的过程中对经营资源的利用，从而使费用支出受到严格有效的约束。

（2）预算的作用　预算的作用体现在：使企业不同时期的活动效果和不同部门的经营绩效具有可比性；为协调企业活动提供依据；预算的编制与执行始终是与控制过程联系在一起的，为企业的各项活动确立财务标准，方便了控制过程中的绩效衡量工作，为采取纠正措施奠定了基础。

（3）预算的种类　预算的种类很多，主要的有以下几种。

① 收支预算。这是以货币表示的企业经营管理的收支计划，即企业日常发生的各项基本活动的预算。它主要包括销售预算、生产预算、直接材料采购预算、直接人工预算、制造费用预算、单位生产成本预算、推销及管理费用预算等。

其中，最基本的是销售预算，它是销售预测的详细说明。由于销售预测是计划的基石，企业主要是靠销售产品和提供服务的收入来维持经营费用的支出并获利的，因此销售预算是预算控制的基础。

生产预算是根据销售预算中的预计销售量，按产品品种、数量分别编制的。在生产预算编制好后，还应根据分季度的预计销售量，经过对生产能力的平衡，排出分季度的生产进度日程表，或称生产计划大纲。

在生产预算和生产进度日程表的基础上，可以编制直接材料采购预算、直接人工预算（即直接工资及其他直接支出预算）和制造费用预算。这三项预算构成对企业生产成本的统计。

推销及管理费用预算包括制造业务范围以外的预计发生的各种费用明细项目，如销售费用、广告费、运输费等。

② 时间、空间、原材料和产品产量预算。这是一种以实物单位表示的预算。常用的实物预算单位有：直接工时数、台时数、原材料的数量、占用的平方米面积和生产量。此外，

用工时或人时来预算所需要的劳动力也是很普遍的。

③ 基本建设费用预算。这是对企业固定资产的购置、扩建、改造、更新等在可行性研究基础上编制的预算。其基本内容包括：何时进行投资、投资多少、资金从何处取得、何时可获得收益、每年的现金净流量为多少、需要多少时间收回全部投资等。投资预算应力求和企业的战略以及长期计划相结合。

④ 现金预算。这实质上是一种现金收支预算，主要反映计划期间预计的现金收支的详细情况。完成初步的现金预算后，就可以知道企业在计划期间内需要多少资金，财务主管人员就可以预先安排和筹措，以满足资金的需求。

现金预算可用来衡量实际的现金使用情况。从某种意义上讲，这种预算是组织中最重要的一种控制。为了有计划地安排和筹措资金，现金预算的编制期应越短越好，如按季度、按月编制现金预算，甚至逐周、按天编制预算。

⑤ 资产负债预算表。它可用来预测将来某一特定时期的资产、负债和资本等账户的情况，或用来反映企业在计划期末那一天预计的财务状况。其编制是以计划期间开始日的资产负债表为基础，然后根据计划期间各项预算的有关资料进行必要调整而形成的。由于其他各种预算都是资产负债表项目变化的资料依据，因而此表可以验证所有其他预算的准确性。

⑥ 总预算。它是把各部门的预算集中起来的一种预算。

(4) 预算的不足和改进方法

① 预算的不足主要表现在以下几个方面。

a. 容易导致控制过细。预算控制过于全面和详细，容易导致控制过细，从而束缚主管人员的手脚。

b. 容易导致目标扭曲。预算目标可能取代组织目标，容易导致本位主义，使主管人员只把注意力集中于尽量使本部门的经营费用不超过预算，而忘记自己的基本职责是千方百计地去实现组织的目标。

c. 容易掩盖效能低下。主管人员倾向于根据过去的费用来编制预算，并习惯于使预算费用的申请数大于实际的需要，这容易掩盖效能低下。

d. 缺乏灵活性。这是预算最大的缺点。

② 预算的改进方法如下。

a. 固定预算与弹性预算。在传统的预算编制过程中，某预算期内编制财务预算所依据的成本费用和利润信息都只是在一个预定的产销业务量水平基础上确定的。这种百分之百地依赖业务量编制的预算属于一种静态预算，也称为固定预算。显然，一旦预计业务量与实际水平相去甚远，必然导致有关成本费用及利润的实际水平与预算水平因基础不同而失去可比性，从而不利于考核与控制。

弹性预算是为克服固定预算的缺陷而设计的。它是在成本习性分析的基础上，分别按一系列可能达到的预计业务量水平（如按一定百分比间隔）编制的能适应多种情况的预算。由于它能规定不同业务量条件下的预算收支，适用面宽，机动性强，具有弹性，故称弹性预算（也称变动预算）。

一般而言，固定费用在一定的产量范围内基本保持不变。固定费用随产量（或销售量）的变化呈现出一种阶梯状的变化关系。所以，在大多数情况下，弹性预算总是提出一个产量幅度，在这个幅度内，各种固定性的费用要素是不变的。如果产量低于该幅度的下限，就要考虑采用一个更适合于较低产量的固定费用，例如压缩行政人员、处理闲置设备等。如果产量超过了该幅度的上限，那么，为了按较大生产规模来考虑必需的固定费用，例如增加设备、扩大厂房面积等，则应另外编制一个不同的弹性预算。

b. 增量预算与零基预算。增量预算是指在基期成本费用水平的基础上，结合预算期业务量水平及有关降低成本的措施，通过调整有关原有成本费用项目而编制预算的方法。这是一种传统的预算方法，其编制方法可归纳为三个步骤。

第一步，以外推法将过去的支出趋势（或上年支出额）延伸至下一年度。

第二步，将数额酌情增加，以适应工资提高和物价上涨引起的人工成本和原材料成本的提高。

第三步，将数额再增加，以满足修改原计划和修改原设计方案所需追加的预算支出。通常这方面达到原预算的 30% 或更多。

编制这种预算时往往不加分析地保留或接受原有成本项目，或按主观臆断平均削减，或只增不减，容易造成浪费，有可能使不必要的开支合理化。

针对传统预算编制方法存在的问题，美国得克萨斯仪器公司的彼得·A·菲尔于 1970 年提出"零基预算法"。

零基预算法即在每个预算年度开始时，将所有还在进行的管理活动都看作是重新开始，即以零为基础。根据组织目标，重新审查每项活动对实现组织目标的意义和效果，并在费用-效果分析的基础上，重新排出各项管理活动的优先次序，并据此决定资金和其他资源的分配。

零基预算法的程序包括以下四个步骤。

第一步，在审查预算前，主持这一工作的主管人员应首先明确组织的目标，并将长远目标与近期目标、定量目标与非定量目标之间的关系和重要次序搞清，建立起一种可考核的目标体系。

第二步，在开始审查预算时，将所有过去的活动都当作重新开始，要求凡是在下一年度继续进行的活动或续建项目，都提交计划完成情况的报告；凡是新增项目都必须提交可行性分析报告；所有要继续进行的活动和项目都必须向专门的审核机构证明自己确有存在的必要；所有申请预算的项目和部门都必须提交下一年度的计划，说明各项开支要达到的目标和效益。

第三步，在确定出哪些项目是真正必要的之后，根据已定出的目标体系重新排出各项活动的优先次序。

第四步，编制预算。资金按重新排出的优先次序分配，尽可能满足排在前面的需要。如果分配到最后，对于一些可进行但不是必须进行的活动，已无多少剩余的资金可供分配，那么最好将这些活动暂时放弃。

**2. 非预算控制**

非预算控制是指与预算无关的控制方法。一般来说，许多传统的控制方法都与预算无关，常用的一些方法如下。

(1) 制度规范控制　组织的任何活动最终是由人来完成的，通过对人的控制实现对活动的控制。组织的制度规范越完善，就越容易实施控制。

健全制度管理体系是对人进行控制的基础。制度规范具有普遍的约束力，它规定人们可以做什么，应当做什么，或不可以做什么，不应当做什么。这种规定可作为评价人们行为的准则。比如财务制度要求财务职责分离，按照职责分离原则划分每个人的工作，特别是一些不相容职务要实行严格分离，如记录现金收入和支出的人员不应负责调节银行账户等。制度规范可以使人们对其行为正确与否、行为后果如何做出判断，从而调整自己的行为。有效地利用制度规范可以保证部门以及各成员活动同组织目标相一致，从而使组织的活动能围绕目标规范运行。

(2) 组织文化控制　控制与被控制是一对固有的矛盾，要想使被控制者自觉地遵从控制者的意志，单靠硬性的制度指令难免使被控制者产生抵制情绪。通过塑造组织文化，影响组织成员的思维方法和行为方式，进行无形控制，会提高控制效率和效果，有助于解决组织目标与个人目标、控制者与被控制者之间的矛盾，弥补制度控制的漏洞和不足。

优秀的组织文化的控制力更久远。组织文化对员工行为具有无形的约束力，经过组织文化长期的潜移默化，会使人们形成一种道德规范和行为准则，从而实现外部约束和自我约束的统一。多数组织成长的经验表明，组织创办之初的控制主要是"以人管人"，组织规模扩大以后控制需要"制度管人"，组织规模更大的时候便要向"自我管理"转变，从而达到"无为而治"的最高境界。

（3）走动式管理　这是一种常用的控制方法。管理者通过对重要管理问题的实际调查研究，获取控制所需的各种信息以实施控制，如亲自观察员工的生产进度、倾听员工的交谈、亲自参加某些具体工作等。这种方法可以增进组织内上下级之间的沟通，激发职工的积极性，使得下属感受到上级的关心与支持，但也有其局限性，不仅需要花费大量的时间，而且如果不能为员工正确理解，则会被认为对员工不信任，从而招致他们的抵触。

（4）报告　报告是用来向实施计划的主管人员全面、系统地阐述计划的进展情况、存在问题及原因，已经采取的措施、效果、可能出现的问题等情况的一种重要方式。报告可分为书面报告和口头报告。书面报告一般比较规范，信息量很大，反映情况全面，便于查找。组织中部门较多或按时间进行分班工作的单位，有必要实行书面报告制度。口头报告通过语言传递信息，这种方法传递速度快，并且借助表情等身体语言加深管理者对信息的理解，但是口头报告往往不利于备留，难以形成以后管理的参考。根据报告进行控制也是常用的非预算控制方法之一。

（5）资料分析　资料分析是利用报表和大量统计资料，计算分析相关指标，找出问题、分析并解决问题的控制方法。当组织规模逐渐扩大，组织外部环境的不确定性和复杂性日益增加，各种因素相互交织在一起时，仅凭管理者的经验很难发现导致偏差的原因。这种情况下，可以使用一些统计学知识，建立分析模型来较快发现影响因素，这对把握控制关键点会有很大帮助。

（6）程序控制　程序控制也称为标准化控制。它是用文字说明、流程图等方式，对操作或事务处理流程进行描述和规定，以便于执行者遵守和管理者检查的一种控制方法，如会计核算组织程序、决策程序、操作程序等。一些连续进行、工序多道的管理活动或生产技术活动，如果重复发生，就应当为其制定程序，实施程序控制。

---

**小阅读：布洛克忠告**

◇ 规则应该尽量少定，但一旦定下某些规则之后，就得严格遵守。

——英国教育家　布洛克

---

**知识拓展　管理信息系统**

**一、管理信息**

1. 信息的含义

通常认为，信息就是数据经过加工处理后的结果。为更好地理解信息的含义，需要对数据和信息加以比较。

信息和数据是两个既有联系又有区别的概念。数据是记录客观事物的性质、形态和数量特征的抽象符号，如文字、数字、图形和曲线等。数据不能直接为管理者所用，因为其确切含义不明显。信息由数据生成，是数据经过加工处理后得到的，如图表、账册等。信息被用来反映客观事物的规律，从而为管理工作提供依据。

### 2. 管理信息的含义和特点

管理信息就是经过加工处理后对组织的管理决策和管理目标的实现有参考价值的数据。作为一种资源的管理信息，应具备以下特点。

（1）高质量　质量是有用信息的最主要特征。首先，高质量的信息必须是精确的，如果信息不能精确反映现状，则利用这种信息进行决策时就不能获得好的效果。其次，高质量的信息必须是清楚的，即信息的含义和内容对管理者来说应该很清楚。再次，高质量的信息必须是排列有序的，而不是杂乱无章。最后，传递信息的渠道必须是畅通的，渠道不畅通会使信息失真或扭曲。

（2）及时　及时的信息对管理决策才有实际意义，所以，信息要真正反映当前情况，而且要频繁地提供给管理者。比如，建立一个定期报告制度，每周、每月提交报告，或者实时向管理者提供重要信息。

（3）完全　信息要有助于管理者有效地完成工作，这就要求其完全。首先，信息的范围必须广泛，这样可以使管理者比较全面地了解现状，并采取有效措施。其次，信息的完全还要求简洁和详细。简洁和详细是相互对立的，这样看上去似乎有点矛盾。但仔细分析，其实可以在两者之间找到一种平衡。信息应该以尽可能简洁的方式提供给管理者，同时也应尽可能详细，使管理者对目前状况有一定的了解。

### 3. 管理信息的类型

管理信息根据不同的标准，可划分为不同的类型。

（1）按组织不同层次的要求分类　按组织不同层次的要求分类，可将管理信息划分为计划信息、控制信息和作业信息。

① 计划信息。这类信息与最高管理层的计划工作有关，即与确定组织在一定时期的目标、制定战略和政策、制定规划、合理地分配资源有关。这类信息主要来自外部环境，如目前和未来的经济形势分析及预测资料、市场和竞争对手的发展方向以及政府政策等。

② 控制信息。这类信息与中层管理部门的职能工作有关。它帮助职能部门制订组织内部的计划，并使之有可能检查实施效果是否符合计划目标。控制信息主要来自组织内部。

③ 作业信息。这类信息与组织的日常管理活动和业务活动有关，例如会计信息、库存信息、生产进度信息和产量信息等。这类信息来自组织的内部，基层主管人员是这类信息的主要使用者。

（2）按信息的稳定性分类　按信息的稳定性分类，可将信息划分为固定信息和流动信息。

① 固定信息。固定信息是指具有相对稳定性的信息。它在一段时间内，可以供各项管理工作重复使用，不发生质的变化。它是组织或企业一切计划和组织工作的重要依据。

② 流动信息。它是反映生产经营活动实际进程和实际状态的信息，是随着生产经营活动的进展不断更新的。因此，这类信息时间性较强，一般只具有一次性使用价值；但是，及时收集这类信息，并与计划指标进行比较，是控制和评价企业生产经营活动，不失时机地揭示和克服薄弱环节的重要手段。

## 二、管理信息系统

管理实践表明，要提高整个管理工作的效率和效果，就必须对信息进行有效的管理。信息管理的主要任务是：识别使用者的信息需要；对数据进行收集、加工、存储和检索，将数据转换为信息；制订信息传递计划，将有关信息及时、准确、适用和经济地提供给组织的各级主管人员以及其他相关人员。信息管理是一项艰巨、繁琐的任务，计算机化管理信息系统的建立，特别是互联网的运用，为完成这一任务提供了强有力的手段。

### 1. 管理信息系统的含义

管理信息系统（Management Information System，简称 MIS）是一种利用人工过程、数学模型以及数据库等资源为组织的运行、管理、分析和决策等职能提供信息支持的综合性计算机应用系统，是进行信息管理的有效工具。

管理信息系统对组织的作用在于加快信息的采集、传送及处理速度，实现数据在整个组织的共享，及时地为各级管理人员提供所需的信息，辅助他们决策，从而改善组织的运行效率及效果。

管理信息系统主要包括支撑系统和应用系统。支撑系统是由计算机、计算机网络及数据库系统等组成，为应用系统提供运行环境。管理信息系统的功能是由应用系统实现的，应用系统的结构应与组织的结构和管理活动相适应，既可支持各个部门的管理职能，也能支持每种职能不同层次上的管理活动。执行每一种职能都需要一组特写的数据和处理功能，它们便形成了 MIS 中各个相对独立的子系统。一个管理信息系统中子系统的设置因不同的组织而异。各子系统之间，借助通信网络与数据库实现互联及数据共享，使整个系统集成为一个有机的整体。每种职能的管理活动一般分为三个层次：运行控制层、管理控制层及战略规划层，管理信息系统的每个子系统均有相应的功能支持这些层次上的管理活动。另外每个子系统还有一个事务处理功能，支持最底层的日常例行的事务数据处理。这一层功能涉及的数据量最大，且处理过程是预先确定的，结构化、程序化程度最高。越往上，加工处理的数据越综合，数据量越少，结构化、程序化程度越低。一般的管理信息系统对战略规划层的活动支持较弱，这部分功能将由专门的决策支持系统提供。

### 2. 典型的企业管理信息系统

（1）COPICS　COPICS（Communication Oriented of Production Information and Control System）即面向通信的生产信息控制系统，是由 IBM 公司于 20 世纪 70 年代开发研制出来的管理信息系统。它适用于各类制造业企业。该系统对企业生产经营管理的全过程进行参与和控制，从市场预测、接受顾客订货开始，直到产品的生产与销售，所有信息均进入这一系统。COPICS 涉及整个企业的大部分部门的业务，具体由设计与生产数据管理子系统、用户订货服务子系统（合同管理）、预测子系统、生产调度计划子系统、库存资产管理子系统、生产作业计划子系统、开发工作子系统、工厂监控子系统、工厂维护子系统等组成。

（2）MRP 和 MRP Ⅱ　MRP 是物料需求计划（Material Requirement Planning）的简称。它是 20 世纪 60 年代发展起来的一种计算物料需求量和需求时间的系统。所谓"物料"，泛指原材料、在制品、外购件以及产品。它是一种将库存管理和生产进度计划结合为一体的计算机辅助生产计划管理系统，它以减少库存量为目标，统筹地为制造业管理者提供满足生产计划需要的物资供应手段。最初的 MRP 仅仅对物料进行计划，但随着计算机技术的提高和应用范围的扩大，MRP 涉及的领域也同时随之拓宽。20 世纪 80 年代出现了既考虑物料又考虑资源的 MRP，被称之为 MRPⅡ，即制造资源计划（Manufacturing

Resource Planning)。MRPⅡ不仅涉及物料，而且涉及生产能力和一切制造资源，是一种广泛的资源协调系统。它代表了一种新的生产管理思想，是一种新的组织生产的方式。一个完整的 MRPⅡ 程序控制着企业的整个系统：从订货录入到作业计划、库存管理、财务、会计等。MRP 包含在 MRPⅡ中。

(3) ERP  20 世纪 80 年代末，随着国际化经营的发展，MRPⅡ融合其他现代管理思想与技术，不断拓展其适应范围，形成了更高层次的企业经营管理信息系统——ERP。ERP 是企业资源计划（Enterprise Resource Planning）的简称。在 ERP 系统中，主要包括四大功能模块：财务管理模块（包括会计核算、财务管理等）、生产控制管理模块（包括主生产计划、物料需求计划、能力需求计划、车间控制、制造标准等）、物流管理模块（包括分销管理、库存控制、采购管理等）、人力资源管理模块（包括人力资源规划的辅助决策、招聘管理、工资核算、工时管理、差旅核算等）。这些功能模块构成了从原材料到最终用户的供应链的企业经营管理系统，实现了对整个供应链的有效管理。ERP 不仅适用于制造业企业，也适用于服务业等。

(4) SCM  即供需链管理（Supply Chain Management），是对供应、需求、原材料采购、市场、生产、库存、订单、分销发货等的管理，包括了从生产到发货、从供应商的供应商到顾客的顾客的每一个环节。供应链是企业赖以生存的商业循环系统，是企业电子商务管理中最重要的课题。统计数据表明，企业供应链可以耗费企业高达 25% 的运营成本。SCM 能为企业带来如下的益处：增加预测的准确性；减少库存，提高发货供货能力；减少工作流程周期，提高生产率，降低供应链成本；减少总体采购成本，缩短生产周期，加快市场响应速度。

随着互联网的飞速发展，越来越多的企业开始利用网络实现 SCM。即利用互联网将企业的上下游进行整合，以中心制造厂商为核心，将产业上游原材料和零配件供应商，产业下游经销商、物流运输商及产品服务商以及往来银行结合为一体，构成一个面向最终顾客的完整电子商务供应链，目的是为了降低采购成本和物流成本，提高企业对市场和最终顾客需求的响应速度，从而提高企业产品的市场竞争力。

一般来说，构成供应链的基本要素包括供应商、厂家、分销企业、零售企业、物流企业等。SCM 供应链的流程一般包括物资流通、商业流通、信息流通、资金流通等。

(5) CRM  即客户关系管理（Customer Relationship Management），是一种以"客户关系一对一理论"为基础，旨在改善企业与客户之间关系的新型管理机制。客户关系管理的定义是：企业为提高核心竞争力，利用相应的信息技术以及互联网技术来协调企业与顾客间在销售、营销和服务上的交互，从而提升其管理方式，向客户提供创新式的个性化的客户交互和服务的过程。其最终目标是吸引新客户、保留老客户以及将已有客户转为忠实客户，增加市场份额。CRM 系统的宗旨是：为了满足每个客户的特殊需求，同每个客户建立联系，通过同客户的联系来了解客户的不同需求，并在此基础上进行"一对一"个性化服务。通常 CRM 包括销售管理、市场营销管理、客户服务系统以及呼叫中心等方面。

## 本章小结

控制即为了确保组织目标的实现，各级主管人员根据事先确定的标准，对下级的工作进行衡量和评价，并在出现偏差时进行纠正，以防止偏差继续发展或今后再度发生；或者根据组织内外环境的变化和组织的发展需要，在计划的执行过程中，对原计划进行修订或制订新的计划。控制的目标主要有四个：限制偏差的累积；适应环境的变化；处理组织内部的复杂局面；降低成本。控制具有整体性、指导性、人性、动态性的特点。

按不同标准进行分类，可以将控制划分为不同的类型。根据纠正偏差的作用环节不同，可将控制分为前馈控制、现场控制和反馈控制。根据主管人员工作方式的不同，可将控制分为间接控制和直接控制。

控制工作的过程主要包括三个步骤：确立标准、衡量绩效和纠正偏差。

控制需要遵循重点与例外原则、及时性原则、灵活性原则、经济性原则、客观性原则。

控制的方法主要有预算控制和非预算控制两类。

## 本章内容结构图

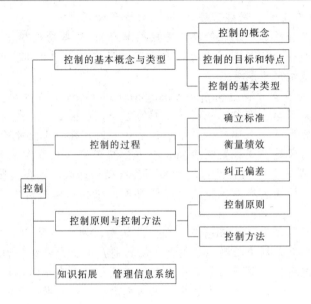

## 思考与练习

### 一、单选题

1. 组织中的控制工作往往是（　　）。
   A. 人对组织的控制　　B. 人对人的控制　　C. 人对资源的控制　　D. 组织对人的控制
2. "治病不如防病，防病不如健身。"根据这一说法，以下几种控制方式中，哪一种方式最重要？（　　）
   A. 前馈控制　　B. 现场控制　　C. 反馈控制　　D. 直接控制
3. 控制过程的第一步是（　　）。
   A. 进行预测　　B. 科学决策　　C. 分析判断　　D. 确定标准
4. 在控制的基本过程中，衡量绩效主要解决的问题是（　　）。
   A. 衡量什么　　B. 确立标准　　C. 如何衡量　　D. A 和 C
5. "关键的事总是少数，一般的事常是多数。"这意味着控制工作最应重视（　　）。
   A. 突出重点，强调例外　　　　　　　　B. 灵活、及时和适度
   C. 客观、精确和具体　　　　　　　　　D. 协调计划和组织工作
6. 确立控制标准时，下列四种说法中哪一种是正确的？（　　）
   A. 标准应该越高越好　　　　　　　　　B. 标准应考虑实施成本
   C. 标准应考虑实际可能　　　　　　　　D. 标准应考虑顾客需求
7. 某卷烟厂连年亏损，原因之一是存在80%以上职工偷拿成品烟的现象，这已成为一种不良的风气。新上任的王经理开会研究解决偷烟问题的办法，大家提出了四种方案，请你选择效果最好的一种：（　　）。
   A. 严格治厂，规定凡偷拿成品烟者一律开除

B. 加大罚款力度，规定偷一包烟，罚十包烟的钱，即偷一罚十

C. 先大造舆论，抨击偷烟行为，提倡"敬业爱厂"精神，管理者带头"不拿厂里一支烟"。随着偷烟人数的减少，逐渐加大对偷烟者的惩罚力度

D. 设立举报箱，对举报者给予重奖，将偷烟者罚款的大部分奖给举报者

8. 俗话说，"牵牛要牵牛鼻子。"以下哪条评论最符合管理的原则？（    ）

A. 世界上只有糟糕的将军，没有糟糕的士兵

B. 控制时要选择关键控制点

C. 抓主要矛盾

D. 大船航行靠舵手

9. 在质量管理工作中有这样一句名言：质量不是检查出来的，而是制造出来的。这句话的含义是：（    ）。

A. 质量检查对于提高产品的质量没有作用

B. 质量的前馈控制比反馈控制更为重要

C. 质量的现场控制比反馈控制更为重要

D. 生产技术提高了，产品的质量就一定能够得到保证

## 二、简答题

1. 简述控制的概念和特点。
2. 控制过程分为哪几个步骤？
3. 前馈控制、现场控制和反馈控制各有何优、缺点？
4. 控制的原则有哪些？

## 三、案例分析题

### 信用卡部的客户服务质量控制

美国某信用卡公司的卡片分部认识到高质量客户服务是非常重要的。客户服务不仅影响公司信誉，也和公司利润息息相关。比如，一张信用卡每早到客户手中一天，公司就可获得33美分的额外销售收入，这样，一年下来，公司将有140万美元的净利润。及时将新办理的和更换的信用卡送到客户手中，是客户服务质量的一个重要方面，但这远远不够。

决定对客户服务质量进行控制的想法，最初是由卡片分部的一个地区副总裁凯西·帕克提出来的。她说："一段时间以来，我们对传统的评价客户服务的方法不太满意。向管理部门提交的报告有偏差，因为它们很少包括有问题但没有抱怨的客户，或那些只是勉强满意公司服务的客户。"她相信，真正衡量客户服务的标准必须基于或反映持卡人的见解。这就意味着要对公司控制程序进行彻底检查。第一项工作就是确定用户对公司的期望。对抱怨信件的分析指出了客户服务的三个重要特点：及时性、准确性和反应灵敏性。持卡者希望准时收到账单、快速处理地址变动、采取行动解决抱怨。

了解了客户期望，公司质量保证人员开始建立控制客户服务质量的标准。所建立的180多个标准反映了诸如申请处理、信用卡发行、账单查询反应及账单服务费代理等服务项目的可接受的服务质量。这些标准都基于用户所期望的服务的及时性、准确性和反应灵敏性上，同时也考虑了其他一些因素。

除了客户见解，服务质量标准还反映了公司竞争性、能力和一些经济因素。比如，一些标准因竞争引入，一些标准受组织现行处理能力影响，另一些标准反映了经济上的能力。考虑了每一个因素后，适当的标准就成型了，公司开始实施服务质量控制的计划。

计划实施效果很好，比如处理信用卡申请的时间由35天降到15天，更换信用卡的时间从15天降到2天，回答用户查询时间从16天降到10天。这些改进给公司带来的潜在利润是巨大的。例如，办理新卡和更换旧卡节省的时间会给公司带来1750万美元的额外收入。另外，如果用户能及时收到信用卡，他们就不会使用竞争者的卡片了。

该质量控制计划潜在的收入和利润对公司还有其他的益处，该计划使整个公司都注重客户期望。各部门都以自己的客户服务记录为骄傲。而且每个雇员都对改进客户服务做出了贡献，使员工士气大增。每个雇员在为客户服务时，都认为自己是公司的一部分，是公司的代表。

信用卡客户服务质量控制计划的成功，使公司其他部门纷纷效仿。无疑，它对该公司的贡献是非常巨大的。

资料来源：李刚，夏红云，韩瑜. 管理学基础. 北京：电子工业出版社，2015：236.

**分析题**
1. 该公司的客户服务质量控制是何种类型的控制？
2. 该公司遵循了哪些控制原则？
3. 简述该公司实施控制的过程。

## 技能实训

**训练项目：如何实施控制**

［实训目标］
培养学生有效控制的能力。

［实训内容］
想一下你的学校在教学中是如何实施控制的？将有关内容填在下表中。

| 项目 | 教师 A(小班)的控制方法 | 教师 B(大班或合班)的控制方法 | 这些控制对你的影响 | 你认为更好的控制方法 |
| --- | --- | --- | --- | --- |
| 1. 考试 | | | | |
| 2. 作业与实训报告 | | | | |
| 3. 参与课堂讨论、团队合作及课堂汇报 | | | | |
| 4. 出勤 | | | | |
| 5. 其他 | | | | |

［实训具体要求］
通过填写上表，解决以下四个问题：
1. 各种控制方法各有什么优点和缺点？
2. 控制太多会怎样？太少又会怎样？
3. 控制方法是否取决于特定的情境和有关人员数量？
4. 将你表中列出的控制方法与其他同学列出的控制方法进行比较，结论有何不同？

［实训成果与检测］
1. 每个学生提交一份实训报告；
2. 由教师随机挑选几位学生做课堂汇报与交流分享；
3. 教师对每个学生的实训报告进行评价打分。

# 第七章 创 新

◆ 知识目标

1. 了解创新的概念及基本内容；
2. 掌握创新的方法和创新的过程；
3. 了解技术创新的内涵及企业技术创新的模式与策略；
4. 掌握管理创新的含义和内容。

◆ 能力目标

培养学生的创新意识和创新能力。

## 案例引读

### 华为的创新与成功

华为技术有限公司是一家生产销售通信设备的民营通信科技公司，于1987年正式注册成立。华为是全球领先的信息与通信技术（ICT）解决方案供应商，专注于ICT领域，坚持稳健经营、持续创新、开放合作，在电信运营商、企业、终端和云计算等领域构筑了端到端的解决方案优势，为运营商客户、企业客户和消费者提供有竞争力的ICT解决方案、产品和服务，并致力于使能未来信息社会、构建更美好的全联接世界。2013年，华为排名《财富》世界500强第315位。2016年8月，全国工商联发布"2016中国民营企业500强"榜单，华为以3950.09亿元的年营业收入成为500强榜首。2017年6月6日，《2017年Brand Z最具价值全球品牌100强》公布，华为名列第49位。2017年6月30日，华为技术有限公司荣获中国商标金奖的马德里商标国际注册特别奖。2017年，美国《财富》杂志发布的世界500强名单中，华为以785.108亿美元营业收入首次打入前百强，排名第83位，较上一年的第129位提升46位。

华为从2万元起家，用20多年时间，从名不见经传的民营科技企业，发展成为了世界级企业！

华为成功的秘诀就是创新。"不创新才是华为最大的风险"，华为总裁任正非的这句话道出了华为骨子里的创新精神。"回顾华为20多年的发展历程，我们体会到，没有创新，要在高科技行业中生存下去几乎是不可能的。在这个领域，没有喘气的机会，哪怕只落后一点点，就意味着逐渐死亡。"正是这种强烈的紧迫感驱使着华为持续创新。

任正非自述华为之所以能够发展壮大而不是被市场淘汰，是因为做了这5大创新。

1. 技术创新

华为到2012年年底拥有7万多人的研发队伍，占员工人数的48%，是全球各类组织中研发人数最多的公司。从1992年开始，华为就坚持将每年销售额的至少10%投入研发。2013年华为研发投入12.8%，达到53亿美元，过去10年的研发投入，累计超过200亿美元。华为在全球有16个研发中心，2011年又成立了面向基础科学研究为主的2012实验室，这可以说是华为的秘密武器。另外，数学在华为研发上有重大贡献。

华为在欧洲等发达国家市场的成功，得益于两大架构式的颠覆性产品创新，一个叫分布式基站，一个叫SingleRAN，后者被沃达丰的技术专家称作"很性感的技术发明"。这一颠覆性产品的设计原理，是指在一个机柜内实现2G、3G、4G三种无线通信制式的融合功能，理论上可以为客户节约50%的建设成本，也很环保。华为的竞争对手们也企图对此进行模仿创新，但至今未有实质性突破，因为这种多制式的技术融合，背后有着复杂无比的数学运算，并非简单的积木拼装。

正是这样一个革命性、颠覆性的产品，过去几年给华为带来了欧洲和全球市场的重大斩获。一位国企的董事长见任正非时说了一句话,"老任,你们靠低价战术怎么在全世界获得这么大的成功?"任正非脱口而出:你错了,我们不是靠低价,是靠高价。在欧洲市场,价格最高的是爱立信,华为的产品平均价低于爱立信5%。但高于阿尔卡特——朗讯、诺基亚——西门子5%~8%。

华为要想在这个世界进一步做强做大,就必须立足于建立平衡的商业生态,而不是把竞争对手赶尽杀绝。当华为把其他竞争对手赶尽杀绝了,华为一定会灭亡,这是任正非的观点。

2. "工者有其股"的制度创新

这应该是华为最大的颠覆性创新,是华为创造奇迹的根本所在,也是任正非对当代管理学研究带有填补空白性质的重大贡献——如何在互联网、全球化的时代对知识劳动者进行管理,在过去百年一直是管理学研究的薄弱环节。

"工者有其股",无疑是人类有商业史以来上市公司中员工持股人数最多的企业,也无疑是一种创举,既体现着创始领袖的奉献精神,也考验着管理者的把控能力:如何在如此分散的股权结构下,实现企业的长期使命和中长期战略,满足不同股东阶层、劳动者阶层、管理阶层的不同利益,从而达成多种不同诉求的内外部平衡,其实是极富挑战的——前无经验可循,后面的挑战依然很多。从这一意义上看,这种颠覆性创新具有独特的标本性质。

3. 被逼出来的产品微创新

华为改变了当年中国市场的营销模式,由代理模式走向了直销模式。这个模式首先是被逼出来的——产品差,不断出问题,然后就得贴近客户去服务。华为的老员工经常说一个词,叫做"守局",这里的局指的是邮电局,就是今天的运营商。设备随时会出问题,华为那些年轻的研究人员、专家,十几个人经常在一台设备安装之后,守在偏远县、乡的邮电局(所)一个月、两个月,白天设备在运行,晚上就跑到机房去检测和维护。设备不出问题是侥幸,出故障是大概率。

这就逼出了华为的微创新文化。华为能够从一家小公司成长为让全球客户信赖的大企业和行业领导者,必须承认,20多年不间断的、大量的贴近客户的微创新是一个重要因素。有一位华为老员工估计,20多年华为面向客户需求这样的产品微创新有数千个。正是由于华为跟客户不断、频繁的沟通,正是由于西方公司店大欺客,尤其在中国市场的早期把乙方做成了甲方,构成了华为和竞争对手的重大区别与20多年彼消此长的分野。

4. 市场与研发的组织创新

(1) 市场组织创新 "一点两面三三制"是一个很重要的战术思想、战术原则。"三三制"当然指的组织形态。早期,任正非要求华为的干部们就"一点两面三三制"写心得体会。此后,"一点两面三三制"便作为华为公司的一种市场作战方式、一线组织的组织建设原则在全公司广泛推开,应该说,这是受中国军队的启示,华为在市场组织建设上的一种模仿式创新,对华为20多年的市场成功助益甚多,至今仍然被市场一线的指挥官们奉为经典。

(2) 研发体制创新 比如固定网络部门用工业的流程在做研发,创造了一种模块式组织——把一个研发产品分解成不同的功能模块,在此基础上成立不同的模块组织,每个组织由4~5个精干的专家组成,分头进行技术攻关,各自实现突破后再进行模块集成。第一,大大提高了研发速度。第二,每一模块的人员都由精英构成,所以每个功能模块的错误率很低,集成的时候相对来说失误率也低。华为的400G路由器的研发就是以这样的组织方式进行的,领先思科公司12个月以上,已在全球多个国家布局并进入成熟应用。在无线研发部门,则发明了底层架构研发强调修万里长城,板凳要坐十年冷;直接面向客户的应用平台开发推行海豹突击队模式,从而形成了整个研发团队的整体作战能力和快速应变力的有效结合。这即是任正非说的"修长城",坚固的万里长城上跑的是"海豹突击队","海豹突击队"在"长城"上建"烽火台"。

5. 决策体制的创新

美国的Mercy咨询公司,在2004年对华为进行决策机制的咨询。让任正非主持办公会,任正非不愿意,就提了一个模型,叫轮值COO。七位常务副总裁轮流担任COO,每半年轮值一次。轮值COO进行了8年,结果是什么呢?

第一,使任正非远离经营,甚至远离管理,变成一个头脑越来越发达,"四肢越来越萎缩"的领袖。真正的大企业领袖在企业进入相对成熟阶段时一定是畸形的人,脑袋极其发达,聚焦于思想和文化,和企业观念层面的建设;"四肢要萎缩",四肢不萎缩,就会时常指手画脚,下面的人就会无所适从。轮值COO的成功实践,促使在3年前,华为开始推行轮值CEO制度。EMT管理团队由7个常务董事组成,负责公司日常的经营管理,7个人中3位是轮值主席,每人轮值半年。3年来的运行效果是显著的,最大成效之一是决策体系的动态均衡。如果上任轮值主席偏于激进,那么整个公司战车隆隆,但半年以后会有偏稳健的人上来掌舵,把前任风格调节一下,而过于稳健又可能影响发展,再上来的人可能既非左又非右,既非激进又非保守。这套体制的原型来自咨询公司的建议,但华为做了很多改造和创新,包括从美国的政党轮替制度里借鉴了一些东西,融入到华为的高层决策体系。

第二,避免了山头问题。华为的轮值COO、轮值CEO制度,从体制上制约了山头文化的坐大,为公司包容、积淀了很多五湖四海的杰出人才。同时这种创新体制也使整个公司的决策过程越来越科学化和民主化。今天的华为已经从早年的高度集权，演变到今天的适度民主加适度集权这么一个组织决策体制。

轮值 CEO 制度，相对于传统的管理理论与实践，可以称得上是划时代的颠覆性创新，在有史可寻的人类商业管理史上恐怕找不到第二例。有中国学者质疑这一体制的成功可能性，但至少迄今为止，华为的实验是相对成功的。未来如何？由未来的历史去下结论。创新就意味着风险，意味着对本本主义、教条主义的反叛和修正。华为的任何创新都是基于变化而作出的主动或被动的适应，在这个日益动荡和充满变化的时代，最大的危险是"缘木求鱼"。

资料来源：http://www.itdcw.com/archives/news/0516249552014.html

**启示**：华为的成功在于创新。通过创新，使华为创造了中国乃至世界企业发展史上的奇迹。创新是当今时代最热门的话题，也是管理的一项重要职能。一个企业如果没有创新，将无法在市场上生存、发展。在动态环境中运行着的企业，必须随时分析环境变化带来的机会和威胁，动态地调整系统活动的内容和目标，勇于创新。只有这样，才有可能捕获先机，更好地发展。

# 第一节 创新概述

---

**管理故事：足迹**

年轻的爱因斯坦一直苦于自己无法在科学领域中独辟蹊径，遂请教其老师明科夫斯基。明科夫斯基一时不知道如何回答，想了想后，领着爱因斯坦来到一个建筑工地，在建筑工人们的批评责骂声中，和爱因斯坦走过了一段刚刚铺就的水泥路，结果在尚未凝固的水泥路面上留下了二人的足迹。明科夫斯基望着脚印对爱因斯坦说：人只有走别人没有走过、不敢走的路，才能留下自己的足迹。

**解释**：作为科学家的爱因斯坦，其成就之大人所共知。爱因斯坦之所以能够成为爱因斯坦，能够在世界科学史上留下深深的足迹，毫无疑问，他走的不是常人所走的路。要想独辟蹊径，就得创新。只有创新，才有可能获得机会，获得创新收益。

---

组织、领导与控制是保证计划目标实现所不可缺少的。从某种意义上来说，它们同属于管理的"维持职能"，其任务是保证系统按预定的方向和规则运行。但是，企业是在动态环境中运行的开放系统，仅有维持是远远不够的，还必须不断调整其活动内容和目标，以适应环境变化的要求，于是，需要创新。创新可以看作是管理的又一职能，与计划、组织、领导、控制同样重要。

## 一、创新的概念

创新的概念最早是由奥地利经济学家约瑟夫·熊彼特提出来的。他在1912年出版的著作《经济发展理论》一书中首次阐述了创新的含义：创新就是建立"新的生产函数"，即"企业家对生产要素的新组合"，也就是把一种从来没有过的生产要素和生产条件的"新组合"引进生产体系，从而引起生产方式的变革，形成一种新的生产能力。具体包括以下五个方面：一是生产一种新产品（也就是消费者还不熟悉的产品）或是已有产品的一种新用途和新特性；二是采用一种新的生产方法，也就是在有关的制造部门中未曾采用的方法，这种方法不一定非要建立在科学新发现的基础上，它可以是以新的商业方式来处理某种产品；三是开辟一个新的市场，就是使产品进入以前不曾进入的市场，不管这个市场以前是否存在过；

四是获得一种原材料或半成品的新的供给来源，不管这种来源是已经存在的，还是第一次创造出来的；五是实现一种新的企业组织形式，如建立一种垄断地位，或打破一种垄断地位。

## 二、创新的基本内容

创新的基本内容包括观念创新、目标创新、产品创新、技术创新、制度创新、组织创新、文化创新、市场创新、管理创新。

### 1. 观念创新

观念创新即观念的创造革新，就是要改变人们对某种事物错误的、过时的或不利于实践的既定看法和思维模式，换一个新的观察角度，得出一个新的结论或形成一个新的观点，从而采取新的态度和方法进行管理实践的过程。它主要包括新的经营思想、新的经营理念及其在推行中形成的新的经营方针和新的经营战略等。

观念创新是企业创新的根源，是企业创新工程的直接推动力。要做到观念创新，必须提高整个企业的学习能力。管理者和组织成员只有不断吸收、处理外界知识和信息，调整自己的知识结构，才能不断转变观念。

### 2. 目标创新

企业是在一定的环境中从事经营活动的，企业在各个时期的具体经营目标，必须根据市场环境和消费需求的特点及变化趋势进行调整，每一次调整都是一种创新。

### 3. 产品创新

企业产品的创新必须以市场需求及其发展趋势作为出发点和落脚点，把企业内部条件和市场环境的各种因素有机地结合起来，经过精心策划，选择适宜的产品创新策略。产品创新策略主要有以下四种。

（1）开拓性产品创新策略　实施这一策略必须以雄厚的财力和很强的科研力量为支撑，不仅要在研究与开发方面有巨大的投入，而且要承担一定的市场风险。但由于其新产品开发成功后有可能产生巨大的经济收益，所以在资金技术实力雄厚的企业可以采用。

（2）引进消化性产品创新策略　引进消化性策略是指对从国外引进的某种新产品进行全面剖析，在充分消化、吸收的基础上，再通过自主研发，研制出具有更新功能和特点的新产品。这种策略既可借鉴国外最新的技术成果，又可推动企业自身的技术进步，提高企业的高科技研发能力。

（3）紧跟性产品创新策略　紧跟性策略是指当市场上出现新产品后立即进行仿制，或者寻找新产品的缺点，然后加以改进创新，以生产出功能、款式和质量更好的产品。

（4）组合化产品创新策略　组合化产品创新策略是通过对现有技术进行组合，形成创新产品。技术组合可以以现有的市场为目标来满足现有的需要，也可以以新市场作为目标市场创造新需求。

### 4. 技术创新

技术创新是从新产品或新工艺的设想开始，经过研究、开发、工程化、商业化生产，最后到市场应用的一系列活动的总和。技术创新是企业创新的重要内容，企业很多方面的创新都与技术创新有关。但技术创新要与技术发明相区别，技术发明只是创新的一部分。发明是在新知识、新理论基础上创造的全新技术，而技术创新既可以是全新技术的开发，也可以是原有技术的改变，甚至是几种原有技术的简单组合。

### 5. 制度创新

制度是组织运行方式的原则规定。企业制度主要包括产权制度、经营制度和管理制度。企业的制度创新，就是要通过对产权制度、经营制度、管理制度的调整，来优化企业所有者、经营者、员工三者之间的关系，使各个方面的权力和利益得到充分的体现，使组织的各种成员的作用得到充分的发挥。

6. 组织创新

组织创新主要是指在一种全新理念的基础上，彻底打破传统的组织框架体系，创造出新的组织形态来增加组织的竞争力和活力，以适应新形势和信息化时代对组织发展的要求。组织创新要求组织要根据组织内外各种条件和要求的变化，适时进行组织变革，包括以组织结构为重点的变革与创新、以任务和职能为重点的变革与创新、以人为重点的变革与创新（包括员工态度的变革、知识的变革、个人行为乃至整个群体行为的变革等）。

7. 文化创新

企业文化是企业在长期生产经营过程中逐步形成的并为全体员工自觉遵守和奉行的价值观念、行为准则和审美理念的集合反映。文化创新是企业创新的内在源泉，明智的企业家应将视野扩展到文化领域，将企业文化作为经济运行的深层背景和操作方式，努力营造新型企业文化，将文化效益转化为经济效益。

8. 市场创新

市场创新是指通过企业的活动去引导消费，创造需求。成功的企业经营不仅要适应消费者已经意识到的市场需求，而且要去开发和满足消费者自己可能还没有意识到的需求。市场创新的方式有首创型（即采用一种全新的市场营销方式）、改创型（即利用自己的市场实力和创新条件，对他人的首创市场进行再创新）、仿创型（即进行市场模仿，既可以模仿新的产品、新的服务、新的市场定位、新的包装，也可以模仿新的交易方式、新的促销手段等）。市场创新的途径可以是产品创新（开发新产品），也可以是需求创新（发现和创造顾客的新需求），还可以是顾客创新（发掘新顾客）。

9. 管理创新

前述的八个创新内容，最终都需要通过企业的管理职能去实施，所以，管理创新在企业创新中占据非常重要的地位，它是企业创新的保障。

管理创新指的就是创造一种新的、更有效的方法来整合企业内外资源，以实现既定的管理目标。它包括管理思想创新、管理方式创新、管理手段创新、管理模式创新。

需要指出的是，以上九个创新内容并不是完全并列的，而是相互渗透、相互包含的。在这九个创新内容中，最主要的是技术创新和管理创新——技术创新是基础，管理创新是核心。本章将重点介绍技术创新和管理创新。

### 三、创新方法

1. 创新思维方法

（1）散射思维　散射思维是从多个角度对某一问题进行全方位思考的一种思维方法。它具体包括以下几种思维方式。

① 立体思维。即突破平面思维定势，从多维视角对事物进行观察和思考。

② 想象思维。即在掌握大量信息的基础上，凭借丰富的想象力，产生有创意的思路。

③ 联想思维。即借助事物之间的某种共性而将它们联系起来，产生新的思路和想法。

④ 联结思维和反联结思维。联结思维是将某些相关的事物以某种方式组合起来加以认识。反联结思维则是将整体分解为各个部分，分别进行分析和思考。两者的目的都在于寻求新事物，获得新思路。

⑤ 替代思维。即通过局部替代或整体替代的方式，产生新的认识或方案。

⑥ 求异思维。即打破常规，寻求变更和差异，找到新的突破点，从而建立新事物。

⑦ 逆向思维。即改变原有的思维方向，倒过来以相反的方向进行思维。它是一种违反常规的思维方式。

⑧ 侧向思维。即从所研究领域以外的事物寻求启示，求得新的认识。

(2) 收束性思维　收束性思维是指利用已有的知识和经验，将众多信息、经验进行分析、整理和综合，以便最终实现最优化和系统化的思维方法。它本身不产生创造性成果，但要靠它运用逻辑思维，将发散思维产生的各种思维成果逻辑化、系统化。

(3) 灵感思维　灵感思维是创造性思维的一种重要形式，它是一种非自觉越轨思维。灵感思维来自于外部的偶然机遇以及内部的显意识和潜意识的交互作用，是内、外双重作用的结果。紧张后面的小憩是灵感产生的有利时机，因为长时间的紧张循规思考，会造成连续的优势兴奋中心区，当这种紧张刚过，该中心区被抑制，自发地引起位于中心区外围皮层细胞的兴奋，原循规思维的思路外围的潜在概念、知识就有可能被激发出来，从而形成逆向越轨思维。促进灵感思维的途径：一要积累广博的知识和信息；二要积极深入地进行思索；三要创造适时的松弛。

2. 创新技法

(1) 寻异　寻异即打破常规，突破思维定势，以创造出全新的构想与事物。创新在本质上必须是一种变异，打破常规是创新的起点。在管理实践中，要敢于对约定俗成和司空见惯的事物发问，寻求改进，谋求出奇制胜。

(2) 综合　综合即把各种要素或不同方案综合起来，从而形成新的构想或事物。

(3) 分解　如果认为某个整体方案弊端太大，则可将其科学分解，剔除不适当部分，只选择和应用其中部分内容。分解也是一种变动或创新。

(4) 折中　当几种意见对立，而又各有道理或各有弊端时，管理者一般不应简单地赞成其中一种意见，而应在深入分析的基础上，对几种意见进行折中处理，得到新的方案。

(5) 换元　换元也称替代，它指的是用等效目标进行替代，以寻求新的构想或方案。换元可以是在一种方案行不通时用另一种方案替代，也可以是对原方案中某些要素或环节进行替代。换元是创新的重要手段。

(6) 重组　重组即指按照新的思路，将原有的要素进行重新组合，以获得有价值的新事物。

(7) 移植　移植指的是将某一领域中的机制和办法引进另一新的新的领域以解决管理问题。通过移植会产生一种全新的思路或办法，使原有领域传统的东西变成另一领域全新的东西。

(8) 逆寻　逆寻即运用逆向思维，在原有的常规思路的相反方向上寻求解决方案。人们在思考或处理问题的过程中，经常存在一种思维惯性，沿着原有的常规思路走下去，直至碰壁。逆寻即打破原有的思维惯性，从原有思路的相反方向突破，以寻求全新的解决问题的思路与方案。

## 四、创新的过程

1. 信息搜集与整理

创新的第一阶段就是进行信息的搜集与整理。管理者要从管理目标与需要出发，大量搜集与整理信息资料，分析组织内部存在的不协调，界定所要解决的问题与任务要求，同时明确客观环境与主观条件，在此基础上，理清创新的大致方向。

2. 创新方案的制定

创新是有风险的。为了将这种风险降到最低，企业必须根据本企业内、外的实际情况，结合公司的整体发展战略和业务特点，制定适合本企业的创新方案。

3. 实施创新

有了创新方案，就要迅速付诸实施，而不论这一方案是否绝对完善和十全十美。如果想等到创新方案达到完美的时候再行动,那将是看到别人成功的时候。

4. 不断完善

前已述及,创新是有风险的,是可能失败的。为了尽可能避免失败,取得最终的成功,创新者在开始行动以后,要不断研讨,集思广益,对原有方案进行补充、修改和完善。

5. 再创新

这一轮的创新成功,则为下一轮的创新提供了动力。创新不能停止,必须要在一个新的起点上实施再创新。即使这一轮创新失败,也要从失败中总结经验、吸取教训,为持续创新提供借鉴。

---

**小阅读:** 重在"思维"

当今世界的竞争,实质上是创造性人才的竞争,究其根源,是创造性思维能力的竞争。在人们传统的思维方式中,追随性、保守性、单线性思维居多,这是一种根本上的落后。改变这种落后,所需的投资并不大,因为构成创造性思维的那些元素都埋藏在每个人的大脑里,只需用适当的方式把它们发掘出来就是了。

---

## 第二节 技术创新

**管理故事:出门**

古时候,有两个兄弟各自带着一只行李箱出远门。一路上,重重的行李箱将兄弟俩都压得喘不过气来。他们只好左手累了换右手,右手累了又换左手。忽然,大哥停了下来,在路边找了一根木棍,将两个行李箱一左一右挂在木棍的两端。他挑起两个箱子上路,反倒觉得轻松了很多。

**解释:** 劳动工具的创新,带来了高效率。不仅节省了人力,也节省了体力。技术创新的意义就在于此。

### 一、技术创新的内涵

技术创新是企业创新的主要内容,企业中出现的大量创新活动都是有关技术方面的。经济学家熊彼特将技术创新定义为对"生产要素的重新组合"。按照这个定义,技术创新应该包括要素创新和要素组合方法的创新两个方面。

1. 要素创新

企业的生产过程是一定的劳动者利用一定的劳动手段作用于劳动对象,使之发生物理或化学变化的过程。参与这个过程的要素包括材料、设备及企业员工三方面。材料是构成产品的物质基础,材料的费用在产品成本中占很大的比重,材料的性能在很大程度上影响着产品的质量。设备创新对于减少原材料及能源消耗、提高劳动生产率、改善劳动条件、改进产品质量有着十分重要的意义。企业的人力资源创新,既包括根据企业技术进步的要求,不断从外部取得新的、合格的人力资源,也包括对企业内部现有人力的继续教育与培训,提高人员素质,以适应技术进步后的生产与管理的要求。

2. 要素组合方法的创新

利用一定的方式将不同的生产要素加以组合,这是形成产品的先决条件。在要素组合方法上，企业一方面要在更新设备的同时，根据新设备的要求，改变原材料、半成品的加工方法；另一方面，又要在不改变现有设备的前提下，不断研究和改进操作技术和生产方法，以使现有设备得到更充分的利用，现有材料得到更合理的加工。

技术创新的结果往往带来产品的创新，所以，技术创新是产品创新的前提和保障。

## 二、企业技术创新的模式与策略

1. 技术创新的模式

企业技术创新有三种基本模式：自主创新模式、模仿创新模式和合作创新模式。

（1）自主创新模式　自主创新是指企业以自身的研究开发为基础，实现科技成果的商品化、产业化和国际化，从而获取商业利益的创新活动。自主创新具有率先性，通常率先者只能有一家，其他都只能是跟随者。自主创新所需的核心技术往往来源于企业内部的技术积累和突破，后续过程也都是通过企业自身的知识与能力支持实现的。

自主创新的优点体现在：一是有利于企业在一定时期内掌握和控制某项产品或工艺的核心技术，在一定程度上左右行业的发展，从而赢得竞争优势；二是在一些技术领域，自主创新往往能引致一系列的技术创新，带动一批新产品的诞生，推动新兴产业的发展；三是有利于创新企业更早积累生产技术和管理经验，获得产品成本和质量控制方面的经验；四是自主创新产品初期都处于完全独占性垄断地位，有利于企业较早建立原料供应网络和牢固的销售渠道，获得超额利润。

自主创新模式也有自身的缺点：一是需要巨额的投入，不仅要投巨资于研究与开发，还必须拥有实力雄厚的研发队伍，具备一流的研发水平；二是自主研究开发未必总能成功，风险性较高；三是时间长，不确定性大；四是市场开发难度大、资金投入多、时滞性强，市场开发投入所带来的收益较易被跟随者无偿占有；五是在一些法律不健全、知识产权保护不力的地方，自主创新成果有被侵犯的可能，"搭便车"现象难以避免。因此，自主创新模式主要适用于少数实力超群的大型跨国公司。

（2）模仿创新模式　该模式是指企业通过模仿率先创新者的方法，引进、购买或破译率先创新者的核心技术和技术秘密，并以其为基础进行改进的做法。模仿创新并非简单抄袭，而是在他人创新成果的基础上，投入一定的研发资源，进行进一步的开发和完善，尤其是工艺和市场化的研究与开发。

模仿创新模式的优点体现在：一是投入低、风险低、成功率高；二是市场适应性强，且在产品成本和性能上具有更强的市场竞争力；三是耗时短。

该模式的缺点：一是比较被动，在技术开发方面缺乏超前性，当新的自主创新高潮到来时，就会处于非常不利的境地；二是模仿创新纪录往往会受到率先创新者技术壁垒、市场壁垒的制约，有时还会面临法律、制度方面的障碍，如专利保护制度等。

（3）合作创新模式　合作创新模式是指企业与企业之间或企业与科研机构、高等院校之间联合开展创新的做法。合作创新一般集中在新兴技术和高科技领域，通过合作进行研究开发。由于全球技术创新的加快和技术竞争的日趋激烈，企业技术问题的复杂性、综合性和系统性日益突出，依靠单个企业的力量越来越困难。因此，利用外部力量和创新资源，实现优势互补、成果共享，已成为技术创新的一个重要趋势。

合作创新有利于优化创新资源的组合，缩短创新周期，分摊创新成本，分散创新风险；其局限性在于企业不能独占创新成果，获得绝对垄断优势。

以上三种创新模式各有利弊，企业应根据实际情况合理选择。

2. 企业技术竞争策略

企业的技术竞争策略主要有低成本型技术竞争策略、独特型技术竞争策略、多元化技术竞争策略和专门化技术竞争策略。

(1) 低成本型技术竞争策略　这一策略是通过企业内部各生产要素和各生产环节的技术创新，节约能耗，从而使企业在产品质量与功能不变的情况下降低成本，获得价格竞争优势。这一策略适用于成熟产品与行业。

(2) 独特型技术竞争策略　独特技术有两种理解：一是指在整个工业范围内或同行业内占独特优势的技术；二是指企业所采用的技术有独到之处。广义上讲，先进技术也是独特技术，因为企业开发出来的最先进技术是别的企业所没有的。企业通过技术创新，获得独特技术，可以避免市场竞争压力，并获得较高的经济效益。

(3) 多元化技术竞争策略　这一策略是指企业利用不同的市场机会，跨行业开发和经营多种技术产品，以分散产品开发和经营的风险。采用这一策略，需要有雄厚的资金、技术等方面的实力。

(4) 专门化技术竞争策略　这一竞争策略是指集中技术优势重点攻关，获得某一特殊的、专门化的技术，以满足某一特殊消费群，占领某一细分市场，并在此基础上建立成本优势或产品差异化优势。

> **小阅读：科技冒险的价值**
>
> 多数甚至大多数的科技冒险都不会成功，这并不要紧，资金损失也是有限的。但那些一旦成功的科技大冒险，价值能量绝对是惊世骇俗、巨大无比的，谁能算得清"四大发明"的经济价值？谁又能算得清相对论、量子力学等的商业价值……

# 第三节　管理创新

> **管理故事：疯子和呆子**
>
> 一个心理学教授到疯人院参观，了解疯子的生活状态。一天下来，觉得这些人疯疯癫癫，行事出人意料，可算大开眼界。
>
> 想不到准备返回时，发现自己的车胎被人卸掉了。"一定是哪个疯子干的！"教授这样愤愤地想道，动手拿备胎准备装上。
>
> 但是，仔细看，事情很严重。卸车胎的人居然将螺丝也都卸掉了。没有螺丝有备胎也上不去啊！
>
> 教授一筹莫展。在他着急万分的时候，一个疯子蹦蹦跳跳地过来了，嘴里唱着不知名的欢乐歌曲。他发现了困境中的教授，停下来问发生了什么事。
>
> 教授懒得理他，但出于礼貌还是告诉了他。
>
> 疯子哈哈大笑说："我有办法！"他从每个轮胎上面下了一个螺丝，这样就拿到三个螺丝将备胎装了上去。
>
> 教授惊奇感激之余，大为好奇："请问你是怎么想到这个办法的？"
>
> 疯子嘻嘻哈哈地笑道："我是疯子，可我不是呆子啊！"
>
> **解释**：能做敢于创新的"疯子"，不做循规蹈矩的"呆子"。同样的资源——轮胎、螺丝，经过"疯子"的整合，完成了目标。管理创新何尝不是如此？

管理创新就是创造一种新的、更有效的方法来整合企业内外资源，以实现既定的管理目标。它是对企业管理思想、管理方式、管理手段、管理模式的创新，它是企业面对观念的变化、目标的变化、产品的变化、技术的变化、制度的变化、组织的变革、文化的创新而进行的相应的改进和调整。

管理创新主要包括管理思想创新、管理方式创新、管理手段创新、管理模式创新。

### 一、管理思想创新

古典管理思想认为人是"经济人"，认为人主要为金钱而工作，为物质生活享受而生存，只要满足人对金钱和物质的需求，就能调动其积极性。基于这种认识，该思想注重实行"物本管理"，即把人当作工具、当作物来管理，对人主要实行物质激励和金钱激励。20世纪30年代的霍桑试验，使管理思想得以创新，认为企业的员工不单纯是"经济人"，而是"社会人"，有社会需求，组织只有满足员工的社会心理需求，才能调动其积极性。20世纪80年代开始，人们又逐渐改变了对企业、对人的看法，认为企业不再单纯是一种经济组织；人不单纯是制造财富的工具，人是企业最大的资本、资产、资源和财富。于是，产生了"人本管理"的思想。

管理思想进一步创新的趋势，是"以能力为本"的"能本管理"思想，它建立在"自我实现人"假设的基础上。人有自我实现的需要，即需要在工作中最大限度地发挥自己所具有的潜在能力，于是，要"以能力为本"进行管理。

### 二、管理方式创新

所谓管理方式，简单地说，就是指管理方法和管理形式，它是企业资源整合过程中所使用的工具。方式方法是否有效直接影响着企业资源的配置状况。一种新的、有效的管理方式方法将有助于企业资源的有效整合，从而达到企业既定的目标。

### 三、管理手段创新

进入信息时代，管理手段更加先进。通过计算机信息技术进行管理，可以分析和解决管理实践中的许多复杂问题，如线性规划、企业资源计划（ERP）等。

### 四、管理模式创新

管理模式是企业的一整套相互联系的观念、制度和管理方式方法的总称。不同企业有不同的管理模式。管理模式体现一个企业的核心能力状况，有了先进的模式才会有先进的效率。企业管理模式的创新主要有两种：以改进产品和服务为主的市场适应模式；以创造产品和服务为主的市场创造模式。

---

**小阅读： 张瑞敏语**

对企业来讲，创新是什么？创新意味着什么？我认为，创新就是创造性地破坏，就是要把自己原来的成功与平衡破坏掉，创造一个动态的平衡；要把自己原来成功的经验否定掉，不断地战胜自我，否定自我。这样，企业将会在所有的竞争中取胜！

---

**知识拓展　学习型组织**

#### 一、学习型组织的基本内涵

"学习型组织"是美国麻省理工学院彼得·圣吉博士于1991年在《第五项修炼》

一书中提出来的。它既可以理解为一个关于组织的概念，也可以理解为一种新的管理理念和模式。作为组织的概念，它指的是一个具有持久创造能力去创造未来的组织。作为一种管理模式，它指的是通过自我超越、改善心智模式、建立共同愿景、团队学习和系统思考的五项修炼，营造弥漫于整个组织的学习气氛和充满生机和活力的环境氛围，充分发挥员工的创造性思维能力，使组织实现具有人力资源挖掘和再造功能的可持续发展。创建学习型组织，核心是提高人的素质，手段是营造"学习工作化、工作学习化"的新环境，目标是全面提升企业的软实力，帮助员工实现个人价值，帮助企业实现科学持续发展，使企业走以创新求效益、求发展的现代管理之路。

学习型组织的真谛包括以下三个方面。

1. 学习力

在学习型组织中，组织成员能全身心地投入学习，并有持续增长的学习力。有人提出"树根理论"，将企业比作一棵大树，那么，"学习力"就是大树的根，也就是企业的生命之根，而"产品、产值、利润、成果"则是大树的果实。可见，学习力是企业竞争力的根本。

2. 快乐工作

学习型组织能让组织成员体验到工作中生命的意义。活出生命的意义是真正的快乐。它提倡四大理念：感恩——要让员工学会感恩，要摒弃"对人不知感恩，对物不知珍惜，对事不知尽心，对己不知克制"的行为和思想；善念——积极的心态才能有积极的人生；包容——一个一辈子不犯错误的员工不是一个好员工，鼓励员工为了创新敢于承担风险，包容因没有经验而犯的错误；快乐——提倡快乐工作，让员工真正自觉地把个人成长、个人价值的实现与企业的发展高度融合。

3. 创新

圣吉曾经说过："如果让我用两个字表述学习型组织，是创新；如果用四个字，是持续创新。"学习型组织提倡的就是创造性地学习，从某种意义上说，创新就是学习型组织的核心与标志。所谓五项修炼，都与创新密切相连：自我超越和建立共同愿景是要形成向上的创造性张力；改善心智模式要求突破常规；团队学习则是创新的途径和方法；系统思考更是整体性创新。可以说，圣吉的五项修炼都属于创新范畴。

**二、学习型组织的特征**

1. 共同愿景

在学习型组织中，有一个大家普遍赞同的共同愿景。这里的愿景即指对组织理想未来的构想或设想。它不是由高层管理者独自制定的，而是在自上而下、自下而上和左右协商的过程中形成的，并得到了广大员工的一致认可。

2. 学习

学习型组织中的"学习"有如下内涵。

① 学习与工作不分离。学习型组织强调"工作学习化"和"学习工作化"。

② 组织的学习。"组织的学习＝反馈＋反思＋共享"，正如微软公司的学习"三理念"：自我批评的学习、信息反馈的学习、交流共享的学习。这样，反思才会有提高，反馈才会有意义，共享的知识才会有力量。

③ 持续学习。学习型组织提倡终身学习、持续学习。正如"摩尔定律"中所讲：你永远不能休息，否则你永远休息。

④ 快速学习。当今世界唯一不变的是"变化"，当今世界企业之间的竞争是学习速度

之争，学习速度必须大于外部变化速度，以促成企业内部的及时变革。若内部变革速度小于外部变化速度，则是企业的末日。

⑤"学"后要有新行为。这才是学习的真正意义和价值。

### 3. 扁平结构

学习型组织的结构是扁平的，即从最上面的决策层到最下面的操作层，中间的层次极少，它尽最大可能将决策权向组织结构的下层移动，让最下层单位拥有充分的自主决策权。

### 4. 自主管理

自主管理指的是员工要根据企业的发展战略和目标，自己发现工作中的问题，自己选择伙伴组成团队，自己进行调查与分析，自己制订计划、实施控制并实现目标。团队成员在自主管理过程中，能形成共同愿景，能以开放求实的心态互相切磋，不断学习新知识，不断进行创新，从而增加组织快速应变、创造未来的能力。

### 5. 跨越边界

在学习型组织中，成员们跨越纵向和横向边界，进行着坦率真诚的沟通，共享相关的信息和知识。

### 6. 个人与组织融合

学习型组织对员工承诺支持每位员工充分地自我发展，而员工作为回报，也向组织承诺要为组织的发展尽心尽力，这样，个人与组织的界限变得模糊，工作与家庭之间的界限也逐渐消失，从而达到家庭与事业之间的平衡与融合。

### 7. 领导者的新角色

在学习型组织中，领导者是设计师、仆人和教师。领导者的设计工作是一个对组织要素进行整合的过程，他不只是设计组织的结构和组织政策、策略，更重要的是设计组织发展的基本理念；领导者的仆人角色表现为他对愿景的使命感，他自觉地接受愿景的召唤；领导者作为教师的任务是界定真实情况，协助员工对真实情况进行正确、深刻的把握，提高他们对组织系统的了解能力，促进每个人的学习。

## 三、创建学习型组织的意义

企业要想在发展中赢得先机，必须不断创新，而创建学习型组织是获取创新动力的根本途径。创建学习型组织的意义具体体现在以下几个方面。

### 1. 企业发展的需要

学习是人类进步的阶梯、前进的动力，对于企业而言同样如此。通过创建学习型组织，可以推进企业制度创新、管理创新、技术创新，准确定位企业发展目标，增强企业综合竞争力，确保企业实现从传统模式向现代发展模式的成功升级。

### 2. 提高产品竞争力的需要

产品质量是企业的生命。一流的产品除必备原材料、机器设备等硬件外，更需要一支责任心强、操作技能水平高的员工队伍。通过创建学习型组织，倡导团队学习，可促进团队协作，激励员工比知识、比技能、比效率，提高企业的创新能力和企业产品的竞争力。

### 3. 提升企业形象的需要

现代企业提倡人性化管理，学习型组织为员工提供自我提高、勇于创新、实现自我的平台，激发员工的工作热情，为企业贡献其聪明才智，从而使企业在社会上树立起蓬勃向上、充满活力和生机的良好形象。

#### 4. 实现经济效益最大化的需要

实现经济效益最大化，是企业的核心目标。创建学习型组织，有利于培养企业急需的各类技术工人和管理人员，有利于提高企业员工的劳动技能和整体素养，从而实现经济效益的最大化。

### 四、如何创建学习型组织

#### 1. 转变观念

创建学习型组织，是要把学习作为员工新的生活方式，树立学习工作化、工作学习化的新理念，不断谋求组织和员工共同进步、共同发展。要把学习范畴贯穿于企业生产、经营、管理、目标战略、员工素质教育、文体生活等各个环节，是一场深刻的企业学习变革。

#### 2. 建立有效机制

创建学习型组织，首先要建立组织保障机制，企业管理层应率先垂范，带领员工营造全员学习、创新氛围。其次要建立激励机制，解决学习的原动力问题。树立先进典型，通过物质、精神奖励，使员工通过学习，实现自我价值。

#### 3. 创建学习平台

要在整个组织中，加强思想道德和文化阵地建设，立企业精神，展职工风采，强企业文化，树企业形象，营造和谐、良好的生产、生活环境，为学习型组织的创建打下良好的基础。

#### 4. 发展特色文化

企业文化的实质是以企业的管理哲学和企业精神为核心，凝聚员工的归属感、积极性和创造性。因此，企业文化是企业的灵魂所在，是企业最重要的无形资源，它与学习型组织的创建是相辅相成、一脉相承的。独特的企业精神、明确的企业宗旨、精练的企业格言、鲜明的企业标识、形式多样的员工培训、丰富多彩的文体活动等，既是构成企业文化的基本要素，也是创建学习型组织的重要载体。营造有特色的企业文化，有助于员工建立共同愿景，有利于形成"员工是企业的最大财富，员工以企业为豪、企业以员工为荣"的大家庭氛围，从而推动企业走上良性发展轨道，最终实现企业的可持续发展。

#### 5. 遵循"四大法则"

创建学习型组织，要遵循"全员参与，步调一致，用心来做，相互默契"的四大法则。

## 本章小结

创新作为管理的一项职能，指的是企业运用新思想、新方法和新方式对生产要素、生产条件和生产组织等进行重新组合，以促进企业管理系统综合效能不断提高和获得最大利润的过程。

创新的基本内容包括观念创新、目标创新、产品创新、技术创新、制度创新、组织创新、文化创新、市场创新、管理创新。在这九个创新内容中，最主要的是技术创新和管理创新。技术创新是基础，管理创新是核心。

技术创新是从新产品或新工艺设想开始，经过研究、开发、工程化、商业化生产，最后到市场应用的一系列活动的总和。经济学家熊彼特将技术创新定义为对"生产要素的重新组合"。按照这个定义，技术创新应该包括要素创新和要素组合方法的创新两个方面。企业技术创新有三种基本模式：自主创新模式、模仿创新模式和合作创新模式。三种创新模式各有利弊，企业应根据实际情况合理选择。企业的技术竞争策略主要有低成本型技术竞争策略、独特型技术竞争策略、多元化技术竞争策略和专门化技术竞争策略。

管理创新就是创造一种新的、更有效的方法来整合企业内外资源，以实现既定的管理目标。它是对企业管理思想、管理方式、管理手段、管理模式的创新，它是企业面对观念的变化、目标的变化、产品的变化、技术的变化、制度的变化、组织的变革、文化的创新而进行的相应的改进和调整。管理创新的内容包括管理思想创新、管理方式创新、管理手段创新和管理模式创新。

创新思维方法有散射思维、收束性思维和灵感思维。创新技法有寻异、综合、分解、折中、换元、重组、移植和逆寻。

创新的过程包括信息搜集与整理、创新方案的制定、实施创新、不断完善、再创新五个阶段。

## 本章内容结构图

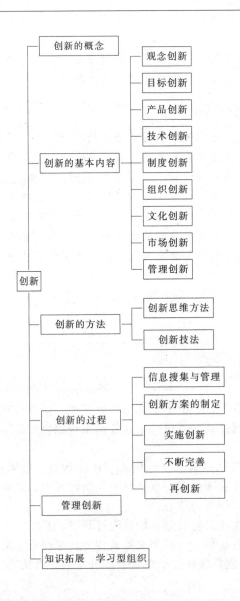

## 思考与练习

### 一、单选题

1. 某手表制造企业自1983年以来,产量扶摇直上,产品畅销国内外,主要是因为:20世纪80年代前,我国手表以清一色的男式表为主。进入80年代后,人们生活水平提高,生活方式多样化,女表受到女士们的欢迎。该手表企业闻风而动,于1982年开始由生产男表转产女表。到1984年,该企业生产女表500万只,占企业总产量的93.7%。在估计女表将达到市场饱和程度时,企业又调整生产方式,将少品种、大批量转变为多品种、少批量生产,满足了顾客对各款式手表的要求。随着生活水平的提高,人们对手表的要求从低档转向中高档。企业又迅速决定,以变应变,转而以生产中高档手表为主。该手表企业因产品畅销而享誉海内外,取得了十分好的经济效益。根据该企业的发展史,你认为:(　　)。
   A. 一个企业的发展关键在于要敢于做别人不敢做的事
   B. 市场的选择非常重要
   C. 目标顾客的选择是企业成功的关键
   D. 能够适应市场迅速变化而不断创新的企业才能长期立于不败之地

2. 国内经济管理界所谓的"新理论""新概念""新模式"层出不穷,时髦但不持久,这给许多力求取得卓越成绩的实际管理人员增加了无形压力。这种现象在国外也同样存在。到底是管理实践确实需要这么多的"新东西",还是管理理论界不甘寂寞,人为"创新"?对此,管理学界有许多争议,以下是其中的一些说法,你最赞同哪种说法?(　　)
   A. 在环境变化的情况下,不可能"一招鲜吃遍天下",所以,管理理论必须以这种方式推陈出新
   B. 管理必须创新,但不管怎么创新,管理的核心总离不开如何建立选人、引人、用人、育人、留人机制
   C. 管理要出奇制胜,这样才有可能让竞争对手无所适从,所以,管理模式必须创新
   D. 管理模式需随经济发展而变,其形式与内涵均需做大幅度的调整,否则就会落后

3. 前些年某公司投资200万元建了个铁丝厂,可生产的铁丝没人要,刚建的工厂就要倒闭。"吃一堑,长一智",该公司开始注意行情。通过市场调研,终于了解到市场上急需做家具的铁管,于是抓住机会把铁丝转产为铁管,结果产品畅销,利润剧增。这个案例反映了以下这些观点中哪一点是不正确的?(　　)
   A. 创新过程的第一步,就是要进行信息的搜集与整理,以确定创新方向
   B. 一条信息可以被许多人利用,谁抢先利用,谁就获得了创新先机
   C. 要了解到准确的市场行情不容易,但及时利用有用信息更不容易,后者说明了能适时创新的企业家是一种宝贵的稀缺资源
   D. 创新关键在于寻找机会,与信息无关

4. 为确保企业在复杂多变的环境中求得长期的生存与发展,管理者必须将变革型管理与事务型管理有机地结合起来。对于新创办的企业,往往需要:(　　)。
   A. 强化变革型管理而弱化事务型管理
   B. 强化事务型管理而弱化其已经较强的变革型管理
   C. 将自身较强的变革型管理与必要的事务型管理相结合
   D. 既不能有过强的变革型管理,也不能过分强调事务型管理

5. 几年前某公司曾花巨资开发出一种新型彩电,售价3万元。但是尽管在上市之前进行了充分的市场推广,而且产品的性能及效果都堪称一流,销售的情况却不甚良好。你认为这家公司产品创新失败的原因最可能是:(　　)。
   A. 由于使用了新技术,产品的可靠性还不够完善
   B. 顾客对这个产品还缺乏清楚的认识
   C. 电脑已渐渐取代了电视
   D. 在产品创新前,信息搜集不够,公司没有充分了解和考虑顾客的购买能力

6. 在历史上有一个典故,美国爱迪生通用电器公司由于在19世纪末及时开发和应用爱迪生发明的电灯技术,在短短几年内就彻底战胜了煤气灯、电弧灯,取得了极大的成功,很快就成为电力、电信方面的庞大垄断性企业集团,而德国西门子公司由于没有及时采用这一新技术而一度受挫。可爱迪生公司反对交

流电技术，看不到交流电技术的巨大潜力和发展前景，未及时转向采用交流电的技术系统，导致在交、直流之战中惨败。因此，美国爱迪生通用电器公司中的"爱迪生"三字不见了，被合并改名为美国通用电器公司。你认为下面不正确的看法是：（    ）。

    A. 新技术的不断发展变化，要求企业技术创新不能停止
    B. 管理者应该不怕风险，具有乐观主义者的态度，这样就可化险为夷
    C. 技术创新虽然可能带来极大的收益，但风险也很大，并非一件易事
    D. 管理者应该具有胆识和远见，善于洞察机遇，并能正确估量风险，做出及时正确的决策

7. 某企业花了大量的外汇从国外购得了一项先进技术，并在两年内产生了良好的经济效益，然而，这项技术现在却落伍了。企业老总在召集有关人员开会讨论这件事时，与会人员提出了以下四种看法。哪一种看法对该企业以后的经营行为将有所裨益？（    ）

    A. 继续花外汇去购买国外先进技术
    B. 从国外购得先进技术后，要进行消化、吸收和创新
    C. 以后再不从国外购买技术
    D. 这种事情的出现是偶然的，不必过分在意

8. 20世纪80年代，面对日本取得的经济成就，日本企业管理模式一时间引起了世界各国企业的关注和借鉴。但后来，特别是东南亚金融风暴出现之后，一方面显示了美国经济的强大活力，另一方面也反映了日本经济脆弱的一面。于是许多人又下结论说："日本企业管理模式已经过时，美国企业管理模式更加有效。"对于这种情况，你赞同以下哪种说法？（    ）

    A. 对管理模式的评论必须随世界经济的发展而改变
    B. 每种管理模式都有其自身的环境适应性与局限性，所以，管理创新要切合实际
    C. 美国的管理模式长期以来都比日本的更优秀
    D. 日本的管理模式已不适应知识经济时代的需要

## 二、简答题

1. 简述创新的概念和基本内容。
2. 创新的过程是怎样的？
3. 什么是技术创新？技术创新模式有哪些？
4. 简述管理创新的含义和内容。

## 三、案例分析题

### 小米公司的产品创新

北京小米科技有限责任公司是一家专注于智能硬件和电子产品研发的移动互联网公司。公司成立于2010年4月，发展迅速，备受世界瞩目。2012年全年售出手机719万台，2013年售出手机1870万台，2014年售出手机6112万台，2015年售出手机超过7000万台。2017年2月，小米正式发布旗下手机芯片松果澎湃S1和搭载此芯片的小米5c手机，小米正式成为继苹果、三星、华为之后第四家拥有手机芯片自研能力的科技公司。小米公司创始人雷军在谈及小米的成功经验时，常以"互联网思维"作为核心要素，引起了企业界和学术界的热烈讨论。小米公司的产品创新模式，对在互联网生态环境下硬件企业如何进行产品创新，有着一定的启示作用。

小米产品创新的过程可分解为策划、设计、开发、测试、发布等几个阶段。

（一）产品策划

小米创始人雷军是一位手机发烧友和互联网领域创业的老兵，创始人团队其他成员也在软硬件开发方面具有丰富的经验。他们认为，发烧友乐意体验和参与手机新产品的开发，并会成为口碑销售的推动者，从而让更多的人知道并认可小米手机，因此，他们把核心用户定位于发烧友。小米副总黄吉江说："为什么发烧友那么重要？原因很简单，因为我们一上来就挑了一波最严格、最挑剔的用户，你过不了他们这一关，就不用继续了；但是你过了他们这一关，他们会成为你最大的口碑推动者。"

小米在产品策划阶段充分考虑用户的价值和参与感，把发烧友当"领先用户"作为一种创新资源和小米产品的共同创造者。领先用户的主要价值体现在：①明确的需求信息，即他们可以清晰地描述出他们的需求，这是一般用户难以做到的；②帮助公司开发新产品和服务的原型和概念；③加速新产品的开发过

程,并帮助公司降低成本。互联网使企业能够快速、低成本地从世界范围寻找领先客户并保持与他们的密切沟通。

小米公司在产品和功能的策划阶段注重提出产品价值假设和增长假设。这一过程首先从找到发烧级"早期使用者"开始,他们对不完美产品和产品错误愿意接受,而且渴望给厂商提供反馈意见。如果产品的价值假设是正确的,发烧友们会积极地介绍给其他客户(口碑),从而实现增长假设,否则厂商则需要根据领先用户的反馈进行调整。随着小米的发展,后来的产品(如红米手机)开始定位于大众用户。

(二)产品设计

基于为发烧友打造的高品质低价格智能产品的定位,小米在产品设计阶段重视用户的需求,邀请客户的密切参与。小米认为重视用户的想法、让他们的期望快速实现是对客户最大的尊重和回报。

就软件来说,小米手机操作系统是基于 Android 改进的用户界面(MIUI)系统。MIUI 团队在原生的 Android 系统上不断进行功能增添和改进,设计人员在设计过程中通过网上平台与客户密切讨论,每天推出一个内测版供荣誉组核心客户试用,以确定该功能是否符合他们的真正需求。在客户的参与下,小米推出了 200 余项符合国人使用习惯的设计。小米经常用投票方式征集用户意见,然后根据用户反馈来决定功能的去留。另外,小米设置了爆米花奖,由用户投票选出最好功能,让客户直接决定员工的奖励。

小米手机硬件研发也是基于市场最新、最好的标准元部件进行组合,在同一个大版本的平台上,推出几个小版本,并在每一批次销售的硬件中提供微改善,从而在兼顾核心设计稳定性的同时,快速适应市场的变化和不同客户群的需求。手机硬件的内部和外部设计都由小米团队完成,他们从用户体验出发进行设计,在易用性和个性化上重点发力。在手机新功能开发之前会通过论坛提前向用户透露一些想法,或者在正式版本发布前几周,让用户投票选择需要什么样的产品,从而及时调整。

小米如此广泛邀请客户参与产品设计,最后呈现出来的是适合不同用户的不同使用习惯的功能集大成产品。功能集大成产品是为消费者提供更多价值的一种方式,这种做法在互联网时代是可以做到的。精益创业的思路也体现在小米产品设计的过程中,设计人员不断就产品某个功能提出价值假设,然后及时与客户沟通以验证或否定该假设,与客户共同设计契合市场需求的产品功能。

(三)产品开发

对于处于不确定环境下的企业,"小步快跑、快速迭代"的产品开发方式是一种很好的选择,这与小米提倡的"专注,极致,口碑,快"不谋而合。

小米的"快速迭代、随做随发"产品开发方式来源于软件"敏捷开发"模式,这种方法的基本假设是任何产品推出时不会是完美的,所以要迅速让产品接触用户,从而找到真实的需求。

对于传统软件开发模式,小米副总黄江吉说:"微软一直在追求'最完美'的开发模式,那是一种让你不可能犯错的开发模式……首先花几个月时间做计划;然后是设计,设计又是几个月的时间;然后开发,开发这个过程可能仅仅占整个周期的 24% 甚至更少。最后的测试也是一个浩瀚的工程,在微软,没有测试完的产品是不可以发布的……这个流程 1~2 年完成一次。"

而小米在产品开发阶段,既把客户当"产品经理",也当"体验评测员",设计了多种平台和工具,多渠道收集和分析用户的反馈,既基于大数据进行分析,更看重用户的网上吐槽,根据用户的最大痛点去判断到底什么方面要修正和提高。同时,小米完整地建立了一套依靠用户的反馈来开发和改进产品机制,包括建立员工与客户互动的互联网平台,建立激励机制鼓励员工与客户交流,激发客户参与开发的热情,从海量的用户反馈筛选有用信息,紧盯重点反馈,及时解决问题。

参与产品开发的发烧友对产品在功能和技术上有深刻的认识,并愿意参与产品的开发。按照客户的兴趣和参与程度,小米建立了一些客户组织,例如开发者团队等。客户所参与的绝大部分工作都是以志愿者方式无偿奉献,有少量的产品开发工作,小米会外包给客户完成并向他们支付报酬。

(四)产品测试

小米公司在产品测试阶段大量地卷入了客户做全方向的测试。据小米估计,软件中约 80% 的问题是客户找到的。在这个过程中,小米有很多创新之处:一是按客户的兴趣和能力建立客户组织;二是建立内部的容错和快速修正机制;三是建立风险控制机制。

针对每个小米产品,都有一个客户组成的荣誉内测组,这是一个该产品测试的核心组织,完全由客户自治,他们选举自己的管理委员会,制定操作规则,自主发展成员。例如 MIUI 荣誉内测组成员每天都有数千人参与小米 MIUI 当天发布的软件测试。通过了内测的产品,才会被推广到更大的客户群,例如 MIUI

每周推出的开发版，会有几百万在"开发组"的客户使用，最后每月的稳定版有几千万普通客户使用。洪锋说："迭代开发具有极大的容错机制；如果你一上来就面对所有的用户，就让你不敢创新，因为创新如果犯错，代价太大了。通过三个版本的迭代，可以极大地降低犯错概率。"

面对日益快速增加的巨大客户群，为了控制产品瑕疵带来的风险，小米采取"灰度升级"的方式，首先通过一些条件选择1%的用户让他们升级，然后观察他们的使用，测试确保他们没有遇到问题之后，再分步把产品分层次逐渐推广至其余客户。同时小米会让用户知道他们是哪个级别的用户，这一"尝鲜"的策略吸引了部分客户成为小米的测试人员。

小米把做软件的思维也用在做硬件上。在每一代小米硬件产品正式发售之前，小米都会推出工程测试机，让荣誉内测组的资深发烧友试用。拿到工程机的客户必须按照小米的要求进行测试并写出报告。小米论坛专门开辟出板块收集米粉对测试机提出的建议，MIUI.com 也设有专门的 BUG 库。所有问题汇总后，工程师会在下一批量产前进行改进。

（五）产品发布

小米既把产品发布当成营销手段，也当成回馈粉丝并与粉丝互动的方式。小米有两种典型的产品发布方式：一种是线下方式，例如每年一度的新产品发布会；一种是线上方式，例如经常更新的 MIUI 软件。

小米年度新产品发布会是一场精心设计的"秀"，充满仪式感，小米非常重视产品发布会的每一个环节，既有新产品看点，还有现场台上台下的互动。新产品的线上发布是小米的常规产品发布方式，大部分新版硬件产品和几乎所有软件产品都是用线上方式发布的。例如 MIUI 每天发布一个内测版，每周发布一个开发版，每月发布一个稳定版。线上发布不仅成本低廉，并且可以及时收集客户反馈。

小米团队秉持"开发就是为了发布，发布就是为了反馈，反馈就是为了指导下一步的开发"的原则，在产品发布后，开发团队又快速地开始跟踪客户反馈，进入下一轮的产品策划、设计、开发、测试的循环过程。

（六）无缝开放式创新

产品创新流程和模式必须与公司的组织管理融合与匹配。小米有关研发的组织创新体现在两个方面：其一，与其他公司按产品研发流程的阶段性功能进行员工组织的方式不同，小米研发团队分成两个层级，大产品团队（例如 MIUI、手机某型号）以及下面的若干个产品功能团队。产品功能团队是日常运作核心，每个小团队包括产品经理、设计师、开发工程师、测试、运维、论坛客服等职能少则3人最多10人，完成一个功能从策划到发布的完整过程，每个步骤之间实现无缝对接。小组开发出"最小化可行产品"后，卷入用户全程参与策划、设计、开发、测试和发布的全过程，从而不断改进产品从而实现产品的快速迭代升级。其二，小米创造了一套线上线下寻找、管理、激励领先客户和发烧友的机制，包括搭建了高效的互联网平台，构建了自我管理的客户组织，并形成了一套让客户和员工互相激励的措施等。小米搭建的网上平台让客户以极低的成本参与企业产品创新的过程，在实现自我价值的同时也为企业聚沙成塔创造了巨大的价值，从互动协作中使企业和用户之间出现了与传统企业和客户所不曾有过的新特征，例如平等、受尊重、为社会创造额外价值等。

基于对小米产品研发各阶段的分析以及整个产品创新管理过程的综合考察，有专家认为小米模式与其他创新模式相比体现了崭新的特征，因此把这种模式命名为"无缝开放式创新"（Seamless Open Innovation）。因为：①小米产品创新全程对客户开放，利用互联网打通了公司产品团队和客户之间的墙，让员工与客户无缝合作，而不是像传统创新模式，仅解决创新思路来源和创新成果利用的问题；②小米产品创新过程的迭代开放和循环往复性，让产品创新过程的每个步骤无缝对接，而不是传统产品创新管理的阶段性、线性化过程。

资料来源：董洁林，陈娟．无缝开放式创新：基于小米案例探讨互联网生态中的产品创新模式．科研管理，2014，(12)：76-83．

### 分析题

1. 小米公司的产品创新有哪些特点？
2. 小米公司的产品创新对其他企业有哪些启示作用？

## 技能实训

**训练项目:企业创新的分析与评价**

〔实训目标〕

1. 增强学生对企业创新的感性认识;
2. 培养学生运用创新理论分析企业创新内容与创新方法的初步能力;
3. 使学生充分认识创新的重要性。

〔实训内容〕

1. 全班同学分组,实地调查一家实施创新的典型企业;
2. 分析该企业的创新内容与创新方法;
3. 对该企业的创新进行评价,并大胆提出建议;
4. 搜集企业创新前后的相关资料,通过比较,总结出创新的重要性。

〔实训具体要求〕

1. 要选择一家实施创新的典型企业;
2. 调查前要制定调查提纲,设计调查内容,以保证信息的完整性、有效性;
3. 运用所学知识,分析创新内容、方法及创新的重要性;
4. 最终要写出实训报告,内容包括:
(1) 企业的名称、性质及概况;
(2) 信息取得方式及主要资料;
(3) 创新内容分析;
(4) 创新方法分析;
(5) 创新重要性分析;
(6) 意见和建议。

〔实训成果与检测〕

1. 每组同学提交一份实训报告;
2. 在课堂上组织一次全班交流,每组派一位代表发言;
3. 教师对各组进行点评及成绩评定。

# 第八章　企业伦理与社会责任

◆ 知识目标
1. 掌握企业伦理的概念、特征及实现机制；
2. 了解如何进行伦理决策以及如何实施伦理领导；
3. 掌握企业社会责任的含义；
4. 理解社会责任观及社会责任与经济绩效的关系；
5. 掌握企业承担社会责任的表现。

◆ 能力目标
1. 培养学生对企业伦理的认知能力；
2. 培养学生履行社会责任的意识和能力。

## 案例引读

### "三鹿"奶粉事件

2008年3月初，三鹿集团接到消费者投诉，有婴幼儿食用三鹿婴幼儿奶粉后，出现尿液变色或尿液中有颗粒现象。三鹿集团也开展了有关调查并在确认奶粉质量出现问题以后，召回部分市场上的产品、封存还没有出库的产品。但是，三鹿集团并没有对问题奶粉进行深入调查和检测，却对外宣称其送检奶粉没有发现任何问题。2008年3月中旬，南京出现全国首例肾结石婴儿病例。经调查，发现患儿多有食用三鹿集团生产的三鹿牌婴幼儿配方奶粉的历史，而奶粉中含有一种叫做"三聚氰胺"——在业界被称为"假蛋白"的化学物质。6月，国家质检总局网站接到问题奶粉投诉。7月，广东出现疑因食用三鹿奶粉引发肾结石的病例，长沙、南京、北京多名婴儿家长投诉三鹿；9月，豫、赣、鄂等多省发现类似病例。

针对"三鹿事件"的发生，9月13日，党中央、国务院启动国家重大食品安全事故Ⅰ级响应机制，成立应急处置领导小组，由卫生部牵头，国家质检总局、工商总局、农业部、公安部、食品药品监管局等部门和河北省人民政府参加，共同做好三鹿牌婴幼儿配方奶粉重大安全事故处置工作。9月19日，国务院办公厅发出通知，要求进一步做好婴幼儿奶粉事件处置工作。

据中国卫生部通报，各地报告因食用婴幼儿奶粉接受门诊治疗咨询并已基本康复的婴幼儿累计为39965人；此前已治愈出院1579人，死亡4人；正在住院治疗的婴幼儿为12892人，其中有较重症状的婴幼儿104人。在所有接受治疗的婴幼儿中，2岁以内婴幼儿占81.87%，2~3岁幼儿占17.33%，3岁以上幼儿占0.8%。经调查，上述接受治疗的婴幼儿基本上与食用三鹿牌婴幼儿奶粉有关，没有发现与食用液态奶有关的病例。2008年12月1日，卫生部通报指出，截至2008年11月27日8时，全国累计报告因食用三鹿牌奶粉和其他个别问题奶粉导致泌尿系统出现异常的患儿29万余人。

2009年2月12日，三鹿集团正式破产。一个曾经有着五十多年辉煌历程、高达149.07亿元品牌价值的乳品企业从此走向毁灭。

资料来源：崔婷. 从"三鹿"事件看企业伦理责任的缺失. 商场现代化, 2011 (3)（上旬刊）: 57.

**启示**：三鹿集团为了追逐利润，完全丧失了企业伦理道德，完全忽略了企业的社会责任，这样的企业必然走向毁灭。经济目标和伦理目标并不矛盾，只有同时并举，在追求利润的同时,注重企业伦理的建立和社会责任的承担,才能树立企业形象,也才能使企业真正兴旺发达。

# 第一节 企业伦理

> **管理故事:诚实的华纳**
>
> 1918年,初创的华纳电影制片厂还没来得及"挂牌",就因资金问题到了濒临破产的边缘。在这关键时刻,华纳兄弟中的老大哈里·华纳与洛杉矶的银行家英特利相遇在纽约的街头。
>
> 通过短时间的接触,英特利十分慷慨地借给了华纳100万美元,终于使华纳制片厂转危为安。
>
> 那么,是什么东西使英特利对哈里·华纳如此慷慨呢?很多人对此迷惑不解。
>
> 1923年4月,在华纳电影公司成立的晚宴上,英特利一语道破了天机。
>
> "华纳四兄弟对父母的敬爱,以及兄弟间诚挚的友爱让我感动,后来的交往进一步证明了我判断的正确性。华纳兄弟是如此的真诚和老实,他们必将走向成功。我很高兴从金钱上给予他们支持。"
>
> 英特利的话音刚落,华纳兄弟的父亲——66岁的老华纳告诉大家:"我曾听到过两个人这样评价我的儿子,一个说:'华纳兄弟不可能在电影业上有所作为'。'为什么不可能有所作为呢?'另一个问道。'因为他们太诚实了。'那个人回答说。今天,英特利先生说到支持我的儿子是因为他们诚实,我觉得这是我一生中最伟大、最幸福的时刻!"
>
> **解释**:一个诚实的人,一个有较强伦理观念的人,一定会得到他人的帮助。一个企业同样如此。

众所周知,企业是以盈利为目的的社会经济组织,追求利润是市场经济条件下企业的一个共同特征。然而,企业要实现利润最大化,必须处理好同自然、社会、政府机构、员工以及其他企业之间的关系,以有效获得所需的各种资源及拥有良好的内外部环境。企业伦理的本质就是如何处理好企业与其他各方面的关系,其意义在于,在提高企业经济效益的同时,提高企业社会效益。

## 一、企业伦理的概念和特征

1. 企业伦理的概念

广义地说,企业伦理是指企业以合法手段从事营利活动时所应遵守的伦理规则。这些伦理规则包括价值观念、道德取舍、行为选择等。狭义地说,企业伦理就是企业与其内、外部各方面关系的总和,包括与员工、供应商、顾客、股东、竞争者、社会、环境、政府机构及公众或社区等的关系。

理解企业伦理的概念,需把握以下几点。

(1) 管理关系的本质是伦理关系 从伦理的角度讲,管理活动的关键在于协调企业的伦理关系。这种伦理关系体现在以下两个方面:一是企业内部管理者与被管理者的关系;二是企业与外部的伦理关系(见图8-1)。

① 企业内部管理者与被管理者的关系。伦理管理要求企业管理者要贯彻"以人为本"

的伦理思想，实施符合人性的、能发展人的个性的、能激发员工工作热情的管理方式，要尽可能地满足企业员工的社会心理需要，为员工营造良好的沟通氛围和宽松、和谐的工作环境。这样，企业的活动才可能取得最佳成效。

② 企业与外部的伦理关系。企业与外部的伦理关系即企业与自然、社会、公众、政府机构及其他组织（包括供应商、顾客、股东、竞争者等）之间的伦理关系。企业虽然是独立自主的经济实体或利益主体，有正当合法的权利和利益追求，但同时，企业又离不开社会。一方面，企业追求的目标必须满足人类社会的全面进步和人类自身的全面发展的要求，否则，也就失去了自身应该具有的社会价值，失去了存在的理由和意义；另一方面，企业自身的生存和发展也离不开社会，必须依赖于国家和社会所提供的各种条件，如物质资源、人力资源、文化资源以及良好的社会环境、自然环境、投资环境等，一个公正的、法制的、稳定的社会是企业生存和发展的必要条件。这就是说，企业应社会的需要而产生、发展和存在，社会又为企业提供生存空间。于是，任何一个企业在追求自身利益的同时，必须重视社会利益，对社会负责。再者，一个企业能否有效地防止环境污染和合理地使用资源，能否遵纪守法、照章纳税，能否与供应商、股东友好合作，能否为顾客着想，在竞争者的竞争中能否相互协作、文明竞争等，所有这些，都体现着丰富的伦理内容。

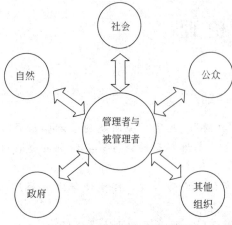

图 8-1　管理中的伦理关系框架

(2) 管理活动需要伦理的把握　企业在管理过程中，始终离不开对人、财、物的支配，无论是对内的人事管理、财务管理、生产管理，还是对外的市场营销、广告宣传和公共关系的拓展，都是在一个基本目标下，通过对人力、物力、财力的调动与支配来达到某种目的的。在对人、财、物的支配中，始终离不开对伦理准则的把握。例如，在企业的经营过程中，怎样才算把有限的人力、物力、财力运用到最佳的程度？企业在经营活动中，如何才能兼顾企业自身的利益与社会利益？企业中的管理者与被管理者在从事对财、物的支配中，怎样才算不违背道德原则等。

(3) 处理利益关系需要建立一种伦理准则　对于管理者而言，在企业经营管理过程中，怎样才能既考虑到集体利益，使企业不断发展壮大，又兼顾到员工个人的利益，以利于充分调动每个人的积极性，这不仅有管理艺术、管理水平上的考验，更有伦理方面的考验。而对于普通员工来说，如何正确处理个人与集体的关系，则涉及个人的道德原则及伦理意识。在企业经营活动日益复杂、员工思想意识和价值观念不断变化的今天，只有建立一种正确的伦理准则，意识到各自的责任，摆正个人和集体的位置，才能使整个组织具有较高的凝聚力，从而获得长远的发展。

(4) 管理行为的选择与实施也存在着伦理问题　用什么样的行为进行管理，使用什么样的管理手段和管理方法，也会涉及伦理问题。比如，用管物的方法来管人，是否符合道德？把企业员工视为"经济人"，认为他们到企业来工作仅仅是为了获取物质报酬，这是否符合人的本来愿望？一些企业为了提高生产效率，长期让员工从事单一化、重复性的劳动，最终导致员工身心失调，产生某种程度上的心理疾病，是否符合伦理？

总之，企业伦理渗透于管理的各个方面，伦理问题已成为管理过程中的首要问题。

2. 企业伦理的特征

(1) 行为规范性　企业伦理具有行为规范性，它能规范企业及其成员的行为，使企业在其经营活动中，能正确处理与自然、社会、政府、公众、内部员工及其他组织的关系，使企业员工在工作过程中能正确处理自身与企业的关系。

（2）外在性和内在性　企业伦理的外在性是指社会要对企业及其成员的行为提出伦理规范，如社会舆论、传统习俗等对企业及成员的伦理约束。企业伦理的内在性是指企业成员对伦理规范会有一种内心感悟，是企业内在的、自觉的认识和要求。

（3）地域性　企业存在于一定的地域文化氛围之中，所以，其伦理精神必然具有一定的地域特征，即在某一地域符合伦理的行为，在另一地域可能就会违背伦理。

## 二、企业伦理的实现机制和伦理制度

1. 企业伦理的实现机制

企业伦理的真正实现，必须将其内化为企业的运行机制。企业伦理实现机制有目标机制、诚信机制、约束机制、激励机制和沟通机制。

（1）目标机制　企业伦理要求企业从社会整体的角度重新审视企业目标。企业是一个经济组织，要以追求经济利益作为自己的经济目标，同时它又是一个社会组织，有责任履行自己的社会义务，所以，企业在追求经济目标的同时，应该实现其应有的伦理目标。

企业伦理目标强调企业行为不仅具有经济价值，还必须具有伦理价值。企业在追求经济目标的时候，往往不由自主地将获利作为衡量行为价值的唯一尺度，于是为了实现利润最大化不惜损害他人利益的行为现实生活中时有发生，这说明企业的经济目标需要伦理目标的调节和制约。实践证明，企业经济目标和伦理目标相辅相成，只有同时并举，企业才能真正兴旺发达。强生公司在发现其生产的泰诺胶囊被污染以后，当时的 CEO 詹姆斯·布克当即决定在全国范围内回收所有的泰诺胶囊，这反映了强生公司经济目标与伦理目标统一的企业文化。如果没有一系列在企业内部根深蒂固的、被人们共同享有的价值观和指导原则，很难相信强生公司的反应能够如此迅速、一致而且符合伦理道德。很多卓越企业都没有把盈利作为最终目标，而是以社会服务为己任，把为社会作贡献放在第一位。在 IBM，最高目标就是绝不牺牲顾客服务；在松下，则是决不故意生产或销售瑕疵产品，欺骗顾客；在戴登-赫德森公司，其目标是渴望在他们对四种对象——顾客、雇员、股东和社会履行义务方面被认为占有领先地位；中国广东今日集团将"服务社会，共享利润"作为经营目标。当然，企业目标仅仅具有道义上的合理性和正当性是不够的，只有当这一目标得到社会、顾客，特别是企业内部员工的价值认同，并形成目标机制，才能发挥其有效性。

（2）诚信机制　诚信是企业交往中契约关系得以维系的基本伦理规范，也是企业间建立信任、实现交往的基础。诚信伦理是市场经济中最重要的理念，是市场经济活动的基本伦理准则，是现代市场经济健康运转和社会进步的不朽灵魂。同时，诚信也是企业进入市场的通行证和不断发展壮大的无形资本。目前，诚信的资本价值已越来越被社会各界重视。

要建立良好的诚信机制，企业管理者的伦理境界和诚信意识是必备条件。这是因为，一方面，企业管理者的诚信对企业诚信的建立具有巨大的示范和导向作用，正如美国著名的管理与组织伦理专家林恩·夏普·佩因所说："由组织领导首先示范很可能是建立和维持组织信誉最重要的因素。显然，企业雇员会首先观察传达组织伦理标准的直接上级所做的示范。通常，拥有大量权利的个体行为对塑造公司的伦理姿态关系重大，因为他们的行为能够传递的信息比写在公司伦理声明中的信息要明确得多。"另一方面，企业的各项制度、政策，都渗透和体现着管理者的伦理观，从而影响着组织员工的动机与行为。再者，企业管理者是企业的代言人，他们的诚信行为直接关系着企业的诚信形象。

（3）约束机制　约束机制是指在企业内部的各项制度、规定对自身行为的有关限制，它通常包括经营管理者对员工的约束机制、所有者对经营管理者的约束机制、员工对经营管理者的约束机制，三者的相互作用，可形成企业内部有效、持久的约束力量。这些约束机制的建立，要充分体现企业伦理观念。

（4）激励机制　激励机制是通过某种内部或外部的刺激来激发人的动机，使人产生一种内在的动力，向着期望的目标前进的心理机制。企业员工的需要各不相同，需求层次也因人而异，只有根据人的自然需要与社会需要，综合利用奖惩激励、情感激励、公平激励、竞争激励、发展激励等激励手段，才能形成释放员工最大潜能的激励机制。

（5）沟通机制　企业管理中的沟通机制是指使信息接收者所感知的信息与发送者所发出的信息完全一致的有效机制。有效的沟通机制可避免管理者与员工信息不对称的现象，它可以使信息的发送者和接收者由信息的传递到相互理解，由相互理解到加强合作，从而共同实现企业目标。

在以上五个机制中，目标机制和诚信机制重在加强和改善企业与外部的伦理关系；激励机制和沟通机制重在建立企业内部的伦理关系；约束机制则对企业内、外部伦理关系均发生作用。

2. 伦理制度

从具体制度上来说，要建立企业伦理，可制定以下制度。

（1）制定企业伦理守则　伦理守则所规范的主要内容是企业与员工、顾客、股东、政府、社区、社会大众等的责任关系，它同时包含公司的经营理念与道德理想，反映公司的文化、生存的基本意义以及行为的基本方向。伦理守则要想更具效力，必须把组织管理者、员工的思想和政策信仰予以具体化。威塞里尔协会是一家小型的、为汽车行业提供电子部件的私人供应商，它拥有一本"质量担保手册"，这是思想方针、行为指导、技术手册和企业简介的一个统一体，记录了公司对于正直人格的承诺和关于正确行为的指导原则。公司从来不用销售比赛等来激励员工的个人工作表现，也不通过销售数字来判断竞争状况，而是教育员工在制定决策时，既要考虑公司和个人的利益，也要考虑供应商、客户以及社会的需求，绝对的诚实、礼貌以及尊重他人是公司业务程序的标准。自步入业界以来，威塞里尔的销售收入不断增长，在一个发展缓慢的行业里创造了奇迹。

（2）设置伦理委员会　实现伦理制度化的另一举措，是设置伦理委员会。伦理委员会可以由企业内部的管理人员及员工和企业外部的利益相关者组成。企业伦理委员会的主要任务是：定期召开会议讨论伦理问题；把伦理准则或伦理守则向企业的全体成员传播沟通；对可能出现的违反准则的行为进行检查；实施伦理准则；奖赏遵守准则者，处罚违反准则者；不断审议和不断更新准则；把委员会的活动向董事会汇报。

此外，企业在设置伦理委员会的同时，还可设置企业伦理主管。伦理主管的任务是：从伦理角度审查企业的决策；负责企业的伦理教育或培训；给其他管理者提供伦理方面的咨询、建议；对违反伦理准则的经营行为进行调查与处理等。

（3）制订企业伦理教育计划　有些企业在对员工的教育训练课程中，邀请诗人、哲学家为员工上课，目的就是希望员工能对身边的人与物有更高的敏感度，帮助员工在道德思想和行为中注入强大个人意志，防止破坏性的道德沦丧。通过企业伦理教育，可培养反映企业价值观的态度观念、思考方式等，让员工深刻了解到企业更高一层的使命。

企业也可参与一些有意义的社会活动，协助推动社会良性改革，这样不仅可以提高公司的向心力，激励员工士气，同时也可提升员工的品质，满足员工更高层次的精神需求。这种需求的满足会进一步激发员工的积极性、创造性和敬业精神，从而更有利于企业经济目标的实现。这样，道德伦理风范不再是企业必须维持的一个负担，而是一个企业自然的精神风貌。

（4）社会审计　社会审计主要是针对企业是否履行伦理准则而进行审计评估。其主要内容如下。
① 是否履行了企业的使命——开发、生产和营销能增进社会福利的产品或服务？
② 是否遵循了国家的法律、法规和基本的伦理规范？
③ 是否有效地保护了环境、合理地利用了资源？
④ 是否做到了千方百计地创造、引导和满足消费者的合理需求，广告真实，质量有保证，价格合理，使用方便、经济、安全？
⑤ 对供应商，是否做到了互惠互利、恪守信誉？
⑥ 对竞争者，是否做到了公平竞争？
⑦ 对政府、社区，是否做到了照章纳税、保护环境、提供就业机会？是否对解决社会问题，如安置残疾人就业，资助文化、教育和慈善事业做出了努力？
⑧ 对员工，是否做到了公平上岗、晋升，提供安全、卫生的工作条件，让员工参与管理与决策，对员工进行继续教育与培训，提供成长机会？
⑨ 对股东，是否使其资产增值，得到了良好的回报？

### 三、伦理决策

所谓伦理决策，就是从伦理的角度来分析和评估可供选择的方案，从而帮助管理者做出更好的决策。

传统的决策往往是一种"纯企业行为"，决策更多的是考虑企业自身的利益，而对员工、顾客、供应商、竞争者、政府、社区、公众以及整个社会等利益相关者的利益考虑甚少。企业的决策分析充其量包括经济、技术、法律三方面，而缺乏伦理的分析。事实上，企业的所有决策，大到建新厂、开发新产品、开拓新市场，小到促销方案的选择、用工政策的制定、处理消费者投诉等，在给企业本身带来利益或者损失的同时，也会对利益相关者产生正面或负面的影响。如果企业的管理者在制定决策时能充分考虑到伦理问题，能用正确的价值观、社会准则和伦理规范来改善企业决策，那么，对管理者本身、企业和社会都是有益的。

企业伦理决策的步骤和基本内容如下。

1. 确认利益相关者

决策的利益相关者是指直接受到该决策影响的人和机构，并非每一个决策都涉及顾客、供应商、竞争者、政府、社区、公众、股东、员工等。不同的决策对不同的利益相关者的影响程度也不一样，例如，广告决策的利益相关者主要是顾客、竞争者、政府、公众等，而生产自动化改造决策的利益相关者主要包括员工、供应商、社区等。所以，企业伦理决策的第一步首先是要确认利益相关者。

2. 倾听利益相关者的意见

通过倾听利益相关者的意见、呼声，来分析决策对他们可能造成的正面和负面的影响，并与他们磋商解决问题的办法。

3. 明确与该决策有关的法律和规范

法律是对行为规范的最低要求，因此，不违法是最基本的要求。然而，仅仅守法还不足以制定出一个好决策，还需要考虑其他各种规范，如社会准则、社会期望、伦理规范以及企业经营惯例等。

4. 评估决策方案

在评估决策方案时，除了要衡量方案的短期经济效益，还要兼顾方案的社会效益和长远效益以及企业的形象、顾客的满意度、员工的忠诚度、与社区的关系等。

5. 实施决策

要想促成伦理决策的有效实施，需要建立符合伦理准则的组织结构、制度，需要有符合伦理的领导行为。

### 四、伦理领导

企业管理者，尤其是高层管理者对企业伦理的认识和实践，决定着员工行为的选择和仿效。企业的领袖人物，是最有资格提升企业伦理道德的人物。因此，高层领导的重要职责之一是赋予企业的价值观以生命，建立一个支持各种伦理行为的环境，并在员工中灌输一种共同承担的责任感，让员工体会到遵守伦理是企业积极生活的一面，而不是由权威强加于人的限制条件。领导要敢于承诺，敢于为自己所倡导的价值观念采取行动，同时当道德义务存在冲突时，敢于以身作则。如果绝大部分的企业领袖能充分认识并致力于提高企业伦理，社会的人文精神、生活品质自然也就提高了，经营环境也会大大改善，产品的国际形象也会随之"水涨船高"，企业也将得到其应享的"回报"。当年，张瑞敏自己抡起铁锤砸掉了76台冰箱，在家电行业里以"挥大锤的企业家"著称，也正是这把大锤，为海尔走向世界立了大功。如今，"精细化、零缺陷"变成海尔全体员工的心愿和行动，那把大锤依然摆在展厅里，让每一位新员工参观时都能记住它。

---

**小阅读：** 诚信

从伦理角度讲，诚信是一种道德资源，它可以引发商家对诚信的竞争；从经济学角度讲，诚信是一种无形资产，是资本价值中的核心成本。那些把诚信作为信仰并用全部精力去浇灌的企业，会一步一步赢得客户的信赖，取得辉煌的业绩。

---

## 第二节 企业的社会责任

**管理故事：福特应聘**

福特大学毕业后去一家汽车公司应聘，和他同时应聘的三个人都比他学历高。前面三人面试之后，他觉得自己没希望了，但既来之则安之，他敲门进了董事长的办公室。一进门发现地上有一张纸，便弯腰捡了起来，发现是一张废纸，便顺手扔进了废纸篓，然后来到董事长的办公桌前说："我是来应聘的福特。"董事长说："很好，福特先生，你已经被录用了。"福特惊讶地说："我觉得前几位都比我好，你怎么把我录用了呢？"董事长说："福特先生，前面三位的学历确实比你高，而且仪表堂堂，但他们只想对大事负责，而不想对小事负责。我认为一个敢于对小事负责的人，将来自然会为大事负责，所以我录用了你。"福特就这样进了这家公司，后来成了这家公司的总经理，公司也改名为"福特公司"。福特公司在一个世纪里成为世界经济的领跑者。

**解释：** 一个敢于负责、有强烈责任感的人，会受到企业的青睐。同样，一个能够履行社会责任的企业，定会受到社会的认可，从而发展壮大。

企业社会责任是企业伦理的当代形态。企业作为社会的一个组成部分，离开了社会便无法活动，所以，企业必须理解自己在社会中的责任，明白应该做什么，不应该做什么，知道如何在利润追求与社会责任之间进行合乎伦理的选择。

## 一、企业社会责任的含义

企业社会责任的概念起源于欧洲，当时的企业是以营利为目的的生产经营单位，利润最大化是其永恒的主题，企业只要不违法就行，并没有履行社会责任的义务。这种过分狭窄的企业经营目标，虽然推动了经济的高速发展，但是随之而来的是严重的环境污染、损害消费者利益等社会公害。这便引起了西方国家和公众对企业履行社会责任的重视及思考。

对于企业社会责任的定义，不同的学者有不同的看法。美国著名学者理查德·L·达夫特认为，"社会企业责任的正式定义是，企业要怎样决策，如何做，才能既有利于公司，同时也造福于社会。"哈罗德·孔茨和海因茨·韦里克认为，"公司的社会责任就是认真地考虑公司的一举一动对社会的影响。"凯思·戴维斯和罗伯特·L·布卢姆斯特朗则认为，"企业社会责任是指决策在谋求企业利益的同时，对保护和参加整个社会福利方面所承担的义务。"阿基·B·卡罗说得更明白，他认为企业社会责任是社会在一定时期对企业提出的经济、法律、道德和慈善期望。国内学者一般认为，企业社会责任是指企业在追求自身利益和谋求自身发展的同时应当承担的义务。

综合以上学者的观点，我国目前通常把企业社会责任划分为四个部分：经济责任、法律责任、伦理责任、环境责任。按照这些责任在企业实践中的重要性和出现的频率，可以将其作如下排序（见图8-2）。

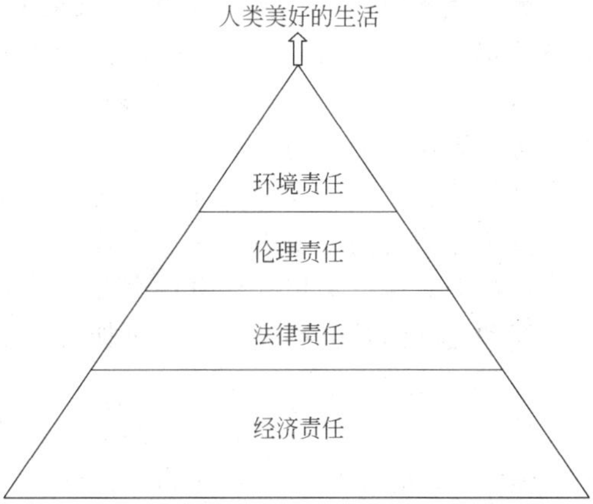

1. 经济责任

企业的社会责任首先是经济责任。因为企业是最基本的经济单位，其基本职责就是要有效地利用社会资源，按社会需求向服务对象提供优质产品或服务，并使企业获得最大利润，使投资者获得满意回报。

图8-2 企业社会责任金字塔

2. 法律责任

现代社会为规范企业行为，制定了一系列的程序、法律、法规，对这些规定，企业必须遵守。企业的法律责任就是指企业行为必须服从地方政府、国家以及国际的相关法律法规。企业不但要知道哪些是法律禁止的行为，还要知道哪些是法律倡导和支持的行为。企业应当在法律允许的范围内来实现自己的经济目标，由于法律自身的滞后性，决定了在评价企业的法律责任时，不但要看企业有没有违反法律的行为，更要看企业是否自觉履行了那些法律倡导和支持的行为，同时，还要看企业对那些法律暂时没有规定的行为是否自觉作出伦理的选择。

3. 伦理责任

企业伦理责任即企业对社会所承担的伦理方面的责任。它要求企业遵循伦理准则，正确处理与内、外部各方面的关系，正确处理企业自身利益和社会整体利益的关系等。企业伦理责任是面向整个企业及其企业中的每一个员工的，它是企业承担社会责任的重要部分。

4. 环境责任

环境责任是评价企业效益不可缺少的重要方面。首先，在一定意义上，企业也是自然的一部分，企业无论作出什么样的决策，采取什么样的行动都和环境有关，并在消耗自然资源和加重环境负担两个方面对环境产生影响。现在人们普遍接受的环境健康的一般标准是"可持续性"，它由世界环境与发展委员会定义为"在不损害下一代人满足他们自身需要之能力的条件下，满足现代这一代人的需要"。这一标准最终被1992年在里约热内卢召开的联合国环境与发展大会所采纳，并从此成为环境问题的中心。随着"可持续发展"理念的渗透，越来越多的企业在环境责任方面可以有所作为。

除以上责任之外，卓越的企业还有更高的追求，那就是为绝大多数的人的美好生活而甘于承担的自觉的责任。比如，某企业自觉地为当地下岗工人解决生活困难问题，并积极为他们的再就业尽任何非功利的义务。再比如，企业放弃具有高回报率但是有潜在环境污染可能性的产品的生产等。这种不要求回报的责任是企业伦理的一种最高境界，虽然它超越了社会对企业在责任方面的期望，但它仍然是未来评价企业履行社会责任的一个指标。所以说，企业社会责任的最高境界是人类美好的生活，这也是企业和其他社会组织共同的终极追求。

## 二、企业社会责任观

在企业承担社会责任的问题上，有两种截然相反的观点。

### 1. 传统经济观

传统经济观也称"纯经济观"，其最典型的代表是 1976 年诺贝尔经济学奖获得者，美国经济学家米尔顿·弗里德曼。弗里德曼认为："企业的社会责任就是增加利润。"他甚至强调说："企业仅具有一种而且只有一种社会责任：在法律和规章制度许可的范围内，利用它的资源从事旨在增加它的利润的活动。"传统经济观把企业的功能视为纯经济性的，认为经济价值是衡量企业成功与否的唯一尺度。因此，传统经济观反对企业承担社会责任。

传统经济观的主要观点是：企业作为股东的企业，作为股东的私有财产，不应该也无能力承担社会责任；承担社会责任会冲淡企业的基本目标——提高生产率；企业已经拥有太多的职权和足够的社会影响，不应再加大；企业的社会行动会降低企业在国际上的竞争力。

### 2. 社会经济观

社会经济观的典型代表人物是美国学者格拉斯·S·舍尔文。他认为："企业作为一个经济组织，以追求经济利益作为自己的主要目标是毋庸置疑的，但企业又是一个社会组织，企业也有责任来履行自己的社会责任。一个企业之所以能在社会中有立足之地，不仅仅因为它能给股东带来好处，也因为它的存在是对社会有利的"。一位支持社会经济观的学者曾指出："利润最大化是公司的第二位目标，而不是第一位目标。公司的第一位目标是保证自身的生存。"

社会经济观的主要观点是：社会大众期望企业承担社会责任；企业承担社会责任从长远看是一种自利行为，可以为企业谋取更大的利益；企业拥有解决社会问题的资源与能力，因此应该履行社会责任；企业应当对其自身运行造成的问题和社会运行造成的问题都担负一定的责任；如果企业提供合乎要求的社会产品，那么公众也会形成一个正向回馈。

两种企业社会责任观的比较如表 8-1 所示。

表 8-1　两种社会责任观的比较

| 比较项目 | 传统经济观 | 社会经济观 |
| --- | --- | --- |
| 利润 | 一些社会活动白白消耗企业的资源；目标的多元化会冲淡企业的基本目标——提高生产率，于是会减少利润 | 企业参与社会活动会使自身的社会形象得到提升；与社区、政府的关系更加融洽会增加利润，特别是增加长期利润 |
| 股东利益 | 企业参与社会活动实际上是管理者拿股东的钱为自己博取名声等方面的好处，因而不符合股东利益 | 承担社会责任的企业通常被认为是风险低且透明度高的企业，其股票因符合股东利益而受到广大投资者的欢迎 |
| 权力 | 企业承担社会责任使其本已十分强大的权力更加强大 | 企业在社会中的地位与所拥有的权力均是有限的，企业必须遵守法律、接受社会舆论的监督 |

续表

| 比较项目 | 传统经济观 | 社会经济观 |
|---|---|---|
| 责任 | 从事社会活动是政治家的责任,与企业家无关 | 企业在社会上有一定的权力,根据权责对等的原则,它应承担相应的社会责任 |
| 社会基础 | 公众在社会责任问题上意见不统一,企业承担社会责任缺乏一定的社会基础 | 企业承担社会责任并不缺乏社会基础,社会大众期望企业承担社会责任,舆论对企业追求社会责任的呼声也很高 |
| 资源 | 企业不具备承担社会责任所需的资源,如企业领导人的视角和能力基本上是经济方面的,不适合处理社会问题 | 企业拥有承担社会责任所需的资源,如企业拥有财力资源、技术专家和管理才能,可以为那些需要援助的公共工程和慈善事业提供支持 |

需要强调的是,随着企业"伦理化"氛围越来越浓,以上两种观点正趋向融合。现在越来越多的"利润最大化"观点的支持者也经常明确地表示法律、伦理和社会问题非常重要。传统经济观的主要倡导者米尔顿·弗里德曼也认为:"在自由企业、私有产权制度下,公司总裁是企业所有者的雇员,他对其雇主负有直接的责任,这一责任就是按照雇主的意愿来管理企业。而雇主们的意愿通常说来都是在遵守基本的社会准则(既包括法律中的社会准则,也包括伦理习惯中的社会准则)的条件下,尽可能多地赚钱。"显然,弗里德曼已经接受了企业社会责任四层次中的三个层次,即经济责任、法律责任和伦理责任。

### 三、社会责任与经济绩效

对于社会责任与经济绩效的关系,传统经济观与社会经济观的看法显然是相反的,其根源在于两者在研究企业社会责任时选择的时期、分析框架不同,所采用的方法论不同。

传统经济观在分析企业社会责任与经济绩效之间的关系时,是通过分析企业财务年度报告内容进行的,得出的结论是企业短期财务绩效与社会责任之间存在冲突。根据弗里德曼的观点:如果企业履行社会责任增加了经营成本,则这些成本或是以高价转嫁给消费者,或是通过较低的边际利润由股东负担。在竞争的市场中,如果企业提高价格,就会降低销售额,最终会导致企业利润下降。

而社会经济观研究的是企业长期发展过程中企业社会责任与经济绩效之间的关系,得出的结论是两者之间存在正向的相关关系。实际上,在考察企业的社会责任与经营业绩的相互关系时,应该从更长的时间跨度、更大的空间领域来进行,即不仅要从一个企业长远的生存和发展的角度,也要从全社会企业群体这个范畴来研究两者之间的关系。因为社会责任对企业利润的影响无论是积极的还是消极的都要经过时间检验,在短期内不能全部显示出来。国内外的实践都已经表明,企业承担社会责任与企业的经济绩效呈正相关关系;企业进行良好的社会责任管理不仅可以获得良好的社会效益,而且可以获得长远的商业利益。如沃尔玛坚持用社会责任标准审核其供应商,在同行业名列前茅。

### 四、企业承担社会责任的表现

由以上分析可以看出,从长期来说,从更大的空间领域来看,企业承担社会责任会使企业赢得更多的利润和更好的声誉,促进社会经济的全面发展。企业承担社会责任的表现可用图 8-3 表示。

1. 对员工的责任

员工是企业最重要的利益相关者,也是企业最宝贵的财富。企业不管是在道义上还是在法律上,都必须以公正、公平的态度对待自己的员工。企业对员工的责任具体体现在以下几个方面。

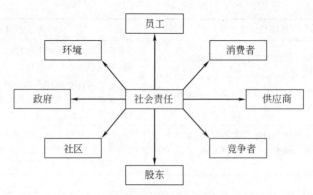

图 8-3 企业承担社会责任的表现

（1）营造安全舒适的工作环境　企业要为员工提供安全的工作场所、宽松的工作环境，保证员工的身心健康。

（2）对员工进行培训　企业应对员工进行持续性的在岗培训和离岗培训，不断提高员工的工作技能，为他们提供具有挑战性的工作，提高他们的参与感和责任感，帮助他们实现人生的价值。

（3）不歧视员工　现代企业的一个显著特征是员工队伍的多元化，不仅有老中青、男和女，还有外国人和中国人。为了调动各方面的积极性，企业要平等对待所有员工，在工作中不论资排辈，在奖励、培训、升迁等方面杜绝差别化对待。

（4）支持工会工作　工会是代表职工利益的组织，是职工参与企业经营管理和实施监督职能的主要渠道。企业应充分支持工会的工作，保证员工的合法权益得到保护。企业管理人员应定期或不定期地将企业的财务状况、重大决策和行动方案以及具体进展、企业领导的任免等情况向职工代表公开和汇报，并使之经常化、制度化和规范化。

2．对消费者的责任

消费者是企业产品或服务的最终使用者。企业对消费者承担社会责任的主要表现如下。

（1）提供安全可靠的产品　企业必须保证产品设计合理、生产规范、包装完善、安全可靠。

（2）提供产品有关说明　企业有责任向消费者提供关于产品的成分和含量、产品功能、使用方法和注意事项等方面的说明。

（3）提供售后服务　企业应当把售后服务看作是对消费者的承诺和责任，要建立与消费者沟通的有效渠道，如设立 400 或 800 免费电话、向消费者提供用户意见反馈卡等，及时发现并解决顾客在使用本企业产品时所遇到的问题，并根据顾客意见进一步改进企业产品质量和服务方式。

（4）定价公平合理　企业必须向消费者做出承诺，保证其定价的公平合理性。因为随着竞争的日趋激烈，竞争对手之间通常会为了自身的利益而订立统一的垄断价格，这样就会大大损害消费者的利益。

3．对供应商的责任

企业除了对供应商承担信誉、严格执行合同责任外，越来越多的企业把供应商看作合作伙伴，设法帮助他们提高进货质量，完善企业经营管理。

4．对竞争者的责任

（1）公平竞争　所谓公平竞争，一要有序，大家都要遵守法定的竞争规则；二要有商业道德，竞争应该争的是谁的产品质量更好、成本更低，谁对消费者的服务更好、更能得到消费者的认可，谁对国家纳税更多、自身增值更快，谁对股东、员工回报更丰厚，谁能团结同行、共同进步。任何企业都不应该诋毁其他企业的产品，不应损害其他企业的形象。

（2）既要有竞争又要有合作　在许多领域，如汽车、电讯业等，竞争者往往彼此也是供应者和购买者。美国通用公司和日本丰田公司是竞争对手，然而他们也向对方提供或购买汽车配件，甚至合作开发新型汽车。另外，许多行业的竞争者经常在制定行业标准、发放许可证及市场营销等方面开展合作。对此，美国的学者提出了"竞合"的概念，竞合是竞争与合作的混合词，提出这一概念的目的在于促使组织管理者同时从合作与竞争的角度去思考企业的竞争。

5．对股东的责任

股东是企业的投资者，是企业的资金来源，是财产的最终拥有者。企业对股东的责任主要是要确保股东获得投资收入和所投资本的增值。在日常经营活动中，企业对股东不负责任的行为主要包括以下几种。

（1）欺骗性行为　如向竞争对手非法提供商业秘密以获得非法收入，贪污和浪费企业财产。

（2）利用股市进行内部交易　主要指向第三者提供可靠的未披露信息，帮助他人牟取非法所得并从中分利。比如，一些企业违背经济规律进行兼并收购，帮助部分投资者在股市上盈利。

（3）假报财务状况　企业管理者为了达到某种不可告人的目的，编制虚假财务报表，欺骗股东。

6．对环境的责任

环境是企业生存和发展的前提条件。一个企业必须认真地对待生存环境，对环境履行如下责任。

（1）产品绿色化　产品绿色化是企业以绿色需求为导向，实施绿色研发及设计、绿色生产、绿色包装等。产品的研发及设计应强调对资源的有效利用和废弃物的有效处理；产品的生产应做到"清洁生产"；产品的包装应符合"可循环""可生物降解"的要求。

（2）保护与治理并重　企业在给社会创造财富的同时，要尽可能地避免对环境造成污染，包括大气污染、水域污染、土地污染等；对于企业生产中所产生的"三废"要及时有效地处理；在治理和防止污染的同时，要有效地保护环境资源。

7．对政府的责任

企业应认真执行国家法令、法规，照章纳税。企业的发展战略和营销计划必须和政府的发展计划、产业政策、法律法规保持一致。企业在可能的条件下，应积极协助政府解决一些社会问题，如增加就业机会、安置残疾人；救济社会贫困人员；帮助失学儿童重返校园；资助文化、教育、体育事业，在学校设立奖学金；支援老少边穷地区发展经济等。

8．对所在社区的责任

社区是企业生存的小环境，企业与所在社区的经济、文化建设及基础设施、治安环境等有着互动关系。有社会责任感的企业会有意识地通过适当的方式回报所在社区，以感谢所在社区为企业发展所提供的良好发展环境。比如，在同等条件下要优先从所在社区招聘员工；积极支持所在社区的各项建设；参与预防犯罪等。这样，不仅回报了社区和社会，还为企业树立了良好的公众形象。

---

**小阅读：善待顾客**

在商业运作过程中，随时都有可能发生意料之外的紧急事件，这时，所有的处理办法都要遵守一个原则——为顾客着想，对顾客负责。一个不顾顾客死活，只为企业利益着想的公司，是不可能发展壮大的。

> **知识拓展**　**社会责任标准**

一、标准

（一）SA8000 标准的概念

SA 是 Social Accountability（社会责任）的简称，SA8000 标准即社会责任标准。

SA8000 标准是全球首个道德规范国际标准。其宗旨是确保供应商所供应的产品，皆符合社会责任标准的要求。SA8000 标准适用于世界各地、任何行业、不同规模的公司。其依据与 ISO9000 质量管理体系及 ISO14000 环境管理体系一样，皆为一套可被第三方认证机构审核之国际标准。

SA8000 标准是根据国际劳工组织（ILO）宪章、联合国儿童权利公约及世界人权宣言制定的。它由社会责任国际组织（Social Account-ability International，简称 SAI）咨询委员会负责起草。该委员会由来自 11 个国家的 20 个大型商业机构、非政府组织、工会、人权及儿童组织、学术团体、会计师事务所及认证机构的有关人士组成。

该标准最早于 1997 年 10 月发布，之后，SAI 组织不断对其进行修订，以确保它的连续性和适用性，先后出现了 SA8000：2001 版、SA8000：2008 版。2014 年 7 月，SAI 正式颁布了 SA8000：2014 标准。自 2016 年 1 月 1 日起，唯一可接纳的社会责任认证标准统一为 SA8000：2014 版。

（二）SA8000：2014 的主要内容

SA8000：2014 的主要内容包括童工、强迫或强制性劳动、健康与安全、自由结社及集体谈判权利、歧视、惩戒性措施、工作时间、工资及管理系统等。

1. 童工

组织不应使用或支持使用童工。

组织可以聘用未成年工，但如果受强制教育法规的限制，他们只可以在上课时间以外的时间工作。在任何情况下，未成年工每天的上课、工作和交通所有时间不可以超过 10 小时，每天工作时间不能超过 8 小时，同时未成年工不可以安排在晚上上班。

无论工作地点内外，组织不得将儿童或青少年工人置于对他们的身心健康和发展不安全或危险的环境中。

2. 强迫或强制性劳动

组织不得使用或支持强迫和强制性劳动，也不得要求员工在受雇起始时交纳"押金"或保存身份证件原件。

组织及为组织提供劳工的实体单位不得扣留工人的部分工资、福利、财产或证件，以迫使员工在公司连续工作。

组织应确保工人不用承担雇用的全部或部分费用和花销。

员工有权在完成标准的工作时间后离开工作场所。员工在给组织的合理通知期限后，可以自由终止聘用合约。

为组织提供劳工的任何机构和任何实体单位都不能参与或支持贩卖人口。

3. 健康与安全

组织出于对普遍行业部门的健康与安全知识和任何具体危险的了解，应提供一个安全、健康的工作环境，并应采取有效的措施，在可能条件下最大限度地降低或消除工作环境中的危害隐患，以避免在工作中或由于工作发生或与工作有关的事故对健康的危害。

组织应评估其所有工作场所内孕妇或是哺乳期母亲工作活动之外所有的风险,并确保采取合理的措施消除或降低其健康和安全的风险。

若在工作场所内有效地最小化或是消除所有危险的根源后还存在危险时,组织应为员工提供适当的个人保护装置。员工因工作时受伤,组织应提供急救并协助工人获得后续的治疗。

组织应指定一高层管理代表负责为全体员工提供一个健康与安全的工作环境,并且负责落实本标准有关健康与安全的各项规定。

应建立并维持一个由管理层代表和工人均衡组成的健康和安全委员会。除法律另有规定外,委员会至少有一名由工会代表认可的工人成员,如果他们选择服务。如果工会没有委任代表或该组织未加入工会,工人可以从他们中选出一名或多名他们认同的代表。健康和安全委员会的决策应有效地传达给所有员工。应对委员会的成员进行培训,而且要定期再培训,以胜任不断致力于改善工作场所的卫生和安全条件。它应当定期进行正规的职业健康和安全风险评估,以识别并解决现有的和潜在的健康和安全隐患。应保存这些评估和采取的纠正和预防措施记录。

组织应定期提供给员工有效的健康和安全指示,包括现场指示、(如必要)专用的工作指示。应对新进、调职以及在发生事故地方的员工进行培训;对于技术上的改变和/或引进新型机械装置会对员工的健康与安全构成新的危险时,要对员工进行培训。

组织应建立备有文件证明的程序来检测、预防、最小化、消除或是应对可能危害任何员工健康与安全的潜在危险。组织应保留发生在工作场所和由组织提供的或是组织从服务供应商那里拥有、租赁或是签约合同得到的住所和房产内所有健康与安全事故的书面记录。

组织应给所有员工提供干净的厕所、可饮用的水、适当的进餐空间及必要时提供储藏食品的卫生的设施。

组织如果提供员工宿舍(无论宿舍是组织从服务供应商那里拥有、租赁或是签约合同得到的),应保证宿舍设施干净、安全且能满足员工基本需要。

所有人员应有权利离开即将发生的严重危险,即使未经组织准许。

4. 自由结社及集体谈判权利

所有人员有权自由组建、参加和组织工会,并代表他们自己和组织进行集体谈判。组织应尊重这项权利,并应切实告知员工可以自由加入所选择的组织。员工不会因此而有任何不良后果或受到公司的报复。组织不会以任何方式介入这种工人组织或集体谈判的建立、运行或管理。

在结社自由和集体谈判权利受法律限制时,组织应允许工人自由选择自己的工人代表。

组织应保证任何参与组织工人的工会成员、工人代表和员工不会因为作为工会成员或参与工会活动而受歧视、骚扰、胁迫或报复,员工代表可在工作地点与其所代表的员工保持接触。

5. 歧视

在涉及聘用、报酬、培训机会、升迁、解职或退休等事项上,组织不得从事或支持基于种族、民族或社会出身、社会阶层、血统、宗教、身体残疾、性别、性取向、家庭责任、婚姻状况、工会会员、政见、年龄或其他的歧视。

组织不能干涉员工行使遵奉信仰和风俗的权利,或为满足涉及种族、民族或社会出身、社会阶层、血统、宗教、残疾、性别、性取向、家庭责任、婚姻状况、工会会员、政见或任何其他可引起歧视的需要。

组织不能允许在工作场所、由组织提供给员工使用的住所和其他场所内进行任何威胁、虐待、剥削的行为及强迫性的性侵扰行为，包括姿势、语言和身体的接触。

组织不得在任何情况下要求员工做怀孕或童贞测试。

6. 惩戒性措施

机构应对所有人员予以尊严及尊重，公司不得从事或支持体罚、精神或肉体胁迫以及言语侮辱。也不得以粗暴、非人道的方式对待工人。

7. 工作时间

机构应遵守适用法律、集体谈判协议（如适用）及行业标准有关工作时间和公共假期的规定。标准工作周（不含加班时间）应根据法律规定，不得超过48小时。

员工每连续工作六天至少须有一天休息。不过，在以下两种情况下允许有其他安排：①国家法律允许加班时间超过该规定；②存在一个有效的经过自由协商的集体谈判协议，允许平均工作时间涵盖了适当的休息时间。

所有加班必须是自愿性质，每周加班时间不得超过12小时，除非机构与代表众多所属员工的工人组织通过自由谈判达成集体谈判协议，机构可以根据协议要求工人加班以满足短期业务需要。但此类协议必须遵守适用法律、集体谈判协议（如适用）及行业标准有关工作时间和公共假期的规定。

8. 工资

机构应保证在一个标准工作周内（不包括加班）所付工资总能至少达到法定或行业最低工资标准或集体谈判协议（如适用）。工资应满足员工基本需要，以及提供一些可随意支配的收入。

机构应保证不因惩戒目的而扣减工资，除非符合以下条件：①这种出于惩戒扣减工资得到国家法律许可；②获得自由集体谈判的同意。

机构应确保在每个支薪期向员工清楚详细地定期以书面形式列明工资、待遇构成；机构还应保证全部工资、待遇以方便员工的形式支付，不得在任何情况下延迟或用限制的形式（如购物代金券、优惠券、期票）支付。

所有加班应按照国家规定或按照已制定的集体谈判协议支付加班津贴，如果在一些国家法律未规定加班津贴或者没有集体谈判协议，则加班津贴应以额外的比率或根据普遍行业标准确定，无论哪种情况应更符合工人利益。

机构应保证不采取纯劳务合同安排，连续的短期合约及/或虚假的学徒工制度以规避涉及劳动和社会保障条例的适用法律所规定的对员工应尽的义务。

9. 管理系统

高层管理人员应以适当的语言制定书面政策以告知全体员工该机构自愿选择遵守SA8000标准的要求。

应组建社会绩效团队（SPT）以实施SA8000标准的所有内容。

社会绩效团队应定期进行书面风险评估，对实际的或潜在的不符合本标准的方面进行识别并按优先顺序处理。

社会绩效团队应有效地监督工作场所的活动；社会绩效团队应协助常规的内部审核，并为高层管理人员撰写关于达到SA8000标准时采取的执行方案和方案成效的报告。

组织应能证明员工有效地了解SA8000标准的要求，并应定期把SA8000标准的要求以日常交流形式和员工进行沟通。

组织应为员工和利益相关方建立保密的、不带偏见的、不会报复的书面申诉程序，可以让有关各方就有关工作场所和/或不符合 SA8000 标准之处提意见、建议、报告或投诉。

在进行事先通知和未事先通知的审核以证实是否符合本标准的要求时，组织应全力配合外聘审核员，确定在满足 SA8000 标准过程中出现的问题的严重程度和其出现频率；组织应参与到利益相关方中，以达到持续符合 SA8000 标准。

组织应为及时实施纠正和预防行动制定政策和程序，还应为纠正和预防行动提供足够的资源。

组织应按照风险评估结果为全体员工实施培训计划，以便有效执行 SA8000 标准。

组织应对其供应商/分包商、私营职业介绍所和下级供应商进行尽职调查，以确定符合 SA8000 标准。

### （三）实施 SA8000 标准的好处

SA8000 标准是一个通用标准，是各行业机构均可以适用的国标标准。企业实施 SA8000 标准的好处表现在以下几个方面。

**1. 更好地处理劳工权益问题**

SA8000 标准通过一套适用全球的规范，使各个行业的生产经营符合劳动者权益保护和工作安全等最低要求，消除不同国家和地区处理劳工权益问题时所出现的不协调现象，保护人类的基本权益。

**2. 树立良好的公司形象**

通过实施 SA8000 标准，劳动者可以获得工作条件和工作环境的改善，进一步改善公司的形象和声誉，在公众中树立良好的社会形象，扩大销路，获取更大的利益。一些形象受损的行业，如玩具业和服装业，经常使用 SA8000 认证来推广其良好的公司形象和产品信誉。对于社会责任表现良好的公司，SA8000 认证可以让它们与没有达到该标准的竞争者划清界限。可以预见，血汗工厂或使用童工的恶劣行为将会因为 SA8000 标准的实施而逐步减少。

**3. 促进社会购买力**

SA8000 标准的实施还可以促进社会购买力，推动内需的扩大。例如，在美国，当年福特汽车公司的老板发现市场购买力太低，就提高工人的工资，以提供社会购买汽车的能力。也就是说，劳工待遇得不到提高，工人的生活就不可能改善，社会就可能进入恶性循环：低工资、低消费、降低购买力、产品获利减少、工人工资更低、购买力也变得更低，社会生活水平下降。而提高劳工待遇，改善工作环境和条件，可以促进消费，提升购买力，推动社会生产和生活水平的提高。

**4. 改善供应链管理**

对于零售商来说，如果公司制定供应商社会责任守则，需要建立内部监督体系，需要大量的人力、物力和财力资源，而直接采用 SA8000 标准可以大大降低监督成本，同时可以改善供应链管理。研究结果表明，良好的供应链管理可以大大降低采购成本，避免采购风险，建立良好的信任关系。

**5. 吸引优秀人才**

SA8000 标准可以让公司在劳动力市场处于有利的地位。对社会和道德标准的明确承诺对优秀人才更具有吸引力，这是公司未来成功的关键因素之一。

**6. 提高雇员的忠诚度**

公司对雇员福利的承诺将提高雇员的忠诚度和归属感，这样一方面可以提高生产力，另一方面也有利于改善客户关系，维持忠诚客户。美国一家知名的运动鞋公司 NEWBALANCE

报告说，他们在中国的合约工厂通过实施 SA8000 标准，工作时间减少了，生产率提高了 25%。

### 7. 提高透明度

媒体的快速传播和轰动效应，要求工商业界要具有更高的透明度。由于一个地方或者一个供应商出现的问题可能对整个公司，乃至整个地区、整个行业产生严重的影响，即使是社会责任表现最好的公司，也需要向公众证实其社会责任承诺。

### （四）SA8000 标准的实施制度和认证程序

#### 1. SA8000 标准的实施制度

SA8000 标准可由独立的认证机构提供第三方认证，证明某公司是否符合标准的要求。这种审核不是"一次性"的审核，它有一个定期监督审核的制度，促进公司不断改善工作条件。

SAI 不直接对公司进行认证审核，而是评估并认可具备资格从事 SA8000 认证的机构，由这些认证机构对申请认证的公司进行认证审核。任何公司要想通过 SA8000 认证，它可以直接向认证机构提出申请，由认证机构安排独立的审核，确定公司是否符合 SA8000 标准。1999 年 4 月，瑞士 SGS 成为第一家通过 SAI 认可的认证机构，之后，美国 ITS、法国 BV、香港 HKQAA、德国 TUV 等都相继成为 SAI 认可的认证机构。与此同时，相当一批咨询公司开始提供 SA8000 认证咨询服务。雅芳公司（Avon）在纽约的一家工厂成为第一家通过 SA8000 认证的工厂。

任何公司都可以参与 SAI 的活动并有效利用 SA8000 标准，SAI 提供了两种方法供不同的公司选用。对于以生产为主的制造商和工厂来说，它们可以直接向认证机构提出认证申请，由认证机构安排独立的第三方审核。对于以销售为主的零售商和批发商来说，它们可以向 SAI 提出申请成为 SA8000 签约会员，并提供一份工厂 SA8000 认证计划，包括自有工厂和供应商的工厂，并公开报告计划的实施进度。

SAI 将认证机构名单及通过 SA8000 认证的公司名单向外界公布，任何团体和个人都可以向认证机构或者直接向 SAI 咨询或者投诉认证过程中存在的问题，SAI 已经建立一套程序来调查和处理有关的投诉和申诉。

#### 2. SA8000 标准的认证程序

SA8000 标准的认证过程大致需经过以下程序。

（1）公司提出申请　向 SAI 授权的一家认证机构提出申请，开始进入程序。申请书中应包括以下内容：证明你的公司符合国家和地方的法律法则；对照 SA8000 规定，自测公司情况。

（2）评审和受理　认证机构对公司递交的申请书进行评审，审核其内容是否符合认证的基本条件，如符合则受理，不符合则通知公司不予受理。

（3）初访　审核前要对被审核方进行访问，其目的是确定审核范围，了解公司现状，收集有关资料和确定审核工作量。

（4）签订合同　认证机构和委托方可就审核范围、审核准则、审核报告内容、审核时间、审核工作量签订合同，确定正式合作关系，缴纳申请费。

（5）提交文件　合同签订后，被审核方应向认证机构提供社会责任管理手册、程序文件及相关背景材料，供认证机构进行文件预审。

（6）组成审核组　合同签订后，认证机构应组成一个经特别培训的当地审核小组，指定组长，开始准备工作。

（7）文件预审　被审核方应向认证机构提供社会责任管理文件，由审核组组长组织审核组成员进行文件预审。如果文件存有重大问题，则通知被审核方或委托方，由被审核方进行修改并重新递交文件；如文件无重大问题，则开始准备正式审核。

（8）审核准备　审核组组长组织审核组成员制订审核计划，确定审核范围和日程，编制现场审核检查表。

（9）预审　委托方认为有必要，可要求认证机构在正式认证审核前进行预审，如需采取改进措施，认证机构会给予充足时间按 SA8000 标准进行改善。

（10）认证审核　预审通过后，认证机构按审核计划对被审核方进行认证审核。这时，审核小组会来到你的工厂。他们了解当地法律、社会，与你的管理人员和工人说相同的语言。你要全面提供工厂的历史记录，审核员可自由地与雇员谈话，如果工厂运营的某些方面需要改进，会给你机会补救。

（11）提交审核报告和结论　审核结果可能有三种结论：推荐注册、推迟注册及暂缓注册。

（12）技术委员会审定　审核组推荐注册的公司，是否批准注册还要经过认证机构技术委员会的审定，如未获批准则需重新审核。

（13）批准注册　认证机构对审定通过的公司批准注册。

（14）颁发认证证书　对批准注册的公司，认证机构要颁发 SA8000 认证证书。

（15）发布获证公司公告　认证机构将获证公司向 SAI 备案，由 SAI 在其网站公布。

（16）监督审核　认证机构对获证公司进行监督审核，监督审核每半年一次，认证证书有效期为三年，三年后需进行复评。

二、

（一）ISO26000 的概念

ISO26000 即《社会责任指南》（以下简称《指南》）国际标准，由国际标准化组织（International Standard Organization，缩写为 ISO）于 2010 年 11 月 1 日正式发布。该标准由 54 个国家和 24 个国际组织参与制定，适用于包括政府在内的所有社会组织。

（二）ISO26000 的主要内容

ISO26000 旨在为全世界各类型的组织和机构提供社会责任方面全面的、统一的指南。该标准把企业社会责任（CSR）推广到社会责任（SR），统一了社会责任的相关术语和定义，分析了社会责任的特点、原则和核心内容，并且给出了社会责任融入组织的相当全面、详细、实用的可操作的指导和工具。其内容框架见表 8-2。

表 8-2　ISO26000 内容框架

| 标题 | 章节 | 内容描述 |
| --- | --- | --- |
| 范围 | 第 1 章 | 明确本国际标准的适用范围，并明确特定限制和例外情况 |
| 术语和定义 | 第 2 章 | 给出本国际标准所用关键术语的定义。这些术语对理解社会责任和使用本国际标准至关重要 |
| 理解社会责任 | 第 3 章 | 阐述已影响社会责任发展并将持续影响其性质和实践的重要因素和条件，同时阐述社会责任概念本身——社会责任是什么及如何适用于组织。本章包含中小型组织使用本国际标准的指南 |
| 社会责任原则 | 第 4 章 | 介绍和阐释社会责任原则，包括：承担责任、透明度、道德行为、尊重利益相关者的利益、尊重法律规范、尊重国际行为规范、尊重人权七项原则 |
| 认识社会责任和利益相关方参与 | 第 5 章 | 阐述组织社会责任两大基本实践：组织对社会责任的认识、利益相关方的识别和参与。本章对组织、利益相关方和社会三者间关系，认识社会责任核心主题和议题，以及组织的影响范围提供了指导 |

续表

| 标题 | 章节 | 内容描述 |
|---|---|---|
| 社会责任核心主题 | 第6章 | 阐述社会责任核心主题和议题,包括:组织管理、人权、劳工、环境、公平经营、消费者权益保护、社区参与和发展七项核心主题。针对每一个核心主题,本章对其与社会责任的关系、相关原则与考虑,以及相关行动与期望提供了指导 |
| 社会责任融入整个组织 | 第7章 | 提供社会责任在组织中付诸实践的指南。本章包括:理解组织的社会责任,将社会责任融入整个组织,社会责任沟通,提升组织的社会责任可信度,评价进展、提高绩效,以及评估自愿性社会责任倡议 |
| 自愿性社会责任倡议和工具示例 | 附录A | 提供自愿性社会责任倡议和工具的不完全清单,这些倡议和工具涉及一个或多个社会责任核心主题,或者涉及将社会责任融入每个组织 |
| 缩略语 | 附录B | 包括本国际标准所用的缩略语 |
| 参考文献 | | 包括本国际标准作为来源资料引用的权威性国际文书和ISO标准 |

(三) ISO26000 的特点

**1. 用社会责任 (SR) 代替企业社会责任 (CSR)**

社会责任的定义是整个 ISO26000 中最为重要的定语,而 ISO 用 SR 代替 CSR,就使得以往只针对企业的《指南》扩展到适用于所有类型的组织。ISO 秘书长 Rob Steele 指出,最初社会责任工作组讨论的是企业社会责任,但是各方很快意识到 CSR 的七项原则不仅适用于私人部门,同样适用于公共部门,原则确定的七项主题——组织管理、人权、劳工实践、环境、公平运营、消费者权益、社区参与和发展同样都适用于公共部门,所以把 CSR 推广到 SR 是顺理成章的事情。

ISO 把 CSR 推广到 SR,使得《指南》的适用范围大为扩展,其重要性有了显著性的提升,这个变化是整个社会责任运动的里程碑,也是 ISO 自身的里程碑,因为这是 ISO 第一次突破技术和管理领域,涉足社会领域标准的制定。

**2. 适用于所有类型的组织**

正因为《指南》用 SR 代替了 CSR,从而使得 ISO26000 适用于所有类型的组织,包括公有的、私有的、发达国家的、发展中国家的和转型国家的各种组织,但是不包含履行国家职能,行使立法、执行和司法权力,为实现公共利益而制定公共政策,或代表国家履行国际义务的政府组织。

**3. 不是管理标准,不用于第三方认证**

ISO26000 的总则中强调,ISO26000 只是社会责任"指南",不是管理体系,不能用于第三方认证,不能作为规定和合同而使用,从而和质量管理体系标准 (ISO9001) 以及环境管理体系标准 (ISO14000) 显著不同。任何提供认证或者声明取得认证都是对 ISO26000 意图和目的的误读。因为 ISO26000 并不"要求"组织做什么,所以任何认证都不能表明遵守了这一标准。

**4. 提供了社会责任融入组织的可操作性建议和工具**

《指南》的一个重要章节探讨社会责任融入组织的方法,并给出了具体的可操作性的建议,《指南》的附录一中也给出了自愿性的倡议和社会责任工具,从而使组织的社会责任意愿转变为行动。《指南》致力于促进组织的可持续发展,使组织意识到守法是任何组织的基本职责和社会责任的核心部分,但是鼓励组织超越遵守法律的基本义务。《指南》促进了社会责任领域的共识,同时补充其他社会责任相关的工具和先例,而并非取代以前的成果。

5. 前所未有的利益相关方的广泛参与和独特的开发流程

《社会责任指南》制定过程中，有来自99个国家的400多位专家参与开发，和市场有关的利益相关方被分成六组：政府、产业界、消费者、劳工（工会）、非政府组织和科技、服务等（SSRO），这六个小组分别组成六个工作组，各组内部形成自己的意见，并在彼此之间相互讨论，最终达成统一意见。由此看来，广泛的利益相关方参与确保了《指南》的合理性和权威性，是《指南》最终高票通过的关键。

同时，ISO26000具有独特的开发流程，ISO在技术管理局下直接设立社会责任工作组（ISO/WGSR），工作组主席由来自巴西和瑞典的专家共同担任，平衡了发展中国家和发达国家的关系，工作组成员包括六个利益相关方，并在区域和性别上保持平衡，各成员国按照利益相关工作组推荐专家，并在国内组成对口的委员会，同时，建立基金支持发展中国家的参与。这种流程确保了利益相关方的平衡，从而对最终达成国家层面和利益相关方层面的两层共识起到了重要作用。

6. 发展中国家的广泛参与

如上所述，在工作组的成员分配上，发展中国家和发达国家具有同等地位，工作组的主席由发展中国家和发达国家的专家共同担任，同时，在参与开发的99个国家中，有69个是发展中国家。由此可见，发展中国家确实广泛参与了ISO26000的制定过程。

7. 和多个组织建立合作关系，推广了社会责任相关的实践

ISO和联合国的国际劳工组织（ILO）、联合国全球契约办公室（UNGCO）、经济合作与发展组织（OECD）都签署了谅解备忘录，同时和全球报告倡议组织（GRI）、社会责任国际（SAI）等组织建立了广泛而深入的联系，确保这些组织能参与到《指南》的开发过程中，从而使得《指南》不是替换，而是补充和发展了国际上存在的原则和先例。

8. 差异性原则

ISO26000总则中指出，应用《指南》时，明智的组织应该考虑社会、环境、法律、文化、政治及组织的多样性，同时在和国际规范保持一致的前提下，考虑不同经济环境的差异性。

总体而言，ISO26000是国际标准化组织在广泛联合了包括联合国相关机构、GRI等在内的国际相关权威机构的前提下，充分发挥各会员国的技术和经验优势制定开发的一个内容体系全面的国际社会责任标准。它兼顾了发达国家与发展中国家的实际情况与需要，并广泛听取和吸纳各国专家意见与建议。该标准推动了全球社会责任运动的发展，并获得了各类组织的响应与采纳。

### 三、我国社会责任国家标准

（一）我国社会责任国家标准的制定背景

近几十年来，社会责任理念进入中国并得到广泛认同。越来越多的学者开始研究社会责任，各类组织也越来越重视社会责任，很多组织建立了专门的社会责任部门，培养社会责任专业人才，有的还制定了社会责任战略规划，并建立了管理体系。各类组织定期发布社会责任报告，加强与利益相关方的沟通。据不完全统计，截至2013年8月31日，我国国内各类组织共发布社会责任报告1026份。

早在ISO26000制定之初，我国就组建专家组全程参加标准制定，使我国利益诉求体现在最终文本中。ISO26000发布以后，国家组织本领域专家译制唯一由ISO组织授权的标准中文版，并起草国内首份基于ISO26000编制的社会责任报告。一些地方、行业也分

别制定了地方标准和行业标准。这些标准的实施为组织履行社会责任提供了指导,但由于标准不统一,也的确造成了一些混乱现象。所以,国家以ISO26000为蓝本,着手制定社会责任国家标准,为组织履行社会责任提供统一的指导。2012年,国家标准委正式启动了社会责任系列国家标准制定程序。标准历时三年,经过多次征求意见,2015年6月2日,国家质量监督检验检疫总局、国家标准化管理委员会正式批准发布GB/T 36000—2015《社会责任指南》、GB/T 36001—2015《社会责任报告编写指南》和GB/T 36002—2015《社会责任绩效分类指引》三项国家标准,2016年1月1日实施。

(二)我国社会责任国家标准的主要内容

我国社会责任系列国家标准由三个标准组成:《社会责任指南》《社会责任报告编写指南》《社会责任绩效分类指引》。第一个标准的主要内容包括"什么是社会责任、包含哪些内容、如何履行"等;第二个标准是对组织如何编制社会责任报告给出指导;第三个标准为组织评价社会责任绩效提供了指标分类框架。

社会责任国家系列标准中,《社会责任指南》是最核心的标准,主要对什么是社会责任、包含哪些内容、如何履行给出指导。其内容基本沿袭了ISO26000的理念,但也根据我国的实际情况进行了调整。该标准内容框架见表8-3。

表8-3 《社会责任指南》国家标准内容框架

| 标题 | 章节 | 内容描述 |
| --- | --- | --- |
| 范围 | 第1章 | 明确本国家标准的适用范围及特定限制 |
| 规范性引用文件 | 第2章 | 罗列本标准所引用的规范性文件 |
| 术语和定义 | 第3章 | 给出本标准所用关键术语的定义,有助于理解社会责任和使用本标准 |
| 理解社会责任 | 第4章 | 阐述社会责任的历史背景和发展趋势。同时阐述社会责任的基本特征,包含利益相关方的重要作用及社会责任融入组织,还包括中小组织使用本标准的指南 |
| 社会责任原则 | 第5章 | 介绍和阐释社会责任原则 |
| 社会责任基本实践 | 第6章 | 阐述组织社会责任两大基本实践:社会责任辨识,利益相关方的识别和参与。本章对组织、利益相关方和社会三者间关系,认识社会责任核心主题和议题,以及组织的影响范围提供了指导 |
| 关于社会责任核心主题的指南 | 第7章 | 阐述社会责任核心主题和议题,针对每一个核心主题,本章对其与社会责任的关系、相关原则与考虑,以及相关行动与期望提供了指导 |
| 关于将社会责任融入整个组织的指南 | 第8章 | 提供社会责任在组织中付诸实践的指南。本章包括:理解组织的社会责任,将社会责任融入整个组织,社会责任沟通,提升组织的社会责任可信度,评价进展、提高绩效 |
| 缩略语 | 附录A | 包括本标准所用的缩略语 |
| 本标准与ISO26000:2010章条编号变化对照一览表 | 附录B | 本标准与ISO26000相关内容的章条号对照 |
| 本标准与ISO26000:2010的技术性差异及其原因一览表 | 附录C | 本标准相对于ISO26000的实质性变动 |

(三) 我国社会责任国家标准的特点

1. **强调"组织"社会责任，而不是"企业"社会责任**

国家标准调整的对象是组织社会责任，而不只是企业社会责任。按照是否以盈利为目的，把组织划分为两类：一类是盈利性组织，即企业；另一类是非盈利性组织。显见，组织的涵义比企业要广一些。

企业的社会责任感、企业的社会行为更令人关注。特别是现在环境污染、产品质量等问题频发，使企业社会责任广受关注。人们说到社会责任，往往就是指企业社会责任。但我们也应当看到，非盈利性组织在社会问题上，也在发挥越来越大的作用，于是很多人呼吁，要关注非盈利性组织的行为，特别是要引导它们在社会问题上发挥更大的作用。

另外，国家标准是从整个社会的角度，去规范社会中每个组织的行为，其目的是让每个组织实施对社会有益的行为。所以，国家标准关注的是行为性质本身，即是否有益于社会。

最后，国家标准希望能给各种类型的组织提供行为指引。组织可以根据自己的性质、特点，从国家标准中选择适合的行为方式。

综上，我国社会责任国家标准沿用ISO26000做法，将调整对象定为组织社会责任，而不仅仅是企业社会责任。

2. **强调社会责任，而不是法律责任**

自从上海自贸区实行"负面清单"制度以来，"法无禁止即可为"的理念就深入人心了。意思就是，只要法律没禁止的，就是企业可以做的。在法律语境下，法律没禁止的，都是企业可以做的。但在社会责任语境下，法律禁止和"企业可以做"之间，还有一类行为。这类行为，虽然不是法律要求的，但社会普遍期望甚至要求企业去做。如果不做，虽然不会遭受法律制裁，但会遭到社会谴责。

社会责任包括两方面要求：不要做不该做的事，做好该做的事。前者是为了不损害社会，后者是为了给社会做贡献。法律主要规范前者，社会责任国家标准要规范两者。虽然法律已经规范了前者，但并不能改变两者都是社会责任规范对象的事实。而且，即使是同一行为，社会责任国家标准规范的角度和法律也是不一样的。社会责任国家标准说的是"要怎样"，法律说的是"不要怎样"。社会责任国家标准追求的是社会利益最大化，法律追求的是对社会的伤害最小化。

3. **综合确定组织的社会责任**

不同地区、不同行业、不同组织，对于什么是负责任行为，有着不同的认识。因此，任何单独一方都很难来确定组织究竟承担什么样的社会责任。社会责任国家标准，不但事无巨细地列出了组织普遍要承担的责任，还要求组织了解社会期望和利益相关方诉求，综合确定自己的社会责任。

4. **我国社会责任国家标准不适用认证**

通过产品认证和体系认证来确保本国消费者健康安全，是各国国家的通常做法，是确保经济社会稳定的重要手段。但是，如果通过社会责任标准指标化，来衡量企业社会责任绩效，则会使企业注重满足指标要求，忽视将社会责任融入其日常决策和活动之中、融入其行为方式之中。认证方式将企业的注意力引向如何满足认证要求，而非社会责任本身，这会影响社会责任标准对组织的指导作用的有效发挥，会使组织将有限的资源用于获得认证等行为上，而偏离社会责任的最重要内容。因此，我国社会责任国家标准的目的只是为组织的社会责任活动提供相关建议和指南，但不用于认证，这也是承袭了ISO26000的观点。

> **5. 去掉了社会责任自愿性倡议相关内容**
>
> 国家标准的第 8 章 "将社会责任融入整个组织的指南",基本承袭了 ISO26000 的内容,但是去掉了 ISO26000 中 "自愿性社会责任倡议" 和 "自愿性社会责任倡议和工具示例"。
>
> 我国社会责任国家标准的发布是中国社会责任领域的一大里程碑,意味着中国在国家层针对如何推进社会责任工作已经形成共识。

## 本章小结

广义地说,企业伦理是指企业以合法手段从事营利活动时所应遵守的伦理规则。这些伦理规则包括价值观念、道德取舍、行为选择等。狭义地说,企业伦理就是企业与其内、外部各方面关系的总和,包括与员工、供应商、顾客、股东、竞争者、社会、环境、政府机构及公众或社区等的关系。管理关系的本质就是伦理关系;管理活动需要伦理的把握;处理利益关系需要建立一种伦理准则;管理行为的选择与实施也存在着伦理问题。企业伦理具有行为规范性、外在性和内在性、地域性的特征。

企业伦理的真正实现,必须将其内化为企业的运行机制。企业伦理实现机制有目标机制、诚信机制、约束机制、激励机制和沟通机制。从具体制度上来说,要建立企业伦理,可制定企业伦理守则、设置伦理委员会、制订企业伦理教育计划、进行社会审计等。

伦理决策,就是从伦理的角度来分析和评估可供选择的方案,从而帮助管理者做出更好的决策。企业伦理决策的步骤和基本内容包括:确认利益相关者、倾听利益相关者的意见、明确与该决策有关的法律和规范、评估决策方案、实施决策。

企业管理者,尤其是高层管理者对企业伦理的认识和践行,决定着员工行为的选择和仿效。因此,高层领导的重要职责之一是赋予企业的价值观以生命,建立一个支持各种伦理行为的环境,并在员工中灌输一种共同承担的责任感,让员工体会到遵守伦理是企业积极生活的一面,而不是由权威强加于人的限制条件。

企业社会责任是指企业在追求自身利益和谋求自身发展的同时应当承担的义务。我国目前通常把企业社会责任划分为四个部分:经济责任、法律责任、伦理责任、环境责任。除以上责任之外,卓越的企业还有更高的追求,那就是为绝大多数人的美好生活而甘于承担的自觉自为的责任。

在企业承担社会责任的问题上,有两种截然相反的观点:传统经济观和社会经济观。传统经济观的主要观点是:企业作为股东的私有财产,不应该也无能力承担社会责任;承担社会责任会冲淡企业的基本目标——提高生产率;企业已经拥有太多的职权和够大的社会影响,不应再加大;企业的社会行动会降低企业在国际上的竞争力。社会经济观的主要观点是:社会大众期望企业承担社会责任;企业承担社会责任从长远看,实际上是一种自利行为,可以为企业谋取更大的利益;企业拥有解决社会问题的资源与能力,因此应该履行社会责任;企业不论对其自身运行造成的问题还是社会运行造成的问题都应负一定的责任;如果企业提供合乎要求的社会产品,那么公众也会形成一个正向回馈。我们提倡社会经济观。社会经济观的研究表明,在企业长期发展过程中,企业社会责任与经济绩效之间存在正向的相关关系。

企业承担社会责任的具体表现为:对员工的责任、对消费者的责任、对供应商的责任、对竞争者的责任、对股东的责任、对环境的责任、对政府的责任、对所在社区的责任。

## 本章内容结构图

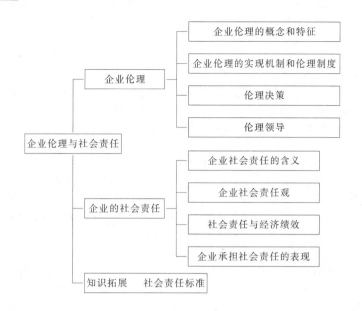

## 思考与练习

### 一、单选题

1. 从伦理的角度来说，管理关系的本质是（　　）。
   A. 企业与所有者的关系　　B. 企业与员工的关系　　C. 企业与顾客的关系　　D. 伦理关系
2. 企业的社会责任首先是（　　）。
   A. 伦理责任　　B. 经济责任　　C. 法律责任　　D. 环境责任
3. "在企业长期发展过程中，企业社会责任与经济绩效之间存在正向的相关关系。"这是（　　）的观点。
   A. 传统经济观　　B. 纯经济观　　C. 社会经济观　　D. 社会责任观
4. 设置伦理委员会是（　　）的具体体现之一。
   A. 伦理制度　　B. 伦理领导　　C. 社会责任　　D. 伦理守则
5. 产品绿色化是企业对（　　）的责任。
   A. 消费者　　B. 员工　　C. 社区　　D. 环境

### 二、简答题

1. 企业伦理有哪些特征？
2. 企业伦理的实现机制和具体制度有哪些？
3. 如何进行伦理决策？
4. 什么是企业的社会责任？企业承担社会责任的表现有哪些？

### 三、案例分析题

**箭牌糖果（中国）有限公司：激发青少年的环保乐趣**

**公司简介**

作为玛氏六大事业部之一的箭牌公司，是全球糖果业界公认的领导者之一。1989年，箭牌公司正式进入中国，目前品牌组合包括"益达®"无糖口香糖、"绿箭®"口香糖和薄荷糖、"5"无糖口香糖、"彩虹®"（Skittles®）糖等。如今，箭牌已是中国最大的糖果公司，也是中国最大的口香糖制造商，在中国拥有3家工厂、1个亚太区研发中心、36个分公司和超过8000名同事（包括合同工）。深耕中国市场20多年，箭牌不仅致力于提供陪伴广大消费者快乐成长的优质安全的产品，同时不忘作为一家行业标杆企业所应主动承担的企业社会责任。截至 2014 年 1 月，公司年纳税额超过 22 亿人民币，并携手全体同事热情投身于环境保护教育和儿童健康教育，为中国慈善项目投入捐款 2000 多万元。

**问题**

公共场所乱丢垃圾是国内"令人痛心疾首的老毛病"，对于大部分地区和公众而言，"好好投垃圾"的公民意识和行为习惯仍需要建立和加强。

青年一代是箭牌的主力消费群体，同时也具有较高的环境保护意识，也能更好地为未来中国环境保护事业提供便利。如何利用青少年更容易接受的方式宣传环境保护意识和进行垃圾处理教育，进而影响他们所在的家庭、社区，是箭牌提升在年轻消费者中的形象时需要考虑的问题。

**解决方案**

箭牌一直注重对公众环保意识的培训，这十几年来，箭牌在所有口香糖包装上印有提醒消费者妥善弃置口香糖残渣的标识，并从 2013 年开始，发起并联合全球主要口香糖品牌，在产品包装上使用全新的"包好不乱丢"的妥善弃置标识。到 2014 年，中国市场上 60% 的口香糖产品包装已采用新的妥善弃置标识。自 2000 年开始，箭牌中国联合共青团等合作伙伴，发起清洁市容的活动，持续开展环境教育的项目。2011 年开始，箭牌基金会资助国际环境教育基金会在中国启动面向青少年的"国际生态学校箭牌垃圾减量项目"，提高他们在垃圾减量及垃圾处理方面的知识及实践能力。

为了继续加强在青少年当中妥善弃置垃圾意识宣传，提高公众对于妥善处理随身垃圾的认知，箭牌中国自 2013 年开始通过社交平台向年轻人推广"垃圾投进趣"公益计划，传播投递垃圾的趣味理念，并于 2014 年在 15 所全国重点高校的大学生当中发起"垃圾投进趣"公益计划的 2014 年校园项目——"随身垃圾袋"大学生创意设计大赛，通过有趣且具创意的高校竞赛及其获奖作品的试点推广，为随身生活小垃圾寻找一个简便又时尚的"垃圾中转站"，提高大学生及公众对于妥善处理随身垃圾的认知，逐步养成"垃圾投进桶"的良好习惯。

作为国内首个倡导"随身垃圾袋"使用的公众教育活动，大赛借鉴在欧洲和日本非常流行的使用随身垃圾袋来解决个人垃圾问题的方式，在中国普及随身垃圾袋的概念。

"垃圾投进趣"通过微博平台一直与中国年轻消费者分享有趣、实用的垃圾处理知识和项目，发起"投垃圾"的趣味讨论和互动。2014 年大赛活动期间，箭牌还与大学生经常登录的知识分享型网站——果壳网一起合作推出了关于"投垃圾"的有趣话题，引起了广泛讨论。此外，箭牌还通过"随身垃圾袋"设计大赛招募大学生志愿者，鼓励他们走进高校所在地附近的近 80 个社区，与箭牌志愿者一同将"妥善弃置垃圾"的理念传递给更多人。

**成效**

箭牌"垃圾投进趣"公益项目于 2013 年正式启动，2013~2014 年度，约有 200 万网友参与 @垃圾投进趣 微博活动。项目期间，官方微博累计增加粉丝约 3 万。

2014 年"随身垃圾袋"大学生创意设计大赛共吸引超过 9 万人次的高校学生参与到校内宣传和报名参赛之中。据统计，在 15 所高校开展的校园活动直接影响了超过 19 万名大学生，而社区宣传活动覆盖了近 80 个社区的 15 万居民。活动结束之后，获奖作品在专家评委指导下，首批试验生产"随身垃圾袋"2 万余件，已陆续在北、上、广、成四大城市的 15 所高校社区宣传活动中推广派发。通过大赛，不仅让大学生了解到随身垃圾袋，还让他们用上了自己设计的随身垃圾袋，并将其作为在公共场合解决个人垃圾的一种方式。通过对比项目前后对 15 所项目高校学生进行的校园垃圾处理现状调研数据，意识到妥善处理垃圾的必要性的学生人数增长了 20.33%；同时，表示愿意积极向周围亲友宣传妥善弃置垃圾这一理念的学生人数增长了 18.66%。因为项目成效显著，箭牌基金会对"垃圾投进趣"公益计划增加两年的资金支持。

在品牌传播方面，"垃圾投进趣"的公益项目引起了广泛的舆论反响，帮助箭牌更好走进年轻消费者这一主力消费群体并传递箭牌的环保理念。凭借创新的公益理念和出色的公益传播效果，"垃圾投进趣"公益计划还获得了 2014 年大中华区"艾菲奖"品牌公益类 10 佳案例。

**展望**

箭牌坚信，从每个人做起保护环境、妥善处理垃圾，是减少环境污染最佳也是唯一可持续的方式。"垃圾投进趣"公益计划作为一个可持续的环境教育项目，将持续在青少年当中推广妥善弃置垃圾的行为。箭牌中国期待携手更多的公益团体和个人、商业伙伴、箭牌同事，继续向更多的高校及周边社区推广环保意识，共同实践"垃圾投进桶，世界大不同"的环保理念，创造一个没有口香糖残渣的绿色地球。

资料来源：http://www.csr-china.net/a/zixun/shijian/zrjzlal/waiqi/2016/0112/3556.html

### 分析题

1. 箭牌糖果（中国）有限公司履行了哪些社会责任？社会责任的履行给企业带来了什么？
2. 你如何看待履行社会责任在企业发展中的作用？
3. 结合案例谈谈你对企业社会责任的认识。

## 技能实训

### 训练项目：企业伦理与社会责任调查

［实训目标］

1. 培养学生对企业伦理的认知能力；
2. 培养学生履行社会责任的意识和能力。

［实训内容］

1. 全班同学分组，实地调查一家企业，或搜集一家企业的有关资料。
2. 了解该企业有哪些具体的伦理实现机制；有哪些伦理制度；是否进行伦理决策；有无违反伦理的行为。
3. 了解该企业履行了哪些社会责任以及怎样履行的。

［实训具体要求］

1. 调查前要制定调查提纲，设计调查内容，以保证信息的完整性、有效性。
2. 调查要真正从实际出发，力求做到客观、真实。
3. 撰写实训报告，内容包括：
（1）企业的名称、性质及概况；
（2）信息取得方式及主要资料；
（3）企业伦理分析；
（4）社会责任分析；
（5）具体建议。

［实训成果与检测］

1. 每组同学提交一份实训报告；
2. 在课堂上组织一次全班交流，每组派一位代表发言；
3. 教师对各组进行点评及成绩评定。

# 参 考 文 献

[1] 赵继新,吴永林.管理学.北京:清华大学出版社,北京交通大学出版社,2006.
[2] 周三多.管理学.第2版.北京:高等教育出版社,2005.
[3] 高闯.管理学.北京:清华大学出版社,2006.
[4] 单凤儒.管理学基础.第2版.北京:高等教育出版社,2004.
[5] 杜明汉.管理学原理.北京:中国金融出版社,2006.
[6] 迈克尔·A·希特,R·杜兰·爱尔兰,罗伯特·E·霍斯基森著.战略管理.吕巍等译.北京:机械工业出版社,2005.
[7] 全国工商管理硕士入学考试研究中心.管理考试辅导教材.北京:机械工业出版社,2002.
[8] 倪杰.管理学原理.北京:清华大学出版社,2006.
[9] 江孝东.管理学.北京:北京理工大学出版社,2006.
[10] 李健.现代管理学基础.大连:东北财经大学出版社,2006.
[11] 邹东涛.管理学.北京:中共中央党校出版社,2003.
[12] 张正河,陆娟.管理学.北京:中国农业大学出版社,2003.
[13] 乔忠.管理学.第2版.北京:机械工业出版社,2007.
[14] 戴卫东,刘新姝.管理学.北京:电子工业出版社,2007.
[15] 李鼎新,李海峰.简明管理学教程.北京:科学出版社,2004.
[16] 杨凤敏.管理学基础与应用.北京:中国农业出版社,2005.
[17] 杨明刚.现代实用管理学——知识 技能 案例 实训.第2版.上海:华东理工大学出版社,2005.
[18] 余敬,刁凤琴.管理学案例精析.武汉:中国地质大学出版社,2006.
[19] 赵涛.管理学习题库.天津:天津大学出版社,2005.
[20] 崔卫国,刘学虎.管理学故事会.北京:中华工商联合出版,2005.
[21] 周三多,陈传明.管理学.北京:高等教育出版社,2003.
[22] 潘开灵,邓旭东.管理学.北京:科学出版社,2005.
[23] 杨文士,张雁.管理学原理.北京:中国人民大学出版社,2004.
[24] 王凤彬,李东.管理学原理.北京:中国人民大学出版社,2000.
[25] 刘兴倍.管理学原理.北京:清华大学出版社,2004.
[26] 姜仁良.管理学习题与案例.北京:中国时代经济出版社,2006.
[27] 加雷思·琼斯,珍妮弗·乔治著.当代管理学.郑风田,赵淑芳译.北京:人民邮电出版社,2004.
[28] 叶国灿.管理学.北京:人民教育出版社,2006.
[29] 韩子贵.管理思想史概论.北京:经济管理出版社,2006.
[30] 秋禾.11天读懂管理史.北京:中国纺织出版社,2007.
[31] 弗恩思·特朗皮纳斯,彼得·伍尔莱姆斯著.跨文化企业.陈永倬译.北京:经济管理出版社,2007.
[32] 张金成.管理学基础.第2版.北京:人民邮电出版社,2015.
[33] 中国国家标准化管理委员会.国际标准ISO26000.北京:中国标准出版社,2011.
[34] 郝琴.社会责任国家标准解读.北京:中国经济出版社,2015.